21世纪普通高等教育
法 学 系 列 教 材

婚姻家庭继承法实用教程（第二版）

周利民　贺小电　著

中国人民大学出版社
·北京·

作者简介

周利民，男，1966 年 4 月出生于湖南省常德市，1988 年 6 月毕业于西北政法大学，2008 年获法学硕士学位，主要研究方向为民商法学。现为湖南师范大学法学院副教授兼任湖南省程序法学会、湖南省环境资源法学会常务理事，湖南省广告协会法律委员会副主任；曾任湖南师范大学法律援助中心、司法鉴定中心主任。在《政法论坛》《法学评论》《中国人民公安大学学报》等国家级、省部级刊物上发表学术论文 40 余篇，约 35 万字；出版著作 8 部，约 200 万字。主要代表性论文有《论法人的精神损害赔偿》《论雇佣人的转承民事责任》《论设立夫妻忠实义务的法律意义》；主要代表性著作有《婚姻家庭继承法实用教程》《新婚姻法学》《婚姻继承适用新论》《民法学通论》。

贺小电，男，1962 年 11 月出生于湖南省耒阳市，中国人民大学法学硕士；曾兼任湖南省高级人民法院审判长、副庭长，湖南省法学会刑法学研究会副会长，湖南省律师协会刑事辩护专业委员会主任，中南大学法学院、湖南大学法学院兼职教授。2003 年 6 月主动辞职创办北京德恒（长沙）律师事务所，后与他人共同成立湖南纲维律师事务所，均曾任主任。在《中国人民大学学报》《法学家》《法制日报》《人民法院报》等发表专业文章 20 多篇；结合司法职业实践独著、合著、主编、副主编、参与《新婚姻法学》、《婚姻继承适用新论》、《破产法原理与适用》（第 1 版、第 2 版）、《担保合同案例评析》、《担保合同实务指南》、《审判监督改革的新视角》等著作 33 部。

再版前言

早在秦始皇统治时期，相国吕不韦令其门下食客各抒所闻著成了一部传世之作——《吕氏春秋》，其中的《察今》一文就言简意赅地告诉人们："凡先王之法，有要于时也，时不与法俱至，法虽今而至，犹若不可法。故择先王之成法，而法其所以为法。"说明古今时世不同，制定法令，应当察明当前形势，不应死守故法。一千八百余年后，英国著名思想家并享有"科学之光""法律之舌"之誉的大法官弗·培根又精辟地指出："历史川流不息。若不能因时变事，而一味恪守旧俗，这本身就是致乱之源。"两者同出一辙，道出了法随时而改、法依时而变的这一古今中外制定、修改法律时都应遵循的基本原理。法律如此，作为《民法典》中涉及每一公民、家庭的婚姻家庭继承法律规范自然亦应如此。

近些年来，随着我国城市化进程的加快、社会物质生活条件日新月异的变化，人们的一些有关婚姻家庭的观念诸如婚姻自由、生儿育女、共同债务承担等都在发生变化，由此造成过去的一些婚姻家庭法律规范与现实的婚姻家庭生活不协调的现象，如对于一些患有医学上认为不应当结婚的疾病的，《婚姻法》规定禁止结婚，而现实生活中有的两个人感情很深，一方愿意与患病的另一方患者结婚予以照顾却因法律禁止结婚而不能结婚，从而只能同居，造成他们之间有关权利义务关系没有法律保障，也与婚姻自由原则相悖，并不利于这些患病之人健康快乐地生活。因此，《民法典》对于患有严重疾病的人不再禁止结婚，而是规定应当如实向对方告知，不告知的，对方可以依法申请撤销婚姻。又如，在过去，由于人口急剧增长给社会带来了诸多问题而实行以控制人口数量增长为主要目标的极为严厉的计划生育政策，现在随着城市化范围的拓展，城市男女结婚年龄大大推迟，基于生活等实际情况选择生儿育女之人的年龄大大提高，并且出现了一些根本不愿意结婚的单身人群或者虽然结婚但不愿意生育子女的丁克家庭等，这些导致人口增长速度大大下降，甚至为负，而老年人人口却日益膨胀，造成了人口比例失调，给国家经济、社会发展带来了诸多问题，再实行以严控人口增长为主要目的的计划生育政策无疑不能与当前的社会需要相适应，因此，《民法典》删除了计划生育原则。再如，夫妻共同债务问题，一直是社会关注的焦点问题，既关系到夫妻家庭合法权益的保护，也关系到债权人合法权益的维护，必须在两者之间寻找既合法又合理还合情的平衡点。在现实生活中，夫妻一方对外以个人名义举的债，能否被认定为共同债务，司法解释虽有明确规定，但理解不一，造成司法适用的异常混乱，最高人民法院发布了诸如《关于人民法院审理离婚案件处理财产分割问题的若干具体意见》《关于适用〈中华人民共和国婚姻法〉若干问题的解释（二）》《关于适用〈中华人民共和国婚姻法〉若干问题的解释（二）的补充规定》[①] 等司法解释，《关于办理涉夫妻债务纠纷案件有关工作的通知》《关于依法

---

① 以上司法解释均已被最高人民法院 2020 年 12 月 23 日通过、2021 年 1 月 1 日起施行的《关于废止部分司法解释及相关规范性文件的决定》（法释〔2020〕16 号）废止。

妥善审理涉及夫妻债务案件有关问题的通知》；最高人民法院民事审判第一庭发布了《关于婚姻关系存续期间夫妻一方以个人名义所负债务性质如何认定的答复》《关于夫妻一方对外担保之债能否认定为夫妻共同债务的复函》等规范性文件，就夫妻一方对外以个人名义所举的债务能否被认定为共同债务作出规范，最后终于达成了夫妻一方以个人名义所举的债务超出家庭日常生活需要的，除债权人能够证明该债务用于夫妻共同生活、共同生产经营或者基于夫妻双方共同意思表示而为共同债务外，其他均应为个人债务的共识。对此，《民法典》吸收了有关司法解释的成果，就夫妻共同债务的认定作出了明确的规定。其他诸如夫妻关系中日常家事代理制度的安排、家务劳动制度的建立、针对协议离婚增加冷静期、离婚损害赔偿制度兜底条款的增置、继承关系中新的遗嘱形式的入典等，均引起了婚姻家庭继承法律关系的变化。还有一些规范如新中国成立前大陆居民与去台人员形成的婚姻关系的有关政策，因时间的变迁几乎没有再适用的可能；一些现象如同性恋人口的增加以及有关同性恋的看法引起了一些争议等，均需要根据时代发展的需要对有关内容作出补充、修改或删减。尤其是《民法典》出台后，最高人民法院在废止、修改一些旧的不能再适用的婚姻家庭继承法律规范的同时，又制定了诸如《关于适用〈中华人民共和国民法典〉时间效力的若干规定》《关于适用〈中华人民共和国民法典〉婚姻家庭编的解释（一）》《关于适用〈中华人民共和国民法典〉继承编的解释（一）》等新的司法解释，此外，一些婚姻家庭继承制度及其相关的实体法律制度都发生了变化。故此有关婚姻家庭继承制度的研究、教学等理论上的研讨，自然也需要与时俱进：或扬弃，或吸收。

在《民法典》创制的过程中，我们自 2019 年 6 月开始即对《婚姻家庭继承法实用教程》一书进行修改，在保持原书基本构架的基础上，参考了近几年来，特别是《民法典》颁布以来的十余部有关婚姻家庭继承法律关系的著作，根据《民法典》与有关司法解释，以及起草人员对有关规定产生的背景、规范设置原意的阐释，就婚姻家庭继承法律制度作了全面且较为深入的分析与探讨，不求一定正确，只求言之成理、观点明确，以保持该书所一直追求的“注重法律知识的系统性、法律制度的针对性、法律运作的可操作性”“针对应用型法律人才的就业需要”“注重法律、法规的修订，实现知识的更新”的特点，力求做到“内容全面”“成果新颖”“观点明确”“资料翔实”“实践性强”，希望对读者有所裨益。

一年多来的修修停停、停停改改总算告一段落。经过自己及同事贺律川、张强的通读审阅，并根据所提意见作出补正后，交由中国人民大学出版社审定，最终得以再次出版。在此，对为该书原版、再版付出辛勤努力、智慧，使之得以面世的老师、同事，表示衷心的感谢！并诚望尊敬的读者，对其中的缺点与错误之处，在予以宽容的同时不吝批评、指正！

本书分工如下：

周利民：第二章、第四章、第五章、第八章、第十章、第十一章、第十三章、第十四章、第十五章、第十六章；

贺小电：第一章、第三章、第六章、第七章、第九章、第十二章、第十七章、第十八章、第十九章、第二十章。

作　者

2021 年 1 月 16 日

前 言

婚姻家庭法作为调整男女两性关系和亲属关系的法律，是现今各国普遍施行的、国与家并治的重要的民事基本法，同时也是民事审判实践中适用性极强的法律之一。继承法是以婚姻、血缘为重要基础的、与民生紧密相关的民事法，在我国物质财富越来越丰富的今天，其适用面也越来越广。因此，作为担负着维护民众的人身权和财产权重要功能的婚姻家庭继承法，也就成为现代法学教育中的一门不可缺少的必修主干课程。

为了适应培养我国社会主义市场经济法律人才的需要，既帮助执法、司法人员尤其是法学专业的学生正确理解婚姻法、收养法、继承法的深刻内涵，又帮助广大公民充分利用婚姻法、收养法、继承法这一法律武器，保护自己的正当合法权益，正确处理好婚姻家庭生活中出现的各类冲突，我们撰写了《婚姻家庭继承法实用教程》，并由中国人民大学出版社出版发行。

为了实现《婚姻家庭继承法实用教程》写作的初衷，我们做了不少努力与探索。

第一，注重法律知识的系统性、法律制度的针对性、法律运作的可操作性。在写作过程中，特别注重理论与实践的联系、原理与应用的结合。针对高校培养应用型法学人才的需要，尽力保持适中理论深度，准确概括主流通说；强调以丰富多彩的法律实践说明深奥的理论，以通俗易懂的基本原理解决实践中的问题。例如，在撰写第四章结婚禁止条件时，书中不仅介绍了禁婚亲制度的理论基础，而且对司法实践中出现的拟制血亲的禁婚问题、三代以内旁系血亲禁止结婚的问题，在理论上和司法实践的操作上进行了详细解答并阐明了我们的观点，便于学生今后在实践中遇到这样的问题不会一头雾水，而是能够迅速找到解决问题的路径与方法。再如，在撰写第三章亲属等级问题时，教程采用图表形式，让学生对照图表立刻就能计算出亲属之间的等级，让深奥的理论简单化。

第二，针对应用型法律人才的就业需要，在写作过程中，以教育部《全国高等学校法学专业核心课程教学基本要求》为基础，结合最新学科发展，参考司法部《国家法律职业资格考试大纲》，确立教材知识体系，突出重要知识点，既讲求理论体系的系统性，又突出法律职业资格考试的实用性，对法学专业教材进行全新探索，帮助学生在课程学习的同时，实现将来法律职业资格考试的同步备考。所以，我们参照了历年的司法考试或法律职业资格考试大纲，对法律职业资格考试的内容做了重点分析，当前社会上出现的一些新问题都能在本教程中有所体现。在撰写这些内容时，严格按照司法解释的条文，对社会上出现的新问题进行详细解读并指明了司法实践操作的方法。

第三，注重法律、法规的修订，实现知识的更新。随着我国政治、经济、文化等领域发生的巨大变化，作为社会细胞的家庭也发生了变化。为此，全书不仅涵盖了根据全国人大常委会2001年4月28日通过并施行的《关于修改〈中华人民共和国婚姻法〉的决定》修正的《婚姻法》，根据全国人大常委会2012年10月26日通过、2013年1月1日起施行的《关于修改〈中华人民共和国治安管理处罚法〉的决定》修正的《治安管理处罚法》，全国人大常委会2015年12月27日通过、2016年3月1日起施行的《反家庭暴力法》，根据全国人大常委会2015年12月27日通过、2016年1月1日起施行的《关于修改〈中华人民共和国人口与计划生育法〉的决定》修正的《人口与计划生育法》，全国人大常委会2010年10月28日通过、2011年4月1日起施行的《涉外民事关系法律适用法》等新颁布、修正的法律，而且包括了《婚姻法司法解释（一）》《婚姻法司法解释（二）》《婚姻法司法解释（三）》等有关司法解释，以及最高人民法院发布实施的一些指导性案例所体现的与过去不同的做法，例如，2015年11月19日，最高人民法院通报的30起涉家事典型案例中所指出的“离婚后发现被告的婚姻存续期间的出轨行为，请求精神损害赔偿，人民法院依法予以支持”等最新内容。本书资料全面，内容丰富，既可以作为法律院校婚姻家庭继承法学课程的专业教材，又可以作为婚姻家庭继承法学爱好者的自学读本，还可以作为法官、律师等法律工作者的参考用书。

总之，我们力争通过充分反映婚姻家庭继承法学研究的最新成果、前沿理论、最新的司法解释，深化教学改革，提高教学质量，强化学生学习、理解婚姻家庭继承法学的理论知识，并用之解决实践中存在问题的能力。鉴于心力所限，瑕疵之处在所难免，诚请读者在厚爱、宽容的同时不吝批评指正。

本书分工如下：

周利民：第二章、第四章、第五章、第八章、第十章、第十一章、第十三章、第十四章、第十五章、第十六章；

贺小电：第一章、第三章、第六章、第七章、第九章、第十二章、第十七章、第十八章、第十九章、第二十章。

作　者

2016年7月

凡 例

（1）国家法律、行政法规的名称一般使用简称，其中的“中华人民共和国”加以省略，例如，《中华人民共和国婚姻法》简称为《婚姻法》。但是，部门规章、司法解释及其他规范性文件、著作等名称涉及法律、行政法规的名称时，则仍使用全称，其中的“中华人民共和国”不予省略。

（2）除国家法律外，行政法规、部门规章、司法解释及其他规范性文件，一般在其名称前后标明其制定机关、文号及通过、颁布或者施行的时间。例如，民政部 1992 年 8 月 11 日发布实施的《关于在办理收养登记中严格区分孤儿与查找不到生父母的弃婴的通知》（民婚函〔1992〕263 号）。

（3）法律、行政法规、部门规章、司法解释及其他规范性文件的章节条款项目的序数，除非特殊情况（如在规范性文件名称中），都使用阿拉伯数字。整条引用法律条文时，一个条文的各个款、项之间一般不分行、不分段，款与款之间连续引用。

（4）法律、行政法规、部门规章或者司法解释等规范性文件因不符合时代的发展需要被新的规范性文件修改、取代、废止而无效的，对之一般不再做介绍。但基于一些法律规范的历史演变，或者在一些规范性文件中尚有提及，或者其有关精神并未为新的规范性文件所改变而依旧可以参照执行，或者有的规定依然需要适用（如《婚姻登记管理条例》1994 年 2 月 1 日实施以后不再承认事实婚姻的有关规定），或者对其强调以引起注意，如此等等，便会在有关分析中提及上述无效的规范性文件。显然，提及不是承认这些规范性文件尚继续有效，更不说明需要依照执行。这里需要特别加以说明。

（5）对于名称较长而又频繁出现的行政法规、部门规章、司法解释或其他规范性文件，使用简称。为了便于查找使用简称的行政法规、部门规章、司法解释或其他规范性文件的全称及相关内容，按简称后的规范性文件名称的第一个字的音序排列；第一个字相同的，则按第二个字的音序排列，以此类推。具体如下：

《废止部分解释及规范性文件决定》的全称为：最高人民法院 2020 年 12 月 23 日通过、2021 年 1 月 1 日起施行的《关于废止部分司法解释及相关规范性文件的决定》（法释〔2020〕16 号）；

《夫妻债务纠纷案件司法解释》的全称为：最高人民法院 2018 年 1 月 8 日通过、同年 1 月 18 日起施行的《关于审理涉及夫妻债务纠纷案件适用法律有关问题的解释》[①]（法释〔2018〕2 号）；

《关于贯彻执行民事政策法律的意见》的全称为：最高人民法院 1979 年 2 月 2 日《关于贯彻执行民事政策法律的意见》[②]；

---

① 该解释已被《废止部分解释及规范性文件决定》废止。

② 该意见已被最高人民法院 1996 年 12 月 31 日发布、实施的《关于废止 1979 年至 1989 年间发布的部分司法解释的通知（第二批）》废止。

《贯彻民事政策法律若干意见》的全称为：最高人民法院 1984 年 8 月 30 日《关于贯彻执行民事政策法律若干问题的意见》[①]（〔84〕法办字第 112 号）；

《华侨办理收养登记证明材料的规定》的全称为：民政部 1999 年 5 月 25 日发布施行的《华侨以及居住在香港、澳门、台湾地区的中国公民办理收养登记的管辖以及所需要出具的证件和证明材料的规定》（民政部令第 16 号）；

《婚姻登记办法》的全称为：国务院 1985 年 12 月 31 日批准、民政部 1986 年 3 月 15 日发布的《婚姻登记办法》[②]（〔85〕国函字 177 号）；

《婚姻登记工作规范》的全称为：民政部 2015 年 12 月 8 日发布、2016 年 2 月 1 日实施的《婚姻登记工作规范》（民发〔2015〕230 号）；

《婚姻登记管理条例》的全称为：国务院 1994 年 1 月 12 日批准、民政部同年 2 月 1 日发布实施的《婚姻登记管理条例》[③]（民政部令第 1 号）；

《婚姻登记条例》的全称为：国务院 2003 年 7 月 30 日通过、同年 10 月 1 日起施行的《婚姻登记条例》（国务院令第 387 号）；

《婚姻法司法解释（一）》的全称为：最高人民法院 2001 年 12 月 24 日通过、同年 12 月 27 日起施行的《关于适用〈中华人民共和国婚姻法〉若干问题的解释（一）》[④]（法释〔2001〕30 号）；

《婚姻法司法解释（二）》的全称为：最高人民法院 2003 年 12 月 4 日通过，根据 2017 年 2 月 20 日通过、同年 3 月 1 日起施行的《关于适用〈中华人民共和国婚姻法〉若干问题的解释（二）的补充规定》修正的《关于适用〈中华人民共和国婚姻法〉若干问题的解释（二）》[⑤]；

《婚姻法司法解释（三）》的全称为：最高人民法院 2011 年 7 月 4 日通过、同年 8 月 13 日起施行的《关于适用〈中华人民共和国婚姻法〉若干问题的解释（三）》[⑥]（法释〔2011〕18 号）；

《离婚案件财产分割意见》的全称为：最高人民法院 1993 年 11 月 3 日发布、施行的《关于人民法院审理离婚案件处理财产分割问题的若干具体意见》[⑦]（法发〔1993〕32 号）；

《离婚案件夫妻感情确已破裂意见》的全称为：最高人民法院 1989 年 12 月 13 日发布施行的《关于人民法院审理离婚案件如何认定夫妻感情确已破裂的若干具体意见》[⑧][法（民）发〔1989〕38 号]；

---

① 该解释已被最高人民法院 2019 年 5 月 13 日通过、同年 7 月 20 日起施行的《关于废止部分司法解释（第十三批）的决定》（法释〔2019〕11 号）废止。

② 该办法已被国务院 1994 年 1 月 12 日批准、民政部 1994 年 2 月 1 日发布实施的《婚姻登记管理条例》，国务院 2001 年 10 月 6 日发布施行的《关于废止 2000 年底以前发布的部分行政法规的决定》等废止。

③ 该条例已被国务院 2003 年 7 月 30 日通过，同年 8 月 8 日公布、10 月 1 日起施行的《婚姻登记条例》废止。

④ 该解释已被《废止部分解释及规范性文件决定》废止。

⑤ 该解释已被《废止部分解释及规范性文件决定》废止。

⑥ 该解释已被《废止部分解释及规范性文件决定》废止。

⑦ 该解释已被《废止部分解释及规范性文件决定》废止。

⑧ 该解释已被《废止部分解释及规范性文件决定》废止。

《离婚案件子女抚养意见》的全称为：最高人民法院1993年11月3日发布、施行的《关于人民法院审理离婚案件处理子女抚养问题的若干具体意见》[①]（法发〔1993〕30号）；

《民法典婚姻家庭编解释（一）》的全称为：最高人民法院2020年12月25日通过、2021年1月1日起施行的《关于适用〈中华人民共和国民法典〉婚姻家庭编的解释（一）》（法释〔2020〕22号）；

《民法典继承编解释（一）》的全称为：最高人民法院2020年12月25日通过、2021年1月1日起施行的《关于适用〈中华人民共和国民法典〉继承编的解释（一）》（法释〔2020〕23号）；

《民法典时间效力的若干规定》的全称为：最高人民法院2020年12月14日通过、2021年1月1日起施行的《关于适用〈中华人民共和国民法典〉时间效力的若干规定》（法释〔2020〕15号）；

《民事侵权精神损害赔偿解释》的全称为：最高人民法院2001年2月26日通过，根据2020年12月23日通过、2021年1月1日起施行的《最高人民法院关于修改〈最高人民法院关于在民事审判工作中适用《中华人民共和国工会法》若干问题的解释〉等二十七件民事类司法解释的决定》修正的《关于确定民事侵权精神损害赔偿责任若干问题的解释》；

《民事诉讼法司法解释》的全称为：最高人民法院2014年12月18日通过，根据2020年12月23日通过、2021年1月1日起施行的《关于修改〈最高人民法院关于人民法院民事调解工作若干问题的规定〉等十九件民事诉讼类司法解释的决定》修正的《关于适用〈中华人民共和国民事诉讼法〉的解释》；

《涉外民事关系法律适用法司法解释（一）》的全称为：最高人民法院2012年12月10日通过，根据2020年12月23日通过、2021年1月1日起施行的《关于修改〈最高人民法院关于破产企业国有划拨土地使用权应否列入破产财产等问题的批复〉等二十九件商事类司法解释的决定》修正的《关于适用〈中华人民共和国涉外民事关系法律适用法〉若干问题的解释（一）》；

《外国人在华收养子女登记办法》的全称为：民政部1999年5月25日发布施行的《外国人在中华人民共和国收养子女登记办法》（民政部令第15号）；

《未办结婚登记而以夫妻名义同居案件意见》的全称为：最高人民法院1989年11月21日《关于人民法院审理未办结婚登记而以夫妻名义同居生活案件的若干意见》[②]［法（民）发〔1987〕38号］；

《执行继承法若干意见》的全称为：最高人民法院1985年9月11日《关于贯彻执行〈中华人民共和国继承法〉若干问题的意见》[③]［法（民）发〔1985〕22号］；

《中国公民收养子女登记办法》的全称为：国务院1999年5月12日批准、民政部1999年5月25日发布，根据2019年3月2日《国务院关于修改部分行政法规的决定》

① 该解释已被《废止部分解释及规范性文件决定》废止。

② 该解释已被《废止部分解释及规范性文件决定》废止。

③ 该解释已被《废止部分解释及规范性文件决定》废止。

修订的《中国公民收养子女登记办法》。

《民法典》已经十三届全国人大第三次会议 2020 年 5 月 28 日通过，包括总则编、物权编、合同编、人格权编、婚姻家庭编、继承编、侵权责任编共 7 编及附则。附则共两条，即第 1259 条、第 1260 条。在引用具体条文，如第 1056 条的规定时，称为《民法典》第 1056 条。

目　录

第一章
婚姻家庭制度

第一节　婚姻家庭关系

一、婚姻

1. 婚姻的概念

婚姻，古时又称“昏姻”或“昏因”。在中国古代的婚礼中，男方通常在黄昏时到女家迎亲，而女方随着男方出门，这种“男以昏时迎女，女因男而来”的习俗，就是“昏因”一词的起源。然而“婚姻”一词，通常被人们在两种不同的意义上使用：(1) 作为结婚的同义词，认为婚姻就是结婚。如《礼记・昏义》中称的“昏礼者，将合二姓之好，上以事宗庙，而下以继后世也”，就是将婚姻等同于结婚。近代的英国、美国、法国、德国、瑞士等国的民法也将婚姻看成结婚，乃为男女双方缔结婚姻契约关系的行为。《现代汉语词典》亦将婚姻首先解释为“结婚的事”。（2）作为一种社会关系，认为婚姻乃是因结婚产生的夫妻关系。如郑玄注《礼记·经解》称“婿曰昏（‘昏’即‘婚’——引者），妻曰姻”，就是把婚姻看成一种以夫妻形式存在的社会关系。古代罗马法学家莫德斯蒂努斯认为婚姻是“男女以终身共同生活的结合关系”，德国著名哲学家黑格尔认为婚姻“实质上是伦理关系”，法国著名法学家孟德斯鸠认为“父亲有养育子女的天然义务，……婚姻宣告谁应该负担这个义务”①，都是从社会关系的角度来阐释婚姻的概念的。

所谓婚姻，是指为当时社会制度所确认的、以男女两性结合为基础而形成的一种特定社会关系，即通常所说的夫妻关系，又称配偶关系。它具有以下三个方面的含义。

其一，婚姻是男女两性的结合。男女两性结合是婚姻成立的前提条件，此乃婚姻关系与其他社会关系的重要区别之一，是婚姻之自然层面的要求。两性结合是人伦之本，男女两性的性差别、性吸引和性本能是产生婚姻的原始动力，是婚姻成立的自然条件。因为从整体上讲，婚姻的产生是源于繁衍后代、延续种族的需要。但是，作为一种必须为法律所承认的社会关系，婚姻会随着一个国家、社会的经济基础、政治、道德、伦理、意识形态、文化观念等的变化而变化。就同性恋而言，无论是我国还是外国，自古就有此方面的记载。在古希腊，同性恋极为盛行，将女同性恋者叫“Tribas”，后又称为“列斯波之爱”，现则称“列斯宾”（Lesbian）。古罗马，同性恋在军队中也很流行。到16世纪的538年，查士丁尼大帝基于同性恋“引起饥荒、地震和瘟疫”，对个人则“丧失灵魂”而颁布法律加以严禁。基督教则因推行禁欲主义导致独身修女、修士间极易产生同性恋而危及教会的生存而认为同性恋是一种反自然反上帝的邪恶。至19世纪的1860年，同性恋虽被社会容忍，但在法律上仍被认为是犯罪。德国法西斯时期，希特勒政府更是对同性恋及犹太人等群体进行惨无人道的屠杀。后来，同性恋在一些国家或地区分别得到一定范围的承认：1944年，瑞典在法律上承认同性恋；1967年，英国的英格兰、威尔士对成年人间的自愿而谨慎的同性恋视为合法；1982年12月，美国旧金山通过的《同居法案》承认同性恋家庭。至今，基于世界范围内特别是西方国家同性恋存在的这一无可置疑的事实，英国、法国、德国、丹麦、芬兰、瑞士、加拿大、荷兰、挪威、瑞典、捷克、冰岛、巴西、南非、比利时、西班牙、阿根廷、以色列、匈牙利、奥地利、葡萄牙、乌拉圭、新西兰、卢森堡、安道尔、克罗地亚、斯洛伐克、斯洛文尼亚，以及美国部分地区如马萨诸塞州、加利福尼亚州、康涅狄格州、佛蒙特州等，澳大利亚部分地区如塔斯马尼亚州、首都特别地区等以不同方式、不同程度地承认同性结合的合法存在，有的承认其间的同性婚姻合法，有的承认同性可以为民事伴侣，有的承认同性可以同居等。如1989年10月1日，丹麦第一个认可同性结合并允许同性伴侣进行登记；荷兰则最先官方认可同性恋婚姻享有传统婚姻家庭所享有的一切待遇。其中，1998年1月1日起生效的《家庭伴侣法》中所称的伴侣，就既包括异性伴侣，又包括同性伴侣，登记的同性伴侣与异性伴侣一样，在退休金、社会安全保障、继承和扶养方面具有同样的权利与义务，但不能收养子女；

① 孟德斯鸠．论法的精神：下册．张雁深，译．北京：商务印书馆，1963：113．

2000年12月21日通过、自2001年4月1日起生效的《开放婚姻法》(de Wet Openstelling huwelijk)，则允许同性伴侣结婚并领养孩子，从而使得荷兰成为世界上第一个全面实现同性婚姻合法化的国家，同性者不仅可以结婚，而且完全享有与异性婚姻相同的所有权益。① 可是，绝大多数国家依然没有承认同性结合具有婚姻的效力，我国将婚姻也是严格界定在异性结合的范围内，即不承认同性婚姻的存在。但将一些传统观念只认为存在于异性之间的诸如卖淫、嫖娼、淫乱的违法乃至犯罪行为，则在一定程度上扩展到了同性之间的行为。如将同性的淫秽行为制作光盘予以销售、播放，组织同性进行淫秽表演，聚集同性一起进行淫乱，引诱同性未成年人聚众淫乱等行为，属于危害社会治安管理的违法行为，根据《治安管理处罚法》第69条关于“有下列行为之一的，处十日以上十五日以下拘留，并处五百元以上一千元以下罚款：（一）组织播放淫秽音像的；（二）组织或者进行淫秽表演的；（三）参与聚众淫乱活动的。明知他人从事前款活动，为其提供条件的，依照前款的规定处罚”的规定，将要依法承担行政责任；构成犯罪的，还应以制作、复制、出版、贩卖、传播淫秽物品牟利罪，传播淫秽物品罪，组织播放淫秽音像制品罪，组织淫秽表演罪，聚众淫乱罪，引诱未成年人聚众淫乱罪等依法追究刑事责任。

其二，男女两性的结合必须为当时社会制度所确认。如果说，男女两性结合来自男女双方的生理冲动及需要，因而形成了婚姻这一自然结合的物质基础，那么，男女两性结合必须为当时社会制度所承认则是这种自然结合构成婚姻的社会基础。倘若男女双方结合，不为当时社会制度所承认，那么，它就不能称为婚姻。即无法形成一定社会制度下的夫妻关系。这种关系即使表面上存在，然一经发现，也将被否认。如原始群落早期发生的成对配偶，就不能认为属于婚姻。由于他们之间的结合仅是基于男女双方的生理需要，而没有为社会制度所确认，仅具有婚姻的自然形式，不具备婚姻的社会形式，因此，不属于社会关系范畴的婚姻形态。后来，随着社会的进步与发展，在原始社会有了确认男女两性结合的习惯，在阶级社会有了确认男女两性结合的宗教、法律规范，才形成了具有社会意义的婚姻形态。在我国，男女之间的结合是否具有婚姻的效力，现在则应根据我国《民法典》中的有关规定加以认定。

其三，以共同生活为目的的两性结合。共同生活包括多方面的内容，有精神生活，如夫妻间的互敬互爱、相互忠实；有性生活，即夫妻双方的同居交合、肉体结合的性交行为，也就是通常所说的夫妻同居义务。性生活是婚姻生活的重要内容，没有性生活的婚姻违反人性，很难想象。然而，这种性生活仍然建立在相互尊重、自愿的基础上，不应当违背对方的意愿强迫进行。这是因为婚姻要以精神、感情交流为基础。可在现实生活中，也有一些丈夫不顾妻子反对甚至采用暴力与妻子强行发生性关系的行为，但这与违背妇女意志强行与之进行性行为的强奸犯罪行为有着本质的不同，不能混淆。这是因为，正常而合法的婚姻关系，产生夫妻之间包括同居和性生活在内的人身权利与义务，双方自愿登记结婚，就是对同居和性生活的法律承诺。是以，从法律上讲，合法的夫妻之间不存在丈夫对妻子性权利自由的侵犯，丈夫的上述行为，不可能构成强奸罪。当然，两人没有合法的婚姻关系，如只是非法同居关系，或者虽然有

① 魏盈君. 同性恋婚姻立法模式及典型国家的立法例. 学理论，2013 (20)：127-128.

婚姻关系然已经进入离婚诉讼程序，男人采用暴力手段违背妇女意志强行发生性关系的，在理论上虽然可以构成强奸罪，但与普通强奸案件仍有很大不同，应当特别慎重[①]。除精神生活外，还有物质生活，如以依法取得的财产满足双方的衣食住行等生活的需要。如果双方没有共同生活的目的，而是借婚姻之名实现诸如分房、升官、找工作等非共同生活目的，就失去了婚姻的思想基础，若一方或双方一达到目的，往往便会想方设法分道扬镳。

总之，婚姻属于法律调整的范围，为法律概念，而非事实概念。男女双方即使事实上已经结合，但如果不为当时社会制度包括宗教、法律等制度所承认，也就不能产生婚姻的实质效力，即形成以宗教、法律规范等确立的权利与义务关系为内容的夫妻关系。

2. 婚姻的性质

婚姻家庭关系是人类社会中最为广泛和普遍的社会关系，而对于婚姻的性质，不同历史时期的法律规范及不同学者有着不同的规定和解释，目前关于婚姻的性质主要有以下学说：契约说、信托关系说、伦理说、制度说、身份关系说。[②]

（1）契约说。该学说视婚姻为契约，该观点已经广为流行并引人注目，成为西方资本主义国家婚姻法学界占统治地位的重要学说。康德是最早提出“婚姻是契约”理论的人。康德认为：婚姻虽不是任意的契约，但是“是两个不同性别的人，为了终身互相占有对方的性官能而产生的结合体”。“……它是依据人性法则产生其必要性的一种契约”[③]。后来，康德的观点被其他学者所接受，他们还认为，婚姻是具有独立人格的男女自由意志的结合，婚姻缔结本身为契约，婚姻契约故应适用一般民事契约的规定。现代的一些婚姻家庭法学者将契约说进一步发展，认为婚姻还具有伦理性和制度性。

契约说表达了当事人对婚姻自主的追求，体现了自由和平等的理念，也符合现代法治的发展趋势，然它忽视了婚姻家庭生活中的奉献精神和不计回报的伦理性，不利于社会公平正义的实现，而且随意的财产分割不利于婚姻的稳固。

（2）信托关系说。该学说是英美法系部分法学家的观点，他们认为，婚姻是一种信托关系。在这种信托关系中，主体是国家与个人，国家作为委托人，将配偶置于受托人的地位，给予他们在处理家庭问题上的一系列权利，同时又保留了婚姻利益中一些对社会有潜在影响的权利。国家所保留的这部分权利是婚姻信托利益的重要部分。因此，婚姻信托的效果在于把不完全的婚姻所有权及其附属的自然权利，如子女抚养、夫妻性生活以及婚姻身份权等交给配偶。可倘若父母虐待子女，国家就应依法对之惩治。与此相同，配偶享有彼此性爱的权利，但国家从来都保留着对夫妻一方在夫妻生活中过度淫乱行为的惩罚权。

该说想要达到的目的仅是防止配偶因获得完全和至高无上的所有权而损害社会利益，并未体现相互之间婚姻的本质特征，况且国家的信托权从何而来，没有任何说法。

① 最高人民法院刑事审判第一庭．刑事审判参考：第3辑．北京：法律出版社，1999：25．

② 巫昌祯．婚姻家庭法新论．北京：中国政法大学出版社，2002：29－32．

③ 康德．法的形而上学原理：权利的科学．沈叔平，译．北京：商务印书馆，1991：95－96．

(3) 婚姻伦理说。黑格尔是此学说的创始人，他认为康德的婚姻契约论使婚姻庸俗化。婚姻是“精神的统一”，婚姻与当事人的完整人格有关，它并不牵涉可以转让的“个别外在物”，源于一旦他或她主张婚姻，任何人都不能合法地转让它，并且任何他人都不能合法地对它主张财产权。因此，黑格尔认为婚姻是一个超越了契约立场的契约①。

伦理说相较于契约说更能体现婚姻的特性，家庭伦理的利他原则有利于保障婚姻家庭关系的和谐稳定发展，在一定程度上影响人们张扬个性、追求自由和权利平等的婚姻家庭生活理念，然该说强调婚姻的精神层面而忽视了其市民性和物质性，也不符合现代社会在法律层面上夫妻人格平等、人格独立的准则。

(4) 制度说。该学说始创于大陆法系的法国，1902 年，法国学者卢斐补主张婚姻并非契约，而为制度之一。持此种观点的学者认为，婚姻的缔结虽由当事人选择，但结婚的制度是法定的，是强制性的规定，且双方不能附条件或期限，也不能改变结婚的法定方式，婚姻当事人仅有制度上的权能，故婚姻当事人结婚后，制度上的效力立即发生，而与婚姻当事人的意思如何无任何关系。同时，彭奴卡也认为，结婚行为是以使婚姻当事人结合而达成婚姻制度上的效果为目的之法律行为。夫妻不能变更婚姻效果，更不能因解除的合意而将婚姻自行解除②。因此，主张婚姻是人为制造的制度，人可以选择婚姻，但人不能以自己的约定改变制度。

虽然婚姻关系由法律制度所确认，但不能由此认为制度是婚姻的本质，不然任何法律关系的本质都可认定为制度。

(5) 身份关系说。该学说主张婚姻法律关系本质上是一种身份关系，婚姻双方在财产上的权利义务关系附随于人身上的权利。尽管男女是通过类似进入契约的过程步入婚姻的，然一经成立的婚姻就与各种形式的契约完全不同。它不是双方利益的互换，而是对本人、对方、家庭和社会负责，这是基于身份是婚姻关系的基本要素，并且一旦缔结了婚姻，婚姻关系中的剩余部分是身份内容比契约内容多，如婚姻、协议离婚、收养等就都是身份行为。

上述五种学说各有各的优势，同时也各有各的不足之处，究竟如何理解婚姻的性质，我们认为，婚姻是具有夫妻身份的特殊关系契约。原因如下。

一是婚姻家庭关系中浓厚的伦理性使得婚姻的本质关键在于其身份性。婚姻关系建立之后，夫妻之间无论在财产关系还是人身关系方面，立即会产生双方的权利和义务关系，这种权利义务关系是依附于夫妻这一身份关系上的。

二是在现代社会中，这一身份关系是通过当事人订立契约所确立的，体现了私法自治的理念。是否缔结婚姻关系、与谁缔结婚姻关系的意思表示均须由当事人自行做出，意思表示不真实或有瑕疵的将会导致婚姻的无效或被撤销，而且，婚姻效力中身份关系和财产关系的内容已经有了越来越多的缔约空间，如在许多国家，姓名权、住所权、财产权、生育权等权利均已允许当事人自行约定。

三是婚姻契约又与一般的财产契约不同，它是一种特殊的关系契约，原因是：婚

① 黑格尔. 法哲学原理. 范扬，张企泰，译. 北京：商务印书馆，1961：117.

② 夏吟兰. 婚姻家庭继承法. 北京：中国政法大学出版社，2012：4.

姻契约的内容由法律规定，而不是由婚姻双方当事人确定。婚姻关系承载着人类社会繁衍发展、子孙后代抚养教育、社会伦理道德尊重维护的责任，因而，当事人之间缔结婚姻的合意就要受到更多法律规定的限制，包括婚姻成立的条件和程序、婚姻的身份效力和财产效力等等。再者，婚姻关系的稳定与社会稳定、社会公益息息相关。在此情况下，国家公权力进行干预就显得尤为必要。

四是婚姻契约比其他契约更具有伦理性。婚姻包含着类似于生命体自然延续的生产和再生产的过程，构成了一种基于两性的自然意义的存在。人的两性关系首先是一种自然关系，但人毕竟不同于一般意义上的动物的存在，人既能意识到这种两性关系与动物相似，但更能意识到这种两性关系又不是一种纯粹意义上的两性关系，必然要将上述纯粹意义上的两性关系变成人类生活的一部分。虽然婚姻以两性关系为基础，但它首先不是一种两性关系，而是一种伦理关系。婚姻关系属于一种社会关系，但基于自然的雌雄异体的生命体的两性关系并不是人的关系，婚姻关系必然超越这种两性关系，让其变成基于爱的社会属性和社会关系。婚姻中的这种伦理关系，虽以两性为基础，但其首先却是一种基于爱的伦理关系。在这种伦理关系中，“爱”不同于动物间自然欲望交媾的肉体关系和主观随意的爱，也不同于纯粹的契约关系，这种两性间带有的伦理性的背后是爱和责任本身。

梅因在100多年前曾精辟地指出：“所有进步社会的运动，到此处为止，是一个‘从身份到契约’的运动。”[①] 可以说，从身份到契约也是婚姻制度史上的一次革命，但婚姻浓厚的伦理性和身份性，使得婚姻的本质是身份契约，既有身份性，也有契约性。

二、家庭

1. 家庭的概念

家庭，作为一种社会现象，不同时代对其有着不同的理解。在奴隶社会，以父权为核心的父权制家庭，除夫妻、父母、子女、孙子女等亲属外，甚至还包括奴隶在内。在现代社会中，家庭作为一种社会组织形式，是指因为婚姻、血缘和法律拟制所形成的一定范围内的亲属共同生活的单位，具有两项基本特征：

其一，它是社会中的一个共同生活单位。家庭是一个同财共居的生活单位，属于社会的一个细胞，是以婚姻、血缘为纽带而构成的生活单位。这个生活单位的内容非常广泛，包括经济生活、道德生活以及政治、宗教、教育等各方面的生活。在不同的社会条件下，其内容也不断地发生变化，然无论在何种社会，家庭作为一个生活单位，组织家庭消费和进行家庭教育都是其基本的功能。

家庭作为一个生活单位，还具有同财共居的特点。家庭成员共同生活、共同居住、共同拥有财产、共同消费。这种同财共居的特点不仅构成了社会中最密切的不可替代的人际关系，而且成为家庭与其他社会单位的重要区别。

其二，家庭由一定范围的亲属构成，相互间具有权利义务关系。生活在同一家庭的成员，一般以一定的亲属关系为前提条件，具有固定的身份和称谓。组成家庭的亲属包括因婚姻、血缘和法律拟制而产生的亲属。所谓一定范围的亲属，通常是指在法

① 梅因. 古代法. 沈景一，译. 北京：商务印书馆，1959：97.

律上有权利义务关系的亲属，而非全部亲属。在不同历史时期，以及同一历史时期的不同国家、不同民族，家庭所包含的亲属范围宽窄不一，这取决于经济发展水平和社会发展变化。

经法律所确认和调整的家庭，具有法律明确规定的权利义务关系，而这一权利义务关系的范围通常与家庭成员的范围相一致。根据我国《民法典》1045条的规定，亲属包括配偶、血亲和姻亲。配偶、父母、子女、兄弟姐妹、祖父母、外祖父母、孙子女、外孙子女为近亲属。配偶、父母、子女和其他共同生活的近亲属为家庭成员。各个家庭因其情况不同，其家庭结构的规模与家庭成员的范围亦有所不同。

总之，家庭是由一定范围内的亲属组成的共同生活单位。家庭作为社会的基本组织形式，与其他单位的显著区别在于其成员之间必须存在一定的亲属关系。换句话说，构成同一家庭的成员，必以家庭成员间存在亲属关系为前提，且相互之间的身份称谓都由法律或习惯确认。倘使不存在亲属关系，即使在一起长久共同生活，如过去上山下乡、插队落户的知识青年组成的“知青户”也不能称为“家庭”。在现实生活中，我们常常把成员之间关系融洽、和睦相处的集体称为“家庭”，可那是比喻意义上的家庭，并非法律意义上的家庭。组成家庭的亲属，既可以是因缔结婚姻而形成夫妻关系的配偶，也可以是因血缘纽带而联结在一起的父母、子女、祖父母、外祖父母、孙子女、外孙子女以及兄弟姐妹等，还可以是因法律拟制如收养关系形成的养父母、养子女，生父母的再婚及继父母的事实抚养而形成继父母继子女关系的继父母、继子女等。家庭成员的亲属关系或来源于婚姻，或来源于血缘，或来源于法律拟制。在通常情况下，婚姻是家庭的基础和前提，家庭则是婚姻的自然结果；血缘出自家庭，并使家庭不断延续，家庭则又将血缘关系组织化、单位化，并成为其绵延不绝的生息场所；法律拟制是婚姻、血缘形成家庭的例外，是让原本没有亲属关系的人组成家庭以共同生活的社会补救手段。

还应指出，家庭由亲属组成，但并非所有亲属都构成一个家庭。家庭由一定范围内的亲属构成，可根据法律确立，只有在法律上具有权利和义务关系的亲属才可以构成家庭。

2. 家庭的功能

婚姻家庭是适应人类社会发展的客观需要而产生的，自其产生之日起就担负着一定的社会功能。时至今日，家庭作为社会关系的一种特定形态，仍无其他社会形态可以取代其所担负的社会功能。因而，任何一个社会无不对家庭的社会功能予以规范，以保证其社会功能的正常运转。家庭是社会最基本、最常见、最具有凝聚力的生活单位。在一般情况下，任何社会成员，都有自己的家庭，都为家庭一员而从属于某一家庭之内，故有家庭乃为社会细胞之说。作为社会的构成细胞，作为社会的一种共同生活单位，现代家庭承载着下列基本功能：

其一，性爱功能。一般的家庭，以婚姻为纽带，在存在夫妻的家庭里，性爱功能是家庭的重要功能。人到了一定年龄之后，就会产生性冲动，需要两性结合加以满足。这是人的生理本能，无可非议。然因这种行为可能产生生儿育女的结果，关系到新生命的健康成长及社会的正常生活，因而社会必须对其加以规范、调整。在规范、调整这一行为的过程中，有禁欲主义，有纵欲主义，还有婚配主义。历史证明，婚配主义是实现男女因生理冲动而产生的性爱需求的最佳选择。法律以婚姻的形式将男女双方结合在一个家庭中，就肯定了他们之间性爱的正当性，其他一切非婚姻关系所产生的性爱都为法律所排斥、所否定。男女要获得为社会承认的健康的、正当的、安全的长期性爱关系，只有通过婚姻形式结合成为家庭才能满足。所以，通过结婚组建家庭获得正常的性满足，乃是家庭夫妻生活的重要内容，是存在夫妻关系的家庭所应承担的重要功能，其不仅符合人的生理需求，而且符合社会的共同利益。

其二，生育功能。社会要发展进步，不仅要进行衣食住行等物质性生产，政治、思想、道德、文化、科学、教育等精神性生产，而且必须进行人类自身的再生产，以实现人类的繁衍及延续。进行人类自身的再生产，离不开男女两性的结合。如前所述，在所有性爱中，只有以婚姻为纽带的性爱才是正常的、合法的、健康的、道德的。这样，一旦因婚姻而组成了家庭，家庭便成了生育功能的重要承载者，其他形式的性爱所造成的生儿育女，都为道德所谴责，为法律所禁止。

其三，供养功能。在一个家庭共同生活的成员，可能因各种原因而丧失劳动能力无法自养，如年幼而无行为能力，年老多病丧失或者基本丧失劳动能力，因意外或人为的伤害、先天残疾或后天患病丧失或者基本丧失劳动能力等。对于这些老弱病残者，从人道主义出发，必须有人供养。从历史上看，就供养方式而言，大致分为家庭供养、社会供养以及家庭和社会共同供养等三种形式。在现代社会中，一般采取最后一种方式，可差别较大。在我国，源于家庭成员间的那种血浓于水的天然之情，出于长期同舟共济、共同生活的感情因素，形成了夫妻互敬互爱、互相帮助以及家庭成员尊老爱幼、养老育幼的传统关系。《民法典》第 1058 条、第 1059 条、第 1067 条、第 1068 条、第 1074 条、第 1075 条就分别规定，父母子女、夫妻以及祖父母、外祖父母、孙子女、外孙子女、兄弟姐妹之间都具有相互扶养的义务。对于年老、年幼、患病或者其他没有独立生活能力的人，负有扶养义务而拒绝扶养，对于年老、年幼、患病或者其他没有独立生活能力的人，负有扶养义务而拒绝扶养，加以遗弃的，应当根据《治安管理处罚法》第 45 条之规定，处以 5 日以下拘留或者警告；情节恶劣的，则应根据《刑法》第 261 条的规定依法追究行为人的刑事责任。据此，依法供养家庭成员，对每一家庭成员来说，既是道德义务，也是法定义务，家庭为此亦承载着基本的供养功能，社会供养则仅起着辅助作用。

其四，教育功能。绝大多数家庭都承载了养儿育女的重担。这种重担，不仅在于物质上的供给，而且在于长期的关怀与教育。孩子呱呱坠地后，从牙牙学语、蹒跚学步，到日常生活的衣食住行、为人处世的各种礼节，以及性格、习惯的形成，都与父母和风细雨般的言传身教及其行为长期的潜移默化有着密切的关系。所以说，父母是孩子的第一任老师，首先承担着孩子的启蒙教育。俗话说，“养子不教父之过”，讲的就是这个道理。父母要时时刻刻注意自己的言行，有意或无意地引导、教育孩子健康成长，切不可疏忽家庭教育这一任何教育部门都无法代替的功能。

其五，消费功能。家庭作为一定范围内的亲属共同生活的统一体，构成一个相对独立的消费单位。家庭成员将自己的劳动所得带回家中，然后将其部分转化为衣食住行等生活品与家人共享，以满足家庭成员生活、生存的需要。正是这种消费功能，使每个家庭成员长期聚集在一起，从而成为他们之间互相依存的纽带、家庭赖以存在的重要功能形式。

除了上述各种基本生活功能之外，家庭还可能被社会赋予其他功能。如在封建社会，实行自给自足的家庭自然经济，每个农民家庭就成了一个相对独立的生产单位。在新中国成立初期，广大农村的家庭一般也属于生产单位。在人民公社化后，农村家庭仅作为消费单位存在，不再具有生产单位的功能。20 世纪 70 年代后期至 80 年代初，我国绝大多数农村实行家庭联产责任承包制，农村家庭则又作为生产单位而存在。另外，农村城镇个体工商户、农村承包经营户，从某种意义上来说，也具有生产单位的性质。这些家庭不仅具有消费功能，而且具有一定的生产功能。

三、婚姻家庭关系

1. 婚姻家庭关系的概念

婚姻家庭关系，是指以两性结合为基础、以血缘联系为纽带、以法律拟制为补充而组成的家庭成员间的社会关系。婚姻是两性的结合，由此可以形成一定社会所确认的夫妻关系。夫妻可以组成家庭并生儿育女，并进一步形成夫妻、父母子女、兄弟姐妹等亲属关系，如果他们在同一家庭共同生活，则构成家庭关系。是以，家庭关系广于婚姻关系，婚姻关系为家庭关系所包含，是家庭关系的构成部分。

2. 婚姻家庭关系的属性

（1）婚姻家庭的自然属性。婚姻家庭的自然属性是指婚姻家庭赖以形成的自然条件和婚姻家庭内含的自然规律。它是在婚姻家庭中客观存在的任何人为因素都不能改变的具有普遍意义的属性，构成婚姻家庭与其他社会关系的区别之一。正是在此意义上，婚姻家庭被界定为以两性结合和血缘联系为其自然条件的社会关系。

婚姻家庭的自然属性以其必然的规律性作用于婚姻家庭之中，既呈示于婚姻家庭的表层，又运行于婚姻家庭的动因深层。集中起来，通常为人们认识和把握的有 3 个方面：1）男女两性的生理差别和人类所固有的性本能，是婚姻的生理基础。2）通过婚姻的两性结合实现人类种群的繁衍，保证人类的再生产是家庭的自然功能。3）通过婚姻家庭所明确的父母子女、兄弟姐妹等亲属团体的血缘关系是一种客观自然形成的生物联系，不仅为认定个人遗传上的血统关系提供了依据，同时又为避免和防止近血缘婚配建立了屏障。

正因为婚姻家庭存在如此方面的自然属性，所以生理学、生物学等领域的某些自然规律对人类的婚姻家庭同样起作用。如男女须达到一定年龄具有一定的生理条件才能结婚生育；近亲婚配必然会将同一祖先遗传下来的病态基因遗传给下一代，使其发生先天性遗传疾病；某些传染病患者在夫妻生活和家庭共同生活中，既有横向传染又有纵向遗传的危害。这些生理发育规律、遗传规律对婚姻家庭起着不可忽视的作用，人类必须受其约束。违背自然规律的作用，就会受到其惩罚，贻害子孙和民族健康。

在社会文明进步中，婚姻家庭的自然属性由自发的作用逐步上升为人们自觉的把握，人们借助各种社会规范对其加以明确。任何时代、任何国家或民族的婚姻家庭立法，都要考虑婚姻家庭的自然属性，只是在程度上和表现形式上有所区别。如以达到一定年龄、没有禁止结婚的血亲关系和疾病作为结婚的法定条件，以某种生理缺陷或缺乏生育能力作为不准结婚或许可离婚的理由，以出生的事实作为确认血缘关系的依据，等等，都反映了婚姻家庭所固有的自然属性，为近现代各国婚姻家庭法共同遵行。此外，在有关婚姻家庭的风俗习惯、伦理道德中，自然属性亦有所反映。

(2) 婚姻家庭的社会属性。婚姻家庭的社会属性，是指决定和影响婚姻家庭的社会力量及婚姻家庭所包含的社会内容。它表明婚姻家庭在本质上是一种人与人之间的关系，属于社会范畴，是社会关系的特定形式，依存于一定的社会结构，具有丰富的社会内容，承担多重社会功能，对社会和谐稳定和发展起着能动的作用。基于此，婚姻家庭总是与特定的社会背景和条件紧密联系，其本质属性在于社会属性，原因在于：

一是社会性是人类的根本属性。婚姻家庭的自然属性所反映的两性结合和血缘联系普遍存在于高等的或较高等的动物之中，是人类和其他高等动物所共有的自然规律，但婚姻家庭却是人类专有的社会现象。为什么动物界不存在类似于人类的婚姻家庭？如何区分动物与人类的两性、血缘关系？婚姻家庭的自然属性根本不能解答这些问题，我们只有从其社会属性中才能找到答案。

二是社会性是人类婚姻家庭从低级向高级发展的根本动因。有关婚姻与家庭的合法性，以及婚姻家庭在社会生活中的地位和作用，特别是婚姻家庭自阶级社会以来从低级向高级演进，仅仅根据生理学、生物学的自然规律是无法解答的。人类的自然属性在近几千年并未发生重大变化，然婚姻家庭形态却在不同的历史时期各具特色、不断演进，这只能从婚姻家庭的社会性中寻找答案。这是人类社会生产的方式要求人类两性结合的行为采取社会形式的结果，而不是人类性本能的要求。

三是婚姻家庭是一定社会物质社会关系和思想社会关系的统一。这种社会关系的内容是复杂的，而不是单一的，其中既有属于经济基础范畴的因素，也有属于上层建筑、意识形态范畴的因素。一定社会的物质资料的生产关系决定和影响着婚姻家庭关系，而政治、法律、道德以及情感等思想关系，则与当时社会的上层建筑包括意识形态相适应。因而，婚姻家庭关系作为特殊的社会关系，其存在和发展决定于社会的生产关系，并受社会上层建筑、意识形态各个因素的影响和制约，其发展演变是社会各种条件和各种因素综合影响的结果。

总之，自然属性是婚姻家庭的特点及其形成的前提条件，舍此，便无婚姻家庭。社会属性是婚姻家庭的本质属性，决定着婚姻家庭演进的发展方向。我们既不能抹杀婚姻家庭的自然属性，也不能扩大婚姻家庭的自然属性，更不能将婚姻家庭的自然属性与社会属性置于同等的地位。人类社会的两性关系由自然选择过渡到社会选择，由生物进化过渡到社会进化，是人类以婚姻家庭的社会属性抑制自然属性、战胜自然属性的过程，也是人类社会在自然界进化过程中始终保持卓尔不群的根本动因。

第二节　婚姻家庭制度

一、婚姻家庭制度概述

婚姻家庭制度作为社会制度的组成部分，是建立在一定经济基础之上的上层建筑，是一定社会中婚姻家庭方面各种行为规范的总和。在阶级社会里，婚姻家庭制度中的核心部分具有一定的法律形式，婚姻家庭法（或以亲属法等命名）便是婚姻家庭制度在法律上的体现。同时，有关婚姻家庭的道德、习惯、风俗、教规等也是婚姻家庭制度的组成部分，它们共同调整着现实形态的婚姻家庭关系。

人类历史上各种婚姻家庭制度的依次更替，是经济基础演变更替的结果。经济基础的性质决定了婚姻家庭制度的性质，婚姻家庭制度的产生、变化和发展，归根到底是由经济基础决定的。可是，婚姻家庭制度又是一个能动的因素，一旦形成便具有相对稳定的性质，并通过自身的机制和特定途径能动地反作用于经济基础。落后、衰败的婚姻家庭制度，是维护旧的经济基础、束缚生产力发展和阻碍社会进步的消极力量；进步、新兴的婚姻家庭制度，是巩固和推动生产力发展和促使社会进步的积极因素。

经济基础对婚姻家庭制度的要求，一般不是直接的，而是通过上层建筑各个部门表现出来的。在上层建筑领域中，对婚姻家庭制度作用最明显的是政治、法律、宗教和风俗习惯。一方面，它们直接确定了婚姻家庭制度的各项内容，使婚姻家庭制度有一个明确的依托和载体；另一方面，婚姻家庭制度作为上层建筑组成部门，必须借助上层建筑其他部门的功能才能发挥作用，上层建筑各部门从不同角度和方位对婚姻家庭制度施加影响。

政治在上层建筑领域里处于首要地位，统治阶级总是运用其强大的政治力量，积极地干预人们的婚姻家庭生活，把符合其阶级利益的婚姻家庭观念和婚姻家庭制度上升到主导地位，使之适应于当时社会经济基础的巩固和发展。是以，婚姻家庭制度总是为社会政治制度服务的；同时，政治制度、政治观念和政策对婚姻家庭有着强烈的影响。

法律是统治阶级意志的体现，也是政治的具体化、规范化。婚姻家庭法是婚姻家庭制度的核心内容和集中表现。统治阶级总是利用法律作为载体把有利于本阶级的婚姻家庭形态固定下来，使之制度化、条文化，并赋予其国家强制力以保证其实施。婚姻家庭法是一个国家法律体系的重要组成部分，在古今中外立法中占有重要的地位。

道德是调整人们之间相互关系的重要行为规范，是一定阶级评判是非曲直、荣辱善恶的社会标准。在道德体系中，包含着大量有关婚姻家庭的观念和准则，统治阶级的婚姻家庭道德和婚姻家庭法律是相辅相成、互为补充的，共同构成婚姻家庭制度的主要内容。道德不是依靠国家强制力而是依靠社会舆论和人们的信念以及教育手段发挥作用的，可道德对婚姻家庭关系的调整和约束作用，比起法律来，其影响范围更广泛，时间更久远。

宗教作为一种社会意识形态，对于婚姻家庭的影响也是不可忽视的。有关宗教礼仪、戒律和教义中包含着大量的婚姻家庭内容，它通过人们的信仰来操纵人们在婚姻家庭领域里的行为，确立和制约一定的婚姻家庭制度。在有些国家的一定时期中，有关婚姻家庭的立法权和司法权直接由教会掌握，或者将宗教经典作为婚姻家庭立法的依据，甚至直接作为国家的法律，干预着世俗的婚姻家庭生活。宗教不仅在历史上对婚姻家庭制度有过强烈的影响，而且这种影响在不少国家和民族中至今仍旧程度不同地存在着。

风俗习惯是人们在一定社会条件下长期生活实践中形成的世代沿袭的习惯性行为模式，也是人类社会最早出现的社会规范，带有民族性、地域性和稳定性等特点。各个国家和民族在婚姻家庭方面的风俗习惯所反映的社会含义是十分丰富的，其中被法律和道德所认可的风俗习惯本身就是婚姻家庭制度的组成部分，还有些风俗习惯在社会实践中对人们的婚姻家庭生活起着调节和制约作用。我们要区别对待婚姻家庭方面不同的风俗习惯：继承、发扬那些文明、健康和有益的风俗习惯，破除、改革那些愚昧、落后和有害的风俗习惯，做好移风易俗工作。

二、原始社会的婚姻家庭制度

人类两性关系和血缘关系进步到社会制度范畴的婚姻家庭，经历了漫长而复杂的历史过程。在人类二三百万年的历史长河中，婚姻家庭只存在了几十万年，它经历了一个从无到有、从低级到高级的逐渐演变发展的过程。

1. 前婚姻时代的两性和血缘关系

远古时代，人类脱离动物界还不久，恩格斯称其为“正在形成中的人”。当时人们所处的自然环境极端恶劣，洪水泛滥，野火燃烧，猛兽袭击。为了能在如此艰险的条件下求得生存和发展，人们不得不结成三五十人不等的群体，过着以采集经济为主的群居生活，原始群体成为人类最早的社会组织形式。在同一群体中，人们共同劳动，集体生活，他们没有血缘观念，群体内部成员之间过着毫无限制的两性生活。不仅在兄弟姐妹之间，而且在父母子女等直系血亲之间，两性关系也是杂乱、非规范的，没有任何禁例的限制。我国古籍就对这种关系有过描述。《管子·君臣》：“古者未有君臣上下之别，未有夫妇妃匹之合，兽处群居，以力相征。”《列子·汤问》：“男女杂游，不媒不聘。”《吕氏春秋·恃君览》：“昔太古尝无君矣，其民聚生群处，知母不知父，无亲戚兄弟夫妻男女之别。”《论衡·书虚》：“夫乱骨肉，犯亲戚，无上下之序者，禽兽之性，则乱不知伦理。”可见，在一个数以百万年计的历史中，任何意义上的婚姻家庭都是不存在的，这就是人类两性关系发展史上不可逾越的“血亲杂交时期”。马克思把当时的人类称为“无婚姻可言”的原始蒙昧人。我国元谋猿人、蓝田猿人、北京猿人等遗迹的发现，为这一历史时期提供了重要的考证。然而，这种血亲之间的杂交造成后代身心萎缩、发育不全，寿命也很短促。自然选择规律及人类长期的生活实践和经验教训，使原始人开始在习惯上对杂乱的两性关系有了某种限制和约束。这样，血亲杂交便缓慢地演进为群婚制的各种形式，人类开始了婚姻家庭制度的历史。

2. 群婚制

群婚制，是指在原始社会中，一定范围的一群男子与一群女子互为配偶的婚姻形式。群婚制是人类社会最早的婚姻家庭形态，分为血缘群婚和亚血缘群婚两个阶段。

（1）血缘群婚制与血缘家庭。血缘群婚制与血缘家庭，是指在同一个原始群体内，根据人们的辈分或年龄划分而允许婚配的集团，产生于原始社会蒙昧时代的中期。

由于生产工具的改进，谋生方法的增多，劳动过程中的分工使得年龄相仿的一群男女常常从事类似的生产劳动。因此，在原始群体内部，辈分相同的男女成员自然地形成了若干婚姻集团，通婚的范围限制在这群男女之间，他们既是兄弟姐妹，又是夫妻。而纵向的不同辈分的祖辈与子孙之间、双亲与子女之间的两性关系则是被排斥的。这是人类两性关系史上产生的第一个禁忌规则。

与血缘群婚制相适应的血缘大家庭，实际上是一个低级的有纵向直系血亲之间两性禁忌的群婚原始群体。据摩尔根的调查发现，在19世纪夏威夷原始部落中仍有少量的兄弟姐妹之间的婚配关系。从考古资料分析，我国距今19.5万年的“长阳人”、距今10万～12万年的“丁村人”、距今13万年左右的“马坝人”等，大概已经脱离了没有禁忌的两性关系，进入了血缘群婚阶段。血缘群婚制开人类婚姻史的先河，禁止直系血亲之间的性关系，对于人类的繁衍发展起了促进作用。血缘大家庭的出现，也为氏族的产生创造了条件。

（2）亚血缘群婚制与普那路亚家庭。最初的婚嫁之礼即是兄妹婚（伏羲和女娲的结合就是兄妹婚）和姐弟婚，此乃婚姻之始。由于家族之间的竞争，实力强的家族常常掠夺实力弱的家族的妇女，强迫她们与自己族内男子婚配，这便是原始抢婚制。抢婚的普遍发展，使人们逐渐认识到同姓结婚不如异姓结婚所生的子女优良，于是就出现了亚血缘婚，又称族外婚。本族的兄弟姐妹已不能通婚，而只能到族外求偶，族外婚依然延续了同辈通婚的惯例。两个氏族之间同一辈分的男女实行群婚，所生子女知其母而不知其父。这种两性和血缘联系的社会形式，必然导致母系氏族的出现，子女是属于母方氏族的成员，世系按母方计算，妇女在氏族里受到普遍的尊敬，成为氏族社会的中心。

普那路亚家庭，即同胞（母方的）姐妹和兄弟间，不能互为夫妻的婚姻制度。尚不清楚为什么要有这样的限制，至于限制嫡亲之间的通婚是为了保证后代质量的说法也被证明是不科学的。而苏联史学家谢苗诺夫所说的为了避免内部的混乱和冲突的说法则是可以认同的。普那路亚家庭必定会使得族群分化为一些氏族。在同一个氏族中，姐妹与兄弟之间不可通婚，这就开始了不同氏族之间的通婚，进入了族外的群婚阶段。一群男人共同地与另一个氏族的一群女人通婚，反之也是如此。族外婚维持了本氏族的和谐，消灭了嫉妒，发展了族群。

3. 对偶婚制与对偶家庭

对偶婚也称对偶家庭，是指原始社会时期，不同氏族的成年男女双方，在或长或短的时间实行由一男一女组成配偶，以女子为中心，婚姻关系不稳固的一种婚姻形式。对偶婚是一种两相情愿、不受约束而稍微固定的成对同居形式，是从多偶婚（群婚）向专偶婚过渡的一种形态，其形式有走婚、望门居、不落夫家等。它是从群婚向一夫一妻的个体婚制转变的过渡形态或中间环节，产生于原始社会蒙昧时期和野蛮时期的交替阶段，盛行于野蛮时代，即原始社会晚期。现代中国云南摩梭人在正常的一夫一妻制下，还维持着“走婚”的形式，其实就是对偶婚的残留形态。

对偶婚不像多偶婚那样根本无固定的性伙伴，但又不像专偶婚那样有严格而固定的单一性伙伴。对偶婚最初萌发于性关系形成的伴侣，女性成年后，即可与其他氏族的男性发生性关系，1个女子可以有多个稳定的性伙伴，然性伙伴只有在女方家过夜权而无约束权，女性的性伙伴可以更换。同样，男性也有多个性伙伴，也可更换性伙伴。虽然对偶婚男女的多个性伙伴中，有相对稳定的1个，可双方没有严格的固定关系，未形成个体所有制的家庭经济，这样的经济条件决定了夫妻之间仍无排他性和嫉妒心。夫或妻可以和其他的异性发生性关系，子女依旧属于母系的氏族，与本氏族成员关系亲密是由经济上的联系造成的。对偶婚以族外婚作为自己的母体，是向一夫一妻制过渡的桥梁和媒介，它在不同地域的人类历史上都流行过。对偶婚属于群体两性关系向个体两性关系的过渡形态，必须克服群婚的强大惰性，跨越群婚设置的重大障碍，因而其历程显得漫长而曲折。它产生于母系氏族的全盛时期，直至个体家庭经济出现才告终结。

对偶婚典型的表现形式，是成对配偶在一定时间内保持较稳定的两性同居生活，即1个男子在许多妻子中有1个主妻，1个女子在许多丈夫中有1个主夫，主夫和主妻之间一定程度地脱离群体过着相对稳定的同居生活。这种成对配偶相对稳定的结合演变为常态化的对偶婚，经历了一个漫长的形成发展过程。早在群婚制时期，对偶婚现象就有萌芽，并时有发生，然在当时的社会条件下并没有成为一种普遍实行的婚姻制度。故在原始社会的一个相当长的时期内，对偶婚和群婚是并存的。即使在对偶婚盛行时，其表现也并不总是单一的，有时是复杂的、交叉的，即1个男子分别与几个女子或1个女子分别与几个男子的牢固结合，社会也没有施以增强这种结合的有力规范。如此，对偶婚仍然是介于群婚和个体婚之间的过渡形态，带有双重特点或过渡性质。

三、阶级社会的婚姻家庭制度

原始社会发展到野蛮时代后期，生产力有了很大发展，两次社会大分工的结果使个体劳动在生产中的作用加强了。随着私有制的逐步形成，人类婚姻家庭形态也发生了重大变化。历史意义上的“一夫一妻制”相对于原始社会的群婚制和对偶婚制而言，是在原始社会崩溃、阶级社会形成的过程中确立的，是私有制和阶级压迫的产物。从一夫一妻制萌芽到最后形成的过程，就是人类从无阶级社会进入阶级社会的过程，它的最后完成也是人类文明时代的标志之一。由于一夫一妻组成的个体家庭取代氏族组织而成为社会细胞，独立地发挥着组织社会生产和消费等多项功能，代表着适应生产力发展要求的私有制生产关系，因此一夫一妻制是人类两性和血缘关系史上的伟大历史进步。

母系氏族逐渐为父系氏族取代以后，所生子女由母方的成员变成父方氏族的成员，子女的血统和世系也改按父系计算，子女承袭父亲财产的继承制度开始了，成为后世几千年财产私有制度不可分割的组成部分。在这种制度下的一夫一妻制家庭，“是建立在丈夫的统治之上的，其明显的目的就是生育确凿无疑的出自一定父亲的子女；而确定出生自一定的父亲之所以必要，是因为子女将来要以亲生的继承人的资格继承他们父亲的财产”①。

一夫一妻制家庭与对偶家庭不同的地方在于：（1）婚姻关系要稳固得多，夫妻之间有了独占的同居，不允许随意离异；（2）强烈的男女不平等，要求妇女严守一妻一夫，片面保持贞操，对男子则并无严格限制；（3）实行男娶女嫁、妻从夫居的婚姻居住方式。于是，“一夫一妻制从一开始就具有了它的特殊的性质，使它成了**只是对妇女**而不是对男子的一夫一妻制”②。由此可以说，“个体婚制在历史上决不是作为男女之间的和好而出现的，更不是作为这种和好的最高形式而出现的。恰好相反。它是作为女性被男性所奴役，作为整个史前时代所未有的两性冲突的宣告而出现的”③。

---

① 马克思恩格斯全集：第21卷. 北京：人民出版社，1965：74.

② 同①75.

③ 同①78.

大约在五六千年以前，我国黄河和长江流域的一些部落，开始进入父系氏族社会，产生了一夫一妻的个体家庭。从甘肃临夏秦魏家挖掘的10余座成年男女合葬墓中发现，男性仰卧直肢，右边是向着男子侧身屈肢的女性，这说明当时一夫一妻制下的妻子已处于屈从、依附于丈夫的地位。起源于私有财产制的一夫一妻的婚姻家庭制度经历了长期的演变过程，按其历史发展的顺序，可将其划分为3个阶段，即奴隶社会的婚姻家庭制度、封建社会的婚姻家庭制度和资本主义社会的婚姻家庭制度。

1. 奴隶社会的婚姻家庭制度

奴隶社会是人类历史上第一个阶级社会，其生产关系的基础是奴隶主占有生产资料并直接占有生产者——奴隶。当时的婚姻家庭制度带有专横野蛮和等级制的特点。作为社会规范的法律形式尚不充分，而习惯、道德和礼制的作用十分突出，我国古代“婚礼”“家礼”实际上起着法律的作用。婚姻关系带有原始习俗的遗迹，包办强迫婚、掠夺婚盛行，后期则实行变相的买卖婚——聘娶婚，对后世影响较大。公开的、等级化的一夫多妻制是奴隶主乃至自由民的普遍婚姻形式，多妻制通过纳妾来实现。不过，为了维护嫡长子继承制度，在妻妾中只有1人具有正妻身份，嫡庶有别，不得僭越。在家庭关系上，实行严格的父系家长制，人身依附关系十分突出：一家之内，子必从父，弟必从兄，妻必从夫，全家都要服从于家长。男性家长掌握着家庭财产权，集父权、夫权、家长权于一身，妇女毫无权利，成为家庭的奴隶。

2. 封建社会的婚姻家庭制度

封建社会生产关系的基础是封建地主阶级占有生产资料和不完全占有生产者——农奴和农民。在此基础上确立的婚姻家庭制度同奴隶社会的婚姻家庭制度相比在野蛮残暴的程度上虽有所缓和，但二者基本上一脉相承；奴隶社会中父权家长制的内容和特点原则上被保留下来，并通过封建的法律、宗教、道德、习惯等形式，更加系统化、合法化和习惯化。这种婚姻家庭制度的特点集中表现为：婚姻不自由，奉行强迫包办婚姻和买卖婚姻，父母之命、媒妁之言是婚姻的主要形式；门当户对、聘财买卖是婚姻的实际内容；一夫一妻多妾、专权离婚、妻子没有离婚权是婚姻的基本要求；家长制家庭是基本经济单位和细胞组织；家长专制，男尊女卑，漠视子女利益，家庭自治，维护以男性统治者为中心的封建宗法制度是家庭制度的核心。欧洲封建社会长期统治于基督教，婚姻家庭制度带有浓厚的宗教特点。中国封建社会历史久远，制度完备堪称世界典型，其“三纲五常”是家庭制度的高度概括，女子的“三从四德”是确定妇女社会地位和家庭地位的基本标准，“六礼”聘娶婚则是最普遍的婚姻形式，“七出”“三不去”是确定和限制男子专权离婚的主要规范。

3. 资本主义社会的婚姻家庭制度

在资本主义社会，生产关系的基础是资本家的生产资料私有制，商品、资本、货币关系居主导地位。在此基础上，婚姻家庭领域已不再具有过去那种明显的人身依附性质，其婚姻家庭制度呈现出与奴隶社会、封建社会不同的特点：一方面，作为资产阶级自由、平等、民主、人权、法治等社会变革的结果和表现，资本主义社会的婚姻家庭制度逐步完成了从身份到契约、从宗教到世俗、从封建到民主、从家庭本位到个人本位的演变和发展，确立了男女平等、婚姻自由、夫妻分别财产、过错离婚等法律原则，是值得肯定的历史性进步；另一方面，早期的资本主义婚姻家庭制度在一定程度上依然带有封建的或宗教的残余，反映出革命的不彻底性。

现代资本主义婚姻家庭制度一方面在制度规范上经过不断修改变得更加完善；另一方面由其社会固有矛盾所决定，受“女权运动”和“性革命”的负面作用影响，加上自由主义、享乐主义、个人主义思潮的冲击，社会中未婚生育、非婚同居、非婚生子女、单亲家庭、空巢家庭的现象不断增多，艾滋病扩散，色情文化和色情服务广泛渗透，人口出生率下降，老龄化势头凶猛，独身选择增多，离婚率居高不下，青少年吸毒和违法犯罪呈上升态势，家庭功能普遍衰落，家庭解体危机渐趋严峻……凡此种种，已成为现代社会的突出问题，并在一定程度上带有蔓延性和全球性。这表明现代社会完备的婚姻家庭制度并不能代表社会现实，而社会现实正呼唤着更为有效的婚姻家庭制度和工作机制对其加以调适、防控和整治。

四、社会主义社会的婚姻家庭制度

从上述可见，私有制和阶级剥削制度是历史意义的一夫一妻制婚姻家庭制度赖以存在的社会基础，也是妇女受压迫、受歧视的经济根源和阶级根源。男女、夫妻、家长和家庭成员之间的各种不平等关系，归根结底是由人们在生产资料占有方面的不平等、阶级的不平等决定的。所以，只有社会主义制度的建立，才能铲除旧婚姻家庭制度的社会基础，完成婚姻家庭制度的历史性变革。

与私有制社会中的婚姻家庭制度根本不同，社会主义社会的婚姻家庭制度是真正的一夫一妻制的婚姻家庭制度，它以婚姻自由、一夫一妻、男女平等及保护妇女、未成年人、老年人、残疾人合法权益为基本原则和本质特征。这些特征因社会主义的公有制而具备了经济基础，因社会主义的政治、法律、道德等政治文明和社会规范而具备了制度保证，因社会主义精神文明建设而具备了文化、思想基础，从而具有历史的进步性和现实的优越性。但是，将这些原则和规范形式的制度转变为社会现实，使其成为全社会的婚姻家庭模式，还需要具备一系列社会条件，还需要经历相当长的历史时期。在该历史时期中，社会主义婚姻家庭制度只能反映社会主义初级阶段的条件和要求，作为从私有制社会婚姻家庭制度向共产主义婚姻家庭制度的过渡。

新中国成立以来，社会主义婚姻家庭制度经过70年的变革、发展日益走向稳定、成熟和完善，社会的婚姻家庭关系发生了根本的变化。可是，当今中国仍处于社会主义初级阶段，在婚姻家庭领域里，封建主义的传统思想和旧的习惯势力尚没有被完全破除，资产阶级思想的侵蚀影响作用亦不容忽视，它们交互作用，直接影响了新的婚姻家庭制度的先进性、优越性的充分体现，这表明社会主义婚姻家庭制度还面临着艰巨的巩固、完善和加强任务。我们必须看到，先进的婚姻家庭制度的实现程度，总是同一定的社会条件相联系的。从根本上来说，只有坚持全面发展、全面进步的中国特色社会主义的发展道路，以人为本，努力推进物质文明、精神文明、政治文明、生态文明、社会文明的现代化建设，促使社会走向生产发展、生活富裕、生态良好的文明发展之路，才能为社会主义婚姻家庭制度奠定更加坚实的社会基础；只有不断加强社会建设，创新社会管理，实现依法治国，才能使社会主义婚姻家庭制度得到不断完善和发展。

第三节 婚姻家庭法

一、婚姻家庭法概述

婚姻家庭法在历史上由来已久，可在不同时代和不同国家里，其在法律文件上使用的名称各不相同：有的称为“户婚律”，如我国古代立法以“户律”“婚律”“户婚律”之名将其纳入诸法合体的统一律典之中。有的称为“亲属法”，如近现代大陆法系各国沿袭罗马法传统，将婚姻家庭亲属方面的法律规范置于民法典的亲属编之中。而英美法系各国以其独到的判例和单行法规调整婚姻家庭关系，其法律名称分解得很细，如结婚法、离婚法、家庭法、夫妻财产法、夫妻住房法、亲子法、收养法等。第二次世界大战以后，东欧国家受苏联立法模式的影响，大多采用家庭法、婚姻家庭法等名称。我国在新中国成立后先后颁布、修正的3部婚姻法，从其调整的对象来看，实际上应被称为婚姻家庭法，如现行《民法典》的第五编为“婚姻家庭”。我国婚姻法规定的内容尽管比较原则，然在法学教学和研究领域内，将其称为婚姻家庭法更能概括现行法律规范的全部内容，也更为科学。

尽管婚姻家庭法在古今中外各国法律文件上所使用的名称不尽相同，在立法体例和调整对象等方面也有区别，可这并不影响我们对婚姻家庭法的概念做如下表述，即婚姻家庭法是指规定婚姻家庭关系的发生和终止，以及由此所产生的特定范围的亲属之间的权利义务关系的法律规范的总和。从这一概念出发，在具体理解我国婚姻家庭法时，应注意把握以下3个方面。

第一，它是一种法律规范。婚姻家庭法同宪法、刑法、民法等其他法律一样，是由国家立法机关制定或者确认的，并由国家强制力保证实施的法律规范。

第二，它是一种以婚姻家庭关系为调整对象的法律规范。任何法律都必须以一定的社会关系为调整对象，并由此构成自己与其他法律的区别，形成自己独立的内容与地位。《民法典》第1040条规定：“本编调整因婚姻家庭产生的民事关系。”据此，婚姻家庭法调整的对象为婚姻家庭关系。婚姻关系包括婚姻的成立、效力及解除等；家庭关系则包括各个家庭成员间的权利与义务关系，有夫妻关系、父母子女关系、祖父母孙子女关系、外祖父母外孙子女关系、兄弟姐妹关系等。婚姻关系与家庭关系，既相区别，又有联系。一般说来，婚姻关系是构成家庭关系的基础，而家庭关系则是婚姻关系的自然结果。从广义上讲，婚姻关系可由家庭关系所包容。正因为如此，婚姻家庭法才将两者纳入自己的调整范围。

第三，它是所有调整婚姻家庭关系的法律规范的总和。婚姻家庭法，有广义与狭义之分，有形式与实质之别。狭义上的婚姻家庭法，是指专门调整婚姻关系，即规定婚姻的成立、终止以及效力等夫妻间的权利与义务的法律，不涉及婚姻以外的其他家庭事项，即其他家庭成员之间的权利与义务关系。广义上的婚姻家庭法，则是指既调整婚姻关系又调整家庭关系，即既规定夫妻间的权利与义务又规定其他家庭成员间的权利与义务的法律。在我国，婚姻家庭法显然是指广义上的婚姻家庭法。形式意义上的婚姻家庭法，仅指由国家立法机关制定的全面、系统规定婚姻家庭行为规范的成文法典，即由第十三届全国人民代表大会第三次会议 2020 年 5 月 28 日通过的《民法典》婚姻家庭编。但这一成文法典仅是调整婚姻家庭关系的基本准则，并非调整婚姻家庭关系的法律规范的全部，并非我们上面所讲意义上的婚姻家庭法。我们上面所讲意义上的婚姻家庭法，乃指实质意义上的婚姻家庭法，即一切调整婚姻家庭关系的法律规范，均属婚姻家庭法的范畴。其不仅包括《民法典》婚姻家庭编有关调整婚姻家庭关系的法律规范，而且包括其他法律、行政法规以及部门规章、司法解释、地方性法规中有关调整婚姻家庭关系的法律规范。

二、婚姻家庭法的形式

如上所述，广义上的婚姻家庭法即实质意义上的婚姻家庭法，其表现形式或称渊源并非单一，归纳起来，主要有以下 6 个方面的内容。

1.《民法典》婚姻家庭编

它是婚姻家庭法律规范最主要的表现形式，其对婚姻家庭关系的基本原则、结婚、家庭关系、离婚以及收益等做了全面、系统的规定，是调整婚姻家庭关系的主要行为规范。

2. 国家立法机关，即全国人民代表大会及其常务委员会制定的其他法律、决定等中的有关调整婚姻家庭关系的规范

具体说来，这种规范又包括 4 个层次：

（1）宪法。宪法作为规定国家社会生活中最重要、最根本问题如国家性质、经济制度、国家政权组织形式、公民基本权利与义务、国家机构组织体系及其活动基本原则等的大法，是统治阶级的根本意志和最高利益的最集中、最全面的反映和体现。它是一个国家的根本大法，具有最高的法律效力，是其他一切普通法律的立法基础。其他一切部门法律、法令的制定都要以宪法为根据，都要符合宪法的基本精神及其各项具体规定，不能与其有任何的抵触，否则就不具有法律效力。正因为这样，宪法又被称为“法律的法律”，是其他一切法律、法令的“母法”，而其他一切法律、法令则属于“子法”的范畴。婚姻家庭法作为部门法之一，也是宪法的子法，必须正确地理解宪法的立法原意，准确掌握宪法中的有关原则和精神，从内容上具体体现宪法的意图，将宪法有关婚姻家庭制度的基本精神、抽象的法律规范变成一些具体的、可操作的婚姻法的法律条文，从而使宪法得以正确地贯彻与实施。是以，宪法有关调整婚姻家庭法律关系的原则性规范，如“婚姻、家庭、母亲和儿童受国家的保护”“父母有抚养教育未成年子女的义务，成年子女有赡养扶助父母的义务”“禁止破坏婚姻自由，禁止虐待老人、妇女和儿童”等，都属于婚姻家庭法的范畴。

（2）基本法律，即由全国人民代表大会制定的调整国家和社会生活中某一方面带有根本性、普遍性的社会关系的法律，如民法、刑法、继承法、刑事诉讼法、民事诉讼法等。其中有关婚姻家庭的法律规范，如《刑法》第 257～262 条有关暴力干涉婚姻自由、重婚、破坏军婚、虐待、遗弃、拐骗儿童等，都调整着婚姻家庭关系而属于婚姻家庭法律规范的范畴。

（3）非基本法律，即由全国人民代表大会常务委员会制定的调整基本法律调整范围以外的国家和社会生活中某一方面关系的法律，如《未成年人保护法》《预防未成年

人犯罪法》《残疾人保障法》《治安管理处罚法》《反家庭暴力法》等，其中关于调整婚姻家庭关系的法律规范属于婚姻家庭法律规范的范畴。

（4）全国人民代表大会及其常务委员会制定的除法律以外的决定，也可以成为婚姻家庭法律规范的表现形式，有关婚姻家庭的法律规范亦属于婚姻家庭法范畴。

3. 国务院及其部、委、局等依法发布实施的有关调整婚姻家庭关系的法律规范

此种法律规范，具体包括3个层次：

（1）行政法规。所谓行政法规，是指国务院制定和颁布的有关国家行政管理活动的各种规范性文件的总称，一般采用条例、办法、规则、规定等形式。国务院作为国家最高行政机关，要依照各种法律对国家、社会各个方面行使行政管理权，必须制定、颁布大量行政法规，有关婚姻家庭的行政法规，就属于婚姻家庭法律规范。

（2）国务院制定、颁布的除行政法规以外的规范性决定、命令及行政措施，倘若属于调整婚姻家庭关系的规定，也属于婚姻家庭法律规范。

（3）国务院的职能部门如部、委、局等依照法律规定制定的命令、指示、规章，也可成为婚姻家庭法律规范的表现形式即渊源。如《中国公民收养子女登记办法》《外国人在华收养子女登记办法》等，就属于国务院及其部、委、局等依法发布实施的有关调整婚姻家庭关系的法律规范。

4. 最高人民法院就审判工作如何适用婚姻家庭法律问题所做的解释，以及有关的指示、批复、规定、通知等

我们知道，法律规范具有简洁、概括、适用等规范性特征，被规范的行为则多种多样、变化多端，加之适用法律规范者由于经历、学识、解释法律规范及其适用之分析解决有关法律问题能力的客观差别，对于现实生活中的许多行为、问题的理解往往不同。这就需要统一解释、规范，不然就会导致适用者在处理有关纠纷时裁判不一，公民遇到此类问题时也无所适从，司法者遇到这类有争议却无统一规范的情况还可能借充分行使自由裁量权而徇人情甚至寻私利，从而影响法律的统一实施，并因裁判之间的矛盾损害司法权威。故，最高人民法院在总结司法实践经验的基础上，根据法律规定的原则与精神，就这些司法实践中理解存在争议而又较为普遍或者重大、疑难等必须予以统一解释规范的问题，以解释、规定、补充规定、批复、复函、意见、通知、指导性案例等形式对法律规定从文义、内涵等方面进行文理、逻辑等解释，有的还以通知、纪要、指示等非解释性的规范性文件提出统一要求，供人民法院在审理案件中予以适用。最高人民法院就审判婚姻家庭法律问题所做的解释及规范性文件，体系庞大，比法律规定得更细、更多，构成了婚姻家庭法律规范的广泛而又重要的表现形式。如《民法典时间效力的若干规定》《民法典婚姻家庭编解释（一）》《关于夫妻关系存续期间男方受欺骗抚养非亲生子女离婚后可否向女方追索抚养费的复函》等。

5. 地方性法规及民族自治地方的权力机关依据法律、法规所制定、颁行的规范性文件中有关调整婚姻家庭关系的法律规范

如省、自治区、直辖市的人民代表大会及其常务委员会制定的关于婚姻登记管理的规定，关于计划生育的规定，关于保护妇女、未成年人、老年人、残疾人合法权益的规定等，即属此种婚姻法律规范。然应指出，这种规范只在该地区内具有效力，只能在该区域适用，而不具有适用于全国的普遍效力。

6. 我国缔结和参加的国际条约中有关调整婚姻家庭关系的法律规范

随着社会的进步，交通尤其是航空工具及网络、电信技术的飞速发展，人们交往的范围日益扩大，涉外婚姻家庭也日益增多。调整含有涉外因素的婚姻家庭关系，不仅要以我国婚姻法律为依据，而且要考虑他国婚姻法律的规定。2010年10月28日第十一届全国人民代表大会常务委员会第十七次会议通过的《涉外民事关系法律适用法》第1条就规定："为了明确涉外民事关系的法律适用，合理解决涉外民事争议，维护当事人的合法权益，制定本法。"第21条规定："结婚条件，适用当事人共同经常居所地法律；没有共同经常居所地的，适用共同国籍国法律；没有共同国籍，在一方当事人经常居所地或者国籍国缔结婚姻的，适用婚姻缔结地法律。"

三、婚姻家庭法的特征

婚姻家庭法，以婚姻家庭关系为调整对象，由此决定了其具有以下主要特征。

1. 普遍性

早在1950年我国第一部《婚姻法》颁布之时，毛泽东就曾指出，婚姻法的普遍性仅次于宪法。因为它关系到男女老少的切身利益，关系到千家万户的幸福，也关系到社会主义物质文明和精神文明的建设。任何人，不论男女，不论年老年轻，不论已婚未婚，不论有无子女，不论身在国内国外，都生活在一定的家庭之中，都要受到婚姻家庭法的调整。如果说，宪法是国家的根本大法，那么，可以说婚姻家庭法乃家庭的"根本大法"，是适用于我国所有公民的普通法，而不是只适用于部分公民的特别法，具有极大的普遍性。当然，具有普遍性，适用于全体公民，并不排除对某些特殊主体再做出专门规定，如对军人婚姻、涉外婚姻所做的特别规定等。

2. 伦理性

伦理，即"人伦物理"。所谓人伦，是指人们之间的正常关系和次序。所谓物理，则是指事物的规矩和准则，即社会评判人们行为是非善恶的道德标准。是以，伦理乃为人际间的道德准则。在长期的历史发展进程中，形成了许许多多的有关婚姻家庭关系的伦理规则。这些伦理规则不少被上升为婚姻法律规范，或者虽未上升为法律规范，却为道德、宗教规范以及政治、文化、风俗、习惯等所确认，对婚姻法律规范亦会产生这样或那样的影响，从而为婚姻家庭法涂上了浓重的伦理色彩，使其具有鲜明的伦理性。如直系血亲不能结婚，父母应当抚养教育子女，子女应当赡养扶助父母等，本身既是法律要求，又是伦理要求。与之相适应，调整带有伦理特征的婚姻家庭关系的法律自然具有伦理性。

3. 强制性

任何法律都是由国家强制力保证实施的，因而具有强制性，婚姻家庭法当然也不能例外。但是，不同的法律强制性因其法律后果及强制手段的不同会有所不同。如刑法利用死刑、无期徒刑、有期徒刑、拘役、管制等限制或剥夺人身自由的方法，并可附加剥夺政治权利、没收财产、罚金的方式制裁犯罪行为，其强制性最为鲜明、严厉；民法则以排除妨碍、返还财产、恢复原状、赔偿损失等方法保护公民的财产权益，亦具有一定的强制性。但婚姻家庭法的强制性与刑法相比，自然要弱；与财产法相比，则更为显著。主要表现在：

（1）一定的法律事实发生后，必然产生相应的法律后果。例如，人的出生或死亡，会产生形成或终止父母子女间的一系列权利与义务关系的法律后果；男女双方的结婚或离婚，会产生形成或终止夫妻间的权利与义务关系等法律后果。

（2）形成婚姻家庭关系，除因出生这一法律事件外还必须依照婚姻法规定的条件、程序实施某一行为。倘使没有实施行为，或者虽实施了行为然不符合婚姻法规定的条件和程序，也难以甚至无法产生相应的效力。例如，结婚应当符合法律的条件，并且依法登记，不然就会使婚姻具有瑕疵，甚至无效，当事人要承担相应的法律后果。

（3）对于严重违反婚姻法的行为，如重婚，以包办、买卖、暴力等方式干涉婚姻自由，虐待、遗弃家庭成员，等等，要依法承担民事责任、行政责任；构成犯罪的，还应依法承担刑事责任。

第四节　婚姻家庭法与相邻部门法的关系

一、婚姻家庭法与宪法的关系

宪法作为规定社会制度、国家制度、国家机构的组织活动原则、公民的基本权利与义务等根本性、全面性问题的法律规范，是国家的总章程，有根本大法之称。就法律体系中的效力和地位而言，宪法处于最高地位，是一切法律的制定基础和依据，一切法律都不得与之相抵触。因此，宪法享有“母法”之称，其他法律则属“子法”。婚姻家庭法作为子法之一，其制定要以宪法为基础，贯彻其基本精神，将其关于婚姻家庭的基本原则转化为具体的规范。例如，《宪法》第 48 条第 1 款规定：“中华人民共和国妇女在政治的、经济的、文化的、社会的和家庭的生活等各方面享有同男子平等的权利。”《民法典》第 1015 条、第 1055 条、第 1056 条、第 1057 条、第 1062 条规定了“夫妻在婚姻家庭中地位平等”“夫妻双方都有各自使用自己姓名的权利”“夫妻双方都有参加生产、工作、学习和社会活动的自由，一方不得对另一方加以限制或者干涉”“夫妻对共同财产，有平等的处理权”“自然人应当随父姓或者母姓”等等。《宪法》第 49 条规定：“婚姻、家庭、母亲和儿童受国家的保护。……禁止虐待老人、妇女和儿童。”《民法典》第 1042 条、第 1043 条、第 1087 条亦规定了“禁止包办、买卖婚姻和其他干涉婚姻自由的行为。禁止借婚姻索取财物。禁止重婚。禁止有配偶者与他人同居。禁止家庭暴力。禁止家庭成员间的虐待和遗弃。”“家庭应当树立优良家风，弘扬家庭美德，重视家庭文明建设。夫妻应当互相忠实，互相尊重，互相关爱；家庭成员应当敬老爱幼，互相帮助，维护平等、和睦、文明的婚姻家庭关系。”“离婚时，夫妻的共同财产由双方协议处理；协议不成的，由人民法院根据财产的具体情况，按照照顾子女、女方和无过错方权益的原则判决”等。

二、婚姻家庭法与其他民事法律规范的关系

民法作为一个独立的法律部门，是调整平等主体之间的财产关系及人身关系的法律规范的总和。所谓财产关系，是指人们在生产、分配、交换和消费中形成的经济关

系。为民法所调整的财产关系并非一切财产关系，而是平等主体的自然人之间、法人之间、自然人及法人之间发生的财产关系，即横向的财产、经济关系，包括财产所有权关系、继承关系、债权关系、知识产权关系等。所谓人身关系，在民法中，则是指民事范围内的人身关系，包括自然人的生命健康权、名誉权、肖像权，法人的名称权、名誉权等。作为民法的一个特定组成部分的婚姻家庭法，在其调整的婚姻家庭关系中虽然也要涉及人身关系及财产关系，然与民法中的一些规范所调整的人身关系及财产关系不同。婚姻家庭法所调整的人身关系是具有特定的亲属身份的主体之间的人身关系，如夫妻关系、父母子女关系等，其因结婚、收养、出生等形成；而民法中的一些规范调整的人身关系，有的则与自然人个人的人身权利相关，如生命健康权、姓名权、荣誉权等，有的则是通过权利主体的特定行为而创设，如著作权、发明权等，它们都与亲属身份没有任何关系。至于婚姻家庭法所调整的财产关系，则要依附婚姻家庭方面的人身关系，它随人身关系的产生而产生，并随人身关系的消灭而消灭，如夫妻共同所有财产因结婚形成夫妻关系而产生，因离婚而分割，扶养、抚养、赡养、法定继承等都要以一定的人身关系为前提，不具有等价、有偿的性质；而民法中的一些规范所调整的财产关系则反映了商品经济的要求，参与者为所有自然人及组织，一般都具有等价、有偿之特点。应当指出，婚姻家庭法所调整的婚姻家庭中的财产关系，虽然要以主体相互之间存在特定亲属身份为前提，但由于其相互之间依旧具有平等的法律地位，与他人及组织更是居于平等地位，其中的某些具体财产关系便具有民法中的一些规范所调整财产关系的性质，这时应当适用民法中的有关规范的规定，这也是不同的财产关系既相互区别又相互联系的结果。如夫妻在婚姻关系存续期间所得的财产，要适用民法中有关共同所有的规定；未成年子女致他人损害的，确定责任构成的条件和赔偿方法要适用民法中有关损害赔偿的规定。至于夫妻、父母子女的债务、债权、代理、订立合同等民事行为，自然都应适用民法中的相关规定。

三、婚姻家庭法与行政法的关系

行政法，作为调整国家管理机关的组织和活动，以及在行政管理活动中，行政机关与公民之间的行政法律关系的法律规范，不可避免地会与婚姻家庭法发生联系。鉴于婚姻家庭属于社会生活的一个重要组成部分，行政法必然要将之纳入自己的调整、管理范围。如为维护正常的婚姻秩序，结婚、复婚均要依照行政程序到主管婚姻登记的国家行政机关办理登记；为了维护正常的家庭秩序，进行人口管理，出生、死亡、结婚、离婚、复婚、收养都必须依法进行户口登记；对于实施家庭暴力、虐待家庭成员等尚未构成犯罪的违反婚姻家庭法规定的行为，需要有关机关依法给予行政处罚。这样，行政机关依据行政法律、法规对婚姻家庭的事项进行调整、管理、处罚，乃婚姻家庭法彻底贯彻实施的有力保证，而婚姻家庭法的有关规定则为行政机关依法行政提供了法律基础与指导。

四、婚姻家庭法与民事诉讼法的关系

民事诉讼法，作为人民法院与诉讼参与人进行民事诉讼活动的法律规范，即民事

诉讼程序的法律规范的总和，包括民事诉讼的性质、任务、原则与制度以及起诉、调解、审判、监督、执行等程序。人民法院依照民事诉讼法的有关规定，及时审理民事案件，查明事实，分清是非，正确适用法律，确认民事权利与义务关系，制裁民事违法行为，以有效保证婚姻家庭法、继承法等民事实体法律得以贯彻执行。婚姻家庭法与民事诉讼法的关系是实体法与程序法的关系。如果只有民事诉讼法，没有与之相适应的婚姻家庭法、继承法等民事实体法，那么，人民法院处理结婚、离婚、收养、继承及夫妻、父母子女等的抚养、赡养、扶养等婚姻家庭纠纷就会失去标准与尺度，诉讼活动也会因此失去其目的与意义，从而没有存在的必要。反之，只有婚姻家庭法、继承法等民事实体法，没有与之相适应的民事诉讼法，就不能保证及时处理婚姻、继承等纠纷，无法保证当事人的合法权益及制裁婚姻家庭违法行为。这样，婚姻家庭法等实体法所规定的内容就不能实现，其贯彻执行也就会失去有力的保障，其本身便会成为一纸空文。从这种意义上来说，作为程序法的民事诉讼法与作为实体法的婚姻家庭法，是保证正常、健康的婚姻家庭关系，维护婚姻家庭稳定进而维护社会稳定的形式与内容、方法与目的的统一，民事诉讼的形式与婚姻家庭法等实体法的内容为此应当相适应。国家在制定婚姻家庭法、继承法等民事实体法的同时，必须制定与其内容及性质相适应的民事诉讼法。没有婚姻家庭法、继承法等民事实体法的内容与民事诉讼法的形式的统一，两者就不能达到真正的完善。故，在处理婚姻家庭的纠纷中，既应重视婚姻家庭法、继承法等民事实体法，又要重视民事诉讼法这一程序法，任何只重视实体法而轻视程序法的做法，都是错误的。

五、婚姻家庭法与刑法的关系

刑法，作为规定犯罪和刑罚的法律，其重要任务之一是保护公民的人身权利、民主权利及其他合法权益。婚姻家庭作为社会的组成部分，其主体的权益无疑可能受到各种各样的侵害。如暴力干涉婚姻自由会对婚姻自由造成侵害；重婚会对一夫一妻制造成破坏，并损害当事人的感情，危及家庭稳定；虐待、遗弃会损害受害人的人身健康权益。这些行为达到一定的危害程度，即可构成犯罪，要依照刑法对之严厉惩治，以预防类似行为再次发生，为婚姻家庭法的贯彻执行提供有效的保证。反过来，婚姻家庭法通过对婚姻家庭主体间的权利与义务的具体规范以及对婚姻家庭主体间应有权利的维护，以规范人们在婚姻家庭中的行为，防范婚姻家庭纠纷，无疑为婚姻家庭犯罪设置了一道有力的法律屏障，两者既相互区别，又相互联系，不能相互替代。

此外，婚姻家庭法同劳动法、国际私法等许多法律也存在着这样或那样的联系，在处理某些相关问题时也应当注意把握。

第二章 我国婚姻家庭法的基本原则

婚姻家庭法的基本原则，既是婚姻家庭法的立法指导思想，又是婚姻家庭法规的基本精神，也是婚姻家庭法操作适用的基本准则。它贯穿于婚姻家庭法的始终，集中反映了一定社会的婚姻家庭制度的本质和统治阶级的婚姻家庭观，体现了有关婚姻家庭立法的价值取向和宣示作用。我国婚姻家庭法的基本原则主要有：婚姻自由原则，一夫一妻原则，男女平等原则，保护妇女、未成年人、老年人、残疾人的合法权益原则，树立优良家风、弘扬家庭美德、建设文明家庭原则。

第一节　婚姻自由原则

一、婚姻自由的概念

婚姻自由，是指婚姻当事人依照法律的规定自主、自愿决定和安排自己的婚姻问题，任何人不得强制或干涉。婚姻自由具有以下两个特点。

1. 婚姻自由是法律赋予自然人的一种权利

我国《宪法》第 49 条规定，“禁止破坏婚姻自由”。《民法典》第 1041 条第 2 款、第 3 款规定：“实行婚姻自由、一夫一妻、男女平等的婚姻制度。保护妇女、未成年人、老年人、残疾人的合法权益。”第 1042 条规定：“禁止包办、买卖婚姻和其他干涉婚姻自由的行为。禁止借婚姻索取财物。禁止重婚。禁止有配偶者与他人同居。禁止家庭暴力。禁止家庭成员间的虐待和遗弃。”第 1046 条规定：“结婚应当男女双方完全自愿，禁止任何一方对另一方加以强迫，禁止任何组织或者个人加以干涉。”可见，婚姻自由是由法律规定的并受法律保护的一种权利。任何人、包括当事人的父母在内，都不得侵犯这种权利，否则其行为就属于违法。倘若使用暴力，构成犯罪的，要依照刑法以暴力干涉婚姻自由罪对之予以制裁。

2. 婚姻自由的行使必须符合法律的规定

婚姻自由和自然人的其他权利一样，不是绝对自由，而是相对自由。行使婚姻自由权，必须在法律规定的范围内进行。《民法典》婚姻家庭编明确规定了结婚的条件和程序，离婚的条件、程序和法律后果，这些规定划清了婚姻问题上合法与违法的界限，既是对婚姻自由的确认和维护，又是对滥用婚姻自由权的防范和限制。凡符合法律规定的，即为合法行为，受法律保护；不符合法律规定的，即为违法行为，不受法律保护。于是，婚姻自由权，既不允许任何人侵犯，也不允许当事人滥用。

二、婚姻自由的内容

婚姻自由，就内容而言，包括结婚自由与离婚自由两个方面。

结婚自由，是指缔结婚姻关系的自由，即当事人有权依法决定是否结婚以及与谁结婚。实行结婚自由，要求男女双方结婚必须完全自愿，出于自己真实意思的表示，不受双方财产多少、身份地位等的限制，更不受任何人包括自己的父母、单位、领导的强迫与干涉。因胁迫而结婚的属于可撤销婚姻，受胁迫的一方可以向人民法院请求撤销婚姻。只有实行结婚自由，男女双方才能基于共同的理想、情趣、爱好而缔结婚姻，进而建立美满幸福、和睦的家庭。

离婚自由，是指解除婚姻关系的自由。男女双方自愿离婚的，有权共同做出离婚决定，达成离婚协议；夫妻感情确已破裂的，夫妻任何一方有权向人民法院提起离婚诉讼，他人不得阻碍、干涉，人民法院经过调解无效的，应准予离婚。我们知道，结婚必须以男女之间的爱情为基础，以双方完全自愿为条件，只有这样，才能保证夫妻生活的快乐、健康及幸福。倘使双方感情变异，觉得无法继续共同生活而自愿离婚，或者双方感情确已破裂，缺乏共同生活的必要基础，这时，只有解除他们的婚姻，才能使他们得到解脱，无论是对双方还是对社会，这都是一件幸事。不然，将他们强行捆绑在一起，只能给双方带来痛苦，正所谓“捆绑不成夫妻”“强扭的瓜不甜”，甚至可能引发矛盾，造成家庭、社会悲剧发生。为此，婚姻家庭法在规定结婚自由的同时，必须规定离婚自由，保证那些感情完全破裂、无法共同生活的夫妻的婚姻关系及时依法得以解除，并为双方重新组成幸福美满的家庭奠定基础。

结婚自由与离婚自由共同构成婚姻自由的完整内涵，两者的关系是相辅相成、互为补充的。没有结婚自由，就没有离婚自由；而没有离婚自由，也不会有真正的结婚自由。保障结婚自由，是为了使当事人能够完全按照自己的意愿结成共同的生活伴侣；保障离婚自由，则是为了使感情确已完全破裂、无法共同生活的夫妻能够通过法定途径解除婚姻关系。在现实生活中，结婚是普遍行为，它是婚姻自由的主要方面，离婚是非普遍行为，处于对婚姻自由的补充地位。无论数量多少，两者在婚姻自由制度中处于同等重要的地位。

不过，需要注意的是，这里的婚姻自由，标志着男女双方有权依法自主自己的婚姻，但这不排除父母、亲朋好友的帮助与指导。不能把亲朋好友在法律规定范围内的善意帮助、指导当成限制其婚姻自由的行为。当然，越过了法律规定的限度而对他人婚姻进行所谓的“帮助”“指导”，则属强迫、包办等干涉婚姻自由的行为，应当受到法律的限制甚至制裁。

三、婚姻自由的历史发展

婚姻自由不是从来就有的，它是社会发展到一定阶段的产物。在整个古代社会，几乎所有的国家实行的都是包办强迫婚姻。缔结婚姻和维系婚姻主要是为了实现家族利益，满足传宗接代的要求。家长对子女的婚事享有主婚权，所谓“父母之命，媒妁之言”是合法婚姻的必要条件。至于当事人双方是否自愿、有无爱情，则根本不予考虑。婚姻的解除，也是没有自由的。丈夫的片意离婚权曾在相当多的国家中实行，在欧洲中世纪，甚至采取禁止离婚主义，禁绝一切离婚，婚姻自由无从谈起。

婚姻自由，是资产阶级反对封建专制斗争的产物。一些资产阶级启蒙思想家在提出“民主、自由、平等”口号的同时，将婚姻宣布为“天赋人权”，认为只有摆脱了束缚的婚姻，才符合人类理性的要求。随着资产阶级革命的不断发展，婚姻自由的斗争亦从思想文化领域发展至政治、法律领域。1791 年的法国宪法明确规定：“法律视婚姻仅为民事契约。”1804 年的《法国民法典》进一步规定，“未经合意不得成立婚姻”，“夫妻双方或一方并非出于自由意志而结婚者，仅未经自由表示同意的一方或双方有权提出攻击”，从而肯定了婚姻应以共诺即双方自愿为前提，将婚姻从封建社会的“神作之合”中解脱出来。自此以后，这一原则逐渐为资本主义各国所确认，成为一项普遍的原则，值得肯定。可是，因为其建立在生产资料私有制这一经济基础上，仍然有其局限性，要注意扬其精华，去其糟粕：

（1）婚姻作为一种民事契约，反映了资本主义商品交换自由的本质特征，不可避免地带有有偿、等价等财产交换的色彩，追求的乃是婚姻给双方带来的利益。在男女的经济地位无法平等的现实条件下，婚姻缔结的自由就不能不受到影响。

(2) 在资产阶级婚姻立法中，亦未真正贯彻婚姻自由的原则，许多国家规定，一些达到结婚最低年龄然未满一定年龄的人结婚的，要征得父母同意或法庭许可，如1804年的《法国民法典》曾经规定，男未满25周岁，女未满21周岁，非经父母的同意不得结婚，直到1927年民法典仍旧规定未成年人结婚应征得父母的同意。1900年的《德国民法典》就规定，婚生子女未满21岁前结婚的，应得到父的同意；非婚生子女于同一年龄前结婚的，应得到母的同意。有的国家在法律上虽然没有要求结婚得到父母的同意，但父母可以通过对子女继承权的剥夺而使子女屈从于父母的意志，婚姻自由于是大打折扣。

(3) 资产阶级在主张婚姻自由的同时，往往走向极端，导致两性关系的轻率放荡，有的甚至用“性生活自由”“性开放自由”代替婚姻自由，导致了性自由的泛滥，非法同居现象极为普遍，婚姻关系极不稳定，给婚姻家庭以及社会带来了不良的后果。

在我国，随着国家的发展，社会的进步，物质生活和精神生活方面的双重富足，婚姻中的个体意识得到了充分的张扬，绝大多数人都明白了“捆绑不成夫妻”的道理，已不再习惯对他人的婚姻指手画脚，婚姻自由得到了充分实现。但也应看到，我国尚处于社会主义初级阶段，生产资料公有制的生产关系虽然占绝对主导地位，决定了社会的本质特征，然封建社会、资本主义社会中一些关于婚姻关系的观念的糟粕还无法在短期内消除，以及由于经济、文化还不充分发达，城乡差别存在，地区经济发展不平衡，男女地位存在实际的不平等等原因，一些妨碍婚姻自由的消极因素，如干涉婚姻自由、借婚姻索取财物等还不时发生。要实现真正的婚姻自由，还必须采取各种措施尤其是法律方法。

四、婚姻自由原则的贯彻

《民法典》第1042条第1款规定：“禁止包办、买卖婚姻和其他干涉婚姻自由的行为。禁止借婚姻索取财物。”这就为婚姻自由原则的彻底贯彻提供了必要的法律保障。

1. 禁止干涉婚姻自由的行为

干涉婚姻自由的行为，从形式上而言，包括包办、买卖婚姻及其他干涉婚姻自由的行为。

所谓包办婚姻，是指第三者包括父母违背婚姻自由原则，包办强迫他人婚姻的行为。包办者用自己的意志决定他人是否结婚、与谁结婚以及是否离婚，而不管男女双方是否愿意。包办婚姻，一般是父母利用长者的地位为子女包办。当然，并不排除他人如兄弟、伯叔等基于各种原因而包办他人的婚姻。

所谓买卖婚姻，是指第三者包括父母为索取大量财物，包办、强行干涉他人婚姻自由的行为。通俗地说，主要是指以金钱买媳妇或以支付相应的身价为前提嫁姑娘，即将妇女作为商品由男人竞买。显然，包办婚姻与买卖婚姻既相区别，又相联系。其共同点在于，两者都违背当事人的意愿，仅按自己的意思对婚姻包办强迫，这样，买卖婚姻则必属包办婚姻。其不同点在于，买卖婚姻必以索取大量财物为目的，而包办婚姻则不一定以此为特征，包办婚姻不一定为买卖婚姻。

所谓其他干涉婚姻自由的行为，是指包办、买卖婚姻以外的干涉婚姻自由的行为，如父母对子女的对象不满意，采取暴力、威胁等方式阻挠、干涉，基于封建宗法观念干涉同姓非近亲男女的婚姻，干涉丧偶妇女再婚，干涉离婚或丧偶父母再婚，干涉他人的离婚、复婚，等等。

应当指出，无论是包办婚姻，还是买卖婚姻以及其他干涉婚姻自由的行为，其主体都不特定。既可以是当事人一方，如一方胁迫另一方结婚，又可以是男女双方的父母、子女或亲友，如父母出于自身的政治、经济等利益考虑，强迫子女与他人结合，子女为了自己的财产利益或所谓的面子阻止父母再婚等。

在现实生活中，包办、买卖婚姻作为两种最常见的干涉婚姻自由的方式，又以不同的形式表现出来。如早已绝迹的抱养童养媳的陋习在某些地区又重新抬头。大多数童养媳是父母买卖，也有的是人贩子买卖而形成的。有的钻计划生育的空子，生了女孩，卖给或送给他人作童养媳，然后以无子女为由再生男孩；有的是为解决经济困难卖女孩给他人作童养媳。一些父母因为无法为儿子支付女方索要的彩礼，就给儿子买个童养媳，既不必为彩礼发愁，还可以添加劳动力。有的人从事拐卖妇女的勾当，导致不少被骗妇女被迫嫁人，或者利用婚姻骗取钱财，结婚后离婚，离婚后再婚，以此作为发财致富的手段。这种现象，不仅为婚姻家庭埋下种种隐患，而且严重影响少女、幼女的健康成长，应当彻底铲除。又如，在一些农村地区，某些家庭拿不出为儿娶妻的彩礼，或者儿子自身的条件较差找不到媳妇，而家里又有待嫁的女儿，就与相类似的家庭采取以女儿换媳妇的方式解决儿子的婚姻问题。其中，两家对换叫作“换亲”，多家相互转换的则叫作“转亲”。这种将女儿当作活彩礼的换取儿媳的做法，所关心的只是儿子的利益，女儿的利益与幸福则受到漠视，无疑有悖于婚姻自由原则，并易引发各种纠纷，应当坚决予以禁止。至于拐卖妇女，强迫被拐卖妇女成婚，更是包办、买卖婚姻的极端形式，应当依法严厉惩处，决不能姑息迁就。还有，订娃娃亲，当事人年龄尚小，难以表达自己的意愿，甚至对结婚的行为都缺乏清楚认识，无疑也是包办婚姻的一种表现形式，它的存在和蔓延会对婚姻自由原则造成严重破坏。

2. 禁止借婚姻索取财物

借婚姻索取财物，是指除买卖婚姻以外的其他借婚姻索要财物的行为。在这种情况下，男女双方结婚基本上出于自愿，但一方通常是女方或女方父母向另一方索要许多财物，以此作为结婚的条件。男女双方结婚，要组成家庭，不仅要维持双方共同的生活，而且要承担起抚养教育子女、赡养扶助父母的重任，在选择配偶时考虑对方的经济条件当然无可非议，这与借婚姻索取财物有着本质的区别。借婚姻索取财物虽然基本上因自愿而结婚，但实际上却把满足某种物质欲望作为同对方结合的代价，没有摆脱那种以金钱、财产为转移的剥削阶级婚姻观的影响，妨碍了以爱情为基础的婚姻自由。这种妨碍婚姻自由原则的行为不仅会腐蚀人们的思想，败坏社会风气，而且给双方埋下了不幸的种子，不少婚姻家庭纠纷的发生，都与借婚姻索取财物相关。如有的为了筹集力所难及的财物，东借西贷，以致债台高筑，在婚后造成了沉重的经济负担和精神负担，影响了家庭和睦团结，有的甚至还会铤而走险，走上盗窃、抢劫、挪用、贪污、侵占等违法犯罪道路。

应当指出，借婚姻索要财物与买卖婚姻中的“索要财物”虽然存在某些共同的特征，然两者性质完全不同。买卖婚姻完全违背当事人的意愿，而由他人包办强迫；借婚姻索取财物本质上并不违背当事人的意愿，是在双方基本自愿的条件下，一方向另一方索取大量财物，即对男女双方自愿结婚附加了一定的条件，有碍于婚姻自由原则的彻底贯彻。另外，买卖婚姻一般是第三者索取，通常是父母将女儿作为商品出卖，财物则归己所有；借婚姻索取财物既可以是一方父母索要，也可以是一方本人索要。借婚姻索取财物与出于非法占有的目的以设立婚姻为名索取对方财物之后逃之夭夭、借婚姻之名骗取财物以及男女双方的正当馈赠也属性质不同的行为，要注意区分，不能混淆。

还应当指出，在现实生活中，有的缘于相互关心、帮助而相互赠与或单方面赠与财物，不少地区还有订婚习俗，这种订婚需要附上一定的彩礼，只要附上彩礼是在力所能及的情况下完全基于自愿做出的，并无不可，对于这些行为不能以借婚姻索取财物论。在上述情况下，男女后来结婚，一般不会再存在什么问题，但如分道扬镳，各奔东西，甚至反目成仇，则常常会引发财产上的纠纷。对此，最高人民法院《民法典婚姻家庭编解释（一）》第 5 条规定，当事人请求返还按照习俗给付的彩礼的，如果查明属于以下情形，人民法院应当予以支持：（1）双方未办理结婚登记手续；（2）双方办理结婚登记手续但确未共同生活；（3）婚前给付并导致给付人生活困难。第 2 款规定，适用前款第 2、3 项的规定，应当以双方离婚为条件。

第二节　一夫一妻原则

一、一夫一妻原则的概念

一夫一妻，是指一男一女结为夫妻的婚姻制度。具体包括以下内容：（1）任何人，不论其地位高低、财产多寡、官职大小以及其他情况有多不同，都不得同时有两个或者两个以上的配偶。（2）任何已婚者即有夫之妇、有妇之夫，在配偶死亡（包括宣告死亡）或者双方离婚前，都不得再行结婚。（3）一切公开的、隐藏的一夫多妻、一妻多夫都是非法的，要受到法律的禁止、取缔及制裁。（4）凡是违反一夫一妻原则的行为如通奸、重婚、姘居、卖淫等，都要依法承担相应的责任；情节严重，构成犯罪的，应当受到刑事制裁。

实行一夫一妻原则，首先是婚姻本质的必然要求。婚姻具有绝对的排他性，夫妻双方必须互相忠诚。其次是婚姻伦理属性的要求。一夫一妻有利于保证子女血缘的清白，防止近亲结婚，以免发生乱伦，既符合婚姻伦理的本质，又能保证人类自身的健康和发展。再次是婚姻家庭制度社会属性的要求。“包二奶”、“养小蜜”、重婚、姘居、卖淫等与一夫一妻原则相悖的行为，都会给当事人、家庭、子女带来极大的痛苦、伤害，危及社会稳定。最后是维护良好道德风尚、强化精神文明建设的需要。在现实生活中，卖淫、嫖娼、通奸、姘居、“包二奶”不仅完全违反一夫一妻原则，而且与社会道德观念完全相悖。

二、一夫一妻原则的贯彻

为了保障一夫一妻原则的贯彻落实，《民法典》第 1042 条第 2 款规定：“禁止重婚。禁止有配偶者与他人同居。”

1. 禁止重婚

重婚，是指有配偶而又与他人结婚，或者明知他人有配偶仍与之结婚的行为。其严重地违反了一夫一妻原则，对之无疑需要加以禁止。按照《民法典》第1051条的规定，重婚的，婚姻无效。无效婚姻，当事人并不具有夫妻间的权利与义务。按照《民法典》第1079条、第1091条的规定，一方重婚，另一方因此提起离婚诉讼，调解无效的，应准予离婚；因重婚导致离婚的，重婚者应当依法承担对无过错方的损害赔偿责任。不仅如此，《刑法》第258条亦明确规定，有配偶而重婚的，或者明知他人有配偶而与之结婚的，处2年以下有期徒刑或者拘役，从而更加体现了立法者对于重婚行为坚定的否定态度。

2. 禁止有配偶者与他人同居

有配偶者与他人以夫妻名义同居，属于重婚，可能构成犯罪。为此，在现实生活中，有的人为了逃避法律制裁，有配偶而与他人非法同居，但不以夫妻名义同居，如“包二奶”就是典型的有配偶而与他人同居。这种现象既严重破坏了一夫一妻的婚姻制度，使重婚一方或双方的合法婚姻家庭关系遭受损害，配偶的合法权益受到侵犯，有的甚至造成婚姻破裂、家庭解体，严重地影响了家庭的和睦与团结，又有悖于社会主义的良好道德风尚，影响社会安定，损害社会利益，因此必须严厉禁止。

所谓“包二奶”，通常是指有配偶的男人以金钱等物质条件，如提供汽车、住房、高收入等供养婚外异性并与其保持较为长期的性关系的行为。现实生活中的“养金丝鸟”“养小蜜”等，通常是“包二奶”的别称。这种婚外与他人的同居，既不办理结婚登记，又不以夫妻相称，而是女方通常作为秘书、小妹、保姆等，有的甚至生儿育女，属于严重破坏一夫一妻原则的行为。然这种现象与具有严格内涵的重婚依然有着本质的区别，应当注意区分，不能混淆。

“包二奶”这种社会丑恶现象，在我国源于20世纪80年代初期，首先在一些沿海开放地区出现。至今已屡见不鲜，并呈增长之势。

立法机关在广泛听取各方面意见的基础上，通过反复的调查研究、论证后认为，扩大重婚罪的外延，将“包二奶”“养小蜜”等与他人同居的行为纳入重婚范围应当通过修改《刑法》的方式进行。在《刑法》修改前，“包二奶”等行为是否构成重婚罪，仍要依照《刑法》及其司法解释认定，婚姻家庭法不能越俎代庖，加以规定。具体如何处理，应当针对具体情况具体分析：构成重婚罪的，应以重婚罪追究刑事责任；明知是现役军人的配偶而与之同居的，则以破坏军婚罪治罪科刑；包养暗娼的，根据《治安管理处罚法》第66条的规定，应以卖淫、嫖娼论处，处10日以上15日以下拘留，可以并处5 000元以下罚款，构成犯罪的，依法追究刑事责任。

3. 摒弃、禁止其他违反一夫一妻原则的行为

除重婚、有配偶者与他人同居外，还存在通奸、姘居等有悖于一夫一妻原则的行为，对之也应摒弃或禁止，依法依纪追究行为人的法律责任、纪律责任。所谓通奸，是指没有婚姻关系的男女双方秘密地、临时地发生不正当的两性关系的行为，通常指男女双方有配偶而发生不正当的性行为。通奸的双方对外不以夫妻名义公开，对内不共同生活。至于姘居，则是指没有婚姻关系的男女双方秘密地发生两性关系并同居的

行为，通常是指男女一方或双方有配偶而共同姘居。

第三节　男女平等原则

一、男女平等原则的概念及意义

男女平等原则，是指男女两性在婚姻家庭中处于平等的地位，即享有平等的权利，承担平等的义务，不因性别而有所区别，不许任何性别歧视。作为我国婚姻家庭法的一项十分重要的原则，它既具有十分重要的历史意义，又具有十分重要的实践意义。

1. 实行男女平等原则，是我国一切法律的重要内容

在新民主主义革命中，解放妇女、实现男女平等历来被当作其中不可分割的一部分。早在1922年，中国共产党第二次全国代表大会的宣言就指出："废除一切束缚女子的法律，女子在政治上、经济上、社会上、教育上一律享受平等权利。"在革命根据地颁布的各种法令中，都鲜明地贯穿了男女平等的精神。新民主主义革命胜利后，建立了新中国，废除了一切歧视压迫妇女的剥削阶级法律。1949年9月，具有宪法性质的《中国人民政治协商会议共同纲领》明确指出："中华人民共和国废除束缚妇女的封建制度。妇女在政治的、经济的、文化教育的、社会的生活各方面，均有与男子平等的权利。"在从新民主主义革命至社会主义革命的转变中以及社会主义革命胜利后，我国历部宪法都规定了妇女在政治的、经济的、文化的、社会的和家庭的生活等各方面享有同男子平等的权利，并将其贯穿于婚姻法、劳动法、妇女权益保障法、刑法等基本法律中，使得男女平等原则成为一项具有普遍意义的法律原则，具有十分重要的法制及现实意义。

2. 实行男女平等原则，是婚姻家庭法其他基本原则的核心与基础，是建立平等、和睦、文明家庭的基本保障

例如，婚姻自由原则蕴含了男女平等原则的精神，使广大妇女能同男性一样在自己婚姻这一终身大事上自己做主，这既是婚姻自由原则的要求，也是男女平等原则的必然体现。又如，保护妇女的合法权益，作为保护妇女、未成年人、老年人、残疾人合法权益原则的重要内容，更是在男尊女卑观念还未完全消除、男女之间由于种种原因事实上还存在一定差距的情况下，彻底、充分实现男女平等原则的有效保证。再如，一夫一妻原则，体现了男女平等的要求。在现实的婚姻家庭中，实践已反复证明，凡是真正实现男女平等的，夫妻双方就会互相尊重、互相爱护，遇事共同商量，重大事情共同决策，婚姻家庭也就会幸福、美满，而婚姻自由，一夫一妻，保护妇女、未成年人、老年人、残疾人合法权益等婚姻家庭法的其他原则也会得到彻底、充分的贯彻与执行。反之，男女平等观念差的，尤其是大男子主义、大丈夫主义观念重的婚姻家庭，往往会出现男方专横独断，女方或委曲求全或奋起抗争，摩擦不断，影响婚姻家庭生活的质量，严重者会时常爆发"战争"，造成婚姻家庭悲剧的发生，婚姻自由，一夫一妻，保护妇女、未成年人、老年人、残疾人合法权益等婚姻家庭法其他原则的彻底实现也会遭受阻碍。在现实生活中抱养童养媳，买卖婚姻，以女换媳，"包二奶"，嫖娼，实施家庭暴力，虐待、遗弃妇女及在多子多福、传宗接代、重男轻女的观念支

配下的无子拒不计划生育等现象，无疑都是藐视男女平等原则的畸形怪胎，亦必妨碍婚姻自由、一夫一妻等婚姻家庭法其他原则的真正实现。

3. 实行男女平等原则，是社会文明进步的标志

1975年6月19日至7月2日，联合国在墨西哥召开了第一次世界妇女大会，大会通过的《墨西哥宣言》指出："男女平等是指男女的尊严和价值的平等以及男女权利、机会和责任的平等。""法律上的男女平等指国家法律所规定的妇女和男子在政治、经济、文化、社会和家庭生活等方面享有同等的权利，特别是享有选举权和被选举权。"1985年7月的《内罗毕战略》则强调，人人都有平等机会享受自己的权利，发挥自己的潜力和才能，以便参与国家的政治、经济、社会和文化发展且平等地享受其成果。由此可见，保障包括妇女在内的人人平等已经成为世界发展的方向和潮流。要顺应这一潮流，就必须坚持男女平等原则。另外，我国参加的《经济、社会及文化权利国际公约》也规定："本公约缔结各国承担保证男子和妇女在本公约所载一切经济、社会及文化权利等方面有平等的权利。"据此，实行男女平等也是我国履行国际义务的基本要求。

二、男女平等原则的基本内容

男女平等原则，内容十分丰富。归纳起来，则表现为以下两个方面：

1. 在婚姻方面的权利平等

根据《民法典》的规定，在结婚、离婚的问题上，无论是男还是女，双方权利都是完全平等的，没有任何差异。例如，男女都有平等的同意或者不同意结婚的权利，都有决定自己婚姻这一终身大事的自由，即是否结婚、与谁结婚以及离婚的自由，不受对方及第三人的干涉。又如，男女进行结婚登记后，女方可以成为男方家庭的成员，男方也可以成为女方家庭的成员，不分男女性别而有所歧视。再如，男女离婚时，男女双方都有分割共同财产的权利，等等。

2. 在家庭关系方面的地位平等

（1）在夫妻关系方面，其地位是平等的，主要表现在男女结婚后，人格仍然独立，并享有同等的权利，负有同等的义务。如夫妻双方应互相尊重，和睦相处，协商决定、处理家庭事务，任何一方不得利用金钱、文化程度、社会地位的优势凌驾于另一方之上而指手画脚，强迫对方服从自己的意志；夫妻双方都有各自使用自己姓名的权利即姓名权；夫妻双方都有参加生产、工作、学习和社会活动的自由即人身自由权，一方不能对另一方加以限制或干涉；等等。

（2）夫妻在家庭中的经济地位平等，如夫妻双方有权根据自己的意志对婚姻关系存续期间所得的财产或婚前财产约定共同所有、各自所有或部分共同所有、部分各自所有；夫妻对共同所有的财产享有平等的占有、使用、收益及处分权；夫妻之间有相互继承遗产的权利，相互扶助的义务。

（3）在父母子女关系方面，父母子女的地位亦都平等，主要体现在权利与义务的相互性方面。如子女既可以随父姓也可以随母姓；父母都有抚养、教育和保护未成年子女的权利和义务，在未成年子女造成他人损害时，父母都应承担民事责任；父母都有抚养教育未成年子女的义务，同时享有受成年子女赡养扶助的权利；未成年子女都

有受父母抚养教育的权利，同时成年子女承担赡养扶助父母的义务；父母有继承子女遗产的权利，子女也有继承父母遗产的权利。

(4) 在其他家庭成员，如祖父母与孙子女、外祖父母与外孙子女、兄弟姐妹之间，男女地位也都平等，权利与义务相互存在，不因男女性别而有所差别。

三、男女平等原则的贯彻

男女平等原则真正实现亦不是一蹴而就的，在私有成分存在，阶级、国家尚未消除之时，男女平等仍是我们始终努力实现的目标，只有到了共产主义社会，生产资料全部公有，阶级、国家不再存在，妇女与男子才能彻底、完全、真正平等，成为名副其实的“半边天”。在社会主义社会中，要做到：(1) 努力发展生产力，在建设高度的物质文明的同时建设高度的精神文明，从而为彻底、真正实现男女平等创造前提条件。同时要发挥妇女在经济、政治、社会等各方面的作用，实现男女平等，不歧视妇女，为男女在家庭中平等奠定良好的基础。(2) 严格执行法律，充分维护妇女在家庭中的合法权益。(3) 严厉惩治家庭中的侵犯妇女合法权益，如虐待、遗弃妇女，暴力干涉妇女婚姻自由等违法乃至犯罪行为。

第四节 保护妇女、未成年人、老年人、残疾人合法权益原则

我国《宪法》第49条第1款规定：“婚姻、家庭、母亲和儿童受国家的保护。”第4款规定：“……禁止虐待老人、妇女和儿童。”为了贯彻宪法规定的精神，根据妇女、未成年人、老年人、残疾人易受也常受侵害的实际情况，国家颁行了《妇女权益保障法》《未成年人保护法》《老年人权益保障法》《残疾人保障法》《反家庭暴力法》等，对妇女、未成年人、老年人、残疾人给予特别保护。调整婚姻家庭关系且直接关系到妇女、未成年人、老年人、残疾人权益的婚姻家庭法无疑应注重保护妇女、未成年人、老年人、残疾人的合法权益。为此，《民法典》在总结婚姻家庭生活实践经验的基础上确立了保护妇女、未成年人、老年人、残疾人的合法权益这一基本原则，对妇女、未成年人、老年人、残疾人在婚姻家庭方面的合法权益给予特别的重视和保护，这对于切实贯彻男女平等原则，弘扬我国尊老爱幼的优良传统，建立和维护平等、和睦、文明的婚姻家庭关系具有十分重要的意义。

一、保护妇女的合法权益

1. 保护妇女合法权益的必要性

(1) 从历史上看，妇女地位最低，所受的压迫最深，需要特别保护。在新中国成立之前，妇女长期受到政权、神权、族权、夫权四重压迫，无权无位，过着远比男子更为痛苦的生活。正因为这样，早在民主革命时期，我党就非常重视妇女问题。1931年11月中华苏维埃共和国中央执行委员会第一次会议在关于《中华苏维埃共和国婚姻条例》的决议中就指出：“女子刚从封建压迫之下解放出来，她们的身体许多受了很大

的损害（如缠足）尚未恢复，她们的经济尚未能完全独立，所以关于离婚问题，应偏于保护女子……”这样，保护妇女合法权益原则的特别设置，具有深刻的历史原因。

（2）从现实情况看，男尊女卑、歧视妇女的现象还不时发生，严重地损害了妇女的合法权益，为此要对妇女的合法权益给予特别保护。为了真正实现男女平等，针对妇女的弱者地位，必须保护妇女的合法权益，这就是保护妇女合法权益原则设置的现实原因。

（3）从生理情况看，妇女和男子不同，有其特殊性，这也决定了应该给予妇女特别保护。当然，强调保护妇女的合法权益，与男女平等原则并不矛盾。在男尊女卑、漠视妇女利益的旧习惯势力还有一定市场，男女实际地位还存在一定差距的情况下，对妇女权益给予特别保护，更有利于男女平等原则得以彻底实现。保护妇女的权益，并不是说可以超出范围，甚至侵犯男子的利益，而是从实际出发，真正实现男女平等。

2. 保护妇女合法权益的充分体现

保护妇女合法权益作为保护妇女、未成年人、老年人、残疾人合法权益原则的基本内容，在《民法典》中得到了充分的体现。如《民法典》第1082条规定：“女方在怀孕期间、分娩后一年内或者终止妊娠后六个月内，男方不得提出离婚；但是，女方提出离婚或者人民法院认为确有必要受理男方离婚请求的除外。”无论是限制男方提出离婚，还是受理女方或男方必要的离婚申请，都是从保护妇女权益的角度出发的。又如，《民法典》第1087条规定：“离婚时，夫妻的共同财产由双方协议处理；协议不成的，由人民法院根据财产的具体情况，按照照顾子女、女方和无过错方权益的原则判决。”

二、保护未成年人的合法权益

1. 保护未成年人合法权益的必要性

（1）未成年人无独立生活能力、工作能力，需要他人的抚养，属于最弱势的群体之一，基于人伦道德、社会的发展，对儿童予以特别保护已经受到世界各国的普遍重视。1959年11月20日联合国大会第25号决议1989年11月20日通过的《儿童权利公约》就明确规定：“儿童应受到特别保护，并应通过法律和其他方法而获得各种机会与便利，使其能在健康而正常的状态和自由与尊严的条件下，得到身体、心智、道德、精神和社会等方面的发展。在以此为目的而制定法律时，应以儿童的最大利益为首要考虑。”1989年11月20日联合国大会通过的《儿童权利公约》在序言中开宗明义地指出：“儿童有权享受特别照料和协助，深信家庭作为社会的基本单元，作为家庭的所有成员、特别是儿童的成长和幸福的自然环境，应获得必要的保护和协助，以充分负起它在社会上的责任，确认为了充分而和谐地发展其个性，应让儿童在家庭环境里，在幸福、亲爱和谅解的气氛中成长，考虑到应充分培养儿童可在社会上独立生活，并在《联合国宪章》宣布的理想的精神下，特别是在和平、尊严、宽容、自由、平等和团结的精神下，抚养他们成长。”

（2）未成年人是祖国的希望和未来，是社会主义建设事业的接班人。共和国的缔造者毛泽东1957年11月17日在莫斯科会见我国留学生和实习生时谈话指出：“世界是你们的，也是我们的，但是归根结底是你们的。你们青年人朝气蓬勃，正在兴旺时期，好像早晨八九点钟的太阳。希望寄托在你们身上。”“世界是属于你们的。中国的前途是属于你们的。”[①] 保护未成年人的合法权益，确保他们健康成长，不仅关系到家庭的幸福，而且关系到社会的繁荣、祖国的昌盛、我们事业的前途。所以，保护未成年人合法权益不仅是一个人、一个家庭的问题，而且是整个社会、国家的问题。

2. 保护未成年人合法权益的充分体现

保护未成年人合法权益在《劳动法》《刑法》《义务教育法》《未成年人保护法》等许多法律中都有体现。根据宪法的精神，《民法典》第1058条、第1067条、第1068条、第1074条、第1075条等不少条文对未成年人在家庭中的权利做了具体而详尽的规定。如父母对子女有抚养、教育和保护的义务；父母不履行抚养义务时，未成年子女，有要求父母给付抚养费的权利；父母有教育和保护未成年子女的权利和义务；在未成年子女造成他人损害时，父母有承担民事责任的义务；有负担能力的祖父母、外祖父母，对于父母已经死亡或父母无力抚养的未成年的孙子女、外孙子女，有抚养的义务；有负担能力的兄、姐，对于父母已经死亡或父母无力抚养的未成年的弟、妹，有扶养的义务；等等。这些都充分体现了保护未成年人合法权益原则的基本要求，并为这一原则的彻底实现提供了有力的保证。

三、保护老年人的合法权益

老年人，辛劳一生，养儿育女，为家庭、社会、国家做出了巨大贡献。一个国家、民族、社会的繁荣、发展，离不开老年人之前的努力与奋斗。“老吾老，以及人之老”，早已成为我国后辈对待自己年老长辈以及其他老人的优良传统与美德，《宪法》第45条第1款明确规定：“中华人民共和国公民在年老、疾病或者丧失劳动能力的情况下，有从国家和社会获得物质帮助的权利。国家发展为公民享受这些权利所需要的社会保险、社会救济和医疗卫生事业。”

为使保护老年人合法权益得以彻底实现，《民法典》对老年人合法权益的保护做出了具体规定，主要体现在财产权利和人身权利两个方面。

1. 财产权利方面的法律规定

在财产权利方面，《民法典》有6个法律条文明确规定保护老年人的财产权利。《民法典》第1067条第2款规定：“成年子女不履行赡养义务的，缺乏劳动能力或者生活困难的父母，有要求成年子女给付赡养费的权利。”第1074条第2款规定：“有负担能力的孙子女、外孙子女，对于子女已经死亡或者子女无力赡养的祖父母、外祖父母，有赡养的义务。”第1075条第2款规定：“由兄、姐扶养长大的有负担能力的弟、妹，对于缺乏劳动能力又缺乏生活来源的兄、姐，有扶养的义务。”第1069条规定：“子女应当尊重父母的婚姻权利，不得干涉父母离婚、再婚以及婚后的生活。子女对父母的赡养义务，不因父母的婚姻关系变化而终止。”第1118条第1款规定：“收养关系解除后，经养父母抚养的成年养子女，对缺乏劳动能力又缺乏生活来源的养父母，应当给付生活费。因养子女成年后虐待、遗弃养父母而解除收养关系的，养父母可以要求养子女补偿收养期间支出的抚养费。”第1158条规定：“自然人可以与继承人以外的组织

① 毛主席在苏联的言论. 北京：人民日报出版社，1957：14，15.

或者个人签订遗赠扶养协议。按照协议，该组织或者个人承担该自然人生养死葬的义务，享有受遗赠的权利。”《民法典》这些规定都是老人安度晚年、获得基本物质生活的法律保障。

2. 人身权利方面的法律规定

在人身权利方面，首先，《民法典》婚姻家庭编明确规定禁止虐待和遗弃老年人。如《民法典》第1042条第3款明确规定：“禁止家庭暴力。禁止家庭成员间的虐待和遗弃。”其次，《民法典》婚姻家庭编还规定保护老年人的婚姻自由权。时下，中国社会普遍存在子女干涉父母婚姻的现象。面对父母的再婚，子女往往存有自己的一番盘算，例如，老人结婚后是否会一如既往地偏爱自己？将外人引入家门是否违背“肥水不流外人田”的传统习惯？此外，最为敏感的还是财产的分割问题。因此，面对父母再婚，子女往往动辄吵闹不休，甚至大打出手以捍卫自身“权益”。在这种情况下，《民法典》第1069条明确规定，“子女应当尊重父母的婚姻权利，不得干涉父母离婚、再婚以及婚后的生活”，以此来捍卫保护老年人的婚姻自由权。

四、保护残疾人合法权益

1. 保护残疾人合法权益的重要性

（1）保护残疾人合法权益是衡量一个社会、一个国家、一个民族文明进步的重要标志

残疾人是人类社会中一个人数众多的弱势群体，在人类历史上一直处于社会的边缘，饱受歧视和排斥。因而保护残疾人合法权益是当今国际社会比较关注的话题。残疾人，有人的尊严和权利，有参与社会生活的愿望和能力，同样是社会财富的创造者。残疾人合法权益的保障从狭义上讲是一个法律问题，是指一个国家内作为特殊社会群体的残疾人作为一般公民所依法享有的权益和作为特殊公民依法享有的权益的总称。广义上的残疾人的合法权益是一个综合性的社会问题，在法学、社会学、人类学、哲学、伦理学、政治学和民族学等领域都有涉及。古今中外残疾人的权益保护问题都受到统治阶级、社会各阶层的广泛关注。残疾人合法权益的保障程度如何成为衡量一个社会、一个国家、一个民族文明进步的重要标志。因此，我国《宪法》第45条明确规定：“中华人民共和国公民在年老、疾病或者丧失劳动能力的情况下，有从国家和社会获得物质帮助的权利。国家发展为公民享受这些权利所需要的社会保险、社会救济和医疗卫生事业。国家和社会保障残废军人的生活，抚恤烈士家属，优待军人家属。国家和社会帮助安排盲、聋、哑和其他有残疾的公民的劳动、生活和教育。”这次编纂《民法典》，特别增加了规定保护残疾人的原则。

（2）保护残疾人权益符合婚姻家庭规范的特点和立法目的

为了切实保护残疾人的合法权益，《民法典》总则编规定了适用于对残疾人保护的监护制度，与此同时，《民法典》第128条还特别规定：“法律对未成年人、老年人、残疾人、妇女、消费者等的民事权利保护有特别规定的，依照其规定。”《民法典》婚姻家庭编作为家庭生活的基本规范，也应当突出对残疾人权益的特别保护。保护残疾人权益符合婚姻家庭规范的特点和立法目的，体现了婚姻家庭的功能。保护残疾人婚姻家庭权益，能够促进家庭和谐安定，也体现了公平和正义。家庭是人的主要生活场

所，是人生的避风港，更是残疾人的主要生活场所和避风港。家庭对残疾人的关爱、关照和保护是一切社会福利政策不能取代的。

2. 残疾人合法权益保护的保障措施

(1)《残疾人保障法》的颁布是残疾人合法权益的重要的法律保障

《残疾人保障法》主要从六个方面采取保障措施维护残疾人合法权益：一是国家保障残疾人享有康复服务的权利；二是国家保障残疾人享有平等接受教育的权利；三是国家保障残疾人劳动的权利；四是国家保障残疾人享有平等参与文化生活的权利；五是国家保障残疾人享有各项社会保障的权利；六是国家和社会应当采取措施，逐步完善无障碍设施，推进信息交流无障碍，为残疾人平等参与社会生活创造无障碍环境。

(2) 进一步完善残疾人事业法律法规体系，切实维护残疾人合法权益

为了贯彻落实《残疾人保障法》，进一步保障残疾人的合法权益，我们应该着重做好三个方面的工作：

第一，进一步重视残疾人事业，依法规范和推进残疾人权益保障工作。一是切实把残疾人事业纳入经济社会发展大局，把残疾人工作列入重要议事日程，建立稳定的残疾人事业经费保障机制。二是强化残疾人事业的宣传，将残疾人权益保障法等法律法规纳入普法计划，加强全社会维护残疾人合法权益的法制观念。三是进一步完善残疾人工作领导体制和工作机制，形成联系顺畅、协调有密切配合、齐抓共管的工作格局。四是加强残联组织建设、健全基层残联组织。

第二，进一步加大残疾人就业工作协调力度，努力促进残疾人就业。要根据残疾人的特定情况，建立残疾人劳动就业服务网，在劳动部门指导下，坚持“集中与分散相结合”的残疾人劳动就业方针，开展残疾人培训、能力评估、就业登记就业介绍等系列化服务工作。政府要落实优惠政策，鼓励和引导更多的企业吸纳有劳动能力的残疾人就业；要出台激励措施，动员社会力量兴办福利企业集中安置残疾人就业，劳动保障部门应当加强对残疾人劳动权益保障的监察，及时纠正用人单位在残疾人权益保障方面的违法行为。

第三，进一步完善社会救助体系建设，加大残疾人社会保障力度。各类法律服务机构和各级法律援助中心为残疾人提供优先、优质、优惠的法律服务和法律援助，做好残疾人权益维护工作，政府应安排适当的资金，并鼓励社会各界自愿捐助资金用于法律援助，在基层法律服务和法律援助机构、企事业单位、社区设立维护残疾人合法权益的示范岗。

总之，保护妇女、未成年人、老年人、残疾人合法权益作为我国婚姻家庭法的一项重要的基本原则，是我国社会主义婚姻家庭制度本质的反映。在现实条件下，要实现男女平等，要保证家庭幸福、稳定，就必须贯彻这一原则，以强化对弱者权益的保护。

第五节　树立优良家风、弘扬家庭美德、建设文明家庭原则

家庭是社会的细胞，人人都依托于家庭而成为其中的成员。一个人能否健康、幸福、快乐，与家庭的环境密切相关，建立和维护平等、和睦、文明的婚姻家庭关系则

是其基本保障，并直接关系到社会的安定祥和、稳定团结。是以，《民法典》第1043条明确规定："家庭应当树立优良家风，弘扬家庭美德，重视家庭文明建设。夫妻应当互相忠实，互相尊重，互相关爱；家庭成员应当敬老爱幼，互相帮助，维护平等、和睦、文明的婚姻家庭关系。"这既是法律的宣言，又是道德的倡导，必须以其为指导，将其贯彻于婚姻家庭法律规范的规定、执行之中。要树立优良家风，弘扬家庭美德，重视家庭文明建设。维护平等、和睦、文明的婚姻家庭关系，有赖于家庭成员、社会各界方方面面的共同努力，关键在于以下四个方面：

一、树立优良家风，重视家庭文明建设

随着人口流动加速，传统家族早已被瓦解，家族影响日益弱化，家庭单元也在日渐小型化，培育优良家风的意识在这些年不断被削减，这当然不是我们有意在削减，而是社会处于转型期的一种必然。遏制这种并不利于家庭稳定、和谐的现象，我们不能无所作为。此番，将"树立优良家风"写入法律，体现了立法者对于婚姻家庭关系中道德伦理规则的尊重。提高"树立优良家风"的政治地位和社会地位，能让更多家庭或家族认识到注重培养家风的重要性、必要性、紧迫性，认识到培养优良家风不是一种"老规矩"，而是一种永远的使命。

"树立优良家风"写入《民法典》，有利于鼓励和促进人们对于家风的培养。家风又称门风，是一家或一族的道德准则和处世方法，反映一个家庭或一个家族行为处事的风格和特点。"积善之家，必有余庆；积不善之家，必有余殃。"家风好，不仅能开启一个家庭或一个家族的幸福生活，而且能让其在社会上很好地安身立命、干事创业。具体到对每个家庭或家族成员而言，家风是每个人精神成长的母体，从小接受的家风熏陶，会对一个人的精神状态、价值追求产生深刻影响。由此而言，家风是每个人成长成才、成熟成功的重要源头。

"树立优良家风"写入《民法典》，有利于社会整体风气的提升。万丈高楼平地起，家风是社会风气的基础，良好的社会风气建立在良好的家庭风气这一强大的基础之上。千千万万的家庭都在大力培养与弘扬优良家风，就能汇聚成一股铮铮好社风，而社风则连着国风。所以我们常说，"家风正，社风才淳，国风才清"，家风这个"源头"清澈了，社风自会清澈，国风自会清新。因此，树立优良家风不是每个家庭的私事，是社会的大事，是国家的大事，理当写入相关法律之中。由此才能体现立法者对于树立优良家风的重视，也才能倒逼全社会来重视。

"树立优良家风"写入《民法典》，是将道德规范写入法律的又一进步。此次《民法典》关于"树立优良家风"的法律规定，是社会主义核心价值观融入《民法典》的又一重要体现，体现了法治的进步与完善。

二、夫妻应当互相忠实，互相尊重、互相关爱

婚姻是家庭的重要基础和前提，以婚姻缔结而形成的夫妻关系是家庭关系的核心，夫妻互相忠实、互相尊重，则是建立、维护平等、和睦、文明的婚姻家庭关系不可缺少的基本条件。

1. 夫妻应当互相忠实

夫妻应当互相忠实，是一夫一妻制的婚姻家庭制度本质的必然要求，反映了绝大多数人的伦理道德观念。主要表现在两个方面：

(1) 夫妻间的性生活必须专一，这是性爱排他性的自然属性在夫妻关系中的体现。要求夫妻双方对对方负有性生活的贞操义务，即婚后夫妻进行性生活的权利只能寄托于对方，不允许与对方之外的异性有性爱关系。否则，就是对对方的背叛，既严重损害夫妻感情，又违反一夫一妻原则，应当坚决摒弃。

(2) 夫妻之间应当忠诚无私，坦诚相见，不得恶意欺骗对方，损害对方的感情与利益。

2. 夫妻应当互相尊重

尊重，即尊敬、敬重，表示重视且恭敬地对待。希望得到他人尊重，是人类天生固有的一种强烈的内在感情需求，是自尊自重的重要表现。夫妻之间共同生活，虽有许多共同之处，但其本质属于不同个体，源于性别、年龄、成长经历、生活环境、文化水平、地位等的不同，会有许多差异，常常会有认识、做法不一致的地方，有时甚至产生冲突、摩擦。这时，就要求在承认双方差异的基础上互相尊重，不能贬抑、歧视对方，不能以我为尊，以己为中心，强迫对方完全屈服于自己的意志，即使自己正确，也应尊重对方，耐心细致地做好工作，不能武断行事。夫妻应当互相尊重，表现在夫妻生活的各个方面。如将自己与对方置于平等的地位上，尊重对方的人格，不能打骂对方，不能因为对方的地位低、水平低、赚钱少、经常出错等对对方挖苦、讽刺、侮辱、贬低；对于家庭事务尤其是重大事务，要平等协商，共同做出决策；对于家庭中的涮涮洗洗等日常事务，要共同承担，不能推卸给一方；相互之间应当互相关心，互相爱护，互相体贴，互相帮助，互相照顾。对方遇有困难，要给予精神上的慰藉、物质上的资助；遇到矛盾冲突，应当相互理解，忍让克制，冷静处理，不能任性，以免造成矛盾扩大甚至酿成家庭暴力等。总之，夫妻应当互相尊重，就是在家庭事务与生活中的各个方面，夫妻双方都要重视对方、敬重对方、爱护对方，相互尊重、相互爱护，多设身处地为对方着想。这样，必会形成良好、健康、民主、平等、和睦的婚姻关系，从而为婚姻、家庭美满幸福、安定祥和奠定良好的基础。

3. 夫妻应当互相关爱

《婚姻法》第4条规定："夫妻应当互相忠实，互相尊重；家庭成员间应当敬老爱幼，互相帮助，维护平等、和睦、文明的婚姻家庭关系。"在这次《民法典》编纂过程中，有的意见认为，夫妻之间除应互相忠实、互相尊重外，还应当互相关爱。后来在修订讨论中，立法者采纳了这一意见，在表述中增加"互相关爱"，作为《民法典》第1043条第2款，修改为："夫妻应当互相忠实，互相尊重，互相关爱；家庭成员应当敬老爱幼，互相帮助，维护平等、和睦、文明的婚姻家庭关系。"树立优良家风，弘扬家庭美德，重视家庭文明建设，不是一句空话，夫妻之间、家庭成员之间都必须遵守我国的基本道德规范，坚持社会主义核心价值观。这一规定对于树立优良家风，弘扬家庭美德，建立和维护平等、和睦、文明的婚姻家庭关系具有强有力的推动作用。婚姻以夫妻共同生活为目的，夫妻双方应当互相忠实，互相尊重，互相关爱。家庭成员之间应当敬老爱幼，互相帮助。家庭是社会的细胞，家庭和睦是社会安定的重要基础。

要提倡文明婚俗，勤俭持家，互爱互助，邻里团结，共同建立和维护平等、和睦、文明的婚姻家庭关系。

三、家庭成员应当敬老爱幼，互相帮助

家庭成员敬老爱幼，互相帮助，这是家庭幸福的必要条件。敬老爱幼，是中华民族的优良传统美德，自古就有“老吾老，以及人之老；幼吾幼，以及人之幼”之说。子女、孙子女、外孙子女等晚辈，依法赡养扶助父母、祖父母、外祖父母，尊敬长辈既是义不容辞的法律义务，又是情不容辞的道德责任；父母、祖父母、外祖父母等长辈，依法抚养、教育子女、孙子女、外孙子女，关心、爱护晚辈，也是不可推卸的法律责任，更是毋庸置疑的道德义务。任何家庭成员，都必须全面、彻底、真实地履行这些义务，不然就要受到法律的制裁、道德的谴责。当家庭成员遇到工作、学习、生活等方面的困难，其他家庭成员应当主动关心，无私提供物质上的帮助、精神上的支持，不能事不关己，高高挂起，漠然处之。要鼓励、帮助家庭成员遵纪守法，克己奉公，坦诚热情，尊重他人，乐于助人；要鼓励、帮助家庭成员培养、树立高度的社会责任感、良知及同情心，正确处理自身利益与他人利益以及集体、国家利益的关系，“先天下之忧而忧，后天下之乐而乐”；要鼓励、帮助家庭成员工作上兢兢业业，勤奋刻苦，积极进取，勇于拼搏、创新和开拓；要鼓励、帮助家庭成员生活严肃乐观，敢于面对困难，知难而进，培养豁达、开阔的胸怀；要鼓励、帮助家庭成员培养惜时如金、生活和工作有序、认真学习等良好习惯；要鼓励、帮助家庭成员勇于承认错误，开展批评与自我批评，并努力改正错误，克服缺点，拒绝吸毒、赌博、卖淫、嫖娼等恶习，不断完善自己；等等。只有这样，家庭成员才能相互信任，共同努力维护平等、和睦、文明的婚姻家庭关系。

四、家庭成员间应当平等、民主

家庭成员间的平等、民主，是婚姻家庭关系平等、民主的必然反映。在家庭生活中，任何家庭成员都应平等、民主，遇事共同商量，民主管理家庭，共同操持家务，不能专横独断，不能凌驾于其他家庭成员之上。实现平等、民主，当前主要应当摒弃两种不良作风：（1）大男子主义作风，漠视男女平等原则，歧视妇女；（2）家长作风，把配偶、子女看成自己的附属品，按己之愿对他们发号施令。

第三章 亲属制度

第一节 亲属的概念和特征

一、亲属的概念

亲属，是指基于婚姻、血缘或法律拟制而产生的人与人之间社会关系。作为一种人与人之间最为亲近、最为密切的社会关系，其一旦为法律所调整，便会产生彼此之间的权利与义务关系。亲属之间的称呼，如父母、子女、姐妹、舅叔、姨姑等，不仅反映了他们之间不同的身份地位，而且反映了他们之间的权利与义务关系。

在我国古代，亲属与礼相关，又称亲族。《广韵》曰：“亲，爱也，近也。”《礼记·大传》曰：“亲者，属也。”《白虎通》记载：“族者，凑也，聚也……生相亲爱，死相哀痛，有会聚之道，故谓之族。”汉代刘熙在《释名·释亲属》中说：“亲，衬也，言相隐衬也。属，续也，恩相连续也。”这样，亲属之间存在相互依托、相互连续的亲密关系。直至明代，亲属才作为一个词用于律例，如明律有“亲属相盗”“亲属相殴”“亲属相奸”等条目。清末民律草案及国民党政府的民法典中，都专设“亲属”一编。

现代意义上的亲属有生物学上的亲属与法律上的亲属之分。前者是指因遗传而自然形成的具有血缘关系的亲属。这种亲属可以世代延续下去。后者则是指由法律规定和承认的亲属，既包括自然形成的具有血缘关系的血亲，又包括没有血缘关系但为法律所规定、承认的亲属，如姻亲、拟制血亲。在婚姻家庭法中，我们所要研究的自然属于法律意义上的亲属。

要全面认识亲属的概念，不仅要理解其本身的内涵，而且要注意其与家属、家庭成员等概念的区别。

所谓家属，是家长的对称。在旧中国，同居一家的人，被分为家长和家属。除家长以外的其他同居一家的人，统称为家属，又称家口、家人。如清律解释，家属乃为同居一家的妻、妾、父、祖、子、孙等人。国民党政府的民法典还规定，虽非亲属但以永久共同生活为目的同居一家者，也视为家属。在今天的现实生活中，虽然仍旧沿袭家长、家属等称谓，然两者性质全然不同。旧中国家庭中的家长处于统治、支配地位，家属则处于服从、从属地位，反映了男尊女卑、夫为妻纲、父为子纲等奴役与被奴役的关系；新中国家庭中的家长与家属，仅仅是沿用过去的名称，相互之间无论男女老幼都处于完全平等的地位，他们之间没有什么特殊的权利与义务关系。

所谓家庭成员，一般情况下是指在一个家庭内共同生活、彼此之间负有扶养义务的亲属，如同居一家的夫妻、父母、子女、祖父母、外祖父母、孙子女、外孙子女、兄弟姐妹等。虽未同居一家，没有共同生活，但具有法定的权利与义务关系，如分居的兄弟姐妹、祖父母、外祖父母等，从法律意义上来说，也应视为家庭成员。另外，一些人因收养、再婚而成为法律拟制血亲或仅有姻亲关系的人，如被收养人、继子女共同生活在一起，组成一个生活实体，也为这个家庭的成员。至于其他具有一定亲属关系的人，如姑、舅、姨、侄、甥等，既不在一个家庭共同生活，又无法定的权利与义务，则不互为家庭成员。由此可知，家庭成员一般都为亲属，而亲属则不一定为家庭成员。

二、亲属的特征

亲属，作为一种自然形成、必然存在的社会关系，具有以下基本特征：

1. 亲属是具有固定的身份和称谓的社会关系

称谓是指人们由于亲属或其他关系，以及因其身份、职业等而得来的名称，如父亲、律师等；身份是指人在社会上或法律上的地位。称谓是身份的标志，身份则反映了人在各种社会关系中的资格与地位。就亲属关系而言，其身份和称谓大多自然形成，少数为法律设立。前者如父母子女之间，对生育自己的男女分别称为父亲和母亲，对自己生育的子女则分别称为儿子和女儿。这种关系中的身份、称谓永久存在，不会变化，更不能互换位置，表明的乃是亲属间的无法变更的血缘关系。后者即为法律设立的亲属身份和称谓，如夫妻、养父母子女等，虽然这种关系因离婚、收养终止而解除，然在亲属关系存在期间，其身份、称谓也是固定的，如夫妻之间，将男的配偶称妻子，将女的配偶称丈夫，他们之间的身份、称谓不能变换。至于其他社会关系，人在其中的位置可以变动，身份、称谓也会发生变化。

2. 亲属是以婚姻和血缘为纽带的社会关系

亲属不同于一般的社会关系，它是一种以两性结合和血缘联系为自然条件的社会关系：

(1) 结婚是亲属产生的基础。男女因结婚而形成夫妻关系，也称配偶关系，由此产生夫对妻的父母、兄弟姐妹以及妻对夫的父母、兄弟姐妹等的姻亲关系。

(2) 人的出生是亲属自然形成的重要原因。父母子女关系、兄弟姐妹关系以及祖父母、外祖父母与孙子女、外孙子女关系等其他亲属关系，是基于人出生的事实而产生的，血缘是这类亲属关系的联系纽带。

(3) 拟制血亲是产生亲属的又一原因。拟制血亲是指本来没有血亲关系的人，通过某一法律行为或法律事实而创设具有血亲间的权利与义务关系。如通过收养法律行为，收养人将他人的子女作为自己的子女，产生父母子女亲属关系；通过继父母与继子女之间的抚养法律事实，继父母与继子女之间产生父母子女法律关系。这类法律确认的血亲关系，为拟制血亲。然而，从根本上说，婚姻和血缘是亲属产生的最基本的前提，拟制血亲往往是建立在婚姻和血缘之上的，如养子女和养父母的亲属形成拟制血亲，其基础是养父母与其亲属之间的以婚姻和血缘为纽带的亲属关系；继父母和受其抚养教育的继子女形成拟制血亲，其生父或生母与继母或继父的结婚是这一拟制血亲关系形成的条件之一。

3. 亲属之间可以具有一定的权利与义务关系

在封建社会，特定的亲属之间不仅具有民事权利与义务关系，承担民事法律责任，而且还可能因亲属犯罪承担刑事责任，其中，株连九族就是例证。现在，我们虽然彻底否定了封建社会刑事责任的株连做法，贯彻罪责自负、不株连无辜的原则，但是在民事法律中，一定范围内的亲属依然具有权利与义务关系。根据婚姻家庭法的规定，夫妻之间、父母子女之间就具有相互扶养、继承遗产的权利与义务；祖父母、外祖父母与孙子女、外孙子女之间以及兄弟姐妹之间在一定条件下也具有扶养、赡养、继承遗产的权利与义务。当然，并不是所有亲属之间都相互具有权利与义务，只有法律规定的亲属之间，如父母子女之间才具有权利与义务关系，其他亲属之间如叔侄、舅甥等，法律没有规定其间的权利与义务，就不存在权利与义务关系。但是，他们缘于亲情关系，可能自愿承担道义上的责任，这固然是允许的。

第二节 亲属的种类和范围

一、亲属的种类

1. 新中国成立前我国亲属的分类

在我国古代，亲属最初分为宗亲和外亲两种。唐宋以后，逐渐将妻族从外亲中分离出来，形成了宗亲、外亲和妻亲。

(1) 宗亲。宗亲，又称内亲、本亲或本族，是指同一男性祖先所传下来的男系血亲、未嫁女性以及嫁入本宗为妻的妇女。其由封建礼法所确认，相互之间都为同一宗族的成员，具体包括3个部分：

一是出自同一男性祖先的男系血亲，以九族为断。何谓九族，有不同看法。有的人认为九族不限同宗同姓，包括异姓有服亲；有的人则认为，九族仅限于父宗，上至高祖，下至玄孙。明律、清律中绘制的《本宗九族五服图》则将宗亲限制在男系九族血亲即父宗之内，以一世为一亲族。具体说来，己身为一代，直系血亲向上依次为父母、祖父母、曾祖父母及高祖父母，向下则依次为子女、孙子女、曾孙子女及玄孙子女。平辈旁系宗亲包括同胞兄弟姐妹、堂兄弟姐妹、再从兄弟姐妹及族兄弟姐妹。长辈旁系宗亲包括叔、伯、姑，堂叔、堂伯、姑堂，族叔、族伯、族姑，叔伯祖父母、祖姑，族叔伯祖父母、族祖姑，曾叔伯祖父母、曾祖姑。晚辈旁系宗亲包括侄子女、堂侄子女、再从侄子女、侄孙子女、堂侄孙子女、曾侄孙子女。

二是出自同一男性祖先的未出嫁女性，如没有出嫁的女儿、侄女、姑、姐妹、堂姐妹等。但她们一嫁出，则入夫家宗族，不再为本族宗亲。出嫁后离婚再回娘家的，称为大归。大归的女性又恢复其宗亲地位。

三是嫁入本宗的妇女，即出自同一男性祖先的男系血亲的配偶，即所谓的来归之妇，如伯母、婶母、儿媳、孙媳、弟媳、侄媳、嫂子等。她们嫁入夫家，即成为夫家宗族的成员，与娘家宗族脱离了关系，不再是娘家的宗亲。

（2）外亲。外亲又称外姻、外族或女亲，是指与女系血统相联系的亲属，包括母族、女族、妻族。母族，是指母系血亲，如外祖父母、舅、姨、姨表兄弟姐妹等。女族，是指出嫁姑、女的夫族亲属，如姑的丈夫及其子女、女的丈夫及其子女等。妻族，是指妻子的血亲，如妻的父母、妻的兄弟姐妹等。在唐宋以前，妻族包括在外亲之内，明清则将其分离出来另立妻亲。

（3）妻亲。妻亲，是指丈夫因婚姻而与妻子的血亲之间发生的亲属关系，如妻的父母、妻的兄弟姐妹等。然应指出，纳妾不同于娶妻，不属婚姻关系，男方与妾的父母、兄弟姐妹从而不形成亲属关系。

这些关系反映了男尊女卑、重男轻女的家庭特征。男子保持自己的宗亲不变，女子嫁入夫家后，则要视夫族为宗亲，脱离自己原来的宗族。清末民律草案虽将亲属分为宗亲、外亲及妻亲，可仍以宗亲为主体，反映了以男性为中心的男性本位主义。国民党政府的民法典虽然废除了亲属的宗亲、外亲之分，但在现实生活中，未能根本改变封建社会的亲属传统，男性本位主义在亲属关系中依旧起着决定作用。

2. 新中国亲属的分类

新中国成立后，实现了男女平等的原则，亲属关系不再有宗亲、外亲、妻亲之分，而是根据产生根据、原因的不同，将其分为配偶、血亲及姻亲。

（1）配偶。配偶，即夫妻，是指男女双方因结婚而产生的亲属关系，是血亲和姻亲赖以产生的基础，在亲属关系中具有承上启下的作用。男女在婚姻关系存续期间，男是女的配偶，称为（丈）夫；女是男的配偶，称为妻（子）。相互之间，一般没有血缘关系。根据我国婚姻家庭法的规定，直系血亲和三代以内的旁系血亲禁止结婚。三代以外的旁系血亲虽不禁止结婚，然在社会活动范围不断扩大的情况下，相互结婚的也很少。

（2）血亲。血亲，是指与己具有血缘联系即出于同一祖先的亲属。根据不同的分类标准，又可分为两种情况：

一是按照血缘联系的不同，可以分为直系血亲和旁系血亲。所谓直系血亲，是指与己有着直接血缘联系，即存在着上下传递关系的亲属。它从纵的方面反映自己与上下各代之间的血缘直接传递关系，包括生育自己的与自己生育的上下各代的亲属，如父母与子女、祖父母与孙子女、外祖父母与外孙子女等。所谓旁系血亲，是指与己没有直接血缘联系然存在间接血缘联系的亲属。它从横的方面反映自己与同辈、上下各代之间的血缘横向联系，包括同源于父母的兄弟姐妹，同源于祖父母的伯、叔、姑、堂兄弟姐妹、姑表兄弟姐妹，同源于外祖父母的舅、姨以及姨表兄弟姐妹、舅表兄弟姐妹等。

二是根据血缘的来源不同，分为自然血亲和法律拟制血亲。所谓自然血亲，指因出生而形成的、源于同一祖先的有血缘联系的亲属，如父母子女、兄弟姐妹等。自然血亲又可分为全血缘的自然血亲和半血缘的自然血亲。全血缘的自然血亲是指同父同母的兄弟姐妹，即同胞兄弟姐妹；半血缘的自然血亲是指同父异母或同母异父的兄弟姐妹。我国婚姻家庭法有关兄弟姐妹的权利义务方面的规定，既适用于全血缘的兄弟姐妹，也适用于半血缘的兄弟姐妹。所谓法律拟制血亲，指本来没有血缘关系，可由法律确认其具有与自然血亲同等的权利义务的亲属，如养父母与养子女之间、继父母与受其抚养教育的继子女之间的权利义务关系，适用婚姻家庭法对父母子女关系的规定。

（3）姻亲。姻亲，是指以婚姻关系为中介形成的除配偶以外的亲属。男女结婚后，配偶一方与另一方的亲属之间就会形成姻亲关系，如儿媳与公婆、女婿与岳父母、丈夫与大舅子、妻子与小姑子之间，都因婚姻关系而形成亲属关系，称为姻亲。具体说来，姻亲又包括 3 种情况：

一是血亲的配偶，即自己血亲包括直系血亲、旁系血亲的配偶，如儿子的妻子（儿媳）、女儿的丈夫（女婿）、兄弟之妻（嫂子、弟媳）、姐妹之夫（姐夫、妹夫）、伯叔之妻（伯母、婶母）、姑姑之夫（姑父）等，都是自己血亲的配偶。但父母、祖父母、外祖父母等长辈直系血亲的配偶除外，他们应属血亲之列。

二是配偶的血亲，即自己配偶的血亲，如丈夫的父母（公婆）、丈夫的兄弟姐妹（大伯子、小叔子、大姑子、小姑子）、丈夫前妻所生的未与自己形成抚养教育关系的继子女以及妻子的父母（岳父母）、妻子的兄弟姐妹（大舅子、小舅子、大姨子、小姨子）、妻子前夫所生的未与自己形成抚养教育关系的继子女等。

三是配偶血亲的配偶，即自己配偶的血亲的夫或妻，如丈夫兄弟之妻（妯娌）、丈夫姐妹之夫、妻子兄弟之妻、妻子姐妹之夫等。然丈夫的父母、祖父母，妻子的父母、祖父母等配偶的长辈直系血亲属于配偶的血亲范围，不能再以配偶血亲的配偶论。

另外，血亲配偶的血亲，如儿媳的父母、嫂的父母等，从理论上讲，也是因婚姻关系而形成的亲属，在现实生活中也存在，尤其是两“亲家”即自己与子女配偶的父母之间互相来往更是屡见不鲜。在一些国家如韩国也承认这种关系为姻亲。可是，由于这种关系过于广泛，多数国家并不承认这种姻亲。在我国，除“亲家”外，其余的血亲配偶的血亲之间关系较为松散，不以姻亲论更为妥当，以免导致姻亲范围过宽。其实，不论姻亲范围的宽窄，除同居一处的公婆与儿媳、岳父母与女婿构成家庭成员，禁止相互虐待外，婚姻家庭法并未规定他们之间的权利与义务关系。至于继承法规定，丧偶儿媳和女婿在一定条件下，即在丧偶儿媳对公婆、丧偶女婿对岳父母尽了主要赡养义务的情况下，可以作为第一顺序法定继承人继承公婆或岳父母的遗产，其主要原因并非考虑他们之间的姻亲关系，而是为了提倡、发扬尊老赡老的优良社会道德风尚，这是一种按照权利与义务相一致的原则确定的特殊继承权。

二、亲属关系的重叠

在现实生活中，两人之间一般只存在一种亲属关系，如父母子女、兄弟姐妹之间就是如此。然因现实生活的复杂性、多样性，各种社会关系相互交织，以致发生重叠，亲属作为社会关系的一种表现形式，也不能例外。如表兄妹本属自然旁系血亲，如果结婚就会形成配偶关系，由此产生两种关系的重叠。又如，收养侄子为养子，双方既存在自然旁系血亲关系，又存在拟制直系血亲关系。再如，儿子与养女结婚，或养子与养女结婚，则自己与养女之间既有法律拟制血亲关系，又有公婆与儿媳的姻亲关系，如此等等。两人之间存在两个甚或两个以上不同亲属关系的现象，就称为亲属关系的重叠，又叫作亲属关系重复或亲属关系的并存。

亲属关系的重叠是一种客观存在的现象，各亲属关系相互之间不能合并。但在同一法律关系中，当事人之间只能存在一种权利与义务关系，不能同时存在两个甚至两个以上的权利与义务关系。如叔叔收养侄儿，他们之间形成了收养关系，就应按养父子关系确定他们的权利与义务，不能再以叔侄关系对待；被收养的侄子与其生父母也不再存在父母子女间的权利与义务关系。在现实生活乃至司法实践中，确定亲属关系重叠时的权利与义务关系，一般根据下列原则择一处理：

1. 从近原则

存在亲疏远近不同的两种或两种以上的亲属关系，即以最近的一种亲属关系为依据确定当事人之间的权利与义务。简言之，就是近亲属先于一般亲属。如继父将继子女抚养教育成人，其间既存在姻亲关系，又存在法律拟制父母子女关系。在这两种关系中，拟制的父母子女关系比姻亲关系更近，前者为近亲属，从而应以父母子女关系确定其间的权利与义务。

2. 从新原则

当重叠的几种亲属关系产生时间先后不同时，则以后种亲属关系为依据确定当事人的权利与义务关系，即后亲属关系先于先亲属关系。如养兄妹之间结为夫妻的，应以新的配偶关系确定他们相互之间的权利与义务。当然，从新原则与从近原则发生抵触时，则应以从近原则为准。如养兄妹结婚，养父与养女之间的收养关系若未解除，则养父女关系近于公公与儿媳的姻亲关系，故仍要以养父女关系确定其间的权利与义务。然而，明确解除了养父女关系的除外。

3. 从存原则

在几种亲属关系中，因其他关系终止而仅存在一种亲属关系时，固然应以现存的亲属关系确定其间的权利与义务。如表兄妹、养兄妹结婚后离婚，配偶关系因离婚而终止，仅存表兄妹、养兄妹关系。此时，自应以存在的关系确定相互间的权利与义务。

三、亲属的范围

亲属关系以夫妻、父母为联结中心，上下各代连绵不断，左右血缘联系无穷，加之婚姻这一媒介，范围极为广泛。为了有效确定其间的权利与义务，有必要对其划一界限，以限制亲属范围过宽、过泛。是以，各国都会根据自己的传统习惯及民情风俗，对亲属范围做出规定，并确定亲疏远近的计算方法。通观各国的立法例，大致可以分为两种情况：

1. 总体概括性限定法

这是通过法律对亲属范围从总体上做一概括性的规定，然后再根据亲属的种类、关系的远近确定其法律效力。例如，唐律规定，亲属的范围为宗亲五代、外亲三代、妻亲二代。日本民法规定，六亲等以内的血亲、配偶及三亲等以内的姻亲为亲属。

2. 个别实用性限定法

这是法律不对亲属的范围做出总体规定，而是根据不同法律关系的需要对亲属的法律效力做出个别的具体规定。我国采取的就是这种方法。例如，《民法典》第1045条规定，亲属包括配偶、血亲和姻亲。配偶、父母、子女、兄弟姐妹、祖父母、外祖父母、孙子女、外孙子女为近亲属。配偶、父母、子女和其他共同生活的近亲属为家庭成员。

第三节　亲系和亲等

一、亲系

亲系，是指亲属间的血源联系。在血亲之间，毫无疑问，存在血缘联系；姻亲以婚姻为中介，而配偶与其血亲间也存在血缘联系。因此，除配偶外，其他亲属间的关系都可以以血缘联系的远近来反映，相互之间可以构成一个以血缘联系为纽带的系统，故亲系又称亲属的系统。

根据亲属间血缘联系状况、特点的不同，可以划分为各种不同亲属系统。另外，亲属的划分也反映了不同时代的特点。在封建社会男尊女卑的宗法制度下，就分为男系亲与女系亲、父系亲与母系亲，重男系、父系而轻女系、母系。在现代社会中，不再是以男性为中心的亲属，而是男女平等的亲属，区分为直系血亲和旁系血亲及直系姻亲和旁系姻亲。另外，根据辈分不同，还可以分为长辈亲、平辈亲及晚辈亲。

1. 男系亲和女系亲

男系亲，是指与男子血统相联系的亲属。女系亲，是指与女子血统相联系的亲属。这种划分是以亲属关系性别的不同为依据的。在封建社会，宗亲即男系亲，包括高祖以下、玄孙以上，旁及族兄弟姐妹等九代。外亲即女系亲，包括母系亲和妻亲等。

2. 父系亲和母系亲

按亲属血缘的来源不同，可以分为父系亲和母系亲。父系亲，是指以父亲为中介而产生的亲属。母系亲，是指以母亲为中介而产生的亲属。这种划分同男系亲和女系亲的划分既有联系，又有区别。例如，自己与父亲兄弟之子女之间所以能成为亲属，中间必以父亲为中介，故为父系亲；连接双方的中介都为男子，故又为男系亲。而自己与父亲姐妹之子女之间是以父亲为中介的，故为父系亲；但与其子女之间构成亲属，还离不开父之姐妹这一中介，故又为女系亲，而非男系亲。

3. 直系亲和旁系亲

按亲属间血缘关系亲疏远近的不同，可以分为直系亲和旁系亲。亲属包括血亲、姻亲及配偶，除配偶无法构成血缘联系外，血亲、姻亲都可以以血缘联系来反映。故，直系亲又分为直系血亲与直系姻亲，旁系亲可以分为旁系血亲与旁系姻亲。为了分析的方便，我们将直系血亲和旁系血亲、直系姻亲和旁系姻亲分别进行介绍。

（1）直系血亲和旁系血亲。所谓直系血亲，是指具有直接血缘联系的亲属，即生育自己和自己生育的上下各代血亲，如父母、祖父母、外祖父母、曾祖父母、外曾祖父母、高祖父母、外高祖父母及子女、孙子女、外孙子女、曾孙子女、外曾孙子女、玄孙子女、外玄孙子女等。养父母与养子女、继父或继母与其抚养教育的继子女之间，为拟制直系血亲关系。所谓旁系血亲，是指具有间接血缘联系的亲属，即直系血亲以外的在血缘上与自己同出一源，也就是出于同一祖先的亲属。如同源于父母的兄弟姐妹，同源于祖父的叔、伯、姑、堂兄弟姐妹，同源于外祖父母的舅、姨、姨表兄弟姐妹等。

（2）直系姻亲和旁系姻亲。所谓直系姻亲，是指自己晚辈直系血亲的配偶和自己配偶的长辈直系血亲。如儿媳妇、孙媳妇，因其夫与夫的父母、祖父母是直系血亲，于是，儿媳妇、孙媳妇与公婆、祖公婆为直系姻亲。同理，女婿与岳父母也是直系姻亲。所谓旁系姻亲，是指旁系血亲的配偶和配偶的旁系血亲以及配偶旁系血亲的配偶，如嫂子、侄媳、大舅子、小舅子、大伯子、小叔子、妯娌、连襟等。

4. 长辈亲、平辈亲及晚辈亲

根据辈分的不同，可以分为长辈亲、平辈亲及晚辈亲。所谓辈分，是指家族、亲属之间的世系次第，标志着亲属关系的横向位置。同一世代为一辈，同辈之内为排行，分长幼；长辈又有父辈、祖辈等之分，晚辈又有子辈、孙辈等之分。

所谓长辈亲，又称尊亲属，是指辈分比自己高的亲属。父母及父母辈以上的亲属，如父母、祖父母、外祖父母、伯、叔、姑、舅、姨、岳父母、公婆等都为自己的长辈亲。

所谓平辈亲，又称同辈亲，是指辈分与自己相同的亲属，如同胞兄弟姐妹、堂兄弟姐妹、表兄弟姐妹、大姑子、小姑子、大伯子、小叔子、大姨子、小姨子等，都为平辈亲。

所谓晚辈亲，又称卑亲属，是指辈分比自己低的亲属，如子女、孙子女、外孙子女、侄子女、外甥、外甥女、儿媳、女婿等为晚辈亲。

二、亲等

亲等，是计算亲属关系亲疏远近的基本单位。亲等数越小，亲属关系就越亲近、密切，亲等数越大，亲属关系就越疏远，即亲等数与亲属关系的亲密程度成反比。在我国古代，采用丧服制，根据男女尊卑、亲属关系远近计算亲等。在现代各国，有两种计算方法，即罗马法计算法与寺院法计算法，它们均以世代的多少来计算亲等。我国则采用独特的代分计算法以确定禁婚亲的范围。

1. 丧服制计算法

在我国古代，依照生者祭奠死者所穿丧服的差别、等级来计算亲等，即反映亲属关系的亲疏远近。丧服分为五等，一等丧服最重，二等丧服次之，依次计算，五等丧服最轻。丧服重，亲属关系就亲近，丧期也长；反之，丧服轻，亲属关系就疏远，丧期也短。

第一等：斩衰，为三年之服，用最粗的麻布做成，不缝下边。儿子、未嫁女为去世父母，妻为去世的丈夫或公婆，承重孙（本人及父亲均为嫡长，父亲先逝，祖父母去世时，嫡长孙则为承重孙）为去世的祖父母服丧时，均服三年斩衰之服。

第二等：齐衰，用稍粗的麻布做成，缝下边。根据服丧对象不同，又有杖期即服丧者应持杖（哭丧棒）、不杖期即服丧者不持杖、五月、三月之别。杖期与不杖期均为一年。夫为妻（父母在时不杖）、子为出母（即被父休去的生母）、子为嫁母（即父死后再嫁之母）、嫡子为庶母（即父之妾）等应服齐衰杖期；孙子女为祖父母、出嫁女为父母、侄为伯叔父母、父母为嫡长子、祖父母为嫡孙，均服齐衰不杖期；曾孙子女为曾祖父母服齐衰五月之服；玄孙子女为高祖父母服齐衰三月之服。

第三等：大功，用粗熟布做成，服期九个月。妻为夫之祖父母，出嫁女为伯叔父母，父母为儿子、儿媳及未嫁女，祖父母为孙子女（在家）等，均服大功之服。

第四等：小功，用稍粗熟布做成，服期五个月。自己为伯叔祖父母、堂伯叔父母、再从兄弟姐妹（在家）、祖姑（在家）、出嫁堂姐妹，妻为夫之伯叔父母等，均服小功之服。

第五等：缌麻，用细熟布做成，服期三个月。自己为族伯叔祖父母，夫为妻之父母，妻为夫的曾祖父母、高祖父母，高祖父母、曾祖父母为玄孙子女、曾孙子女等，均服缌麻之服。

此外，还有“祖免亲”之说，即九族宗亲之内的无服亲，如在曾孙妇、玄孙妇、族兄弟之妻、出嫁之族姐妹丧葬时，穿素服，尺布缠头，即无服。

2. 罗马法计算法

罗马法计算法，是古罗马帝国使用的计算亲等的方法。由于其科学、合理，延续至今两千多年，仍为世界大多数国家采用。具体又分为直系血亲亲等计算法和旁系血亲亲等计算法，见图3-1。

(1) 直系血亲亲等计算法。从己身往上或往下数，以一世代为一亲等，世代数之和，即为直系血亲的亲等数，然己身世代除外。如从己身往上数，与父母为一亲等，与祖父母为二亲等，与曾祖父母为三亲等；往下数与子女为一亲等，与孙子女为二亲等，与曾孙子女为三亲等。亲等数越小，关系就越亲近，反之，亲等数越大，关系就越疏远。

(2) 旁系血亲亲等计算法。先从己身上数至和该旁系血亲共同的直系血亲，即共同的最近祖先，再从共同的直系血亲往下数至所指的旁系血亲，其世代之和即为己身与该旁系血亲的亲等数，但要排除己身的世代，加上所指旁系的血亲的世代，共同的直系血亲只计算一次，不能重复计算。如与同胞兄弟姐妹，先从己身往上数至共同的直系血亲父母，为一世代。再从共同的直系血亲父母往下数至兄弟姐妹，又为一世代，两者之和为二亲等，即己身与兄弟姐妹为二亲等。又如己身与伯、叔、舅、姨，己身与堂兄弟姐妹、表兄弟姐妹，以此种方法算出，他们之间分别为三亲等、四亲等旁系血亲。

3. 寺院法计算法

寺院法计算法，是在中世纪教会中采用的计算亲等的方法，故又称教会法亲等计算法。这种方法，计算直系血亲亲等与罗马法计算法完全相同，以下仅就旁系血亲亲等的计算方法加以介绍，见图 3-1。

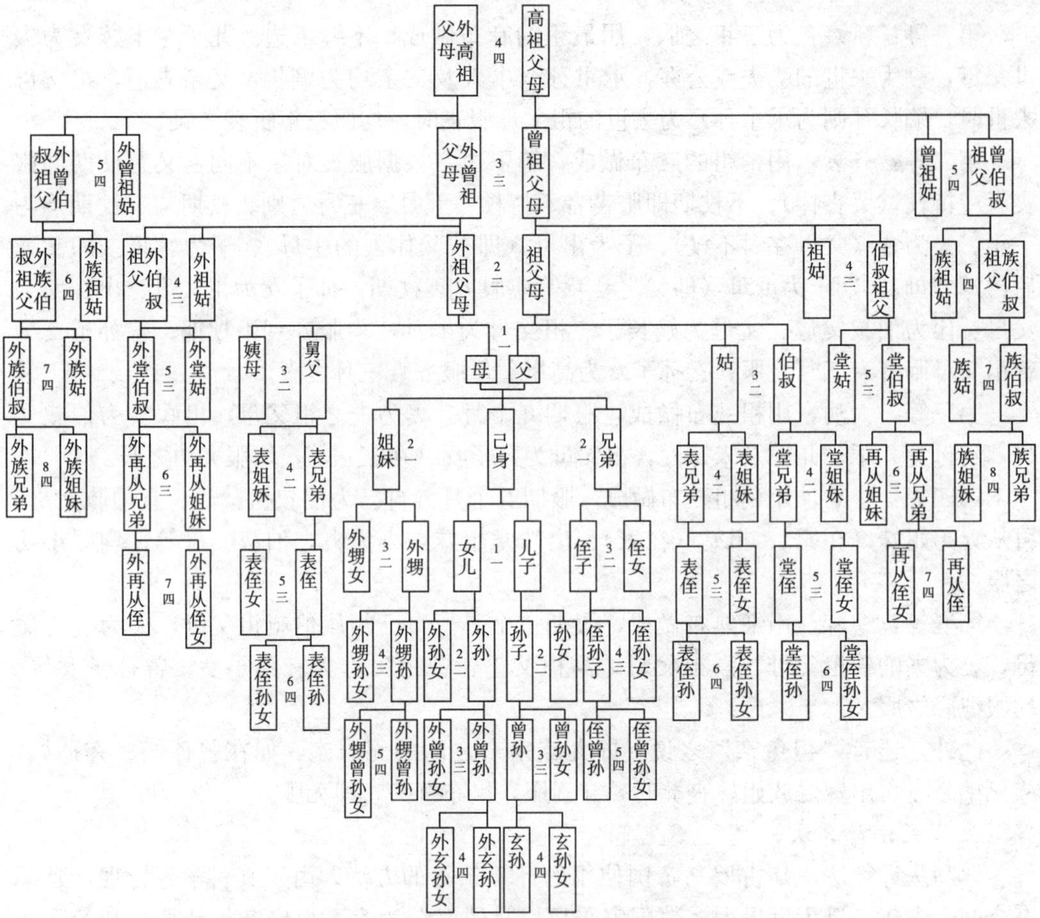

图 3-1　罗马法、寺院法亲等计算图

注：1. 图中的阿拉伯数字代表罗马法亲等数。

2. 图中的汉字数字代表寺院法亲等数。

寺院法旁系血亲亲等计算方法，从己身和所指旁系血亲分别往上数至共同的直系血亲，倘若双方与共同直系血亲间的世代数相等，则按一方的代数确定双方间的亲等；倘使双方与共同直系血亲间的世代数不相等，则按代数多的一方确定双方亲等。但在计算时，应当排除己身和所指旁系血亲的本身世代。如同胞兄弟姐妹，从兄弟姐妹各自数至共同的直系血亲父母，均为一世代，故同胞兄弟姐妹间为一亲等。又如，表兄弟姐妹之间，从各自数至共同的直系血亲祖父母或外祖父母，均为二世代，故为二亲等。舅与外甥，从舅甥分别往上数至共同的直系血亲即舅的父亲、外甥的外祖父，分别为一世代、二世代，两者不相等，以代数多的一方即外甥方的世代数确定其亲等，故他们之间为二亲等。另外，不难计算出，堂兄弟姐妹间，叔、伯、姑与侄子、侄女之间均为二亲等。

由上可知，对于旁系血亲亲等的计算，罗马法与寺院法不同。按照寺院法计算，己身与叔父、堂兄弟姐妹之间，均属二亲等旁系血亲；而按罗马法计算，己身与叔父、堂兄弟姐妹之间，则分别为三亲等、四亲等旁系血亲。这样，寺院法无法精确反映亲属间的亲疏远近，从而已被逐渐淘汰，现在只有个别国家仍然沿用。

至于姻亲亲等的计算，罗马法、寺院法均以姻亲从血亲的原则，即根据其配偶的血亲亲等数确定共同的姻亲亲等数。例如，妻子与父母为一亲等直系血亲，丈夫与岳父母为一亲等直系姻亲；又如，自己与表弟按罗马法计算为四亲等（按寺院法计算为二亲等）旁系血亲，自己与表弟媳为四亲等（按寺院法计算为二亲等）旁系姻亲；再如，自己与舅父按罗马法计算为三亲等（按寺院法计算为二亲等）旁系血亲，自己与舅母按罗马法计算为三亲等（按寺院法计算为二亲等）旁系姻亲等。

4. 代分计算法

代分计算法，是我国婚姻家庭法计算亲属关系亲疏远近的方法。《民法典》婚姻家庭编没有确立亲等制度，仅在第1048条规定，直系血亲或者三代以内的旁系血亲禁止结婚。由此，我国的亲属计算法是以世代为标准的，即世代乃表示亲属关系亲疏远近的基本单位。世代越少的，亲属关系越亲近；世代越多的，亲属关系越疏远。具体计算方法，又分为直系血亲的计算法与旁系血亲的计算法，见图3-2。

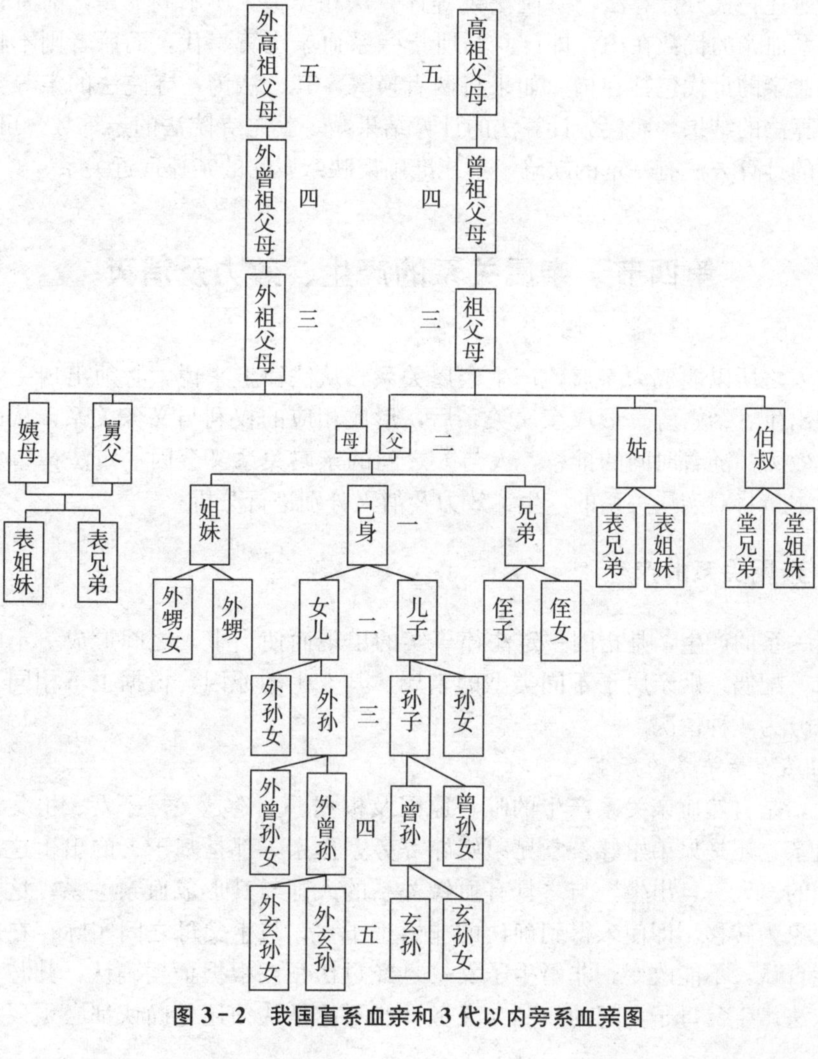

图3-2　我国直系血亲和3代以内旁系血亲图

（1）直系血亲计算法。从己身往上数，己身为一代，父母为二代，祖父母、外祖父母为三代，曾祖父母、外曾祖父母为四代，高祖父母、外高祖父母为五代。所以，自己与父母为二代直系血亲，与祖父母、外祖父母为三代直系血亲，依此类推。同理，从己身往下数，己身为一代，子女为二代，孙子女、外孙子女为三代，曾孙子女、外曾孙子女为四代，玄孙子女、外玄孙子女为五代，故己身与子女为二代直系血亲，与外曾孙子女为四代直系血亲。

（2）旁系血亲计算法。从己身和所指的旁系血亲分别数至共同直系血亲，即共同的最近祖先，各自计算包括己身在内的代数。代数相同即同辈的旁系血亲，以一方的代数计算；代数不同即不同辈的旁系血亲，以代数多的一方为准。例如，兄弟姐妹间，从各自数至共同的直系血亲即父母，均为二代，以一方的代数即二代计算，故他们之间为二代旁系血亲。同样可以算出堂兄弟姐妹、表兄弟姐妹之间均为三代旁系血亲。又如，表侄女与表叔之间，其共同直系血亲为表侄女的曾外祖父母，从表叔数到表侄女的曾外祖父母为三代，从表侄女数到曾外祖父母为四代，代数不同，以代数多的一方，即表侄女的代数四作为其间的代数，故其间为四代旁系血亲。

如上所述，代分计算法与寺院法亲等计算法相类似。所不同的是，前者包括己身与所指旁系血亲的代数在内，即己身与所指旁系血亲也算一代，而后者则不将己身和所指旁系血亲的世代包括在内。如果将两者换算，其方法为：寺院法的亲等数加一就为代分计算法的结果，而代分计算法的计算结果减一就是寺院法的亲等数。可以看出，我国采用的计算方法有一定的缺陷，不能准确反映亲属间的亲疏远近关系。

第四节　亲属关系的产生、效力及消灭

人与人之所以能成为亲属，产生亲属关系，从法律上来说，必须出现一定的法律事实，如出生、结婚等。形成亲属关系后，形成相应的权利与义务关系，从而产生一定的法律效力。随着时间的推移，人与人之间的亲属关系又会因一定法律事实的出现而消灭。本节将对亲属关系的产生、效力及消灭分别进行分析。

一、亲属关系的产生

亲属关系的产生，是指因一定法律事实的出现而使当事人之间形成一定的亲属关系。血亲、配偶、姻亲属于不同类型的亲属，其发生的原因、根据也不相同。具体说来，可以分为 4 种情况。

1. 自然血亲关系的产生

出生，是自然血亲关系产生的唯一原因及根据。无论是父母子女、祖父母孙子女等直系血亲，还是兄弟姐妹、堂兄弟姐妹等旁系血亲，都是基于人的出生这一法律事实而产生的。人一旦出生，与之具有血缘关系的人即与其形成血亲关系，这不以其他事实、现象为转移。即使未得到确认的非婚生子女，与生父母之间实际存在的血亲关系也不能否认，不能改变。非婚生子女一旦经过认领或根据证据确认，其与生父母之间就应依法产生父母子女间的权利与义务，然不论是认领还是确认都必须以出生这一

事实为依据。认领、确认仅是承认他们之间因为出生已经发生的、本来存在的血亲关系，并不是产生他们之间的血亲关系。

2. 拟制血亲关系的产生

拟制血亲，是指其间本来没有血缘联系，法律确认其间源于某种法律事实出现而具有与自然血亲同等的权利与义务的亲属关系。根据我国婚姻家庭法的规定，拟制血亲包括两种情形：

(1) 因收养子女的法律行为而产生养父母子女之间的法律拟制血亲。这种血亲关系既不因结婚发生，也不因养子女出生发生，而因收养行为这一事实发生。当然，收养行为必须符合法律规定的条件及程序，否则，也不能产生收养的效力，即不合法的收养行为不能产生法律拟制血亲关系。

(2) 因抚养教育继子女而产生继父母与继子女之间的拟制血亲关系。这种拟制血亲的形成，虽然要以继子女的生父与继母或者生母与继父再婚这一法律行为为前提，可这一行为只能形成继父母与继子女之间的姻亲关系，而不能形成其间的拟制血亲关系。只有继子女受继父或继母抚养教育时，即继父或继母事实上承担了继子女的生活费、教育费等抚养费时，才能产生拟制血亲关系。是以，生父或生母再婚只是产生继父母与继子女之间拟制血亲的一般条件，继父或继母抚养教育继子女这一法律行为，才是他们之间产生拟制血亲的原因。这点不能加以混淆。

3. 配偶关系的产生

男女依法律缔结婚姻，即可产生男女之间的配偶关系。依法结婚，是男女产生配偶亲属关系的唯一原因。倘若结婚不符合法律规定的条件，如直系血亲之间结婚，或者胁迫他人结婚，就会产生无效或被撤销婚姻的法律后果，即当事人婚姻自始无效。换句话说，其间的配偶关系开始就不成立，不具有夫妻间的权利与义务。是以，不符合法律规定的婚姻不会产生法律确认的配偶关系。只有依法缔结的婚姻才受法律保护，配偶亲属间的权利与义务才由法律保证得以实现或履行。

4. 姻亲关系的产生

男女依法结婚，不仅会产生男女之间的配偶关系，而且使男女一方与另一方的血亲、另一方血亲的配偶产生姻亲关系。无论是与配偶的血亲、血亲的配偶的关系，还是与配偶血亲的配偶的关系，都因男女双方结婚这一法律行为而发生。应当指出，姻亲关系虽是以姻亲与配偶存在血亲关系为前提，但是，这种与配偶客观存在的血亲关系并不是发生姻亲关系的原因。之所以发生姻亲关系，是由于自己与他人结婚。只有与他人结婚，才发生他人与自己的血亲、血亲的配偶的姻亲关系。存在血亲联系仅是姻亲产生的条件，而非姻亲产生的原因及根据。

二、亲属关系的效力

亲属关系的效力，即亲属关系法律效力的简称，又称亲属的效力或亲属的法律效力，是指一定范围内的亲属之间所具有的法定权利与义务。亲属，不同于一般朋友，凡为法律所确认、规定的亲属，其间就存在特定的权利与义务，并产生相应的法律效力。当事人必须依法享有权利和履行义务，不然即应承担相应的责任。亲属间的这种效力，不仅存在于婚姻家庭法中，而且存在于民法、刑法、国籍法及诉讼法等有关法律中。

1. 亲属在婚姻家庭法律范围上的效力

亲属在婚姻家庭法上的效力，是指由婚姻家庭法规定的一定范围内亲属之间的权利与义务。主要包括以下 6 种情形：

（1）扶养效力。根据《民法典》的规定，夫妻之间，父母对未成年子女或者不能独立生活的成年子女，成年子女对缺乏劳动能力或者生活困难的父母，具有无条件的扶养义务；有负担能力的祖父母、外祖父母，对于父母已经死亡或者父母无力抚养的未成年孙子女、外孙子女，有抚养的义务；有负担能力的孙子女、外孙子女，对于子女已经死亡或者子女无力赡养的祖父母、外祖父母，有赡养的义务；有负担能力的兄、姐，对于父母已经死亡或者父母无力抚养的未成年的弟、妹，有扶养的义务；由兄、姐扶养长大的有负担能力的弟、妹，对于缺乏劳动能力又缺乏生活来源的兄、姐，有扶养的义务。

（2）继承效力。如夫妻之间、父母子女之间有相互继承遗产的权利。

（3）共同财产效力。如夫妻在婚姻关系存续期间所得的财产除法律规定或双方另有约定以外，归夫妻共同所有。对共同所有的财产，夫妻有平等的处理权。

（4）禁婚效力。如直系血亲、三代以内的旁系血亲之间禁止结婚。

（5）承担民事责任效力。如未成年子女造成他人损害的，父母应当依法承担民事责任。

（6）其他权利与义务效力。如子女应当尊重父母的婚姻权利，不得干涉父母离婚、再婚以及婚后的生活；不得实施家庭暴力或虐待、遗弃家庭成员。

2. 婚姻在其他民事法律规范上的效力

亲属在民法、继承法上的效力，是指民法、继承法规定一定范围内的亲属间的权利与义务。主要有以下 3 种情况：

（1）监护和法定代理效力。根据《民法典》第 27 条的规定，未成年人的父母、祖父母、外祖父母、兄、姐及关系密切的其他亲属依法有权担任未成年人的监护人。第 28 条规定，无民事行为能力或者限制民事行为能力的成年人的配偶、父母、成年子女及关系密切的其他亲属有权担任其监护人。无民事行为能力人、限制民事行为能力人的监护人是他的法定代理人。法定代理人有权依法代理无民事行为能力人、限制民事行为能力人进行民事活动。

（2）申请宣告失踪、宣告死亡及申请认定无民事行为能力人或者限制民事行为能力人的效力。根据《民法典》第 40 条、第 46 条的规定，配偶、父母、子女、兄弟姐妹、祖父母、外祖父母、孙子女、外孙子女等作为下落不明的人的利害关系人有权申请该人失踪、死亡。其中，宣告申请人与被申请人一般存在亲属关系。根据《民法典》第 24 条的规定，不能辨认或者不能完全辨认自己行为的成年人的配偶、父母、成年子女、兄弟姐妹等近亲属，可以依法申请认定该成年人为无民事行为能力人或限制民事行为能力人。

（3）财产代管效力。法定代理人对无民事行为能力人或者限制民事行为能力人的财产依法管理；失踪人的财产由其配偶、成年子女、父母或者其他愿意担任财产代管人的人代管。

3. 亲属在刑法上的效力

亲属在刑法上的效力，是指刑法为了保证亲属间的法定权利与义务的实现，将亲属间不尽义务的具有严重社会危害的行为规定为犯罪而予以惩治。主要表现在以下3个方面：

(1) 有些犯罪必须具有一定的亲属关系，如虐待罪，其主体与受害人即被虐待的人必须是在一个家庭中共同生活的成员，其间具有亲属关系。遗弃罪，其主体是对年老、年幼、患病或者其他没有独立生活能力的被遗弃人负有扶养义务的人。

(2) 对有些犯罪的规定及惩罚乃是对亲属制度的特殊保护，如暴力干涉婚姻自由罪、重婚罪、破坏军婚罪、拐骗儿童罪。这类犯罪有的是行为人的行为直接对亲属合法权利造成侵犯，如有配偶者与他人重婚，暴力干涉父母再婚、子女结婚等，就是如此。

(3) 告诉权。对于告诉才处理的案件，即除严重危害社会秩序和国家利益外的侮辱、诽谤案，致被害人死亡外的暴力干涉他人婚姻自由案，致被害人重伤、死亡外的虐待家庭成员案及侵占案等，根据《刑法》第98条的规定，须由被害人告诉才处理。然被害人因受强制、威吓无法告诉的，人民检察院和被害人的近亲属也可以告诉。

4. 亲属在国籍法上的效力

亲属在国籍法上的效力，是指国籍法对一定范围内的亲属规定的权利与义务：

(1) 取得国籍权。《国籍法》第4条规定："父母双方或一方为中国公民，本人出生在中国，具有中国国籍。"第6条规定："父母无国籍或国籍不明，定居在中国，本人出生在中国，具有中国国籍。"第5条规定："父母双方或一方为中国公民，本人出生在外国，具有中国国籍；但父母双方或一方为中国公民并定居在外国，本人出生时即具有外国国籍的，不具有中国国籍。"这样，公民一出生，其父母有一方为中国人的，无论出生地是在国内还是在国外，只要依照出生地的法律不具有外国国籍的，即为我国公民。

(2) 加入国籍申请权。《国籍法》第7条规定，外国人、无国籍人为我国公民的近亲属的，愿意遵守中国宪法和法律，可以经申请批准加入我国国籍。

(3) 退出国籍申请权。《国籍法》第10条规定，我国公民为外国人的近亲属的，可以经申请批准退出我国国籍。

5. 亲属在诉讼法上的效力

亲属在诉讼法上的效力，是指刑事诉讼法、民事诉讼法、行政诉讼法对亲属间的权利与义务所做的规定。

(1) 回避。根据《刑事诉讼法》第29条、第30条的规定，审判人员、检察人员、侦查人员，或是本案的当事人或者是当事人的近亲属的，或本人或者他的近亲属和本案有利害关系的，或担任过本案的证人、鉴定人、辩护人、诉讼代理人的，或与本案当事人有其他关系，可能影响公正处理案件的，或接受当事人及其委托的人的请客送礼的，或违反规定会见当事人及其委托的人的，当事人及其法定代理人都有权申请回避。根据《刑事诉讼法》第32条的规定，有关回避的规定也适用于书记员、翻译人员和鉴定人。《民事诉讼法》《行政诉讼法》中亦有类似的有关回避规定，这里不再赘述。应当指出，《民法典》第 1045 条第 2 款规定：“配偶、父母、子女、兄弟姐妹、祖父母、外祖父母、孙子女、外孙子女为近亲属。”《刑事诉讼法》第 108 条第 6 项规定：“‘近亲属’是指夫、妻、父、母、子、女、同胞兄弟姊妹。”最高人民法院 2017 年 11 月 13 日通过、2018 年 2 月 8 日起施行的《关于适用〈中华人民共和国行政诉讼法〉的解释》（法释〔2018〕1 号）第 14 条第 1 款规定：“行政诉讼法第二十五条第二款规定的‘近亲属’，包括配偶、父母、子女、兄弟姐妹、祖父母、外祖父母、孙子女、外孙子女和其他具有扶养、赡养关系的亲属。”这样，各自规定的近亲属的外延有所不同，宜加统一。但在未统一之前，则需要注意各自规定的近亲属外延的范围。

（2）辩护权和代理权。在刑事诉讼中，犯罪嫌疑人、被告人的监护人、亲友等可以担任辩护人，依法为其辩护。在民事诉讼中，没有诉讼行为能力的当事人应由其法定代理人代为进行诉讼，其法律效力直接作用于被代理人。在行政诉讼中，丧失诉讼行为能力的当事人可由其法定代理人代为诉讼，以维护其正当、合法权益。

（3）提起诉讼权。在刑事诉讼中，对于自诉案件，有权向人民法院直接起诉的被害人死亡或者丧失行为能力的，其法定代理人、近亲属有权向人民法院提起诉讼。在民事诉讼中，著作权人、名誉权人已经死亡的，其近亲属可以对侵犯著作权、名誉权的行为提起民事诉讼。配偶、父母、成年子女等利害关系人有权提起宣告他人失踪、死亡及为无民事行为能力人或者限制民事行为能力人的诉讼。在行政诉讼中，其近亲属有权提起行政诉讼。

（4）上诉权、申诉权。例如，对一审刑事判决，被告人的近亲属经被告人同意，可以提出上诉；对一审刑事判决、裁定中的附带民事诉讼部分，当事人的法定代理人可以提出上诉。对生效刑事判决、裁定，当事人及其法定代理人、近亲属有权向人民法院或者人民检察院提出申诉。又如，对未生效的民事判决，无民事行为能力、限制民事行为能力的当事人的法定代理人可以代其上诉等。

（5）其他方面的权利与义务。如犯罪嫌疑人、被告人的法定代理人、近亲属有权申请变更强制措施；人民法院、人民检察院、公安机关采取强制措施超过法定期限的，犯罪嫌疑人、被告人的法定代理人、近亲属有权要求解除强制措施；等等。

6. 亲属在其他法律上的效力

许多法律，如《劳动法》《义务教育法》等都因亲属关系规定了公民一定的权利与义务。《劳动法》规定，女职工生育享受不得少于 90 天的产假；不得安排女职工在哺乳未满 1 周岁的婴儿期间从事国家规定的第三级体力劳动强度的劳动和哺乳期禁忌从事的其他劳动，不得安排其延长工作时间和夜班劳动；《义务教育法》明确规定，适龄儿童、少年的父母或者其他法定监护人应当依法保证其按时入学接受并完成义务教育。适龄儿童、少年因身体状况需要延缓入学或者休学的，其父母或者其他法定监护人应当提出申请，由当地乡镇人民政府或者县级人民政府教育行政部门批准。适龄儿童、少年的父母或者其他法定监护人无正当理由未依照法律规定送适龄儿童、少年入学接受义务教育的，由当地乡镇人民政府或者县级人民政府教育行政部门给予批评教育，责令限期改正。

此外，许多行政法律、法规都有亲属之间权利与义务的规定，这里不再一一列举。

三、亲属关系的消灭

亲属关系的消灭，又称亲属关系的终止，是指因一定法律事实的发生，当事人之间的亲属关系不再存在，即其现存的亲属身份和其间的权利与义务归于消灭。亲属关系的消灭，主要是指其间的权利与义务的消灭，即法律不再承认他们之间的权利与义务关系，至于当事人本人是否死亡以及其间自然的身份则不一定因死亡而解除。这一点应当引起注意。

亲属关系的消灭，根据其法律后果的彻底程度，可分为绝对消灭和相对消灭。所谓绝对消灭，是指亲属间的权利与义务关系和身份关系同时完全消灭。所谓相对消灭，是指亲属间的权利与义务关系消灭，其身份关系并不消灭。根据血亲、配偶、姻亲这些亲属类型发生的原因及其性质、特点的区别，亲属关系的消灭原因也不相同，具体可以分为4种情况：

1. 自然血亲关系的消灭

死亡，是一切亲属关系消灭的共同原因。无论是自然血亲、法律拟制血亲、配偶，还是姻亲，都会因死亡而消灭其间的亲属关系。就自然血亲而言，死亡仅能消灭死者与生存血亲的权利与义务关系，其亲属的身份称谓仍然存在。于是，自然血亲关系因死亡的消灭属于一种相对的消灭，而非绝对的消灭。应当指出，死亡只能消灭死者与生存血亲的关系，至于生存血亲之间的关系并不会因其他血亲的死亡而消灭。如此，死亡作为自然血亲关系消灭的原因是有一定范围的，不能泛指。

除死亡和依法成立收养关系外，没有其他原因能使自然血亲关系消灭。换句话说，死亡是自然血亲关系消灭的两种原因之一，且是最为主要的原因。这是因为，自然血亲的产生、存在以他们之间客观存在的血缘联系为基础，在一般情况下，只有在血亲之间的血缘联系不再存在时，权利与义务才会终止。任何行为，实际上都无法完全、彻底隔绝其间的血缘关系。所以，除依法将子女送养而从法律拟制消灭其间的自然血亲关系外，都不能成为自然血亲关系消灭的原因。正基于此，《民法典》亦明确规定，父母子女间的关系，不因父母离婚而消除。在现实生活中，声明脱离父母子女关系是错误的，也是法律所不能允许的，父母子女关系并不会由此声明而消失。

2. 拟制血亲关系的消灭

拟制血亲关系的消灭，包括两种情况：

（1）由于一方死亡双方的拟制血亲关系终止。这种消灭，终止的仅是其间的权利与义务关系，双方的身份关系并未当然消灭，属于相对的消灭。在养父母都去世的情况下，如养子女尚未成年，为保护其健康成长，可以恢复其与生父母之间的亲属关系。这时，养父母、养子女之间的身份关系也告消灭，从而构成绝对消灭。

（2）由于解除收养的法律行为双方终止其一切权利与义务关系，包括其间的身份关系也不再存在，故这种拟制血亲关系的消灭为绝对消灭。

需要注意的是，继父母与其抚养教育的继子女间形成的拟制血亲关系的消灭，具体有3种情况需要考虑：1）倘使继父母或继子女一方死亡，其间的拟制血亲的权利与义务不再存在，但身份关系并不当然解除。2）如果生父或生母死亡，形成拟制血亲关系的继父母与继子女之间仍旧存在拟制血亲关系。倘若双方关系恶化，或者有其他无法共同生活的情况，也可以解除他们的血亲关系。但若继子女被继父或者继母抚养成年，该继子女仍要依法承担缺乏劳动能力、生活困难的继父母的晚年生活费用。3）生母与继父或生父与继母离婚，继父或继母对由其抚养教育的继子女不同意继续抚养的，该子女应由生父母抚养。这时由于生父与继母或者生母与继父的婚姻关系被解除，继父或继母与继子女的亲属关系包括身份关系、权利与义务完全得以终止，不再存在拟制血亲关系，应为绝对终止。

3. 配偶关系的消灭

死亡与离婚是配偶关系消灭的两种原因。

其中，配偶一方死亡包括自然死亡和宣告死亡，其间的婚姻关系，包括人身关系、财产关系，以及父母子女关系、收养关系、监护关系、扶养关系等均自然消灭。应当指出，宣告死亡虽然产生被宣告死亡人与配偶的婚姻关系消灭的后果，但其毕竟是宣告死亡，实际可能并未死亡，当被宣告死亡人实际出现时，婚姻关系能否自行恢复，不能回避。对此，《民法典》第51条规定："被宣告死亡的人的婚姻关系，自死亡宣告之日起消除。死亡宣告被撤销的，婚姻关系自撤销死亡宣告之日起自行恢复，但是，其配偶再婚或者向婚姻登记机关书面声明不愿意恢复的除外。"这种规定，更好地体现了民法基本原则中的自愿原则，体现了对于当事人的意志自由的尊重。

此外，配偶关系还可因离婚这一法律事实而解除。这种解除，不仅会消灭配偶之间的权利与义务，而且会消灭其间的身份关系，为绝对消灭，比死亡造成的法律后果更为彻底。

4. 姻亲关系的消灭

姻亲关系的消灭是一个比较复杂的问题。能否因离婚、配偶死亡而消灭姻亲关系，各国立法颇不一致。日本、法国采取消灭主义，根据《日本民法典》第728条的规定，姻亲关系既可因离婚而终止，亦可因配偶一方死亡后生存配偶的意思表示而终止。根据《法国民法典》第206条的规定，直系姻亲间的扶养义务，因配偶一方之死亡及由婚姻关系所生子女死亡而消灭。德国、瑞士则采取不消灭主义，如1900年《德国民法典》第1590条明确规定："由婚姻而生的姻亲关系，不因该婚姻解除而消灭。"《瑞士民法典》第21条亦做了相同的规定。在古罗马，则采取部分消灭主义。古罗马法规定，夫妻双方离婚并根据他们的意愿停止亲属关系。具体消灭亲属关系时，一般为一方向对方明确表示停止亲属关系的意图，亦用实际行动表示结束之间的亲属关系。在我国，法律对此未做具体规定。在传统习惯上，则采取下列原则处理：夫死后妻未再嫁，妻死后夫未再娶或者虽已再婚然仍与亡偶的父母等亲属共同生活的，为了提倡良好的社会道德风尚，应当视为姻亲关系依然存在。配偶死亡后再婚且与死亡配偶的父母根本不再来往的，其姻亲关系则应认定为消灭。

第四章
结婚制度

第一节　结婚制度概述

一、结婚的概念及特征

结婚，又称婚姻的成立或婚姻的缔结，是指男女双方依照法律规定的条件和程序确立夫妻关系的一种民事法律行为。

结婚有广义与狭义之分。广义的结婚，不仅指夫妻关系的确立，而且包括婚约的订立。狭义的结婚，则仅指夫妻关系的确立，而不包括婚约订立。在古代，结婚多采广义说，将订婚和结婚视为一体。在现代社会中，多数国家采用狭义说。在我国，不承认婚约的效力，即婚约对双方当事人不具有法律约束力，故采用狭义说。然在一些农村地区，订婚仍是结婚前的一种重要礼节，只要其不违背婚姻关系确立的基本原则和条件，没有必要加以禁止。对此，中央人民政府法制委员会早在1950年6月26日《有关婚姻法施行的若干问题的解答》及1953年3月19日《有关婚姻问题的若干解答》中就规定了下列原则：(1) 订婚不是结婚的必经过程或必要手续；(2) 对婚约不提倡也不禁止，男女自愿订婚听便；(3) 反对包办、强迫订婚；(4) 一方自愿取消订婚，须通知对方。

结婚，作为一种重要的民事法律行为，具有下列基本特征。

1. 主体必须为异性男女

自然属性是婚姻的双重属性之一。孟德斯鸠就曾指出："当一男一女找到了任何地方可以便利地生活在一起的时候，他们就结婚。如果没有生计困难的阻挠的话，人们是极自然地要结婚的。"[①] 男女结婚、两性结合，可能产生后代。人类自身的生产、种族的繁衍以及任何一个民族的生息和发展，需要有两性结合来实现。基于婚姻的这种自然属性，结婚只能发生在男女两性之间，属于男女两性的行为，要男女两性共同实施，同性之间不能结婚。所以，两性差别是决定婚姻关系成立的自然前提，而性的本能则又是男女之所以成立婚姻的自然原因。

2. 必须符合法律规定的条件，并由男女双方依照法律规定的程序进行

只有这样，才能产生结婚这一法律行为的法律后果。不符合法律规定的条件、不依照法律规定的程序进行的所谓的"结婚"，就难以为法律承认，可能无法产生相应的法律后果。

3. 法律后果是确立夫妻关系

男女双方依法结婚，互为配偶，即形成了夫妻关系，具有法定的权利与义务。除因死亡、离婚等法定原因外，不能解除其夫妻关系。即使离婚也应依法进行。

二、结婚制度的历史沿革

人类悠久的结婚历史，演变出了各种各样的结婚制度。从不同的角度，以不同的方法，可以对其做不同的分类。例如，以结婚的血缘范围为标准，可以分为内婚和外婚；以结婚者的人数为标准，可以分为团体婚与个体婚；以结婚的方式为标准，则可分为掠夺婚、有偿婚、聘娶婚和自由婚。在特定的历史条件下，除上述结婚方式外，还存在一些特殊的方式，如强制婚、赠与婚（含赐婚）、收继婚、赘婚、养媳、招夫、典妻、虚合、姘度等。这些也是婚姻生活丰富复杂的反映，无须惊异。以下仅对第三种分类方法所得出的几种结婚制度进行介绍。

1. 掠夺婚

掠夺婚也称抢婚，是指男子未征得女子及其家属同意时以暴力劫夺女子为妻的婚姻形式。其特征：一是以暴力为手段，另一则是以迫使女子与其结婚为目的。掠夺婚曾是群婚向个体婚过渡的一种婚姻习俗，这种方式曾广泛流行于各民族的婚姻发展史中。掠夺婚产生于原始社会末期和奴隶社会初期，在母系社会逐渐被父系社会所取代后，女性地位一落千丈，她们不再是主宰氏族的主人，而成为男人们掠夺的对象。因此，掠夺婚是女性成为男性的奴隶和附属品后产生的一种最初的婚姻形式，包括从外族劫掠女子，也包括凭势力恐吓、强娶以及抢夺女子。男子以暴力劫夺的方式对外宣告占有了女子，与女子形成了婚姻，是一种野蛮的、极不文明的求妻方式。在这种婚姻里，女子未被当作婚姻的一方主体来对待，而是被当作没有人格的客体来对待，像物一样，可以被他人抢去占为己有，这样形成的婚姻必然难以稳定。随着社会的进步，这种掠夺制婚姻逐渐演变为男方迎娶女方的一种仪式。也就是说，男女双方达成婚约后，即以"抢"的形式亲迎女子，已不再具有暴力的内容。这在西周时就已出现。[②] 我

---

① 孟德斯鸠. 论法的精神：下册. 张雁深，译. 北京：商务印书馆，1963：119.

② 蒲坚. 中国法制史通史：第1卷. 北京：法律出版社，1999：277-282.

国现在一些少数民族依旧存在抢婚的习俗和传统，乃是结婚仪式中的一项内容，而不具有暴力和违背妇女意志的成分，与掠夺婚有着本质不同。当然，在现实生活中，因为贫穷而违背妇女意志以暴力抢婚的现象也还存在。虽是个别，也应严厉惩处；构成犯罪的，应以暴力干涉婚姻自由罪等依法追究刑事责任。

2. 有偿婚

有偿婚，是指以男方支付女方家庭一定的代价如金钱、物品等为条件而缔结的婚姻。其特点是把女子当作物品进行交易。根据男方给付女方代价的不同，有偿婚又可以分为买卖婚、交换婚及劳役婚。

（1）买卖婚。买卖婚是个体婚形成初期的结婚方式之一，是指以男子支付女子或其父母某种代价作为成婚条件或者以缔结婚姻关系索取财物的婚姻形式。这种婚姻方式把女子当作商品，由男方支付等价财物来换取。它产生于原始社会末期，是继掠夺婚之后出现的、古代各民族普遍通行的嫁娶方式。随着父权制的确立，掠夺婚的方法比较冒险，被劫女子的氏族每每寻机报复，结为婚姻的两族难以和平共处，买卖婚由此应运而生。买卖婚是古代氏族社会中易婚的一种形式，从父系社会开始，女子就丧失了社会地位，依附于男子后，女子就是男子的财产，只要有钱就可以买卖妇女的观念开始在社会上流行。刚开始，买卖婚没有妻妾之分，周代以后，聘娶婚确立，则以礼聘娶的女子为妻，用钱购买来的女子为妾。买卖婚手续简便，如同去市场买物品，买卖婚的对象通常是女奴或奴婢，或为生活所迫而卖身的良家妻妾。在古代，买卖婚是一种最为普遍的婚姻形式，是男女不平等的社会制度下的产物。

（2）交换婚。其又称互易婚，是指以交换妇女为特征的婚姻。有的是双方父母用自己女儿换取对方女儿为自己的儿媳，有的是男子用自己的姐妹换取对方姐妹为自己的妻子，等等。具体又有“换亲”“转亲”之分。所谓换亲，是指男女双方家庭相互以自己家的青年女子换给对方家庭的男子为妻，如男方以其姐或妹嫁给女方的兄或弟为妻，以换取女方作为自己的妻子的婚配形式，俗称“以姑换嫂”。所谓转亲，是一种连环换亲方式。如甲、乙、丙商量，将甲的女儿嫁给乙家为媳妇，乙的女儿嫁给丙家为媳妇，丙的女儿嫁给甲家为媳妇。三次婚姻互为条件，一桩不成立，则会引发婚姻纠纷，甚至造成严重后果。交换婚，表面上并没有金钱、财物的买卖特征，可它仍是将妇女作为物品换来换去，妇女没有人格可言，故其本质上仍属有偿婚。

时至今日，我国少数经济落后地区，因家境贫困而娶不起妻子的人，就用交换婚的形式娶妻，但随着社会经济的发展，此种陋习必将随之消亡。这种做法严重地违反了婚姻自由原则，应当坚决杜绝。

（3）劳役婚。其也称服役婚，是指男方在婚前或婚后为女方家服一定劳役，以此作为成婚条件的婚姻形式。劳役婚是原始社会母系氏族向父系氏族过渡时期的一种婚俗。男子在婚前或婚后在女方家劳动一段时间，作为代价偿还女方家劳动力的损失，换娶妻子到本氏族或本家族中来。劳役的期限各地不一，通常为3至7年，最长的达10年以上，也有的劳役到妻子婚后生育子女，男子方可携妻返家。古代的希伯来人、印度人、条顿人以及欧洲南部地区的一些居民，曾盛行劳役婚。直到近现代，亚洲、非洲和美洲许多地区还有此婚俗，如缅甸的永邦瓦人、西伯利亚的科里亚客人、北美的印第安人以及非洲的坦伯马人等，历史上都存在过劳役婚。现实生活中的男方入赘就是由此演变而来。赘，质也。男方家贫，没有聘财，便以身为质，入赘女方家为婚。可是，劳役婚与男方入赘不同，劳役婚的结果是丈夫履行劳役期满后可以带着妻子离开，然对女方家财产没有所有权和继承权。

3. 聘娶婚

聘娶婚，也称实物婚、包办婚，是指以男方向女方或其父母赠送一定数量的聘金或聘礼为成婚的必要条件的婚姻形式。它是继买卖婚之后长期存在于我国封建社会的一种主要婚姻方式，是以家长买卖、包办儿女婚姻为特点的婚姻制度，是自古以来我国婚姻形式中使用范围最广泛、持续时间最持久、最正宗的婚姻形式。这种婚姻不仅要求男方交付一定数量的钱财，而且要求完成礼制规定的程序，故称为聘娶婚。其实质乃是礼仪掩饰下的变相买卖婚姻。交付女方财物即所谓聘金、聘礼才是这种婚姻的实质，也是这种婚姻成立的前提与基础，完备的礼仪不过使得买卖婚姻更文明些。

根据《礼记·昏义》的记载，纳采、问名、纳吉、纳征、请期、亲迎为聘娶婚必须具有的嫁娶之礼，简称“六礼”。“六礼”备谓之聘，“六礼”不备则谓之奔。“六礼”中的前四礼，即纳采、问名、纳吉、纳征为订婚礼，是确立婚姻关系的重要程序。经此四礼，男女婚约即告成立。后两礼即请期、亲迎则为成婚礼。经此两礼，婚姻即以确立。女子再经成妇之礼即拜见公婆，便进入男方家族成为该家族的人员。“六礼”始于周初，汉代袭为定制。宋以后将问名并入纳采、请期合于纳征，改为四礼，即纳采、纳吉、纳征和亲迎。到了近代，又简化为订婚和结婚两种仪式。其中，《仪礼·士昏礼》所称纳采，即“下达。纳采，用雁”。意思是说，男方通过媒人将愿与女方结亲的意愿告知女家，女家倘使同意，男方便派人缴纳采择的礼品。纳采礼品为1只大雁，取阴阳往来之意。问名，所谓“宾执雁，请问名”之礼，通过询问女方的姓氏及女子生母的姓氏，以防止同姓为婚，并好让男家在宗庙占卜婚姻的吉凶，几乎与纳采同时进行。纳吉，即“纳吉用雁，如纳采礼”，如果占卜求得吉兆，便将结果告知女家，纳吉也用大雁1只，礼节同于纳采。纳征，又称纳成，即“玄纁束帛，俪皮，如纳吉礼”，也就是男方向女方缴纳聘金。纳征之后，婚约告成，女子便不得另聘于他人。请期，即“请期用雁，主人辞，宾许告期，如纳征礼”，就是男家再行占卜，求得婚日吉时后派人带1只大雁到女家告诉占卜的婚期，请求女家允诺。亲迎，即男子受父亲之命，到女方家亲迎女子到家。过程非常复杂，礼节周全，如父亲用酒醮儿，女家在祖庙内设筵并在祖庙门外拜迎女婿，男子手执大雁拜奠女方祖先，女子立于父母之侧接受父母的最后一次教育，男子亲自驾驭女子坐车，自己先行至自家门外等待新妇，之后共食牲牢，等等。婚礼结束后，两人的婚姻关系正式确立。[①]

4. 媵妾婚

贵族男子在娶嫡妻时，可以得到若干陪嫁的妾、媵，这种婚姻形式称为媵妾婚。女子出嫁带妹妹、侄女等陪嫁，同胞姊妹陪嫁，“只能二人不能有三”也成为不成文的规定。陪嫁者处于从属地位，媵是女方伴嫁的女子，地位较低。妾是男家的，可以是买来的，也可以是家仆之女。媵本来是伺候嫁娘的奴仆，可为主夫看中，则陪宿变成妾。

① 蒲坚. 中国法制史通史：第1卷. 北京：法律出版社，1999：280－282，290－292.

媵妾婚是贵族占有奴仆人身的一种产物，是原始社会族外婚向对偶婚演变过程中的一种过渡形式，即“已婚男性有权将其妻子达到一定年龄的姊妹娶为妻”。根据传说，舜同时迎娶尧的两个女儿——娥皇和女英，似乎是媵妾制的起源，春秋时代则予以盛行，诸侯婚姻经常为姐妹同嫁一夫，直到战国后期，因为社会制度发生巨大变化，媵妾婚才渐渐停止，媵妾制在秦汉以后变成了封建帝王的后妃制。后世有妻死由妻妹续弦的婚俗，就是媵妾婚的遗存。

5. 自由婚

自由婚又称共诺婚或契约婚，它是以男女双方合意为条件而成立的婚姻。在反对封建主义的斗争中，资产阶级提出“自由、平等、博爱”的政治口号的同时，对婚姻也提出了自己的看法。他们以契约论为基础，认为婚姻是一种夫妻双方以互相占有、共同生活为目的而自愿订立的契约，必须以男女双方当事人的合意而成立。这种婚姻在当时无疑具有进步意义。它把婚姻的自主权从父母或者其他人手中归还给婚姻的当事人，使当事人享有支配自己人身及婚姻的权利，有利于民主、和睦的婚姻关系建立，是对封建专制婚姻的否定。

第二节　婚　约

一、婚约的概念及历史渊源

婚约，是指男女双方以结婚为目的而做的事先约定。订立婚约的行为称为订婚。婚约的当事人俗称未婚夫、未婚妻。

在古代，订立婚约通常是结婚必须经过的程序。没有订立婚约的婚姻属无效婚姻，不为国家、社会所承认。如古巴比伦《汉穆拉比法典》规定：“倘自由民娶妻而未订契约，则此妇非其妻。”罗马法也规定，无婚约的结合只属姘合而不能成为婚姻。在我国，自西周开始的“六礼”历经两千多年，订婚是其中的重要环节之一。至于订婚成立的条件，或以订婚书为标志，或以收受聘礼为根据，或者两者兼而有之。订婚年龄除有禁止“指腹、割衫襟为亲”的规定外，一般不做限制。是以，订婚往往由父母包办，而非按当事人的意思所为。婚约一旦成立，即对当事人具有法律约束力，无故不得违反，否则就要受到法律制裁。例如，罗马法规定，一人倘若同时或先后与两人订婚，须受“丧廉耻”宣告；婚约成立后，男方毁约就要失去所送的聘礼，女方毁约须交付相当于聘礼1～4倍的罚金。又如，明、清律规定：“女家悔约者，主婚人笞五十，女归本夫；再许他人者杖七十；已成婚者杖八十；……男家悔而再聘者，罪亦如之，仍令娶前女。”

在近现代，对于婚约的规定，已较过去发生了很大的变化，主要呈现以下特点：

(1) 订立婚约不再是结婚的必经程序。有的国家如美国、日本、法国等，采取不干涉主义，根本不对婚约问题做出规定。有的国家如德国、秘鲁、墨西哥等虽然对婚约做了规定，但也未将婚约作为必经程序，当事人是否订婚完全由其自行选择。

(2) 订立婚约不再由父母根据自己的意思加以包办，而是必须经男女双方当事人同意。然而，未成年人订婚则应经过其监护人同意。

（3）订立婚约不再以一定形式为成立必要条件，书面协议、交换订婚戒指、举行订婚仪式、在报上刊登订婚启事甚至口头发出订婚要约与承诺，都可以使婚约成立。

（4）婚约不再对当事人产生人身约束力，即订立婚约并不产生必须结婚的义务，双方或一方可以凭自己之愿随时予以解除。

（5）关于解除婚约的法律后果分为不同情况进行处理。例如，双方订婚期间互赠财物，可以请求对方返还；对因解除婚约造成的物质损失，如订婚、准备结婚所支付的费用，一般由过错方赔偿；因过错造成对方的“精神损害”，例如，与女方在婚约期间发生性关系，男方轻易解约或因其过错而致女方解约时，受害人可请求过错方赔偿其精神损失等。

二、我国法律对婚约的态度

从法律上讲，我国1950年、1980年、2001年的《婚姻法》以及2020年的《民法典》对婚约都未做规定，但在现实生活中，通过订婚等方式订立婚约的现象还比较普通。对此，国家法律及有关政策采取的原则是，只要不是借婚约行为实施其他违法犯罪，则不加干预。具体而言，对婚约的态度为：

（1）订婚并非结婚的必经程序。对于订婚既不禁止，也不保护。是否订婚，当事人可以自行决定。

（2）订婚的决定权在当事人本人，他人不得强迫与干涉。同时，我国《未成年人保护法》第15条规定：“父母或者其他监护人……不得为未成年人订立婚约。”① 包办、强迫订立的婚约一律无效。应当指出，这里不是针对婚约本身，而是因为这种行为有悖于婚姻自由等原则的规定。

（3）订婚并不发生法律效力，对当事人不产生约束力，只有在双方当事人完全自愿的条件下才能履行。解除婚约，只要双方或一方当事人同意即行，无须征得对方的同意，也不必履行任何法律手续，只要通知对方就行。

与此同时，源于传统习惯的影响，在现实生活中，民间订婚现象还屡见不鲜。有的还借订婚之名，大肆索要彩礼，一些“媒婆”“媒棍”也趁此索取财物，牟取不法之利。婚约解除后，常常引发纠纷，对此应当予以重视，妥善解决。要从既有利于贯彻婚姻自由的原则，又有利于促进社会安定团结出发，区分不同情况加以处理。

一是对于以订婚为名行买卖婚姻之实的，因收受方所得财物属于非法所得，对方送的财物在于实现买卖婚姻的不法意图，原则上应当予以追缴没收，上缴国库。

二是对以订婚为名行诈骗之实的，应当返还给受害人。实施诈骗行为，构成犯罪的，还应依法追究行为人的刑事责任。

三是对以订婚为名而行玩弄之实的，其送给对方的财物，按赠与物对待，不予退还。

四是对于因订婚所造成的物质损失，如举行订婚仪式大操大办，恋爱中供双方吃

① 全国人大常委会2020年10月17日修订通过，2021年6月1日起施行的《未成年人保护法》第17条规定：“未成年人的父母或者其他监护人不得实施下列行为……（九）允许、迫使未成年人结婚或者为未成年人订立婚约……”

喝玩乐共同耗用的财产损失等，属于双方共同的行为，一般自负其责，不能要求对方赔偿。这对抑制婚姻中的铺张浪费现象具有一定的积极意义。

五是对以结婚为目的而订婚的，相互给予的财物，在后来没有结婚的情况下，价值较高的如金银首饰、贵重纪念物品，可以作为不当得利酌情全部返还；给予物毁坏或者不存在的，可折价返还，无力偿还的，可酌情减免偿还；归属不清的，视为共有物做适当分割。至于价值不大的赠与物品，当事人没有明确约定的，可认为赠与关系成立，以所有权已经转移给对方论处而不得请求返还。

六是一方赠给对方的钱物是复员费、转业费、医疗费、伤残费、抚恤费等，因为这些财产与人身直接相关，具有一定的专属性，收受财物的一方提出解除婚约或中止恋爱关系的，一般应予返还。

七是在恋爱、订婚期间，一方与对方亲友的相互给予，数额通常也不可能很大，一般不予返还。

八是当事人请求返还按照习俗给付的彩礼的，根据《民法典婚姻家庭编解释（一）》第 55 条的规定，倘使查明属于以下情形，人民法院应当予以支持：（1）双方未办理结婚登记手续；（2）双方办理结婚登记手续然确未共同生活；（3）婚前给付并导致给付人生活困难。适用上述第 2、3 项的规定，应当以双方离婚为条件。

第三节　结婚条件

《民法典》婚姻家庭编规定的结婚条件包括结婚的积极条件和消极条件两个方面。

一、结婚的积极条件

结婚的积极条件，又称必备条件，是指法律规定的男女双方结婚时所应具备的不可缺少的条件。只有符合了必备条件的男女双方才能结婚，不然就会使婚姻产生瑕疵，影响其效力，甚至产生无效的或者可撤销的法律后果。根据《民法典》第 1041 条、第 1046 条、第 1047 条的规定，结婚的必备条件包括必须男女双方完全自愿、必须达到法定婚龄和必须符合一夫一妻原则。

1. 必须男女双方完全自愿

《民法典》第 1046 条规定："结婚应当男女双方完全自愿，禁止任何一方对另一方加以强迫，禁止任何组织或者个人加以干涉。"这是婚姻自由原则在结婚问题上的具体体现，而坚持男女双方完全自愿则是婚姻自由原则贯彻执行的基本保证。通过这一规定，国家把结婚的决定权完全赋予婚姻当事人，反映了婚姻乃是爱情的结合的本质特征。在法律范围内，是否结婚、和谁结婚都由当事人基于自己的意思决定，这就是必须男女双方完全自愿的基本要求。具体说来，包括以下 3 层含义。

（1）必须是结婚当事人本人自愿，而非当事人以外的第三人包括其父母的同意。这就排除了婚姻当事人以外的任何组织或者个人的强迫、包办及干涉。

（2）必须是男女双方自愿，而非一厢情愿。结婚乃是男女双方的事情，要以相互爱慕为前提，必须要求男女二人都出于自愿。

（3）必须是男女双方完全自愿：1）男女双方都应有正确表达结婚意愿的能力，即必须具有结婚能力。未达到法定婚龄的人、精神病人、重度痴呆病人、植物人等，由于无法表达或者正确表达婚姻的意愿，所做的意愿表示不能视为完全同意，应属无效。2）当事人完全自愿。3）当事人的自愿必须是对结婚真正的自愿，不受他人的干涉。4）自愿必须不能附加任何条件。以一定条件如对方的钱财、外貌、地位、家庭状况等作为表达自愿的前提，并非真正的、完全的自愿表示。

认定男女双方必须完全自愿这一条件，还应注意区分以下问题：1）注意划分亲朋好友的善意帮助与非法干涉的界限。2）注意一般干涉与暴力干涉的界限。暴力干涉，是指采用殴打、捆绑、拘禁、抢亲等暴力手段强迫、干涉当事人的婚姻，是一种最为严重的粗暴干涉婚姻自由表达的行为，应当严厉处罚，构成犯罪的，应当依法追究刑事责任。一般干涉，则是指暴力干涉以外的干涉行为，表现形式多种多样，如上吊自杀逼迫儿子就范，对子女婚姻进行强迫、包办，以索取大量彩礼作为男女结婚的条件等，都是干涉或者妨碍当事人正确表达完全自愿的表现，属于违法行为，应当坚决禁止。

此外，男女在寻找爱侣时不可能不对对方的地位、学识、才能、财物、家庭状况等进行考虑，可这种考虑的目的是促使自己做出正确的选择，而不是将其作为结婚的条件。即只要双方相爱，即使这些附加东西达不到，也不影响结婚。若以这些东西为附加条件，达到了即同意，没达到则勉强同意，或者不同意，那么，不论是同意还是勉强同意或是不同意，都是男女双方的不完全同意，不符合男女双方必须完全自愿的结婚条件，应当摒弃。

2. 必须达到法定婚龄

（1）法定婚龄的确定依据。法定婚龄，又称适婚年龄，是指法律规定的男女能够结婚的最低年龄。我们知道，结婚自由是法律赋予每一个自然人的一项重要权利。但任何权利都不是绝对的，而是相对的。权利的行使与享有只有在一定条件下才能实现，作为权利的婚姻自由也不能例外。婚姻不仅是男女双方之间的私事，而且事关子孙后代的健康成长、民族的兴旺发展、国家的繁荣昌盛，法律必须对其条件做出规定。考虑到婚姻的自然因素，结婚行为只有在达到一定年龄、身体发育成熟时才能进行，法律必须遵循人类成长发育繁衍的自然规律对男女结婚的最低年龄做出规定。这在古今中外没有例外。例如，在我国古代西周时期，男 20 岁、女 15 岁以上方可结婚。对于上层贵族，则可提前一些。在宋代以前，婚龄虽然时常变化，然都由法律做出规范，如依唐玄宗令，“男年十五、女年十三以上听婚嫁”。自宋以后，根据宋嘉定令、明洪武元年（1368 年）令及清通典等规定，均以男 16 岁、女 14 岁为嫁娶之期。国民党政府的民法典则规定：“男未满十八岁、女未满十六岁者，不得结婚。”在国外，早在古罗马时代，其著名法典《查士丁尼法典》就规定，男子的适婚年龄是 14 岁，女子的适婚年龄为 12 岁。现在各国对婚龄的规定各不相同，大致分为高、中、低 3 个婚龄层次：1）高法定婚龄为男 20 岁、女 18 岁左右。如美国部分州为男 21 岁、女 18 岁，澳大利亚为男 21 岁、女 16 岁，瑞士、挪威、丹麦为男 20 岁、女 18 岁，等等。2）中法定婚龄，男女都为 18 岁左右。如德国、英国、蒙古、秘鲁、意大利、俄罗斯等国以及《美国结婚离婚法》、美国部分州均规定男女婚龄为 18 岁，日本、荷兰等国为男 18 岁、女16岁，法国、比利时为男18岁、女15岁。3）低法定婚龄为16岁以下。如墨西哥、葡萄牙等为男16岁、女14岁，阿根廷、西班牙、希腊等为男14岁、女12岁。不少国家还规定了低于婚龄结婚的特许制度，即允许当事人在未达到法定婚龄的情况下，符合一定条件时依法向特定机关，如国王、总统、法官、检察官甚至父母、祖父母等申请批准结婚。

综上所述，不同国家以及同一国家的不同时代虽然在婚龄规定上不尽一致，但都有明确规定，且有不断提高婚龄之势。之所以会出现上述情况，是因为法定婚龄的确定依据——人的身心发育程度，即自然因素和政治、经济、文化、人口等社会因素在不同时期、不同地域往往表现出不同的特点与要求。确定法定婚龄所依据的自然因素和社会因素不同或者发生变化，对婚龄的确定当然会有一定的影响，从而表现出婚龄高低不同的特点。

（2）我国的法定婚龄。《民法典》第1047条规定："结婚年龄，男不得早于二十二周岁，女不得早于二十周岁。"据此，我国的法定婚龄，男为22周岁，女为20周岁。正确理解法定婚龄，应当注意以下4个方面问题。

一是法定婚龄是法律要求男女结婚时达到的最低年龄，是男女结婚年龄的起点。男女只有达到了法律规定的这一年龄才能结婚，否则就属违法，应当依法承担无效婚姻的后果。是以，法定婚龄又是合法婚姻与违法婚姻在年龄上的界限。还应指出，法定婚龄仅对男女结婚的最低年龄做出限制，并未对最高年龄做出要求。在过去，有的法律对结婚的最高年龄提出了要求，如《沙俄民法典》规定，年过80岁的男女不得结婚。我国古代的礼制要求男结婚不得超过30岁，女不得超过20岁。这种限制不符合婚姻的本质，为现代国家所不取。

二是法定婚龄并不等于实际婚龄。实际婚龄是指男女结婚时实际达到的年龄，可能高于法定婚龄，也可能低于法定婚龄。高于法定婚龄，没有限制；低于法定婚龄，则因违反规定而应被禁止。

三是法定婚龄既不是必须结婚的年龄，也不是最佳的结婚年龄。达到了法定婚龄，具备了结婚时所应具备的生理条件，但并不意味着这就是最佳的时机。结婚的最佳时机，不仅要具备生理条件，而且要具备心理条件，还需具备组成家庭的必要物质条件。

四是法定婚龄对我国自然人都应适用。然这只是一般规定，并不排除在特定的情况下法律、法规做出特殊规定。我国2001年的《婚姻法》第50条规定："民族自治地方的人民代表大会有权结合当地民族婚姻家庭的具体情况，制定变通规定。"

至于法定婚龄的计算，应以周岁为准，按照公历的年、月、日计算。过了周岁生日，从第二天起，为已满××周岁。这就是说，1周岁以12个月计，每满12个月才算1周岁；每满1周岁应以日计算，过了几周岁的生日，从第二天起，才算几周岁。在我国民间，一般以农历计算，并有虚岁的说法。所谓虚岁，是指人一生下来就算1岁，以后每逢新年增加1岁，其比周岁要多1岁或2岁。无论是虚岁还是以农历计算的岁数，鉴于不是法律规定的年龄算法，不应采用。

3. 必须符合一夫一妻原则

《民法典》第1041条规定，实行婚姻自由、一夫一妻、男女平等的婚姻制度。按照《婚姻登记条例》第5条的规定，申请结婚登记的当事人必须没有配偶。如有配偶，婚姻登记机关就不予登记。这就说明申请结婚的男女双方必须处于非婚姻状态，即为未婚者或者丧偶、离婚者。不然，有配偶而结婚，则属重婚，应当承担法律责任，构成犯罪的，还应依法追究刑事责任。离婚后即使要复婚，也必须是没有再婚，或者再婚的配偶死亡，或者婚后再行离异。

应当指出，男女双方自愿、达到法定结婚年龄及符合一夫一妻原则，作为结婚双方必须具备的积极条件，相互联系，共同构成一个有机统一的结婚条件体系，缺一不可。

二、结婚的消极条件

结婚的消极条件，又称禁止条件，或称排除条件、婚姻障碍，是指法律不允许结婚的情况。《民法典》第1048条仅仅规定，直系血亲或者三代以内的旁系血亲禁止结婚。这样，《民法典》删除了2001年修正的《婚姻法》禁止“患有医学上认为不应当结婚的疾病”的人结婚的规定。这也是我国婚姻家庭法修改史上的一个亮点。

1. 立法理由

人类婚姻形态的演变过程中，自然规律的作用不可忽视，即逐步排除直系血亲间的两性行为及旁系血亲兄弟姐妹间的两性行为。进入个体婚以后，并以立法的形式，限制一定范围内的亲属结婚。只不过各国立法禁止亲属结婚的范围有所差异。禁止一定范围内亲属通婚的理由在于：

（1）自然因素。根据遗传学、优生学等原理，血缘关系太近的亲属结婚，易将双方生理上、精神上的疾病、缺陷遗传给后代，直接影响后代健康，危害民族发展。

（2）伦理因素。在人类社会的发展过程中，两性关系已逐渐形成了一定的秩序，如不禁止一定范围内的亲属通婚，容易造成亲属身份关系的紊乱。“取于异姓，所以附远厚别也。”在结婚范围上，我国历来讲究尊卑不婚等，现行立法也应尊重长期以来形成的婚姻伦理道德。

2. 直系血亲和三代以内的旁系血亲禁止结婚

直系血亲，即父母子女、祖父母与孙子女、外祖父母与外孙子女等，没有世代的限制，均不得结婚。三代以内的旁系血亲，即同源于祖父母、外祖父母的血亲，包括同父同母的全血缘的兄弟姐妹，同父异母及同母异父的半血缘兄弟姐妹，伯、叔、姑、舅、姨，堂兄弟姐妹、姑表兄弟姐妹、舅表兄弟姐妹、姨表兄弟姐妹，侄子女、外甥子女等都禁止结婚。如何正确理解这一禁止条件，在司法实践中，我们应该注意以下6个问题。

（1）关于法律拟制血亲结婚的问题。对此，由于《民法典》未做明确规定，理论界有不同的看法。有的人认为，法律拟制血亲之间不存在真正的血缘关系，不同于自然血亲，不会影响优生，只要他们符合《民法典》规定的其他结婚条件就应允许结婚。有的人认为，拟制直系血亲应当禁止结婚，拟制旁系血亲之间只要没有三代以内旁系血亲关系，如养兄弟姐妹之间、继兄弟姐妹之间，则可以结婚。我们同意后一种看法，主要理由如下：

一是《民法典》明确规定，养父母和养子女、继父或继母和受其抚养教育的继子女的权利与义务，适用本法对父母子女关系的有关规定。因此，养父母与养子女、继父或继母与受其抚养教育的继子女之间通婚无疑要受到禁止直系血亲间结婚的制约。另外，直系血亲之间，不论相隔几代，都绝对禁止结婚。养子女、继子女通过养父母、继父母与养父母、继父母的父母、祖父母等发生拟制直系血亲关系，从法理上讲，其间也不应当允许结婚。

二是从伦理习惯上讲，在结婚问题上，历来讲究尊卑有别、长幼有序，反对不同辈的亲属通婚。我国《民法典》虽不禁止三代以外的不同辈的旁系血亲结婚，可对上下直系血亲禁止结婚的习俗是承认的。如果允许养子女与养父母的父母结婚，养子女一下变成养父母的继父母，这无论是从法律上讲还是从伦理道德上讲，都必须加以否定。至于养子女与养父母的其他尊亲属结婚，无疑也应禁止。这是因为，此种婚姻与传统习俗相背离，无法让人们接受，必然带来诸多弊端，甚至造成婚姻悲剧的发生。

三是从养子女、受继父或继母抚养教育的继子女所处的地位看，倘若允许法律拟制直系血亲之间通婚，他们的婚姻自由就难以保障。因为，养父母、继父母就可能凭借抚养教育这种特殊关系逼婚，从而损害养子女、继子女的权益，有悖于婚姻自由原则。

四是从世界各国的法律规定看，不少都明文禁止拟制直系血亲结婚，如日本、德国、瑞士、意大利、墨西哥、俄罗斯等国家就规定被收养者与收养者间不得结婚。

总之，法律拟制直系血亲应当禁止结婚。至于拟制旁系血亲之间，倘使不存在三代以内的旁系血亲关系，则可以结婚。我国民间也历来存在拟制旁系血亲通婚的习惯。

（2）关于姻亲结婚的问题。对此，不少国家和地区如日本、德国、法国、瑞士、丹麦、菲律宾、墨西哥、比利时、美国部分州等明文禁止直系姻亲结婚。直系姻亲因婚姻关系消亡如离婚、配偶一方死亡等而终止姻亲关系的，也不得结婚。有少数国家如法国、瑞士、秘鲁还禁止一定范围内的旁系姻亲结婚。在国民党统治时期，其民法亦明文禁止直系姻亲、五亲等以内的不同辈分的旁系姻亲结婚。《民法典》对姻亲是否禁止结婚的问题未做明文规定，但从伦理传统上看，岳母与女婿、公公与媳妇、继父或继母和未受其抚养教育的继子或继女等直系姻亲间也应当禁止结婚。至于旁系姻亲如侄儿与婶婶、叔叔与侄媳、女方与配偶的兄弟、男方与女方的姐妹等之间，在他们都不存在婚姻关系时，因之间不具有法律所禁止的血缘关系，故可以结婚。这在习惯上一般也不禁止。

（3）三代以外的不同辈分旁系血亲结婚的问题。我国《民法典》只禁止三代以内的旁系血亲结婚，三代以外的旁系血亲，不论辈分是否相同，均可以结婚。

（4）关于表兄弟姐妹结婚的问题。在我国封建时代，长期实行自给自足的小农生产经济，人们聚族而居，加上“同姓其宗，皆不得结婚”的限制，择偶范围窄，历来便有表兄弟姐妹结婚、“亲上加亲”的传统。在国民党统治时期，亦允许表兄弟姐妹结婚。我国1950年的《婚姻法》对于五代以内的旁系血亲间禁止结婚的问题，亦允许随习惯而定。1980年的《婚姻法》开始做出了禁止包括表兄弟姐妹在内的三代以内旁系血亲结婚的规定。

（5）关于同姓共宗者的结婚问题。在我国，基于“男女同姓，其生不蕃”“取于异姓，所以附远厚别也”等认识，长期都有禁止同姓之人结婚的说法。至今一些偏僻落后的农村地区，仍有同姓共宗不得为婚的习惯。然《民法典》对其没有禁止，同姓共宗者，只要不属直系血亲及三代以内的旁系血亲，都可以结婚。

（6）关于监护人与被监护人结婚的问题。对此，许多国家都加以禁止，有的则禁止监护人与未成年的被监护人结婚，我国《民法典》对此未做规定。故，有的人认为，从监护关系的性质看，应当禁止他们结婚。我们认为，未成年人的监护人与被监护人，由于被监护人未成年根本不符合法定婚龄，自不存在允许他们结婚的问题。对于丧失民事行为能力的人或者为限制民事行为能力人的精神病人，在他们无法表达自愿结婚的意志时，自然不能允许监护人与之结婚。可在被监护的精神病人能够表达自愿结婚的意志时，考虑到监护人与被监护人的特殊身份关系，以及被监护人的精神状况，宜不允许监护人与被监护人结婚。

第四节　结婚程序

一、结婚程序概述

结婚程序，又称结婚的形式要件，是指法律规定的男女双方缔结婚姻所必须经过的程序及应履行的法定手续。《民法典》第1049条规定："要求结婚的男女双方应当亲自到婚姻登记机关申请结婚登记。符合本法规定的，予以登记，发给结婚证。完成结婚登记，即确立婚姻关系。未办理结婚登记的，应当补办登记。"据此，这一条文包含4个方面的意义：（1）结婚是要式行为，取得结婚证时，才确立夫妻关系；（2）结婚行为具有人身性，当事人应亲自办理，不适用代理；（3）复婚的，也应进行登记，否则不产生夫妻关系；（4）其中"未办理结婚登记的，应当补办登记"的规定，一定程度上恢复承认了事实婚姻，即两人以夫妻名义共同生活，符合结婚条件，但未办理结婚登记的，双方当事人应补办登记，领取结婚证。这一规定从积极角度重申了办理结婚登记的必要性，那些符合婚姻家庭法规定的结婚条件，举行了结婚仪式或已经以夫妻名义共同生活，然未办理结婚登记的男女，应尽早补办登记，以使自己的婚姻行为合法化。

对于结婚的程序，不同的国家或同一国家的不同历史时期可能做出不同的规定。通观历史及现代各国的有关规定，结婚程序主要包括3种类型，即仪式制、登记制和登记与仪式结合制。

1. 仪式制

仪式制，是指当事人举行国家、社会所承认的仪式后即成立婚姻的一种结婚形式。现在，北美、西欧的一些国家仍旧采取仪式制，具体说来又可以分为3种形式，即宗教仪式、世俗仪式与法律仪式。所谓宗教仪式，是指按照宗教的要求，由神职人员主持的一种男女双方结婚的仪式。西班牙、希腊、葡萄牙等国就采用这种形式。所谓世俗仪式，是指按照民间习俗举行的结婚仪式，主婚人、证婚人一般要求到场。我国民间就经常采用此种仪式。所谓法律仪式，是指由政府官员依照法律规定的程序举行的一种结婚仪式。有的国家，如英国、丹麦等，则由当事人在宗教仪式和法律仪式中选择一种，对于结婚仪式并不强行加以规定。

2. 登记制

登记制，是指男女双方依法进行登记才成立婚姻的一种结婚形式。它要求婚姻当事人接受法定机关的审查，登记机关审查符合结婚实质要件的，即进行登记，确立其间的婚姻关系。日本、古巴、朝鲜、墨西哥、保加利亚及我国现在都采用这种形式，而不要求举行仪式。

3. 登记与仪式结合制

登记与仪式结合制既要求男女双方结婚时依法进行登记，又要求举行必要的仪式，这样婚姻才告成立，两者缺一不可。法国、匈牙利、罗马尼亚、捷克、斯洛伐克、美国大部分州现在就采用这种形式。

二、我国的结婚登记制度

1. 实行结婚登记的意义

根据《民法典》第1049条的规定，我国所采用的结婚程序为登记制。之所以实行结婚登记制度，主要是由于这种制度具有以下3个方面的意义：

（1）有利于保障国家的婚姻制度的彻底贯彻推行。国家通过结婚登记，对要求结婚的男女双方是否符合法定的结婚条件进行审查，符合条件才予登记，承认其婚姻成立；否则不予登记，不承认其婚姻成立，以有效保证我国实行的婚姻自由、一夫一妻、男女平等的婚姻制度的贯彻执行。

（2）有利于保障当事人的合法权益。通过对男女双方是否符合法定结婚条件的审查，确保完全出于双方自愿、达到法定婚龄、符合一夫一妻原则并没有法定禁止条件的男女结婚，本身就是对其正当权益的保护。另外，通过结婚登记，可以防止不符合结婚条件的人结婚，无疑也是对当事人的正当权益的保护。

（3）有利于及时防范、惩治婚姻违法行为。在现实生活中，诸如干涉婚姻自由、重婚等违反婚姻自由、一夫一妻、男女平等原则的行为时有发生，通过结婚登记进行审查，就可及时发现这些婚姻违法乃至犯罪行为，并采取有效措施，加以防范。另外，通过婚姻登记，还可以对婚姻当事人进行法制宣传教育并为其提供法律帮助，以便提高当事人防范婚姻欺诈、胁迫等违法行为的能力。

2. 结婚登记机关及职责

《婚姻登记条例》第2条规定："内地居民办理婚姻登记的机关是县级人民政府民政部门或者乡（镇）人民政府，省、自治区、直辖市人民政府可以按照便民原则确定农村居民办理婚姻登记的具体机关。中国公民同外国人，内地居民同香港特别行政区居民（以下简称香港居民）、澳门特别行政区居民（以下简称澳门居民）、台湾地区居民（以下简称台湾居民）、华侨办理婚姻登记的机关是省、自治区、直辖市人民政府民政部门或者省、自治区、直辖市人民政府民政部门确定的机关。"

3. 结婚登记程序

我国公民之间以及我国公民同外国人，内地居民同香港居民、澳门居民、台湾居民、华侨结婚包括再婚、复婚以及补办结婚登记的，都要依照《婚姻登记条例》《婚姻登记工作规范》进行登记。具体说来，这一登记程序大致可以分为申请、审查和登记3个环节。

（1）申请。当事人结婚的，必须双方携带有关材料亲自到婚姻登记机关申请结婚登记。其中，内地居民结婚，男女双方应当共同到一方当事人常住户口所在地的婚姻登记机关办理结婚登记。中国公民同外国人在中国内地结婚的，内地居民同香港居民、澳门居民、台湾居民、华侨在中国内地结婚的，男女双方应当共同到内地居民的常住户口所在地的省级人民政府民政部门或者其确定的民政部门办理结婚登记。

公民办理结婚登记应当根据当事人为内地居民及华侨、外国人的不同而携带不同的证件及证明材料。根据《婚姻登记条例》的规定，办理结婚登记的内地居民应当出具的证件和证明材料为：1）本人的户口簿、身份证；2）本人无配偶以及与对方当事人没有直系血亲和三代以内旁系血亲关系的签字声明。香港居民、澳门居民、台湾居民应当出具的证件和证明材料为：1）本人的有效通行证、身份证；2）经居住地公证机构公证的本人无配偶以及与对方当事人没有直系血亲和三代以内旁系血亲关系的声明。华侨应当出具的证件和证明材料为：1）本人的有效护照；2）居住国公证机构或者有权机关出具的、经中华人民共和国驻该国使（领）馆认证的本人无配偶以及与对方当事人没有直系血亲和三代以内旁系血亲关系的证明，或者中华人民共和国驻该国使（领）馆出具的本人无配偶以及与对方当事人没有直系血亲和三代以内旁系血亲关系的证明。外国人应当出具的证件和证明材料为：1）本人的有效护照或者其他有效的国际旅行证件；2）所在国公证机构或者有权机关出具的、经中华人民共和国驻该国使（领）馆认证或者该国驻华使（领）馆认证的本人无配偶的证明，或者所在国驻华使（领）馆出具的本人无配偶的证明。

（2）审查。对于男女双方当事人的结婚申请，登记机关应当及时、全面进行审核、查证：1）查明男女当事人的身份，如采取询问、核实登记事项、对照相片等方法核实男女双方是否亲自到场。2）审查当事人出具的证件、证明材料是否全面、真实，是否存在伪造、变造现象，除询问外，必要时可以到当事人单位、户籍所在地进行实地调查，还可以要求当事人提供补充材料，如医学鉴定等。3）根据《民法典》第1041条、第1046条、第1047条、第1048条的规定，审查男女双方是否符合结婚所要求的条件。

（3）登记并发放结婚证。对符合结婚条件的，应当当场予以登记，发给结婚证。发现办理结婚登记的当事人有下列情形之一的，婚姻登记机关不予登记：1）未到法定结婚年龄的；2）非双方自愿的；3）一方或者双方已有配偶的；4）属于直系血亲或者三代以内旁系血亲的。婚姻登记机关对当事人的婚姻登记申请不予登记的，应当以书面形式说明不予登记的理由。当事人认为符合婚姻登记条件而婚姻登记机关不予登记的，或者当事人对处罚不服的，可以依照《行政复议法》的规定申请复议；对复议决定不服的，可以依照《行政诉讼法》的规定提起诉讼。

4. 结婚证书

结婚证书，是由婚姻登记机关依法签发的证明男女双方婚姻关系成立的法律文书，即结婚证。结婚证正本一式两份，由国务院民政部门规定式样并监制。结婚证须贴男女双方合照，并加盖婚姻登记专用钢印。双方离婚时，结婚证应当收回。结婚证遗失或损毁的，当事人可以持户口簿、身份证向原办理婚姻登记的机关或者一方当事人常住户口所在地的婚姻登记机关申请补领。婚姻登记机关对当事人的婚姻登记档案进行查证，确认属实的，应当为当事人补发结婚证。

5. 结婚登记的效力

男女双方到婚姻登记机关申请结婚登记，婚姻登记机关依法审查后，认为符合结婚条件的，即进行登记，并发给结婚证。至此，男女双方的婚姻关系成立，产生了法律效力，并受法律的承认和保护。应当指出，进行结婚登记是婚姻成立的唯一程序，婚姻成立不需要举行仪式。在我国民间，由于传统习惯，男女双方结婚通常都举行结婚仪式，亲朋好友前去祝贺。这种仪式虽然国家不干涉，但是不能作为男女双方婚姻成立的标志。换句话说，结婚仪式不能代替结婚登记，仪式举行与否并不影响婚姻的成立。

6. 补办结婚登记及其效力

《民法典》第1049条规定："要求结婚的男女双方应当亲自到婚姻登记机关申请结婚登记。符合本法规定的，予以登记，发给结婚证。完成结婚登记，即确立婚姻关系。未办理结婚登记的，应当补办登记。"所以，以夫妻名义同居生活、尚未办理结婚登记的事实婚姻，在当事人补办结婚登记后，便转化为了合法的婚姻。

补办结婚登记这一行为对之前的事实婚姻是否具有溯及力，《民法典婚姻家庭编解释（一）》第6条为此明确规定，男女双方根据《民法典》第1049条规定补办结婚登记的，婚姻关系的效力从双方均符合《民法典》所规定的结婚的实质要件时起算。这样，补办结婚登记这一行为对于之前的事实婚姻具有溯及力。当然，这种认可是以没有办理结婚登记而以夫妻名义同居生活的男女必须符合结婚的实质条件为前提的。换句话说，补办结婚登记这一行为的溯及力仅仅追及男女双方均符合结婚的实质要件时，而不是追及男女双方以夫妻名义同居生活时。如某男某女于2013年10月1日未办理结婚登记即以夫妻名义同居生活，同居时双方均符合结婚的实质条件。2021年1月10日，双方按照《民法典》的要求到婚姻登记机关补办了结婚登记，则该补办结婚登记行为的效力就溯及2013年10月1日。倘若有一方不符合结婚的实质条件，如上述女方在同居时只有18周岁，没有达到法定的20周岁的结婚年龄，在补办结婚登记后，则该行为的效力则溯及女方满20周岁之日，即双方的婚姻关系应从女方达到婚龄即满20周岁时起算，之前的不符合结婚的实质条件的同居关系不能视为正当、合法及有效的婚姻关系而被保护。

7. 复婚登记及其效力

复婚，是指缔结婚姻的双方通过离婚解除了之间的婚姻关系后，再次申请结婚并依法登记重新形成婚姻关系的行为。其主体为离婚的双方，进行复婚登记后自然会在他们之间产生新的婚姻关系。关于具体办理程序，《婚姻登记工作规范》第43条规定："申请复婚登记的，当事人填写《申请结婚登记声明书》，婚姻登记机关按照结婚登记程序办理。"

8. 补领婚姻登记证

在现实生活中，因种种原因，结婚证可能丢失或者损毁，而结婚证乃是双方婚姻关系成立的一种有效证件，在涉及婚姻关系有关事项时都要出示结婚证以证明其间的婚姻关系存在。如此，在丢失、毁损结婚证后，就存在补办结婚证的问题。对此，《婚姻登记工作规范》第62条规定："当事人遗失、损毁婚姻登记证，可以向原办理该婚姻登记的机关或者一方常住户口所在地的婚姻登记机关申请补领。有条件的省份，可以允许本省居民向本辖区内负责内地居民婚姻登记的机关申请补领婚姻登记证。”就补办结婚证的程序而言，《婚姻登记工作规范》第 63 条规定：“婚姻登记机关为当事人补发结婚证、离婚证，应当按照初审—受理—审查—发证程序进行。”

第五章 婚姻效力

婚姻效力，是指婚姻成立后所能发生的法律后果。从广义上讲，其涉及宪法、刑法、民法、婚姻法、行政法、劳动法、诉讼法、国际私法等诸多领域。从狭义上讲，是指在婚姻家庭关系中的法律后果。如符合结婚条件的一经登记即确立男女之间的夫妻关系，产生权利与义务，就是婚姻成立的效力。

男女双方的结婚行为要发生其应有的法律效力，就要既符合结婚的实质要件，又符合结婚的形式要件。两个方面的条件全部具备后，即成立婚姻关系，产生法律效力。缺少其中之一，就因结婚具有瑕疵而对其效力产生影响。以下仅对几种有瑕疵的婚姻的法律后果进行分析，至于合法婚姻所产生的具体法律后果如夫妻关系等，则在家庭关系中加以阐释。

第一节　无效婚姻

一、无效婚姻的概念

无效婚姻，是指虽已成立但因违反法定的必备有效要件而不受法律保护、自始不产生合法婚姻效力的婚姻。一般来说，无效婚姻因为违反结婚的某些实质要件而产生，因其形式要件已符合法律规定，因此登记机关进行了结婚登记。严格地讲，无效婚姻并不是婚姻的一个种类，它只是用来说明借婚姻之名而违法结合的一个特定概念。无效婚姻本身并不能成为婚姻，它只是一种同居关系。

无效婚姻制度的起源。从历史上来看，婚姻因欠缺婚姻成立要件而无效的，自古就有。例如，古巴比伦王国的《汉穆拉比法典》规定，“倘自由民娶妻而未订契约，则此妇非其妻”，即指事先未订婚约的结合，视为无效婚姻。对违反结婚的必备条件和婚姻禁例的，罗马市民法不认其为正式婚姻。依照传统的亲属法学中比较公认的见解，婚姻无效制度始于欧洲中世纪寺院法全盛的时代。由于基督教本诸教义，奉行禁止离婚主义，无法共同生活的男女双方，只能基于一定的理由，经教会宣告其婚姻无效。我国古代的礼和法也否定违法结合的婚姻的效力。在礼制方面，六礼皆备谓之聘，六礼不备谓之奔。法律对违反封建礼法而结合的婚姻不仅否定其效力，而且还给予刑罚处罚，如《唐律·户婚》对为婚女家妄冒、有妻更娶、居父母丧嫁娶、同姓为婚等既否定其效力，又对当事人规定了刑事责任。

在国外，有的学者把婚姻成立的要件分为公益要件和私益要件。违背公益要件者，被认为对社会危害性较大，因而为无效婚姻。违背私益要件者，被认为社会危害性较小，为可撤销婚姻。并且认为，无效婚姻具有法律溯及力，可撤销婚姻无溯及既往的效力，在被撤销之前仍具有法律效力。我国《民法典》婚姻家庭编也将无效的婚姻分为无效婚姻和可撤销婚姻两大类。所不同的是，可撤销婚姻与无效婚姻一样，具有法律溯及力。

二、无效婚姻的原因

《民法典》第 1051 条规定：“有下列情形之一的，婚姻无效：（一）重婚；（二）有禁止结婚的亲属关系；（三）未到法定婚龄。”根据《民法典》第 1051 条的规定，婚姻无效包括以下 3 种原因：

1. 重婚

重婚是一种道德败坏的陋习，完全违背一夫一妻原则，必须加以禁止。将之作为无效婚姻，有利于有效抑制重婚现象发生。重婚，作为一个法律概念，是指有配偶而又与他人结婚，或者明知他人有配偶而与之结婚。

应当指出，上述“配偶”是指经过了婚姻登记机关登记而为国家承认的配偶，不包括没有进行婚姻登记、与他人以夫妻名义同居所形成的事实婚姻中的“配偶”。鉴于事实婚姻现在不受法律保护，属非法同居，因而，在形成事实婚姻后又与之进行结婚登记，或者明知他人有事实婚姻关系而与之登记结婚的，都不能以重婚论。需要注意的是，形成合法婚姻后，又与他人以夫妻名义同居生活或者明知他人有配偶而与其以夫妻名义同居，包括构成事实婚姻的，在过去，根据有关司法解释的规定，仍应按重婚论。但有关司法解释已被废止，说明这种行为今后不能再以重婚行为论。这也符合事实婚姻不受法律保护的立法意图。

另外，判断重婚的标准在于本人或他人的第一次婚姻是否进行了登记。倘若进行了登记，即使登记的双方没有同居或发生性关系或举行仪式，都不影响对其第二次婚姻重婚的认定。如李某与张某进行了结婚登记，可没有同居，在依法解除这一婚姻关系前，仍互为配偶，任何他人明知李某、张某已登记结婚而仍与其中的任何一方结婚或以夫妻名义同居的行为，都构成重婚，应当依法承担相应的法律责任。

重婚，只要有一方构成即可，并不要求双方都成立重婚。如甲乙二人都已结婚而分别再婚，此时双方都属重婚。一方已结婚而又与未结婚的人结婚，该人确实不知道其已结婚的，这时只有已结婚的人构成重婚，该人不构成重婚，但这不影响认定他们的婚姻为重婚。

2. 有禁止结婚的亲属关系

一定范围的亲属如直系血亲或者三代以内的旁系血亲结婚，易将双方的缺陷遗传给后代，造成后代的痴呆、畸形、病残、智力退化等后果，影响人口素质，不利于民族发展。是以，无论是从国家利益、社会利益出发，还是为个人、家庭利益着想，都须禁止其结婚。违背法律禁止结婚条件而结婚的，应属无效婚姻，法律对其不予承认。

3. 未达到法定婚龄

未达到法定婚龄，是指男女双方或一方没有达到婚姻法规定的准予结婚的最低年龄，即男未满 22 周岁，女未满 20 周岁。男女双方均达到法定婚龄，是男女双方结婚必须符合的条件之一。未达到法定婚龄结婚，容易引发早婚。而早婚不仅不利于青少年的正常学习与生活，易造成严重的心理发育障碍，而且可能造成早育，从而缩短人口的再生产周期，加快人口再生产的速度，不利于计划生育国策的贯彻实施。另外，由于早婚者心理尚未成熟、社会经验不足、经济基础不实，早婚容易引发家庭危机，不利于家庭的稳定。倘使早育，或者父母难以承担抚养教育下一代的责任，会产生不良的社会后果。因此，对于法定婚龄，应当严格遵守。凡未达到法定婚龄而结婚的，即应依法确认该婚姻无效，使当事人承担法律责任，以有效防止、减少这种违法婚姻的产生。

应当指出，当事人以《民法典》第 1051 条有关因“重婚”“有禁止结婚的亲属关系”“未到法定婚龄”而属无效婚姻的规定以外的情形，请求确认婚姻无效的，根据《民法典婚姻家庭编解释（一）》第 17 条的规定，人民法院应当判决驳回当事人的诉讼请求。当事人以结婚登记程序存在瑕疵为由提起民事诉讼，主张撤销结婚登记的，告知其可以依法申请行政复议或者提起行政诉讼。例如，甲要与男友登记结婚，因自己未达法定婚龄，就持姐姐乙的身份证和假手续，以姐姐乙的名义与自己的男友办理了结婚登记。3 年后，乙去办理自己的结婚登记时，被告知已经于 3 年前与他人结婚。第一，若乙申请宣告与妹妹男友的婚姻无效，法院应判决驳回申请。第二，若乙起诉，请求法院判决与妹妹的男友离婚（或撤销婚姻），法院应裁定不予受理或者驳回起诉，并告知其走行政程序。可见，《民法典》第 1051 条关于无效婚姻的列举是封闭式的。除此之外，均不是无效婚姻。

三、无效婚姻的确认

从各国有关立法规定看，无效婚姻有当然无效和宣告无效之别。前者是指婚姻只要具备法定的无效原因，无须经过国家某一机关确认宣告，当然不发生婚姻法律效力，任何一方与他人结婚都不视为重婚。后者是指婚姻具有法定无效的原因，并且必须经过国家有关机关确认后才发生无效婚姻的法律后果。未经确认，则不产生无效的法律后果。

在我国，对于无效婚姻的确认，应当注意以下几个方面。

1. 确认婚姻无效程序的请求主体及时间

根据《民法典婚姻家庭编解释（一）》第9条的规定，有权依据《民法典》第1051条规定向人民法院就已办理结婚登记的婚姻请求确认婚姻无效的主体，包括婚姻当事人及利害关系人。婚姻当事人即办理了结婚登记的男女双方，其中任何一方都可以提出确认婚姻无效的请求。利害关系人，根据该条规定，则应当根据确认婚姻无效理由的不同而区别对待：（1）以重婚为由请求确认婚姻无效的，为当事人的近亲属及基层组织。（2）以未到法定婚龄为由请求确认婚姻无效的，为未到法定婚龄者的近亲属。（3）以有禁止结婚的亲属关系为由请求确认婚姻无效的，为当事人的近亲属。夫妻一方根据《民法典》第1051条的规定请求人民法院确认婚姻无效的，请求方无疑为确认婚姻无效程序的请求人即原告，另一方则为被请求人即被告。利害关系人根据《民法典》第1051条的规定请求人民法院确认婚姻无效的，其自然亦为确认婚姻无效程序的原告。此时，该程序的被告，根据《民法典婚姻家庭编解释（一）》第15条的规定，为婚姻关系当事人双方；夫妻一方死亡的，生存一方为被告；夫妻双方均已死亡的，则无须列明被告。

至于请求确认婚姻无效的时间，一般是在无效婚姻存续的期间内。然而，根据《民法典婚姻家庭编解释（一）》第14条的规定，夫妻一方或者双方死亡后，生存一方或者利害关系人依据《民法典》第1051条的规定请求确认婚姻无效的，人民法院应当受理。

2. 确认婚姻无效的机关只能是人民法院，其他机关都无权确认婚姻无效

在我国，确认婚姻无效的机关只能是人民法院。至于具体的人民法院，则为一方户口所在地的基层人民法院。人民法院受理请求确认婚姻无效案件后，经审查确属无效婚姻的，应当依法作出确认婚姻无效的判决。判决一经作出，即发生法律效力，当事人不得再就婚姻效力问题提出上诉。

3. 确认婚姻无效的程序

当事人及利害关系人向人民法院请求确认婚姻无效的，人民法院应当按照下列情况分别处理：

（1）《民法典婚姻家庭编解释（一）》第10条规定，当事人依据《民法典》第1051条规定向人民法院请求确认婚姻无效，法定的无效婚姻情形在提起诉讼时已经消失的，人民法院不予支持。如因未到法定婚龄而形成的无效婚姻，请求人应当在法定婚龄届满前提出；在法定婚龄届满后提出的，人民法院则不应予以支持。

（2）《民法典婚姻家庭编解释（一）》第11条第1、2款规定，人民法院受理请求确认婚姻无效案件后，原告申请撤诉的，不予准许。对婚姻效力的审理不适用调解，应当依法作出判决。

（3）《民法典婚姻家庭编解释（一）》第11条第3款规定，人民法院受理请求确认婚姻无效案件，涉及财产分割和子女抚养的，可以调解。调解达成协议的，另行制作调解书；未达成调解协议的，应当一并作出判决。

(4)《民法典婚姻家庭编解释（一）》第12条规定，人民法院受理离婚案件后，经审理确属无效婚姻的，应当将婚姻无效的情形告知当事人，并依法作出确认婚姻无效的判决。

(5)《民法典婚姻家庭编解释（一）》第13条规定，人民法院就同一婚姻关系分别受理了离婚和请求确认婚姻无效案件的，对于离婚案件的审理，应当待请求确认婚姻无效案件作出判决后进行。

(6)《民法典婚姻家庭编解释（一）》第17条规定，当事人以《民法典》第1051条规定的3种无效婚姻以外的情形请求确认婚姻无效的，人民法院应当判决驳回当事人的诉讼请求。当事人以结婚登记程序存在瑕疵为由提起民事诉讼，主张撤销结婚登记的，告知其可以依法申请行政复议或者提起行政诉讼。

(7)《民法典婚姻家庭编解释（一）》第21条规定，人民法院根据当事人的请求，依法确认婚姻无效的，应当收缴双方的结婚证书并将生效的判决书寄送当地婚姻登记管理机关。

四、无效婚姻的法律后果

根据《民法典》第1054条的规定，无效婚姻的法律后果包括以下3个方面。

1. 对当事人身份的后果

根据《民法典》第1054条的规定，无效婚姻自始没有法律约束力，即被确定为无效婚姻的，自结婚之时就不产生合法婚姻的效力。换句话说，对于无效婚姻，一开始就不承认其已成立，不形成夫妻间的权利与义务关系。然这不是说，无效婚姻当然自始无效，而是要经过人民法院按照法定程序宣告后，才能产生婚姻自始无效的效力。为此，《民法典婚姻家庭编解释（一）》第20条规定，《民法典》第1054条所规定的“自始没有法律约束力”，是指无效婚姻或者可撤销婚姻在依法被确认无效或被撤销时，才确定该婚姻自始不受法律保护。换言之，无效或者可撤销婚姻在依法被宣告无效或被撤销前，还不能确定该婚姻自始不受法律保护，此时依然要受到法律的保护。

2. 对当事人财产的后果

根据《民法典》第1054条的规定，同居期间所得的财产，由当事人协议处理；协议不成的，由人民法院根据照顾无过错方的原则判决。对重婚导致的无效婚姻的财产处理，不得侵害合法婚姻当事人的财产权益。故，无效婚姻的财产不适用《民法典》第1062条、第1063条、第1065条规定的夫妻共同财产制、夫妻个人财产制及夫妻约定财产制。具体处理时，则应注意以下几点：

(1) 当事人同居期间所得的财产由双方协商处理。同居之前的个人财产以及同居前一方送给另一方的财产，应当按照个人财产及赠与关系处理，不纳入双方协商的范围。协商，应由双方平等进行，任何一方或第三人都不得对对方或双方进行干涉。同居期间，是指自同居之日起至婚姻宣告无效之日止。

(2) 对于同居期间所得的财产，双方协商处理不成时，由人民法院依法判决，其他任何单位和个人包括婚姻登记机关都无权做出处理。当事人协商一致，人民法院不主动干预；协商不成的人民法院应当根据照顾无过错方的原则作出判决，以体现对无过错方的保护。所谓过错方，一般是指违法方，如未到法定婚龄而结婚者。具体说来，一方有过错，另一方无过错，则应考虑过错的严重程度，将财产多分甚至全部分给无过错方。一般说来，过错越大，过错方所得的财产就越少，无过错方所得的财产就越多。双方都有过错，应当区分过错的大小，将财产多分给过错小的一方，少分给过错大的一方，而不能简单地各打五十大板，平分给各方。此外，根据《民法典婚姻家庭编解释（一）》第 22 条规定，被确认无效的婚姻，当事人同居期间所得的财产，除有证据证明为当事人一方所有的以外，按共同共有处理。这一规定与《民法典》规定的人民法院根据照顾无过错方的原则判决并不矛盾。这是因为婚姻家庭编规定的是人民法院根据照顾无过错方的原则判决的问题，而司法解释规定的是在什么基础上照顾无过错方，即在承认同居期间的财产没有协议时视为共同共有的基础上再照顾无过错的一方的问题。

（3）同居期间所得的财产，不仅包括财产权利，而且包括财产义务。对于财产义务，也应按上述方法进行处理，即先由双方协商，协商不成时，再由人民法院根据照顾无过错方的原则判决。

（4）对于重婚导致的无效婚姻的财产的处理，无论是双方协商还是人民法院判决，都不得侵害合法婚姻当事人的财产权益。为了保护合法婚姻当事人的合法权益，《民法典婚姻家庭编解释（一）》第 16 条明确规定："人民法院审理重婚导致的无效婚姻案件时，涉及财产处理的，应当准许合法婚姻当事人作为有独立请求权的第三人参加诉讼。"

3. 无效婚姻当事人所生的子女，依旧适用《民法典》有关父母子女的规定

无论什么原因使婚姻宣告无效，子女都是无辜的，不应承担任何责任。于是，《民法典》规定，"当事人所生的子女，适用本法关于父母子女的规定"，也就是当事人与所生子女的关系不因确认婚姻无效而受到任何影响，双方依法享有权利并承担义务。如父母有抚养教育子女的义务。子女有赡养扶助父母的义务；一方直接抚养子女的，另一方享有对子女的探望权。

第二节　可撤销婚姻

一、可撤销婚姻的原因

可撤销婚姻，是指虽然经过登记但由于法定原因而可以被解除、取消，从而丧失原有效力的婚姻。根据婚姻家庭编的规定，可撤销婚姻的法定原因有两个：一是因胁迫结婚的；另一则是隐瞒身体患有严重疾病不如实告诉对方而结婚的。

1. 受胁迫结婚

《民法典》第 1052 条第 1 款规定："因胁迫结婚的，受胁迫的一方可以向人民法院请求撤销婚姻。"其中，受胁迫结婚，既可以是一方当事人受到胁迫，也可以是双方当事人均受到胁迫；既可以是一方当事人受另一方当事人胁迫，也可以是当事人受自己的父母、兄弟或拐卖妇女的人贩子等第三人的胁迫。无论遭受何种胁迫，只要该胁迫使得当事人一方或双方违背自己的意愿即并非自愿而是被强迫结婚的，就可以成为可撤销婚姻的法定原因。所谓胁迫，根据《民法典婚姻家庭编解释（一）》第 18 条第 1

款的规定，行为人以给另一方当事人或者其近亲属的生命、身体、健康、名誉、财产等方面造成损害为要挟，迫使另一方当事人违背真实意愿结婚的，可以认定为《民法典》第1052条所称的“胁迫”。有的是暴力胁迫，如对当事人拳打脚踢、捆绑吊打、扣押禁闭、强行抢亲等，使被胁迫者遭受身心损害，感到痛苦，屈服于胁迫人的意志而与他人结婚；有的是精神胁迫，即以伤害当事人及其亲友的人身、毁坏其财物、揭露其隐私、破坏其名誉等相要挟，实施精神强制，进行恐吓，使之产生恐惧心理而违背自己的意愿与他人结婚；有的是利用自己与受胁迫人存在的某种特殊关系，如领导与被领导关系，采取故意刁难、打击报复、克扣工资、开除工作等手段胁迫受胁迫人违背自己的意愿而与他人结婚。不论采取什么方式胁迫，受胁迫人所表示的结婚意愿都具有虚假性，表面上同意选择对方作配偶，愿与其办理结婚登记而确立婚姻关系，实际上是在受到胁迫的情况下，隐瞒了不愿与对方结婚的真实意愿，形成的结婚合意是虚假的，并非自愿。

2. 隐瞒身体患有重大疾病不如实告诉对方而结婚

《民法典》第1053条规定：“一方患有重大疾病的，应当在结婚登记前如实告知另一方；不如实告知的，另一方可以向人民法院请求撤销婚姻。请求撤销婚姻的，应当自知道或者应当知道撤销事由之日起一年内提出。”

法律承认，当事人打算结婚或者做结婚决定时，很关注对方是否健康以及健康程度如何。这一规定是对删除禁止一定疾病患者结婚所做的弥补，以防堵相关利益调整中可能出现的重大漏洞。《民法典》删除了《婚姻法》禁止“患有医学上认为不应当结婚的疾病”的人结婚的规定。一方面，婚姻是爱情的结晶，是男女双方感情的升华，结婚自由权是一项基本民事权利，对其实施限制，需要充分的理由，且应谨慎；另一方面，关于一定疾病的患者是否应当被禁止结婚，医学认识并不统一，哪些疾病患者不宜结婚，在医学上也无公认的定论。在《民法典》制定过程中，有法学专家表示，假设两个都患有疾病的人同病相怜，愿意结婚，“抱团取暖”，如有严重遗传病的男女，只是为了相互照顾，并无生小孩的想法，对他人、社会、国家就都没有危害。最近10余年来，对于是否应当删除禁止特定疾病患者结婚的法律条款，法学界争论不休，医学界也有不同观点，删除此限制虽然多数人能够接受，不过，也有相当部分人不会赞同。因为，结婚不仅是男女基于两性相吸引、确立夫妻关系以满足个体需求的个人行为，而且是源于繁衍后代、延续种族这一深刻历史使命，以保障民族健康生存发展需要的社会行为。其不仅要以自己的意志为转移，也要受到人类发展的自然规律、社会规律以及道德、习惯、法律规范等的制约。如此，结婚不仅事关重大的个人利益，当事人的健康乃是婚姻长久稳定的基石之一，同时也关系到全民族的人口素质、人类的健康发展，所以，法律规定，一方患有严重疾病的，应当在结婚登记前如实告知另一方；不如实告知的，另一方可以向人民法院请求撤销婚姻。

其实，何谓医学上认为不应当结婚的疾病，之前的《婚姻法》也未做明确规定。在司法实践中一般根据下列规定进行认定：

一是1980年《婚姻法》第6条第2项关于“患麻风病未经治愈或患其他在医学上认为不应当结婚的疾病”禁止结婚的规定。

二是《婚姻登记条例》第6条第5项关于“患有医学上认为不应当结婚的疾病

的”，婚姻登记机关不予结婚登记的规定。

三是《母婴保健法》第 8 条关于“婚前医学检查包括对下列疾病的检查：（一）严重遗传性疾病；（二）指定传染病；（三）有关精神病”的规定，第 9 条关于“经婚前医学检查，对患指定传染病在传染期内或者有关精神病在发病期内的，医师应当提出医学意见；准备结婚的男女双方应当暂缓结婚”的规定，以及第 38 条关于“指定传染病，是指《中华人民共和国传染病防治法》中规定的艾滋病、淋病、梅毒、麻风病以及医学上认为影响结婚和生育的其他传染病。严重遗传性疾病，是指由于遗传因素先天形成，患者全部或者部分丧失自主生活能力，后代再现风险高，医学上认为不宜生育的遗传性疾病。有关精神病，是指精神分裂症、躁狂抑郁型精神病以及其他重型精神病。产前诊断，是指对胎儿进行先天性缺陷和遗传性疾病的诊断”的规定。

《民法典》第 1053 条第 1 款规定：“一方患有重大疾病的，应当在结婚登记前如实告知另一方；不如实告知的，另一方可以向人民法院请求撤销婚姻。”那么，何谓“严重疾病”？《民法典》没有给出专门的定义和范围，需要司法解释予以明确。当然，在司法解释出台之前，笔者认为可以参照司法部、最高人民检察院、公安部 1990 年 12 月 31 日联合发布实施的《罪犯保外就医执行办法》的附件“罪犯保外就医疾病伤残范围”中认定的“严重疾病”或参照《母婴保健法》第 8 条规定的婚前医学检查的疾病。

二、可撤销婚姻的撤销

《民法典》第 1052 条规定：“因胁迫结婚的，受胁迫的一方可以向人民法院请求撤销婚姻。请求撤销婚姻的，应当自胁迫行为终止之日起一年内提出。被非法限制人身自由的当事人请求撤销婚姻的，应当自恢复人身自由之日起一年内提出。”第 1053 条规定：“一方患有重大疾病的，应当在结婚登记前如实告知另一方；不如实告知的，另一方可以向人民法院请求撤销婚姻。请求撤销婚姻的，应当自知道或者应当知道撤销事由之日起一年内提出。”根据《民法典》的规定，对于可撤销婚姻的撤销，应当注意以下几点。

1. 有权撤销婚姻的机关

《民法典》第 1052 条第 1 款、第 1053 条第 1 款规定，受胁迫的一方或者一方患有重大疾病在结婚前没有被如实告知的另一方，均可以向人民法院请求撤销婚姻。因此，有权撤销婚姻的机关为人民法院。这一规定与 2001 年《婚姻法》第 11 条的“因胁迫结婚的，受胁迫的一方可以向婚姻登记机关或人民法院请求撤销该婚姻”的规定有所不同，需要注意。至于具体的人民法院，则为一方户口所在地的基层人民法院。人民法院受理申请撤销婚姻案件后，经审查确属可撤销婚姻的，应当依法作出撤销婚姻的判决。判决一经作出，即发生法律效力，当事人不得再就婚姻效力问题提出上诉。根据《民法典婚姻家庭编解释（一）》第 21 条的规定，人民法院根据当事人的请求，依法确认婚姻无效或者撤销婚姻的，应当收缴双方的结婚证书并将生效的判决书寄送当地婚姻登记管理机关。

2. 申请撤销婚姻的权利人

(1) 受胁迫的一方。男女双方当事人只有一方受到胁迫的，则只有受胁迫的一方才有权请求撤销婚姻；男女双方均受到胁迫的，任何一方都可以请求撤销婚姻。受胁迫的一方，应指婚姻中受到胁迫的当事人。对此，《民法典婚姻家庭编解释（一）》第18条第2款明确规定，因受胁迫而请求撤销婚姻的，只能是受胁迫一方的婚姻关系当事人本人。这样，婚姻当事人以外的其他人，包括其父母、兄弟姐妹等利害关系人，都无权请求撤销受胁迫的婚姻。

(2) 被隐瞒的一方。即一方患有重大疾病而未被如实告知的另一方。这样，被隐瞒的一方应该限定为婚姻当事人本人。如果双方都患有重大疾病，且在结婚前均未如实告诉对方，则双方都有权请求人民法院撤销婚姻。

3. 撤销权行使的时效期间

受胁迫的一方请求撤销婚姻，必须在法律规定的期限内。受胁迫的一方请求撤销婚姻的，应当自胁迫行为终止之日起1年内提出；被非法限制人身自由的当事人请求撤销婚姻的，应当自恢复人身自由之日起1年内提出。

被隐瞒的一方应当自知道或者应当知道撤销事由之日起1年内提出。“知道”是指有直接证据证明行为人知道某种状态，即权利人切实地感受和认识到对方已经隐瞒了病情的事实。如医生把对方患有某种疾病告诉了被隐瞒方。“应当知道”是一种法律推定，是指按照一般人的普遍认知能力可以推断出行为人应当知道某种状态，不管当事人实际上是否知道权利受到侵害，只要客观上存在知道的条件和可能，即推定其应当知道。如患有重大疾病的一方每天都在医院治疗，被隐瞒方天天在医院照顾患病的一方，根据一般常理，就应该推定他“应当知道”。

这里的1年，《民法典婚姻家庭编解释（一）》第19条第1款规定，《民法典》第1052条规定的“1年”，不适用诉讼时效中止、中断或者延长的规定。即受胁迫一方当事人虽然有权请求撤销其婚姻，但这种请求撤销权限制在1年内，超过1年该权利就自然丧失，且这1年为除斥期间，不发生中止、中断、延长的问题。此外，《民法典婚姻家庭编解释（一）》第19条第2款规定，受胁迫或者被非法限制人身自由的当事人请求撤销婚姻的，不适用《民法典》第152条第2款“当事人自民事法律行为发生之日起5年内没有行使撤销权的，撤销权消灭”的规定。如上规定，要求当事人对于可撤销婚姻需要撤销的应当及时行使权利，以否定可撤销婚姻的效力，并维护婚姻关系的稳定性。

三、可撤销婚姻撤销后的效力

《民法典》第1054条规定，被撤销的婚姻，自始没有法律约束力。可是，由于受到胁迫而形成的可撤销婚姻和由于一方患有重大疾病而没有如实告知另一方而形成的可撤销婚姻，并非当然无效，只有在依法被撤销后才产生自始无效的效力。没有被撤销的，仍具有法律效力，双方仍然具有婚姻关系，应当承担夫妻间的权利与义务。《民法典婚姻家庭编解释（一）》第20条规定，《民法典》第1054条规定的“自始没有法律约束力”，是指无效婚姻或者可撤销婚姻在依法被确认无效或被撤销时，才确定该婚姻自始不受法律保护。这样，根据《民法典》第1052条、第1053条的规定，受胁迫一方和被隐瞒的一方未在法律规定的行使撤销请求权的期限内提出请求撤销的，丧失请求撤销权，不能再向人民法院提出撤销申请。此后，该婚姻转化为有效婚姻，不能再按可撤销婚姻对待。如要解除这种婚姻关系，就只能依法由婚姻登记机关或人民法院按照离婚程序处理。

受胁迫的婚姻被依法撤销和一方患有重大疾病而没有如实告知另一方而形成的可撤销婚姻被依法撤销后，即产生相应的法律后果。《民法典》第1054条规定，无效或被撤销的婚姻，自始没有法律约束力。当事人不具有夫妻的权利和义务。同居期间所得的财产，由当事人协议处理；协议不成时，由人民法院根据照顾无过错方的原则判决。当事人所生的子女，适用本法有关父母子女的规定。此外，《民法典婚姻家庭编解释（一）》第22条规定，被撤销的婚姻，当事人同居期间所得的财产，除有证据证明为当事人一方所有的以外，按共同共有处理。这一规定与《民法典》婚姻家庭编所规定的根据照顾无过错方的原则判决并不矛盾。因为，后者所规定的是根据照顾无过错方的原则判决的问题，而前者即司法解释所规定的是在什么基础上照顾无过错方，即在承认同居期间的财产没有协议时则视为共同共有，并在此基础上再照顾无过错一方的问题。两者所解决的问题不同，自然就不存在相互矛盾的可能。

四、可撤销婚姻与无效婚姻的区别

比较可撤销婚姻与无效婚姻，不难看出二者有着某些共同的特征，如确认后的法律后果自始无效，不产生夫妻权利义务关系等。然而，作为反映违法婚姻的两个不同概念，两者无疑有着明显的区别，它们是：

1. 两者违法的性质不同

因胁迫结婚的源于受到胁迫而违背自己的意愿与他人结婚，无疑违反“结婚应当男女双方完全自愿”的规定。患有重大疾病而未如实告诉对方，对方因此不知情自然会对其结婚自愿的表示产生或深或浅的影响，有的倘若知道实情，完全可能不愿意与之结婚，故在一定程度上也是对“结婚应当男女双方完全自愿”规定的违反。无效婚姻因缺乏结婚的某些实质条件，违反的是有关结婚的禁止性规定。

2. 两者形成的原因不同

无效婚姻的原因或认定依据为重婚、有禁止结婚的亲属关系、未到法定婚龄3种情况；可撤销婚姻的原因则为受胁迫而结婚和一方患有重大疾病而没有如实告知另一方2种情况。

3. 有权提出请求的范围不同

前者只有受到胁迫的婚姻当事人本人和被隐瞒的婚姻当事人有权依法提出；而后者既可由当事人提出，也可由其利害关系人如配偶、父母等提出。

4. 两者的时效不同

前者属相对无效，有时间限制，撤销请求权因法定时间的经过及当事人未提出撤销婚姻请求而归于消灭。受胁迫一方和被隐瞒的一方要求撤销婚姻的，必须在法定时间内提出，如未提出，可撤销婚姻即转化为有效婚姻；而无效婚姻，除因未到法定婚龄形成的无效婚姻在宣告时已达到法定婚龄而不认定为无效婚姻外，其他情形的无效婚姻都为绝对无效，不受时间的经过限制，任何时候发现无效因素都可宣告无效。

第三节　事实婚姻

一、事实婚姻的概念和特征

事实婚姻，是指男女双方未办理结婚登记手续即以夫妻名义同居生活，群众也认为是夫妻关系的婚姻。它具有如下主要特征。

1. 主体必须为男女双方

至于男女双方已经结婚的，能不能影响事实婚姻的成立，有不同看法。有的认为，男女双方必须没有配偶，才能成立事实婚姻，否则就不能成立事实婚姻。笔者认为，事实婚姻由于没有进行婚姻登记，从本质上讲，属于一种非法同居关系。然考虑到某些因素，法律在一定程度上对其予以承认，即肯定其效力。但是，这种承认并不意味着事实婚姻就要从符合法定的实质条件上去定义，即认为事实婚姻仅仅不符合法律婚姻的形式条件，从而得出事实婚姻的主体必须没有进行结婚登记，也就是没有配偶的结论。

2. 没有进行结婚登记

这是它在形式上所必须具有的基本特征。男女之间的行为，虽在实体上符合了《民法典》规定的成立婚姻的条件，在形式上也按照当地的风俗习惯举行了“婚礼”或者其他仪式，甚至生儿育女，共同生活，家人乃至当地人亦都认可之间的所谓“夫妻”关系，但只要双方没有亲自到法定的婚姻登记机构按照法定的程序进行婚姻登记，之间就不存在法律所承认的具有法定效力的婚姻关系。对此，《民法典》第1049条明确规定，完成结婚登记的，才确立婚姻关系。《民法典婚姻家庭编解释（一）》第7条规定，未依据《民法典》第1049条规定办理结婚登记而以夫妻名义共同生活的男女，提起诉讼要求离婚的，应当区别对待：（1）1994年2月1日民政部《婚姻登记管理条例》公布实施以前，男女双方已经符合结婚实质要件的，按事实婚姻处理。（2）1994年2月1日民政部《婚姻登记管理条例》公布实施以后，男女双方符合结婚实质要件的，人民法院应当告知其补办结婚登记。未补办结婚登记的，依据本解释第3条的规定处理。

这样的解释将事实婚姻与其他不符合结婚法定条件的非法同居关系相区别。是以，事实婚姻的男女双方应当符合结婚的法定实质条件。不符合结婚的法定实质条件没有进行结婚登记就以夫妻名义同居的，则属于事实婚姻以外的其他非法同居关系，而非事实婚姻关系。

3. 男女双方必须具有终身共同生活的目的，即相互以配偶对待

倘若双方没有终身共同生活的目的，即不符合婚姻关系的基本特征，因而不能以事实婚姻论处。

4. 男女双方必须具有公开的夫妻身份，即以夫妻名义同居生活，而且为群众所承认

这种公开性、公认性乃是事实婚姻与一切具有隐蔽性的、临时性的不正当两性关系，如通奸、姘居、“包二奶”等非婚姻两性关系的重要区别。后者不具有夫妻之名，

或不为群众所承认，不具有婚姻关系所应有的外部特征。

二、国外处理事实婚姻的方式

事实婚姻，作为男女之间的一种不法婚姻状态，在世界各国都不同程度地存在，只不过是名称、性质及法律上的处理方式不同而已，如古罗马法中的时效婚、日本的内缘婚、古巴的非正式婚、德国的同居婚、英美的普通结婚等等，就都具有事实婚姻的性质。对于事实婚姻的处理，各国有不同的做法。归纳起来，大致可以分为 3 种情况：

1. 承认主义

承认主义，即对符合结婚实质要件的事实婚姻承认其效力。如来源于日耳曼习惯法的英美普通法就承认，婚姻成立只要符合结婚的实质要件，即当事人有结婚的能力和目的、同居事实及公开的夫妻关系即可，而不要求具备形式要件。其一旦形成，便与法律婚姻具有同等的效力，必须经过离婚程序才可解除。

2. 相对承认主义

相对承认主义，即法律有条件地承认事实婚姻的效力，也就是法律为事实婚姻设置某些有效条件，一旦具备这些条件，事实婚姻就转化为合法婚姻。如古罗马的时效婚就承认男女连续同居 1 年的，婚姻就告成立；古巴家庭法则确认非正式婚姻当事人具备“单身和稳定的条件”，在得到法院的承认后即告婚姻成立；寺院法则规定欠缺形式要件的婚姻虽然无效，但可通过重新履行法定程序，补办法定手续而使之有效。

3. 不承认主义

不承认主义，也就是法律根本不承认事实婚姻的效力。如《日本民法典》第 739 条规定：“婚姻，因按户籍法规定所进行的申报，而发生效力。”第 742 条规定：“当事人不进行婚姻申报时，婚姻为无效。”这样，夫妻财产契约便不能对抗第三人，夫妻之间没有财产继承权。

三、我国关于事实婚姻效力的演变

新中国成立后颁布的 3 部《婚姻法》以及《民法典》都以登记结婚作为合法婚姻成立的形式要件，但对未办理结婚登记而以夫妻身份共同生活的事实婚姻的效力问题没有明确规定。对由此引发的纠纷的处理，司法解释等进行了规定。对事实婚姻的效力，经历了承认、限制承认、不承认的演变过程。

1. 承认事实婚姻的效力

由于我国历史上一直以举行婚礼作为婚姻成立的形式，受传统习惯的影响，1950 年的《婚姻法》颁布施行后，仍有不少未办理结婚登记而以夫妻身份同居的事实婚姻存在，否认事实婚姻效力，是脱离社会现实和传统习惯的。是以，20 世纪 50 年代我国的有关立法、司法解释均承认事实婚姻的法律效力，对事实婚姻要求离婚的，按离婚纠纷处理。

2. 限制承认事实婚姻的效力

1980 年的《婚姻法》颁布后，《贯彻民事政策法律若干意见》曾经明确指出：“没有配偶的男女，未按婚姻法规定办理结婚登记手续，即以夫妻名义同居生活，是违法的。处理这类纠纷，应对双方当事人进行严肃的批评教育，指出其行为的违法性和危害性，促使当事人增强法制观念。对起诉时双方都已达到婚姻法规定的婚龄和符合结婚的其他条件的，可按婚姻法第二十五条规定的精神处理，如经过调解和好或者撤诉的，应令其到有关部门补办结婚登记手续；起诉时双方或一方仍未达到法定婚龄或不符合结婚的其他条件的，应解除其同居关系。所生子女的抚养或财产的分割问题，按婚姻法的有关规定处理。”

《未办结婚登记而以夫妻名义同居案件意见》中，明确提出了有条件地承认事实婚姻关系的原则，其主要内容有：

（1）重申了未办结婚登记而以夫妻名义同居生活是违法的。人民法院审理此类案件时，应首先向双方当事人严肃指出其行为的违法性和危害性，并视其违法情节给予批评教育或民事制裁。

（2）缩小了“事实婚姻”的范围。改变了过去的司法解释中将未履行结婚登记手续而以夫妻名义同居生活的界定为“事实婚姻”的做法，明确规定了构成“事实婚姻”的条件为：1）1986 年 3 月 15 日《婚姻登记办法》施行之前，没有配偶的男女，未办结婚登记手续即以夫妻名义同居生活，群众也认为是夫妻关系的，一方向人民法院起诉“离婚”，如起诉时双方均符合结婚的法定条件，可认定为事实婚姻关系；如起诉时一方或双方不符合结婚的法定条件，应认定为非法同居关系。是否符合结婚条件，以起诉时为准。2）1986 年 3 月 15 日《婚姻登记办法》施行之后，没有配偶的男女，未办结婚登记手续即以夫妻名义同居生活，群众也认为是夫妻关系的，一方向人民法院起诉“离婚”，如同居时双方均符合结婚的法定条件，可认定为事实婚姻关系；如同居时一方或双方不符合结婚的法定条件，应认定为非法同居关系。是否符合结婚条件，则以双方同居时为准。

（3）提出了“非法同居”的概念，规定了成立的条件，具体包括：1）1986 年 3 月 15 日《婚姻登记办法》施行之前形成的未办结婚登记手续而以夫妻名义同居生活，起诉“离婚”时一方或双方不符合结婚的法定条件的，应认定为非法同居关系。2）1986 年 3 月 15 日《婚姻登记办法》施行之后形成的未办结婚登记手续而以夫妻名义同居生活，同居时一方或双方不符合结婚的法定条件的，应认定为非法同居关系。

3. 不承认事实婚姻的效力

《婚姻登记管理条例》第 24 条明确规定：“未到法定结婚年龄的公民以夫妻名义同居的，或者符合结婚条件的当事人未经结婚登记以夫妻名义同居的，其婚姻关系无效，不受法律保护。”最高人民法院 1994 年 4 月 4 日《关于适用新的〈婚姻登记管理条例〉的通知》（法发〔1994〕6 号）[①] 中明确规定：“自民政部新的婚姻登记管理条例施行之日起，没有配偶的男女，未办结婚登记即以夫妻名义同居生活，按非法同居关系对待。”后来，在司法实践中将“非法同居关系”改称为“同居关系”，如《婚姻法司法解释（二）》第 1 条就规定，当事人起诉请求解除同居关系的，人民法院不予受理。显

① 该通知已被最高人民法院 2012 年 11 月 19 日通过、2013 年 1 月 18 日起施行的《关于废止 1980 年 1 月 1 日至 1997 年 6 月 30 日期间发布的部分司法解释和司法解释性质文件（第九批）的决定》废止。

然，对于1994年2月1日之后形成的欠缺形式要件的婚姻行为，一律不再承认其法律效力，其中包括男女双方离婚后未再婚，未履行复婚登记手续，又以夫妻名义同居生活的情形。

四、我国对同居关系的处理

如前所述，对于男女双方未经登记就以夫妻名义同居生活的案件，不能认定为事实婚姻的，即属同居关系。同居关系，有的时间长，有的时间短，有的甚至已生儿育女。因此，在解除时还应注意处理有关财产、子女抚养等问题，不可简单、草率了事。具体要分为两种情形加以处理：

1. 不适用《民法典》及其司法解释处理的同居关系

对《民法典》施行前发生并已经结束的同居关系的处理，根据《民法典时间效力的若干规定》第1条第2款、第2条、第4条的规定，除法律、司法解释另有规定或者适用《民法典》的规定更有利于保护民事主体合法权益，更有利于维护社会和经济秩序，更有利于弘扬社会主义核心价值观等的特定情形外，仍然适用《民法典》施行前的《婚姻法》及其司法解释就同居关系所做的规定包括原则性规定。这样，对《民法典》施行前同居关系的处理，按照《婚姻法司法解释（二）》第1条、《离婚案件财产分割意见》第22条、《未办结婚登记而以夫妻名义同居案件意见》第7～14条等规定，应当注意以下问题：

（1）未办结婚登记而以夫妻名义同居生活的男女，一方要求“离婚”或解除同居关系，人民法院不予受理。然当事人请求解除的同居关系，属于《婚姻法》第3条、第32条、第46条规定的“有配偶者与他人同居”的，人民法院应当受理并依法予以解除。

（2）人民法院审理同居关系的案件，如涉及非婚生子女抚养和财产分割问题，人民法院应当一并予以解决。具体分割财产时，应照顾妇女、儿童的利益，考虑财产的实际情况和双方的过错程度，妥善分割。

（3）解除同居关系时，双方所生的非婚生子女，由哪一方直接抚养，双方协商；协商不成时，应根据子女的利益和双方的具体情况判决。哺乳期内的子女，原则上应由母亲直接抚养，如父亲条件好，母亲同意，也可由父亲直接抚养。子女为限制民事行为能力人的，应征求子女本人的意见。一方将未成年的子女送给他人收养，须征得另一方的同意。

（4）解除同居关系时，同居生活期间双方共同所得的收入和购置的财产，按一般共有财产处理；同居生活前，一方自愿赠送给对方的财物可比照赠与关系处理，归受赠方所有；一方向另一方索取的财物，可参照《贯彻民事政策法律若干意见》第18条即使双方同居时间不长，特别因索要财物造成对方生活困难的，仍然可以不当得利酌情返还。

（5）解除同居关系时，同居期间为共同生产、生活而形成的债权、债务，可按共同债权、债务处理。

（6）解除同居关系时，一方在共同生活期间患有严重疾病未治愈的，分割财产时，应予适当照顾，或者由另一方给予一次性的经济帮助。

(7) 同居生活期间一方死亡，另一方要求继承死者遗产，如认定为事实婚姻关系的，可以配偶身份按继承法的有关规定处理；如认定为同居关系，相互不享有配偶权，彼此无继承权。

(8) 人民法院在审理未办结婚登记而以夫妻名义同居生活的案件时，对违法情节严重的，应按照婚姻法和其他法律、法规及其有关司法解释的规定，给予适当的民事制裁。

2. 适用《民法典》及其司法解释处理的同居关系

对于《民法典》施行后发生的同居关系，自然适用《民法典》及其司法解释等有关规定。《民法典》施行前的同居关系持续至《民法典》施行后，除法律、司法解释另有规定的外，根据《民法典时间效力的若干规定》第1条第3款的规定，适用《民法典》及其司法解释的有关规定对之进行处理，主要包括以下几点。

(1) 补办结婚登记的处理。《民法典婚姻家庭编解释（一）》第6条规定，男女双方依据《民法典》第1049条规定补办结婚登记的，婚姻关系的效力从双方均符合《民法典》规定的结婚实质要件时起算。换言之，双方均符合《民法典》规定的结婚实质条件的，给予婚姻登记；一方或双方不符合《民法典》规定的结婚实质条件的，仍然不能登记而属同居关系。

(2) 未补办结婚登记仅起诉请求解除同居关系的处理。根据《民法典婚姻家庭编解释（一）》第3条第1款的规定，当事人提起诉讼仅请求解除同居关系的，人民法院不予受理；已经受理的，裁定驳回起诉。

(3) 未补办结婚登记且因财产分割或者子女抚养而产生纠纷的处理。根据《民法典婚姻家庭编解释（一）》第3条第2款的规定，当事人因同居期间财产分割或者子女抚养纠纷提起诉讼的，人民法院应当受理。

(4) 未补办结婚登记而起诉离婚的处理。根据《民法典婚姻家庭编解释（一）》第7条的规定，未依据《民法典》第1049条规定办理结婚登记而以夫妻名义共同生活的男女，提起诉讼要求离婚的，应当区别对待：1) 1994年2月1日民政部《婚姻登记管理条例》公布实施以前，男女双方已经符合结婚实质要件的，按事实婚姻处理。2) 1994年2月1日民政部《婚姻登记管理条例》公布实施以后，男女双方符合结婚实质要件的，人民法院应当告知其补办结婚登记。未补办结婚登记的，依据本解释第3条规定处理。

(5) 未补办结婚登记而对另一方遗产主张继承的处理。根据《民法典婚姻家庭编解释（一）》第8条的规定，未依据《民法典》第1049条规定办理结婚登记而以夫妻名义共同生活的男女，一方死亡，另一方以配偶身份主张享有继承权的，依据本解释第7条的原则处理。

(6)《民法典婚姻家庭编解释（一）》第22条规定，被确认无效或者被撤销的婚姻，当事人同居期间所得的财产，除有证据证明为当事人一方所有的以外，按共同共有处理。

第六章

夫妻关系

第一节　家庭关系概述

一、家庭关系的概念与范围

家庭，是指一定范围内的亲属构成的共同生活的单位或组织。家庭成员基于亲情，在共同生活、生产、扶养等过程中形成的关系，可以统称为家庭关系。法律意义上的家庭关系，主要是指夫妻、父母子女、兄弟姐妹、祖父母和外祖父母与孙子女和外孙子女等亲属之间的权利义务关系。在日常生活中，他们往往组成家庭，生活在一起，同财同居，故在法律上将他们之间的权利义务称为家庭关系。

亲属身份是法律意义上的家庭关系发生的前提和表现，亲属是否共同生活，并不影响他们之间的权利义务关系的存在。例如：成年子女结婚后离开父母，另组成家庭，与父母分开居住，但父母子女间的权利义务关系仍旧存在；子女成年后另立门户，改变的仅仅是居住方式，父母、子女的身份并不改变；非婚生子女往往随生母生活，然如果一旦确认与生父的身份关系，即使其没有随生父生活，依然有要求生父抚养的权利，以及对生父遗产继承的权利。这些在我国现行法律上，都被界定为家庭关系。

家庭关系是亲属身份的法律外在表现，但并非所有的亲属间都产生家庭关系。法律一般都将家庭关系所包含的亲属限制在一定的范围内，即特定的亲属间才产生扶养的权利义务关系。因此，我国婚姻家庭法调整的家庭关系包括夫妻关系，父母子女关系，兄弟姐妹关系，祖父母、外祖父母与孙子女、外孙子女关系及其他家庭成员间的关系。

二、家庭关系形成的方式

家庭关系的形成方式，归纳起来，可分为3种：

1. 结婚

没有法定权利义务关系的男女，因为共同生活的目的依法缔结婚姻，形成夫妻关系；带着子女再婚的，还形成继父母与继子女间的权利义务关系。这是构成新的家庭的基本方式。一个新的家庭的诞生，往往是通过一个新的婚姻，在核心式家庭中尤为如此。

2. 生育

男女结婚后，一般都会生育子女，从而形成父母子女、祖父母孙子女、外祖父母外孙子女等家庭成员间的权利义务关系。如果说，结婚是家庭关系形成的源泉，那么，夫妻生育则是形成家庭关系的最广泛途径。大多数家庭成员间的关系都是由生育自然形成的。生育与结婚不同，结婚而形成的夫妻关系包括身份关系、财产关系等所有关系可因离婚而解除；而生育所形成的家庭成员关系，除一方死亡及法律拟制外，不能人为地解除。即使死亡或者法律拟制可以解除其间的权利义务关系，也无法改变其本身存在的身份关系，而夫妻离婚后其身份即配偶关系也不再存在。

3. 法律拟制

没有血缘关系的自然人之间可以通过法律拟制途径如收养，形成法律拟制血亲关系，即养父母养子女关系。这种养父母养子女关系，适用婚姻家庭法有关父母子女关系的规定，因而也属于家庭关系的组成部分。

第二节　夫妻关系概述

一、夫妻关系的概念

夫妻关系，是指夫妻双方在法律上所具有的权利与义务关系，又称婚姻效力，包括夫妻人身关系和夫妻财产关系。夫妻是以永久共同生活为目的而依法结合的伴侣，这一性质决定了夫妻关系与其他两性关系的根本区别。一般说来，夫妻关系具有以下基本特征：

1. 合法性

夫妻是男女两性依法的结合。两性之间的非法结合，可能影响结合的法律效力，倘若被归于不为法律所承认的婚姻，就自然不能形成夫妻间的权利义务关系。

2. 终身性

夫妻应当是男女两性以永久共同生活为目的之终身结合。不具有这种目的的结合，如通奸、姘居、卖淫、嫖娼等违背了婚姻缔结的目的，无法形成夫妻关系，不能产生夫妻间的权利义务关系。

3. 专属性

夫妻关系是基于配偶身份而产生的权利和义务关系，这种权利和义务具有专属性，即仅属于具有配偶身份的男女。这种权利和义务是对等的，一方享有的权利就是对方应尽的义务。

二、夫妻关系的确立基础

夫妻关系，作为一种因为法律规定而形成的权利义务关系，确立的基础就是夫妻双方在家庭中的地位。夫妻关系的性质、特点及内容，都与夫妻在家庭中的地位直接相关。夫妻在家庭中的地位又是男女两性社会地位的反映。纵观夫妻关系的发展历史，夫妻在家庭中的地位大致包括 3 种情形，经历了 3 个不同时期。

1. 夫妻一体主义

夫妻一体主义，又称“夫妻同体主义”，是古代法以家庭为本位的夫妻关系的立法原则。男女因结婚合为一体，人格相互吸收，实际上是妻的人格被夫所吸收。在夫妻一体主义之下，女子婚后没有独立的姓名权，其财产权和行为能力受丈夫的支配或限制。中国古代和欧洲中世纪都实行夫妻一体主义。中国古代的礼和法都主张男尊女卑的夫权统治。《礼记》说：“男帅女，女从男，夫妇之义，由此始也。”“夫为妻纲”是“三纲”之一。“三从四德”规定妻子必须服从丈夫。夫妻关系是夫尊妻卑，夫妻双方在人身和财产等方面，毫无平等可言。

2. 夫妻别体主义

夫妻别体主义，又称“夫妻分立主义”，是指男女婚后各自保有独立的人格，夫和妻享有各自的权利，承担各自的义务，夫妻在法律地位上平等。夫妻别体主义源于罗马万民法的无夫权婚姻。在无夫权婚姻中，妻子没有绝对服从丈夫的义务，双方的财产原则上已经分开，妻子的财产不问婚前或婚后所得均属个人所有。资产阶级在反对封建阶级的斗争中，打出了“民主”“平等”“天赋人权”等旗帜，在法律上承认了男女平等。如日本 1947 年将民法典中的妻随夫姓改为“使用夫姓或妻姓，根据结婚时双方所定”；法国 1965 年通过法律肯定夫妻均享有完全的法律权利；日本、德国、法国等先后废除了妻以夫之住所为住所的规定，确认“家庭住所由夫妻共同选定”。这些都是夫妻别体主义的体现。应当承认，从以夫妻双方人格相互吸收为理论基础的夫妻一体主义到以个人本位主义为理论基础的夫妻别体主义，无疑是夫妻关系的一个重大历史进步。

3. 夫妻平等主义

夫妻平等主义，是指夫妻在家庭中各自具有独立的人格，平等地行使法律规定的权利，平等地履行法律规定的义务，共同承担对家庭和社会的责任。夫妻家庭地位平等，作为指导、调整、规范夫妻关系的一项总的准则，是确定夫妻权利义务关系的基础，是夫妻家庭地位平等的具体反映和体现。具体来讲，规定夫妻在家庭中地位平等，主要意义在于强调夫妻在人格上的平等以及权利义务的对等。强调夫妻的人格独立，夫妻都是家庭关系中的主体。夫妻双方应当互相尊重对方的人格独立，不得剥夺对方享有的权利。特别是要强调保护妇女，保护妻子在家庭中的人格独立，反对歧视妇女，反对以打骂等方式虐待妇女。重点是保护妇女在家庭中的各项权益。规定夫妻在家庭中地位平等，不是指夫妻在家庭中权利义务一一对等，也不是指夫妻要平均承担家庭劳务。平等不是平均，家庭劳务要合理分担。对于家庭事务，夫妻双方均有权发表意见，应当协商做出决定，一方不应独断专行。

第三节 夫妻人身关系

夫妻人身关系，是指夫妻在人身、身份方面所具有的没有直接财产内容的权利和义务关系。新中国成立后，共颁布了 3 部婚姻法，根据这 3 部婚姻法和我国《民法典》的规定，夫妻之间的人身关系有夫妻姓名权、夫妻人身自由权、夫妻婚姻住所决定权、夫妻生育权、夫妻家事代理权、夫妻忠实义务以及夫妻同居义务等 7 个方面。夫妻人身关系是夫妻财产关系的基础。

一、夫妻姓名权

姓名，由姓和名组成，也称名字。人的姓名，是人类为区分个体，给每个个体的特定名称符号，是通过语言文字信息区别个体差异的标志。姓名权是人格权的重要组成部分，是自然人的一项重要的人身权利。姓名虽是用来区分不同自然人的特定符号，然自然人有无使用自己姓名的权利，却是有无独立人格的标志。

在我国封建社会，妇女备受歧视和压迫，人身依附性很强，没有独立的人格。在家随父姓，出嫁之后随夫姓，甚至只是在父姓之前冠以夫姓，如张王氏、赵李氏、李赵氏等就算是出嫁妇女的姓名。在姓名的决定、使用上，带有浓厚的夫权统治的宗法色彩。

新中国成立后，实行男女平等的法律原则，男女都具有自己独立的人格。作为独立社会关系、法律关系及家庭关系的主体，男女都享有独立的社会地位，与此相适应，男女都必须拥有完全的、独立的姓名权。妇女出嫁，不能影响其对姓名权的行使。于是，1950 年和 1980 年两部《婚姻法》均规定了夫妻双方都有使用自己姓名的权利，2001 年修正的《婚姻法》第 14 条也做了同样的规定。《民法典》第 1056 条明确规定："夫妻双方都有各自使用自己姓名的权利。"具体而言，夫妻姓名权包括两方面的含义：（1）男女双方对姓名权的享有并不受结婚行为的影响。结婚后，男女仍保持各自姓名的独立性。（2）在婚姻关系存续期间，夫妻中的任何一方都有权使用或依法改变自己的姓名，他方不得干涉。

夫妻享有平等的姓名权的另一个层面的意义体现在子女姓氏的确定上，《民法典》第1015条明确规定："自然人应当随父姓或者母姓，但是有下列情形之一的，可以在父姓和母姓之外选取姓氏：（一）选取其他直系长辈血亲的姓氏；（二）因由法定扶养人以外的人扶养而选取扶养人姓氏；（三）有不违背公序良俗的其他正当理由。少数民族自然人的姓氏可以遵从本民族的文化传统和风俗习惯。"这一规定明确了我国法律对子女姓氏采取的是任意性规定，而不是强制性规定，子女的姓氏，完全由父母双方协商，随父姓或随母姓均可。

二、夫妻人身自由权

《民法典》第1057条规定："夫妻双方都有参加生产、工作、学习和社会活动的自由，一方不得对另一方加以限制或者干涉。"这既是男女平等、夫妻在家庭中地位平等的重要体现与标志，又是夫妻双方不因结婚而丧失参加生产、工作、学习和社会活动的人身自由权的法律保障，对夫妻双方同等适用。

在旧中国，妇女在家庭中处于从属的地位，作为妻子的妇女更是受到各种约束，参加社会活动是根本不可能的事情。妇女是"从人者"，凡事"皆从男子"，婚前从父兄，婚后从夫，夫死从子。"女不言外"，妇女被囚禁在家庭的牢笼之中，排除在社会活动之外，在家庭中伺候丈夫、老人与儿女，从事家务劳动，无权过问，更无权参与社会公共管理事务。妇女既然不能从事社会活动，相应地，在家庭中亦处于从属地位，在社会上更没有地位。妇女倘使不参加社会工作，生活上依赖丈夫，就不可能享有与男子真正平等的地位。妇女只有积极参加学习，不断提高自身的政治觉悟和文化素质，参加公共劳动和社会活动，才能使其家庭地位和社会地位真正得到提高，也才能真正与男子平等。所以，1950年的《婚姻法》第9条规定："夫妻双方均有选择职业、参加工作和参加社会活动的自由。"这一规定对妇女积极参加生产和社会工作起到了积极的作用。1980年的《婚姻法》对这一条进行了完善，增加了参加学习的自由。2001年修正的《婚姻法》以及《民法典》对这一条未做修改，沿用1980年《婚姻法》的规定。

三、夫妻婚姻住所决定权

夫妻婚姻住所决定权，是指选择确定夫妻婚后共同居住场所的权利。夫妻双方可以协商同居的地点，可以男到女家居住，也可以女到男家居住，或双方另择住所居住。双方有平等的权利，其中一方不能强迫另一方接受自己的住所选择意愿。1980年的《婚姻法》第8条明确规定："登记结婚后，根据男女双方约定，女方可以成为男方家庭的成员，男方也可以成为女方家庭的成员。"2001年修正后的《婚姻法》第9条将此条中的"也"字删除，规定："登记结婚后，根据男女双方约定，女方可以成为男方家庭的成员，男方可以成为女方家庭的成员。"2020年颁布的《民法典》对这条没有进行修改。据之，夫妻有权选择婚后的住所。

由于我国历史上实行以男子为中心的家长制，"男娶女嫁"是我国沿袭几千年的习俗。在旧中国，男到女家被称为“入赘”，受到人们的歧视，法律地位十分低下。因此，该条立法规定的目的在于破除男婚女嫁、妻从夫居的传统观念。规定男可到女家落户，有助于改变旧的婚姻习俗，倡导男女平等；有利于解决一些有女无儿户的实际困难，改变养儿防老的传统观念，树立新的生育观；有利于妇女家庭地位和社会地位的提高。

男方或女方自愿成为对方家庭成员后，仍保持自己的独立人格，与其配偶地位平等，与配偶的亲属形成姻亲关系，与自己的父母依旧保持权利义务关系，承担对生父母的赡养义务。这一权利受法律保护，任何人都不得加以强制或干涉。

四、夫妻生育权

生育权是指男女自然人依法通过自然或人工方法繁衍、抚育后代的权利，生育权系人格权的一种，是自然人与生俱来的权利，为维护自身独立人格所必备，不必依附于特定的配偶身份，具有对世属性。未婚男女同样享有生育权，国家无权强制其堕胎，只能要求其承担不依法定方式生育的责任。是以，《妇女权益保障法》第 51 条第 1 款规定：“妇女有按照国家有关规定生育子女的权利，也有不生育的自由。”这是我国第一次在立法中规定生育权。《人口与计划生育法》第 17 条也规定：“公民有生育的权利，也有依法实行计划生育的义务，夫妻双方在实行计划生育中负有共同的责任。”由此，生育权包含两个方面内容：

1. 夫妻享有生育的权利

对夫妻双方来说，丈夫和妻子平等地享有法律赋予的生育权。在夫妻之间生育利益发生冲突时，在谁享有生育决定权的问题上，倾向性的观点认为：生育权是法律赋予自然人的一项基本权利，夫妻双方各自都享有生育权，只有夫妻双方协商一致，共同行使这一权利，生育权才能得以实现。《妇女权益保障法》赋予已婚妇女不生育的自由，是为了强调妇女在生育问题上享有的独立权利，不受丈夫意志的左右。鉴于自然生育的过程是由妇女承担和完成的，妇女应当享有生育的最后支配权。如果妻子不愿意生育，丈夫不得以其享有生育权为由强迫妻子生育。妻子未经丈夫同意终止妊娠，虽可能对夫妻感情造成伤害，甚至危及婚姻的稳定，但丈夫并不能以本人享有的生育权为由来对抗妻子享有的生育决定权。当夫妻生育权发生冲突时法律必须保障妇女不受他人干涉行使生育权的自由。在这个问题上，法律给妇女行使生育权设置的任何负担，如赋予丈夫对妻子人工流产的同意权，或者使妻子承担通知丈夫的义务，都是对妇女生育权行使的否决，都有可能造成丈夫强迫妻子生育的现象发生。因此，妻子单方终止妊娠不构成对丈夫生育权的侵犯。

2. 夫妻有实行计划生育的义务

计划生育是我国的国策，也是我国家庭功能的一项重要内容。因为，生育不仅是夫妻人身关系中的重要内容，而且关系到民族的生存和社会的发展。虽然《民法典》删除了《婚姻法》第 16 条关于“夫妻双方都有实行计划生育的义务”的规定，可是，我国《宪法》第 49 条“夫妻双方有实行计划生育的义务”的规定，《人口与计划生育法》第 17 条“公民有生育的权利，也有依法实行计划生育的义务，夫妻双方在实行计划生育中负有共同的责任”的规定，仍然具有法律效力。特别是《人口与计划生育法》第 17 条的规定，使得有关生育权的立法更加完善。

五、夫妻家事代理权

家事代理权，是指夫妻因日常家庭事务与第三人为一定法律行为时相互代理的权利，即夫妻于日常家事处理方面互为代理人，互有代理权。只要属于家事上的开支，夫妻任何一方都有家事方面的单独处理权。也就是说，夫妻一方在行使日常家事代理权时，无论对方对该代理行为知晓与否、追认与否，夫妻双方均应对该行为的法律后果承担连带责任。故，多数国家婚姻家庭法都规定夫妻对日常家事具有相互代理权。如《瑞士民法典》第166条规定："配偶双方中任何一方，于共同生活期间，代表婚姻共同生活处理家庭日常事务。"《日本民法典》第761条规定："夫妻一方就日常家事同第三人实施了法律行为时，他方对由此而产生的债务负连带责任。"

《民法典》颁布之前，我国《婚姻法》一直没有家事代理权的明确规定。多年来，不少学者一直呼吁设立日常家事代理权，既可方便家庭生活，又可避免不必要的民事交易争议。最高人民法院司法解释已采用此观点，《婚姻法司法解释（一）》第17条规定，"因日常生活需要而处理夫妻共同财产的"，夫妻"任何一方均有权决定"。他人有理由相信其为夫妻双方共同意思表示的，另一方不得以不同意或不知道为由对抗善意第三人。其实，引入日常家事代理权制度，也有助于防范夫妻之间巨额债务争议。随着我国市场经济的日益繁荣，夫妻参与社会经济活动日益频繁，为维护交易安全及保护夫妻双方或第三人的合法权益，《民法典》第1060条规定："夫妻一方因家庭日常生活需要而实施的民事法律行为，对夫妻双方发生效力，但是夫妻一方与相对人另有约定的除外。夫妻之间对一方可以实施的民事法律行为范围的限制，不得对抗善意相对人。"这就为我国夫妻家事代理权正式提供了法律依据。

六、夫妻忠实义务

夫妻忠实义务，即贞操义务，要求夫妻双方在共同生活中应当坚定地维护婚姻关系的专一性和排他性。夫妻忠实义务保护被侵权者的利益，夫妻双方必须爱情专一、感情忠诚、互相忠实于对方。夫妻忠实义务强调男女平等，即不管是男方还是女方对配偶一方不忠实，须承担的法律责任相同。

在古代社会，忠实义务不是配偶双方的义务，而是强加给女方单方的义务，这样规定的目的在于维护男系血统的纯正。于是，法律对于妻子贞操的要求极为严格，对失贞的妇女处置十分严厉。反之，对丈夫的通奸行为却极为宽容，使得夫妻在忠实义务上处于不平等的地位。随着社会的进步和发展，特别是人们法律意识和素养的提高以及对人权保护力度的加强，对夫妻忠实义务的认识也更加科学、更加合理。因而，近代许多国家的亲属立法中，都明确规定夫妻有忠实的义务，或将违反忠实义务的通奸行为作为离婚的原因之一。20世纪中叶以来，婚姻观念发生了巨大变化，一些国家不再将贞操义务规定为夫妻的法律义务，"而依夫妻相互间之自发的意思来加以遵守"①。然而，仍有一些国家在婚姻的效力中明确规定夫妻有忠实的义务，并将违反忠

① 王洪. 婚姻家庭法. 北京：法律出版社，2003：114.

实义务作为离婚的理由之一，如《意大利民法典》第 143 条，《法国民法典》第 212 条、第 242 条，《瑞士民法典》第 159 条的规定。《日本民法典》虽然在婚姻的效力中没有明确规定夫妻互有忠实的义务，然将一方的不贞行为作为诉请离婚的理由加以规定。但也有一些国家已不再承认夫妻违反忠实义务应当承担法律责任，如英国 1970 年修正立法后，删除了 1965 年《英国婚姻诉讼法》有关因通奸所生的损害赔偿请求权的规定。根据 1971 年施行的《英国离婚改革法》第 2 条的规定，夫妻一方与他人通奸且夫妻他方不能容忍与之共同生活的，是证明婚姻关系破裂的法定情形之一[①]。

由于对夫妻忠实义务是属于道德义务还是法律义务存在争议，因而我国前两部婚姻法均未明确规定夫妻忠实义务的问题，而在 2001 年修正的《婚姻法》和《民法典》中都明确规定了夫妻忠实义务。《民法典》第 1043 条规定："家庭应当树立优良家风，弘扬家庭美德，重视家庭文明建设。夫妻应当互相忠实，互相尊重，互相关爱；家庭成员应当敬老爱幼，互相帮助，维护平等、和睦、文明的婚姻家庭关系。"

应当指出，互相忠实、互相尊重、互相关爱，以及敬老爱幼，互相帮助，维护平等、和睦、文明的婚姻家庭关系，《民法典》第 1043 条虽然将之规定为了夫妻、家庭成员之间的法定义务，但若夫妻、家庭成员不履行有关义务，夫或妻及其他成员仅以《民法典》第 1043 条为依据提起诉讼的，根据《民法典婚姻家庭编解释（一）》第 4 条的规定，人民法院不予受理；已经受理的，裁定驳回起诉。

七、夫妻同居义务

夫妻同居，是指男女双方以夫妻身份共同生活。具体而言，夫妻居住在同一住所或居所是其外部特征。就其内部特征而言，亦即同床同食，包括日常生活中的相互照顾与扶持、精神上的慰藉及两性的结合。[②] 许多国家立法都明确规定夫妻双方有共同生活、相互扶助的义务。非因正当理由，任何一方不得拒绝履行同居义务。对于无正当理由，拒不履行同居义务的，对方不得请求强制履行，然可构成诉请别居或离婚的理由；也有少数立法将不履行同居义务作为遗弃行为加以规定，对方据此可以要求财产上的赔偿。

我国的婚姻家庭法都没有明确规定夫妻有同居的义务，《民法典》也没有明确规定夫妻有同居的义务。然而在一些法律条文中，使用了"同居""分居"这些术语。如《民法典》第 1042 条第 2 款规定："禁止重婚。禁止有配偶者与他人同居。"第 1079 条第 3 款第 4 项规定，"因感情不和分居满二年"，调解无效的，应当准予离婚。这些法律规定说明，立法其实间接承认了夫妻应当共同生活、互负同居的义务。

第四节　夫妻财产关系

一、夫妻财产关系概述

夫妻财产关系，是指夫妻在家庭财产方面的权利义务关系，包括夫妻财产制、夫

① 陈苇. 婚姻家庭继承法学. 北京：法律出版社，2002：168.

② 孟令志. 同居制度之立法研究. 法商研究，2001（1）.

妻间的扶养义务、夫妻财产继承权等内容。夫妻财产关系从属于夫妻人身关系，是夫妻关系存在的基础，是家庭经济功能的具体表现。夫妻财产关系是夫妻共同生活中的一项不可缺少的重要内容。

夫妻财产制，指规范夫妻财产关系的法律制度，即规范夫妻婚前财产和婚后所得财产的归属、管理、收益、使用和处分，婚姻的对外财产责任，以及婚姻关系终止时财产分割与清算等的法律制度。夫妻财产制与夫妻身份关系一样，总是与一定的社会制度相适应，采取什么样的夫妻财产制，取决于当时的社会生产关系和经济发展水平，同时又受自身的立法传统、风俗习惯以及思想、文化因素的影响。在我国古代，家庭成员同居共财，没有独立的夫妻财产制。在外国古代，罗马市民法对有夫权的婚姻规定采用统一财产制，即妻子的一切财产归丈夫所有；万民法则对无夫权的婚姻规定采用夫妻分别财产制，不过又规定丈夫如受妻子委托可以代管其财产。至现代、当代，各国对夫妻财产关系进行了大量立法，形成了各种各样的夫妻财产制度。尽管种类复杂，名目繁多，但大体上可以分成两类进行分析。

1. 法定财产制和约定财产制

从夫妻财产制的法律规定的形式、效力、适用范围来看，夫妻财产制可以分为法定财产制和约定财产制。法定财产制，是指在夫妻未订立财产契约或者财产契约无效的情况下适用的夫妻财产制。一旦适用法定财产制，当事人就不得自行改变其内容。有的国家还规定单一的法定财产制，不允许当事人约定。约定财产制，是指夫妻依法以契约形式确定适用的夫妻财产制。换句话说，适用何种财产制，由当事人双方自愿约定、选择。倘若当事人不约定选择适用夫妻约定财产制，就适用法定财产制。约定财产制又包括3种情况。

(1) 采用选择式的夫妻约定财产制，即设置几种可供夫妻约定时选择的财产制形式，如《瑞士民法典》规定："婚姻人或配偶人缔结夫妻财产契约，应采用本法所规定的财产制中的一种。"如财产合并制、财产分离制等。法国民事法则规定夫妻约定财产不得违背善良风俗。

(2) 采用独创式的夫妻约定财产制，即法律并不设置可供夫妻约定时选择的财产制，而由当事人自行按意愿约定。

(3) 采用特殊的约定财产制，即允许夫妻对特有的财产进行约定。

2. 统一财产制、共同财产制、联合财产制、分别财产制和嫁资制

从本身的内容、特点来看，夫妻财产制可以分为统一财产制、共同财产制、联合财产制、分别财产制和嫁资制。

(1) 统一财产制。这种制度规定，除特有财产外，将妻子的原有财产估价定额，全部转归丈夫所有，妻子则对估价定额的财产保留返还的请求权。夫妻关系终止时，丈夫应将此项财产或者相当的价额返还给妻子或妻子的继承人。如丈夫先于妻子死亡，妻子有权取回其全部个人财产；妻子先于丈夫死亡，则其遗产给她的继承人。这种财产制，将妻子对自己财产的所有权转变为债权，以夫妻一体主义为理论基础，带有浓厚的夫权主义色彩，对妻子十分不利，为早期资本主义国家立法采用，现在绝大多数国家都不采用。有的国家如瑞士，则将之作为约定财产制中供夫妻约定时选择的一种情形加以规定。

（2）共同财产制。依此，将夫妻双方的全部财产或部分财产合并为双方共同所有，婚姻关系终止时则加以分割，又包括一般共同制、动产及所得共同制、婚后所得共同制及婚后劳动所得共同制、剩余共同制等情形。

所谓一般共同制，是指不论是夫妻的婚前财产还是婚后财产，是动产还是不动产，一律归夫妻共同所有，但法律另有规定的除外。有的国家如巴西、荷兰、葡萄牙等将之作为法定财产制，有的国家如瑞士则作为约定财产制的一种情形。

所谓动产及所得共同制，是指夫妻在结婚时的全部动产及婚后所得的财产，归夫妻共有。如1804年《法国民法典》第1041条第1款规定，共同财产的资产由夫妻在婚姻期间共同或分别取得的共同财产，并由个人的职业及由其各自的财产所得的果实及收入中所作的储蓄构成。

所谓婚后所得共同制，是指夫妻在婚姻关系存续期间的所得财产及其孳息均归夫妻共同所有，但法律另有规定的除外。它已为不少国家采用，如1969年《苏俄婚姻和家庭法典》第20条规定："夫妻在婚姻期间获得的财产是他们的共有财产。"《罗马尼亚家庭法》第30条规定："夫妻任何一方在婚姻期间所获得的财产，自获得之日起，即为夫妻共同财产。"

所谓婚后劳动所得共同制，是指夫妻在婚姻关系存续期间生产、经营等劳动所得收入归夫妻共同所有，因继承、受赠等非劳动所得则归所得者个人所有的夫妻财产制，如原南斯拉夫联邦塞尔维亚社会主义共和国《婚姻法》第46条规定："夫妻双方婚后通过劳动所得的财产，是他们的共同财产。"

所谓剩余共同制，又称净益共同制、所得参与制、婚后所得共享制，是指在婚姻关系存续期间，夫妻所得归各自所有，但归夫妻双方共同享有而不分割。夫妻婚姻关系终止后，将夫妻各方所得的财产扣除当初财产，剩余财产较少的一方对剩余财产较多的一方具有多余差额1/2的请求权。

（3）联合财产制。在这种制度下，夫妻保留各自的财产所有权，然将夫和妻的财产合在一起，双方共同管理、使用和收益。其中，妻子婚前财产及在婚姻关系存续期间通过继承或其他无偿方式取得的财产属其所有，其他财产则均属丈夫所有。如《瑞士民法典》规定："配偶人相互间，如在夫妻财产契约中未有另行约定或未受特别财产制支配的，其财产之支配应依财产合并制的规定。""夫妻财产合并制，系指配偶双方在结婚时各自所有的财产以及在婚姻存续期间继承或通过其他方式取得的财产，合并为夫妻财产。"这种制度源于中世纪日耳曼民族的地方习惯法，以夫妻别体主义为基础，一方面给予夫管理、收益妻财产的权利，另一方面由丈夫负责家庭生活费用和财产管理费用，妻子实际上以财产的收益承担了对家庭的经济责任，不必再负担家庭费用。这种财产制度形似公平，但要以妇女财产制度或者丈夫有足够的财产或收入供养家庭为前提，只适合上层社会，自第二次世界大战后已不再适应社会的发展，从而被各国陆续废除。

（4）分别财产制。它是指夫妻婚前的财产和婚后所得的财产均归各自所有，双方均独立管理自己的财产，只有在取得对方同意的条件下，一方才能处分整个夫妻财产。夫和妻各自所得财产及其孳息都归各自所有，没有婚前财产、婚后财产之分，也无所谓特有财产；婚姻成立不改变彼此的财产关系，婚姻共同生活所生费用由夫和妻共同分担。婚姻关系终止时，对夫妻财产的增值减少，则通过结算予以分配或继承。如《德国民法典》第1363条规定，夫妻如未以婚姻契约另有约定者，以财产增值共有制为法定财产制。夫的财产和妻的财产不成为夫妻的共同财产，但夫妻在婚姻存续期间所得的财产增值，在财产增值共有制终止时，应进行结算。又如，1982年美国《纽约州家庭法》第50条规定："已婚妇女现在所有的或其在婚姻存续期间取得的，或者按本章规定取得的财产，不论是动产还是不动产，以及由这些财产所产生的租金、利息、收入和利润，如同婚前一样，是她个人的独有财产，既不受丈夫的支配和处分，也不对其债务承担责任。"

（5）嫁资制。嫁资，又称妆奁、奁产，是指妇女结婚时带往夫家的财产，原是对女子出嫁后丧失宗亲继承权的一种补偿，后来逐渐演变为家庭费用的补助和分担。嫁资制，则是指规定嫁资的提供、归属、管理、使用、收益和处分及返还的制度。妻之财产分为两类：一为妆奁，均交与夫，其对妆奁有管理权及用益权，以期收益充作维持婚姻之生活费用。二为妆奁以外的妻之财产，称为妆奁外财产，妻本人有管理用益权。妆奁中之不动产，除有法定例外的情形外，纵有夫妻双方合意，亦不得于婚姻中转让和抵押。在我国古代，没有夫妻财产制度，家庭财产权集中于家长一人之手。然妇女出嫁，家长通常会陪嫁一定的妆奁财产，且妻的妆奁与夫家的财产并不完全混合。夫家分产后，妆奁与夫的财产合二为一，成为新家的财产。婚姻解除后，妻可以取回随嫁奁产；倘使妻再婚，则不得再取回原妆奁财产。然在元代，夫无故休妻，妻再婚的可取回奁产。现在于民间尤其是农村地区，仍有嫁女陪嫁的习惯。

二、夫妻共同财产制

夫妻共同财产制，谋求夫妻经济生活与身份生活趋于一致，内部与外部一体，符合婚姻共同生活的本质，利于保障从事家庭劳动而无收入或收入较低的配偶一方的利益，有助于实现夫妻家庭中的地位平等，成为现代立法的趋势。现在，无论是大陆法系国家还是英美法系国家，大多规定了共同财产制。在我国，夫妻共同财产制，是指夫妻双方对夫妻财产没有约定、约定不明或者约定无效时，在婚姻关系存续期间所得的财产依法应归双方共同所有的财产制度。它具有以下基本特征。

1. 共同财产制在夫妻双方对夫妻财产没有约定或者约定不明或者约定无效时才被适用

共同财产制，在夫妻双方对婚姻关系存续期间的财产依法做了有效、明确约定的情况下，就不能适用。具体说来，只有下列3种情形才能适用共同财产制：（1）夫妻双方对夫妻财产没有约定；（2）夫妻双方对夫妻财产虽有约定，但约定不明确；（3）夫妻双方对夫妻财产虽有明确约定，但约定因不符合法定的构成条件，如约定人不是出于自愿，未以书面形式约定等而无效。应当指出，夫妻约定只能约定财产的归属。没有约定或约定不明的，适用共同财产制。

2. 共同财产制所调整的财产范围为夫妻婚姻关系存续期间所得的财产

这种财产，既包括夫妻在此期间各自所得的财产，又包括夫妻在此期间共同所得的财产。婚姻关系存续期间之外，即结婚前或者婚姻关系终止后夫妻各自所得的财产，不属于共同财产制的调整范畴。所谓夫妻关系存续期间，是指夫妻结婚后到一方死亡或者离婚之前这段时间，这期间夫妻所得的财产，除约定的外，均属于夫妻共同财产。

结婚登记前的恋爱期间、订婚期间以及未能认定为事实婚姻的同居期间，则难以认定为婚姻关系存续期间。但是，先以夫妻名义同居后来依法经过结婚登记的，登记之前的同居期间，仍旧属于婚姻关系存续期间，其间财产仍要受到共同财产制的规范与调整。

3. 共同财产制所调整的财产范围，由《民法典》及其司法解释明确规定，当事人不能加以改变

根据《民法典》第 1062 条及《民法典婚姻家庭编解释（一）》第 25～27 条、第 29 条、第 32 条、第 71 条等的规定，夫妻在婚姻关系存续期间所得的归夫妻共同所有的财产，包括下列 5 种情况：

（1）工资、奖金、劳务报酬（《民法典》第 1062 条第 1 款第 1 项）。

（2）生产、经营、投资的收益（《民法典》第 1062 条第 1 款第 2 项）。

（3）知识产权的收益（《民法典》第 1062 条第 1 款第 3 项）。根据《民法典婚姻家庭编解释（一）》第 24 条的规定，其中的“知识产权的收益”，是指婚姻关系存续期间，实际取得或者已经明确可以取得的财产性收益。

（4）继承或者受赠，但按《民法典》第 1063 条第 3 项“遗嘱或者赠与合同中确定只归一方的财产”规定除外的所得（《民法典》第 1062 条第 1 款第 4 项）。

（5）其他应当归属于夫妻共同所有的财产（《民法典》第 1062 条第 1 款第 5 项）。

1）一方以个人财产投资取得的收益［《民法典婚姻家庭编解释（一）》第 25 条第 1 项］。要注意的是，根据《民法典婚姻家庭编解释（一）》第 26 条的规定，夫妻一方个人财产在婚后产生的收益，除孳息和自然增值外，应认定为夫妻共同财产。例如：甲婚前拥有一套房屋，价值 200 万元。甲与乙结婚后，甲将该房屋出租 3 年，租金 9 万元。此后，甲又用该房屋作为出资与朋友合伙经营 3 年，获得 30 万元分红。后甲退出合伙，收回房屋。不久，甲、乙离婚，此时该房屋价值 400 万元。《民法典婚姻家庭编解释（一）》第 25 条、第 26 条将个人婚前财产产生的收益一分为三——孳息、自然增值和投资收益，分别确定其所有权归属。除投资收益归夫妻共同所有外，其他两项仍为一方的个人财产。甲出租房屋所得租金 9 万元，为法定孳息，属甲个人财产。甲将房屋入伙经营所得 30 万元，为投资收益，属甲、乙夫妻共同财产。房屋市价增加了 200 万元，为自然增值，属甲个人财产。

2）男女双方实际取得或者应当取得的住房补贴、住房公积金、基本养老金、破产安置补偿费［《民法典婚姻家庭编解释（一）》第 25 条第 2、3 项］。

3）由一方婚前承租、婚后用共同财产购买但登记在一方名下的房屋［《民法典婚姻家庭编解释（一）》第 27 条］。

4）当事人结婚前，父母明确表示赠与双方而为双方购置房屋所支付的出资［《民法典婚姻家庭编解释（一）》第 29 条］。该条规定，当事人结婚前，父母为双方购置房屋出资的，该出资应当认定为对自己子女个人的赠与，但父母明确表示赠与双方的除外。当事人结婚后，父母为双方购置房屋出资的，依照约定处理；没有约定或者约定不明确的，按照《民法典》第 1062 条第 1 款第 4 项规定的“夫妻在婚姻关系存续期间所得的下列财产，为夫妻的共同财产，归夫妻共同所有：……（4）继承或者受赠的财产，但是本法第 1063 条第 3 项规定的除外”的原则处理。换言之，当事人结婚前，父

母为双方购置房屋且明确表示赠与双方的出资，或者当事人结婚后父母为双方购置房屋明确约定系给双方的出资以及没有约定或者约定不明的出资，按夫妻共同财产处理。

5）婚前或者婚姻关系存续期间，当事人将一方所有的约定为共有的房产［《民法典婚姻家庭编解释（一）》第32条］。该条规定，婚前或者婚姻关系存续期间，当事人约定将一方所有的房产赠与另一方或者共有，赠与方在赠与房产变更登记之前撤销赠与，另一方请求判令继续履行的，人民法院可以按照《民法典》第658条“赠与人在赠与财产的权利转移之前可以撤销赠与。经过公证的赠与合同或者依法不得撤销的具有救灾、扶贫、助残等公益、道德义务性质的赠与合同，不适用前款规定”的规定处理。

6）一次性发放到军人名下应属共同财产部分的复员费、自主择业费等费用［《民法典婚姻家庭编解释（一）》第71条］。该条规定，人民法院审理离婚案件，涉及分割发放到军人名下的复员费、自主择业费等一次性费用的，以夫妻婚姻关系存续年限乘以年平均值，所得数额为夫妻共同财产。前款所称年平均值，是指将发放到军人名下的上述费用总额按具体年限均分得出的数额。其具体年限为人均寿命70岁与军人入伍时实际年龄的差额。

7）一方婚前签订不动产买卖合同，以个人财产支付首付款并在银行贷款且登记在自己名下，婚后夫妻共同为该不动产还贷的不动产［《民法典婚姻家庭编解释（一）》第78条］。离婚分割给登记方名下的，双方婚后共同还贷支付的款项及其相对应财产增值部分应作为共同财产处理。该条规定，夫妻一方婚前签订不动产买卖合同，以个人财产支付首付款并在银行贷款，婚后用夫妻共同财产还贷，不动产登记于首付款支付方名下的，离婚时该不动产由双方协议处理。依前款规定不能达成协议的，人民法院可以判决该不动产归登记一方，尚未归还的贷款为不动产登记一方的个人债务。双方婚后共同还贷支付的款项及其相对应财产增值部分，离婚时应根据《民法典》第1087第1款规定的“离婚时，夫妻的共同财产由双方协议处理；协议不成的，由人民法院根据财产的具体情况，按照照顾子女、女方和无过错方权益的原则判决”的原则，由不动产登记一方对另一方进行补偿。

8）夫妻在婚姻关系存续期间为一方父母参加房改购房的共同出资［《民法典婚姻家庭编解释（一）》第79条］。该条规定，婚姻关系存续期间，双方用夫妻共同财产出资购买以一方父母名义参加房改的房屋，登记在一方父母名下，离婚时另一方主张按照夫妻共同财产对该房屋进行分割的，人民法院不予支持。购买该房屋时的出资，可以作为债权处理。

9）夫妻婚姻关系存续期间以夫妻共同财产为一方缴纳的基本养老金，该方养老金账户中的个人实际缴纳部分的款项及利息［《民法典婚姻家庭编解释（一）》第80条］。该条规定，离婚时夫妻一方尚未退休、不符合领取基本养老金条件，另一方请求按照夫妻共同财产分割基本养老金的，人民法院不予支持；婚后以夫妻共同财产缴纳基本养老保险费，离婚时一方主张将养老金账户中婚姻关系存续期间个人实际缴纳部分及利息作为夫妻共同财产分割的，人民法院应予支持。

值得注意的是，夫妻在婚姻关系存续期间所得的财产，是指夫妻在上述期间取得的财产权利，并非一定在上述期间内事实上取得了对某项财产的支配。在现实生活中，财产权利的取得与对财产的实际支配既可同步，也可不同步。如在婚姻关系存续期间，夫妻一方父母死亡，继承便已开始，夫妻一方应得的除依法应归个人所有的遗产即使在婚姻关系终止前尚未实际取得，也属于夫妻共同财产，离婚时应当作为共同财产分割，不能因为婚姻关系存续期间尚未取得就否定其共有财产的性质。反之，财产权利取得不在婚姻关系存续期间，而是在此之外，则即使是在婚姻关系存续期间实际取得的财产一般也不能认为是婚姻关系存续期间取得的财产。如一方在婚前完成了书稿并与出版社签订了出版合同，在结婚后才实际得到稿酬，这种稿酬就应属于婚前个人财产，而非夫妻共同财产。当然，在婚姻关系存续前已经开始约定权利，而权利尚未彻底取得的，如在结婚前已经写稿但未完成，或者虽已完成在婚后才与出版社签订出版合同，或者婚前已经开始承包某项工程并已开工，然未竣工，而是在结婚后才完成竣工的，这种权利约定虽在婚前，可取得却在婚后。这样，在婚姻关系存续期间实际取得的稿费或者承包款以及在离婚后才取得的上述款项都应认定为夫妻共同财产。总之，夫妻在婚姻关系存续期间取得财产，乃是指取得财产的所有权、债权、股权等而非取得对财产的实际支配，即判断是否属于在婚姻关系存续期间所得财产，应以这项财产的所有权、债权等转移给夫妻一方为标准。

4. 夫妻对于共同财产都有平等的处理权

这不仅是男女平等、夫妻在家庭中地位平等的必然要求，而且是夫妻共同财产所蕴含的本质所在。既然属于夫妻共同财产，在共有关系终止前，财产权利作为一个统一的整体就应由其主体平等共同享有。所以，对于夫妻在婚姻关系存续期间所得的共同财产，其中一方无论有无收入以及收入多少，都有平等的处理权。不能由于一方没有收入，所得财产全为另一方收入，或者一方收入较少，就限制甚或剥夺没有收入或收入较少一方对共同财产的处理权，应当承认管理家务、抚养子女而无收入或收入较少一方的劳动与另一方的劳动具有同等的价值。夫妻对共同财产具有平等的处理权，并非否定夫妻对共同财产的管理、使用、收益权。夫妻对于共同财产具有共同的所有权，即占有、使用、收益、处分权。其中，处分权是所有权的最高核心权能，享有了处分权，当然享有其他低层次的权能。《妇女权益保障法》第 47 条第 1 款就规定：“妇女对依照法律规定的夫妻共同财产享有与其配偶平等的占有、使用、收益和处分的权利，不受双方收入状况的影响。”

夫妻对共有财产具有平等的处理权，要求无约定的个人财产，或依法规定属于个人所有以外的财产，都应该用于家庭生活，原则上共同管理。一方不能管理或无意管理的，则可由另一方单独管理；对共同财产的处分，则应当协商进行。不能未经协商就擅自处分，或者虽经协商，但强迫对方按己愿处分。当然，平等处理作为一种权利设置，并不是说处理一切财产如丢弃无用的废物，或者价值很小的财物，都需实际加以协商。

此外，夫妻对共同财产具有平等的处理权，既包括平等地行使占有、使用、收益、处分的权利，又包括平等地以共同财产承担义务，如赡养老人，抚养子女，清偿共同债务，赔偿未成年子女对他人造成的损害等。不能片面强调平等地行使权利，而否定平等承担与行使权利相对应的义务。为了正确理解“夫妻对共同财产，有平等的处理权”这一法律规定的内涵，参照《婚姻法司法解释（一）》第 17 条的规定，应当理解为：（1）夫或妻在处理夫妻共同财产上的权利是平等的；（2）夫或妻非因日常生活需要对夫妻共同财产做重要处理决定，夫妻双方应当平等协商，取得一致意见。应当指出，对于夫妻共同财产，在夫妻婚姻关系存续期间一般不存在分割的问题。这是基于夫妻家庭关系稳定的需要，在婚姻存续期间除非具有严重损害夫妻共同财产利益或者一方掌控财产而致另一方患有重大疾病而无钱医治等特殊情形，否则都不应分割。事实上，夫妻结婚共同生活，财产尤其是共同财产难以分割。基于夫妻家庭关系稳定的需要，在婚姻关系存续期间除非具有严重损害夫妻共同财产利益或者一方掌控财产而致另一方患有重大疾病而无钱医治等特殊情形，否则都不应分割。对此，《民法典》第1066条明确规定，婚姻关系存续期间，有下列情形之一的，夫妻一方可以向人民法院请求分割共同财产：（1）一方有隐藏、转移、变卖、毁损、挥霍夫妻共同财产或者伪造夫妻共同债务等严重损害夫妻共同财产利益的行为；（2）一方负有法定扶养义务的人患重大疾病需要医治，另一方不同意支付相关医疗费用。《民法典婚姻家庭编解释（一）》第38条进一步明确，婚姻关系存续期间，除《民法典》第1066条规定情形以外，夫妻一方请求分割共同财产的，人民法院不予支持。

三、夫妻约定财产制

夫妻约定财产制作为我国夫妻法定财产制即所得共同共有制的必要补充，是指夫妻双方依法通过协议的方式，对婚姻关系存续期间所得的财产以及婚前财产的归属、占有、管理、使用、收益、处分和债务的清偿、婚姻关系解除时的财产计算等事项进行约定的财产制度。

在我国，随着改革开放的不断深入、社会主义市场经济的不断完善，个人财产日益增多，夫妻双方地位发生了根本的变化，夫妻在法律上地位平等且事实上日趋平等，个人自我意识不断增强，价值观念不断转变，以及夫妻财产可能涉及各种债权、债务共有等关系，财产关系日趋复杂。在这样的情况下，允许夫妻双方根据自己的意愿依法对财产做出约定，既有利于充分发挥夫妻财产的各项权能，繁荣家庭经济，又有利于满足当事人各自的要求，避免、减少纠纷，促进夫妻和睦，家庭稳定团结。一旦发生纠纷，也有利于财产的妥善处理，进而促进纠纷的及时解决。是以，《民法典》第1065条规定："男女双方可以约定婚姻关系存续期间所得的财产以及婚前财产归各自所有、共同所有或者部分各自所有、部分共同所有。约定应当采用书面形式。没有约定或者约定不明确的，适用本法第一千零六十二条、第一千零六十三条的规定。夫妻对婚姻关系存续期间所得的财产以及婚前财产的约定，对双方具有法律约束力。夫妻对婚姻关系存续期间所得的财产约定归各自所有，夫或者妻一方对外所负的债务，相对人知道该约定的，以夫或者妻一方的个人财产清偿。"

1. 夫妻约定行为的主体是夫妻双方

除夫妻之外，任何单位与个人都不得对夫妻在婚姻关系存续期间所得的财产及婚前财产做出约定，不然就是对夫妻财产所有权的侵犯，应当依法承担责任。

2. 夫妻约定行为的客体即对象，既可以是夫妻在婚姻关系存续期间所得的财产，也可以是夫妻各自在婚前的财产

我国前两部《婚姻法》因未对婚姻前的财产是否可以约定做出明确规定，故一般认为不能约定，如果约定婚前财产归双方所有或另一方所有的，则属无偿转移财产所

有权的赠与行为。2001年修正的《婚姻法》和《民法典》明确规定婚前财产可以成为夫妻约定的对象，倘若再把婚前财产约定为共同所有或另一方所有的行为认定为赠与行为，就属认定行为性质错误。

3. 夫妻约定作为一种双方民事法律行为，必须符合法律规定

具体地说，就是要符合《民法典》第143条与《民法典》第1065条的规定。约定不符合法律规定，则属无效约定，不能实现约定的目的。根据上述法律规定，这种约定必须同时符合以下条件，缺一不可：(1) 夫妻双方必须具有完全民事行为能力。(2) 夫妻双方对财产约定的意思必须真实、自愿。(3) 不违反法律、行政法规的强制性规定，不违背公序良俗。(4) 约定内容必须明确，即明确说明约定的财产的归属，财产的管理、使用、收益及处分，家庭生活费用的承担，债务的清偿，婚姻关系终止时的财产清算及分割等。倘使约定不明，也不能发生约定的效力。这时，依然要求按照《民法典》第1062条、第1063条的规定确定该财产是属于夫妻共有财产，还是夫妻个人财产。需要注意的是，对于财产的继承权不能约定。继承权依法享有，权利人可以放弃，然必须在被继承人死亡之后。是以，夫妻在生存期间不能约定一方放弃继承权。如果一方不让对方继承其财产，可通过遗嘱指定他人继承或受遗赠的方式进行。(5) 约定必须符合法定形式。根据《民法典》第1065条第1款的规定，夫妻约定财产，应当采用书面形式。这样，未采用书面形式的约定，如口头约定，由于不具有约定的形式条件也不能成立。至于约定的时间是在婚前还是婚后，约定是否附有条件，则不影响约定行为的成立。当然，所附条件违反法律或者社会公德的，如约定妻子生了男孩，双方的经济收入合并为夫妻共同财产的，则属无效约定。

4. 夫妻对婚姻关系存续期间所得财产及婚前财产进行约定的结果，既可以归各自所有，也可以归共同所有，还可以部分归各自所有、部分归共同所有

这样，一般不能约定只归一方所有。源于完全真实的自愿约定只归一方所有的，对其中属于一方的财产，可以视为无偿转移的赠与行为，与夫妻对财产的约定性质不同，应当加以区别。

5. 夫妻对婚姻关系存续期间所得财产及婚前财产的约定，对双方都具有约束力

这就是说，只要夫妻约定行为符合法律规定的构成条件，一旦成立，即对夫妻双方具有约束力，双方都应遵守执行，不得违反。当然，作为一种双方民事法律行为，这种约定既可依法成立，也可依法由双方基于自愿再协议撤销或变更，但一方不能擅自或者违背对方真实、自愿的意思变更或否定约定。另外，约定并非一定产生实际的效果。如婚前的约定，因双方未能结婚而失效；附条件的约定，则因所附条件无法实现而失效；双方出于自愿协商撤销、变更而使原约定失效；等等。约定是否得以履行、实现，即是否产生实际的效果，与约定对双方的拘束力性质不同，应当注意区分。后者是说约定一旦成立，未经法定程序撤销、变更不得否定，双方都得遵守，不得违反。

6. 夫妻对婚姻关系存续期间所得的财产约定归各自所有，夫或者妻一方对外所负的债务，相对人知道该约定的，以夫或者妻一方的个人财产清偿

对此，《民法典》第1065条第3款做了明确规定。这是夫妻进行财产约定时对相对人的效力问题，体现了对夫妻的债权人利益的保护。夫妻进行财产约定，不得损害相对人的利益。如未约定或者虽已约定然相对人并不知道，所负债务也实际用于共同

生活，或者虽未用于共同生活，相对人没有理由知道他们夫妻对婚姻关系存续期间所得财产约定归各自所有的，都应由其共同财产清偿；不足清偿的，夫妻另一方应以其个人财产承担连带责任。

如何判断相对人知道该约定，则属于证据上的问题。根据“谁主张，谁举证”的基本规则，应当由夫妻一方承担举证责任。为此，《民法典婚姻家庭编解释（一）》第37条规定，《民法典》第1065条第3款所称“相对人知道该约定的”，夫妻一方对此负有举证责任。这样，倘若夫妻想以其间的约定对抗相对人，就必须举证证明相对人清楚明白地知道夫妻之间的财产约定以及这种约定所带来的后果。夫妻倘若不能举证证明相对人知道其间的约定，就不能以其间的约定对抗相对人。

7. 夫妻约定的效力高于夫妻法定财产制的效力

换言之，有约定时从约定，无约定或者约定不明或者约定无效时，才能适用法定的夫妻财产制。

8. 夫妻约定财产的归属，属于双方民事法律行为，可以依法成立，也可以依法变更和解除

夫妻约定财产归属后，情况一旦发生变化，原约定的内容不能适应夫妻生活需要时，应当允许依法变更或解除。变更或解除原来的约定，也属双方民事法律行为，必须符合《民法典》第143条的规定，并采取书面形式。

四、夫妻共同财产、夫妻个人财产及家庭财产的确定

确定夫妻共同财产与夫妻个人财产，首先依夫妻双方的约定。没有约定或者约定无效或者约定不明的，才根据《民法典》第1062条、第1063条，以及有关司法解释确定财产是夫妻共同财产还是夫妻个人财产。前面已对夫妻共同财产做过阐释，以下对夫妻个人财产及家庭财产做一介绍。

1. 夫妻个人财产

夫妻个人财产，是指法律明确规定的属于夫妻一方的财产。根据《民法典》第1063条，《民法典婚姻家庭编解释（一）》第26条、第29条、第30条、第32条、第71条等之规定，下列财产属于夫妻个人财产。

（1）一方的婚前财产。一方的婚前财产是指一方婚前已经取得的财产，包括动产和不动产。一方的婚前财产可以分为以下4类：1）个人所有的财产，如工资、奖金，从事生产、经营取得的收益，知识产权的收益，因继承或赠与所得的财产，资本收益以及其他合法收入；2）一方婚前已经取得的财产权利，如一方婚前取得的债权等；3）婚前财产的孳息及增值，包括个人财产婚前孳息及增值和婚前个人财产婚后产生的孳息及增值；4）一方婚前以货币、股权等形式存在而婚后表现为另一形态的财产。婚前财产的界定时间为双方结婚登记之日，结婚登记前双方分别所有的财产归各自所有，结婚登记日后一方单独获得或双方共同所有的财产除法律另有规定或当事人特别约定外，作为婚后夫妻共同财产。这样规定的目的在于简化财产关系，便于离婚时分割夫妻共同财产。

（2）一方因受到人身损害获得的赔偿或者补偿。这种因人身权受到侵害所获得的损害赔偿费用，因其具有严格的人身性质，是用于保障受害人生活的基本费用，因而

只能作为一方的个人财产，不得作为夫妻共同财产。例如，某男被汽车撞伤，下肢瘫痪，经人民法院判决，获得10万元赔偿金，用于医疗、购买轮椅、护理等，这些费用直接因身体损伤而发生，也都直接用于损害的治疗和因残疾而产生的特定消费。因此，该10万元赔偿金只能归受害的一方即某男个人所有，其妻不得主张作为夫妻共同财产予以分割。

（3）遗嘱或者赠与合同中确定只归夫或者妻一方的财产。根据《民法典婚姻家庭编解释（一）》第29条的规定，当事人结婚前，父母为双方购置房屋出资的，该出资应当认定为对自己子女个人的赠与，但父母明确表示赠与双方的除外。当事人结婚后，父母为双方购置房屋出资的，依照约定处理；没有约定或者约定不明确的，按照《民法典》第1062条第1款第4项规定的“夫妻在婚姻关系存续期间所得的下列财产，为夫妻的共同财产，归夫妻共同所有：……（4）继承或者受赠的财产，但是本法第1063条第3项规定的除外”的原则而按夫妻共同财产处理。

我们知道，遗嘱或赠与合同体现了遗嘱人或赠与人强烈的个人意愿，均具有很强的人身性。故，世界各国立法通常都将婚后一方继承或受赠与的财产划归为夫妻一方所有，如1969年的《苏俄婚姻和家庭法典》第22条第1款规定：“夫妻婚前原有的财产，以及在婚姻期间作为礼物或通过继承获得的财产，分别归各方所有。”我国台湾地区“民法”也将夫妻一方婚后受赠和继承的财产划归夫妻一方所有。2001年修正的《婚姻法》借鉴了国外的立法经验，将婚后一方所接受的遗嘱或赠与合同中确定只归夫或妻一方所有的财产作为夫妻个人财产，体现了婚姻家庭法对遗嘱人、赠与人意愿的尊重。

（4）一方专用的生活用品。一方专用的生活用品，是指夫或妻一方日常生活中自己使用的物品，如衣物、鞋帽、化妆品以及其他专用物品等。参照《苏俄婚姻和家庭法典》第22条第2款的规定，贵重物品和其他奢侈品不是一方个人的财产。

（5）其他应当归属一方的个人财产。如《民法典婚姻家庭编解释（一）》第26条规定的夫妻一方个人财产在婚后产生的孳息和自然增值；第30条规定的属于军人个人财产的伤亡保险金、伤残补助金、医药生活补助费；第71条规定的一次性发放到军人名下的复员费、自主择业费等的，在扣除应属夫妻共同财产部分［以夫妻婚姻关系存续年限乘以年平均值的所得。其中年平均值为一次性发放的总费用/（70－军人入伍实际年龄）］后的费用。此外，第78条规定的一方婚前签订不动产买卖合同，以个人财产支付首付款并在银行贷款且登记在自己名下，婚后夫妻共同为该不动产还贷，离婚分割给另一方（婚前非签订合同一方）的，则婚前一方的首付款及其相对财产部分的增值，以及共同为还贷所支付的款项及其相对应财产的增值，属于个人财产。

在掌握夫妻个人财产的内容时，要特别注意一项法律条文的变化，即2001年修改《婚姻法》之前，法律规定夫妻个人财产因结婚满8年而转换为夫妻共同财产。而《婚姻法司法解释（一）》第19条修改了这一规定，《民法典婚姻家庭编解释（一）》第31条亦继续规定，《民法典》第1063条规定为夫妻一方的个人财产，不因婚姻关系的延续而转化为夫妻共同财产。但当事人另有约定的除外。

此外，婚前或者婚姻关系存续期间，当事人约定将一方所有的房产赠与另一方或者共有，只要出于真实自愿，即不存在诸如做出约定的当事人属于无民事行为能力人等无效的情况，或者一方采取胁迫等方式迫使财产所有的另一方违背自己意志而实施赠与等可撤销的情况，则属于财产所有人自行处分自己所有财产的行为，应当允许。但是，婚前或者婚姻关系存续期间，当事人约定将一方所有的房产赠与另一方或者共有，赠与方在赠与房产变更登记之前撤销赠与，另一方请求判令继续履行的，根据《民法典婚姻家庭编解释（一）》第32条的规定，人民法院可以按照《民法典》第658条"赠与人在赠与财产的权利转移之前可以撤销赠与。经过公证的赠与合同或者依法不得撤销的具有救灾、扶贫、助残等公益、道德义务性质的赠与合同，不适用前款规定"的规定处理。

2. 家庭财产

家庭财产，是指家庭成员个人财产、共有财产或部分家庭成员共有财产的总称，分为家庭成员的个人财产（包括夫妻个人财产）、部分家庭成员的共有财产（包括夫妻共有财产）以及家庭成员中的部分或者全部成员的共有财产。在具体认定家庭财产时，应当注意以下4点：

（1）父母继承的财产、用自己收入购置的财产应为父母所有，子女不享有所有权，然享有继承权。

（2）根据有关规定，土改时分得的房屋为当时在家的成员共有。土改时离家在外的成员和土改后出生的子女一般不享有所有权，但有继承权。

（3）夫妻和家庭其他成员用共同劳动收入购置的财产为家庭共有财产，然对该财产未做贡献的不得享有所有权。共有关系结束后可以析产：对于夫妻所得的份额，该财产的所有权发生在婚前的，析产后所得份额为夫妻一方所有；该财产的所有权发生在婚后的，则析产后所得的份额为夫妻共同所有。

（4）未成年子女受赠、继承、劳动所得的财产，归未成年子女所有，父母无所有权，然有管理权、继承权。

五、夫妻间的互相扶养义务

1. 扶养的概念

扶养，有广义与狭义之分。广义的扶养，是指法定范围内的亲属之间在物质上和生活上的扶助、供养，无尊卑长幼辈分之分。既可以是父母等长辈抚养子女等，又可以是夫妻、兄弟姐妹间的同辈互相扶养，还可以是子女等晚辈赡养扶助父母等长辈。国外多采广义说，如《瑞士民法典》第328条规定："直系尊血亲及卑血亲以及兄弟姐妹之间，互负扶养义务。但仅以帮助生活陷于贫困者为限。兄弟姐妹间，无充分财力时，不负扶养义务，父母及配偶的扶养义务，不在此限。"《日本民法典》第877条第1款、第2款规定："直系血亲及兄弟姐妹之间，有相互扶养的义务。有特别情事时，家庭法院可于前款规定的情形之外，使三亲等内的亲属之间亦负扶养义务。"狭义的扶养，仅指夫妻和兄弟姐妹等平辈亲属间的在物质上、生活上的扶助、供养。我国法律则在不同场合或采广义说或采狭义说。例如，《刑法》第261条规定："对于年老、年幼、患病或者其他没有独立生活能力的人，负有扶养义务而拒绝扶养，情节恶劣的，处五年以下有期徒刑、拘役或者管制。"这里所采的就是广义。《民法典》第1059条、第1074条、第1075条则规定，扶养仅限于夫妻、兄弟姐妹等同辈之间。晚辈对长辈、长辈对晚辈的扶助、供养则分别称为抚养、赡养。于是，在婚姻家庭法中采狭义说。可是，无论是抚养、赡养还是扶养，其内容没有区别，都是根据伦理道德、权利与义务相一致的原则做出的规定，是同情和救助弱者的体现，不同的称谓，只是表明权利人与义务人之间的不同身份关系，以及我国在长、平、晚辈亲属之间的自古存在的一贯传统。

2. 夫妻间互相扶养的义务

夫妻之间共同生活，要求在物质上相互供给、扶助，在生活上互相关心、照料、爱护，这是保障夫妻正常共同生活、维系夫妻感情、保持婚姻稳定的必要条件。夫妻之间倘若不互相扶养，一方由于患病、伤害、年老等原因没有独立生活来源，丧失了生活能力，另一方放任不管，则无疑难以维持感情，搞好团结，和谐地共同生活。另外，夫妻间的互相扶养，也是我国社会主义制度下人与人之间平等互助关系在家庭夫妻关系中的反映，夫妻应当自觉遵守和履行。根据《民法典》第 1059 条的规定，夫妻间的互相扶养义务具有以下特点：

（1）扶养作为义务，必须发生在法定的亲属之间。法律范围外的亲属或其他人之间的经济上的帮助，具有道义、友谊的性质，并非必须履行的义务，与需要履行的作为义务规定的扶养性质不同。在婚姻家庭法中，扶养仅存在于夫妻之间，以及有负担能力的兄、姐和父母已经死亡或父母无力抚养的未成年的弟、妹之间，及由兄、姐扶养长大的有负担能力的弟、妹和缺乏劳动能力又缺乏生活来源的兄、姐之间。夫妻的扶养义务当然限制在夫妻双方的范围内。

（2）夫妻扶养，作为夫妻间的一种法律关系，主体是夫妻双方。夫妻义务对等，扶养不属于单方义务；夫妻双方互为义务人，又互为权利人。换句话说，丈夫有扶养妻子的义务，也有获得妻子扶养的权利；反之，妻子有扶养丈夫的义务，也有获得丈夫扶养的权利。这种对等的权利与义务关系，说明义务是对等的义务，权利也是对等的权利，而非单方的义务及权利。当然，具体是否实际履行扶养义务，则要存在特定的条件。在特定的条件满足时，双方的扶养义务便需履行，接受扶养的一方为权利人，提供扶养的一方则为义务人。

（3）夫妻扶养，作为一种法定义务，在实际发生时必须具备一定条件，即扶养一方有负担能力，被扶养一方因年老、患病、伤害等原因没有经济来源或者丧失生活能力。符合上述条件，只要夫妻关系存在，一方就应对另一方履行扶养义务，而不论被扶养方是否具有过错。不符合上述条件，则扶养义务不会实际履行，这种义务就仅是一种法律拟定的义务。

（4）夫妻扶养，作为一种义务，其内容不仅包括夫妻在物质上、经济上提供必要的供给和扶助，而且包括夫妻在生活上提供必要的照料和帮助以及在精神上给予必要的安抚与慰藉，不能只强调物质上的供给，而忽视生活上的照料及精神上的慰藉。然而，扶养义务的主要内容应是物质上、经济上的供给、扶助。正因为这样，夫妻间的互相扶养才属于夫妻财产关系的范畴。

（5）夫妻扶养，作为一种法定义务，具有强制性。一方享受扶养的权利必须以另一方履行扶养的义务为前提。拒不扶养，则应承担相应的法律责任；情节严重构成犯罪的，还应依法以遗弃罪追究刑事责任。为了保障权利人的合法权益，应当履行义务的一方不履行扶养义务时，《民法典》第1059条第2款明确规定，需要扶养的一方，有要求对方给付扶养费的权利。

六、夫妻间的互相继承遗产的权利

《民法典》第1061条规定："夫妻有相互继承遗产的权利。"夫妻具有继承权是由夫妻人身关系决定的，即有合法的夫妻身份关系，才有相互的继承权。如果在继承开始前双方已经离婚或婚姻关系被宣告无效，继承权就不存在。在司法实践中，处理夫妻间的继承案件应注意下列问题：

（1）夫妻互为第一顺序继承人，享有平等的继承权。任何组织和个人不得侵犯和限制夫对妻和妻对夫的继承权，寡妇带产改嫁的权利受法律保护。

（2）夫妻相互继承时，应划清个人财产与共同财产的区别。夫妻一方死亡后，夫妻共同财产没有分割的，首先应分割夫妻共同财产，属于死者个人所有的共同财产部分才是死亡配偶的遗产，才能被继承。防止将夫妻共同财产作为遗产分割，侵犯他方的合法权益。

（3）1950年《婚姻法》颁布以前被继承人的妾，未与夫解除婚姻关系的，与妻子享有同等的继承权。

（4）夫妻登记结婚后尚未同居或同居时间很短，配偶一方死亡的，应依法承认其配偶的继承权。但可根据《民法典》的有关规定，酌情处理。

（5）对未经结婚登记即以夫妻名义同居生活的男女当事人，如未补办结婚登记，被认定为同居关系。符合《民法典》第1131条关于"对继承人以外的依靠被继承人扶养的人，或者继承人以外的对被继承人扶养较多的人，可以分给适当的遗产"的，可根据相互扶助的原则处理。即生存方不能以配偶身份继承对方的遗产。

第七章 父母子女关系

第一节　父母子女关系概述

一、父母子女关系的概念

父母子女关系，又称亲子关系，是指父母和子女之间的法定权利与义务关系。根据父母子女关系形成的原因不同，父母子女关系可以分为两种类型，即自然血亲的父母子女关系和拟制血亲的父母子女关系。

自然血亲的父母子女关系，基于子女出生这一法律事实而发生，又包括婚生的父母子女关系即生父母和婚生子女的关系、非婚生的父母子女关系即生父母和非婚生子女的关系。这种父母子女的权利与义务关系只因一方死亡或者依法送养子女而终止，在一般情况下，不能人为地解除。

拟制血亲的父母子女关系，是指因收养法律行为或再婚事实上形成抚养关系，由法律认可而人为设定的父母子女关系。当事人之间本来没有血缘关系，可法律承认之间因收养或再婚且事实上形成抚养关系的行为形成的关系，与自然血亲的父母子女关系一样，构成拟制血亲的父母子女关系。这种父母子女的权利与义务关系，既可以因法律行为而设立，又可以因法律行为如收养解除、继父与生母或继母与生父离婚且抚养关系的变化而解除。当然，一方死亡的法律事实也是消灭拟制血亲父母子女关系的一项自然原因。

二、父母子女关系的历史沿革

1. 我国古代父母子女关系

在我国古代，一个人除生父母外，还有拟制的、名分上的或恩义上的父母，从而形成了形式上种类繁多的父母子女关系，有“三父八母”之说。《元典章》的三父八母图对“三父八母”做了记载。

所谓“三父”，是指除生身父亲外的3种继父，即同居继父、不同居继父和从继母嫁之继父（即生父死后，继子女随继母至再婚家庭中的新继父）。也有的如《朱子家礼》认为，3种继父为同居继父、不同居继父及先同居后异居继父。

所谓“八母”，包括：(1) 嫡母。嫡表示正统，男子的正妻为嫡，地位最高。嫡母就是妾所生子女对父亲正妻的称呼。(2) 继母，即子女对父亲后娶妻子的称呼。(3) 养母，即养子女对收养者中的女子的称呼，又称嗣母。(4) 慈母，即母死后对抚养过自己的父妾的称呼。(5) 嫁母，即对父死后改嫁的生母的称呼。(6) 出母，即对被父休弃的生母的称呼。(7) 庶母，即妻子所生子女对妾的称呼，其地位最低。(8) 乳母，即对哺乳过自己的女性的称呼。

与此相对应，子女也包括不同情况：(1) 嫡子，即妻子所生孩子，地位高，尤以嫡长子为最。(2) 庶子，即妾所生孩子，地位较嫡子低。(3) 嗣子，即立嗣而承继宗祧的儿子。在过去，没有儿子的人，为了传宗接代，把侄子过继作为儿子，以承继本门门庭、香火。(4) 养子，即收养的子女和同宗过继但不承继宗祧之子。(5) 奸生子，又称私生子，为无婚姻关系的男女所生子女。其中，主人与家用婢女所生子女称婢生子。以上称谓的不同，表示亲疏远近及权利与义务的不同，如嫡子、庶子虽为同父所生，然就封爵或承继宗祧而言，嫡子不论年龄大小，都优于庶子。

尽管古代社会的父母子女关系形式五花八门，可就其内容而言，则以家庭为本位，即亲子关系完全从属于宗法家庭制度，体现了孝道为本、父为子纲的特点，子女在人身上、财产上均处于被支配的从属地位。

(1) 在人身关系上，宗法制度下的父权和家长权紧密结合在一起，子女不仅要绝对服从父母，而且要受到家长和其他尊长的支配，子女反抗家长，则应治罪，倘使构成“不孝”或“恶逆”，则属大逆不道，为“十恶”而不能赦免。但父母对子女享有种种特权，即使侵犯子女生命，也不科以常刑，处罚很轻。如清律规定：父母非理殴杀子女的，杖一百；故杀者杖六十，徒一年。应当指出的是，家长，以一家中最尊长者充当，可能是父亲，也可能是祖父或辈分更高的男子。至于女性尊长，在礼法上虽然是父母、祖父母并提，然实际上是“亲而不尊”，夫死随子就是很好的例证。

（2）在财产关系上，权力集中于父亲或家长，子女不得过问。“凡为子者，毋得蓄私财，俸禄及田宅所入，尽归之父母，当用则请而用之，不敢私假，不敢私与。”唐律规定：“诸同居卑幼，私辄用财者，十匹笞十，十匹加一等，罪止杖一百。”“诸祖父母、父母在，而子孙别籍异财者，徒三年。”

2. 近现代各国父母子女关系

近代、现代各国法律对父母子女关系的规定，一般以个人主义为本位，对亲子关系设置了亲权制度，规定了父母子女之间的权利与义务。所谓亲权，是指因为父母子女之间的身份关系形成的父母对子女的权利与义务的总称，由婚姻家庭法等规定，是父母对社会必须承担的义务，是父母对子女的一种天职，具有以下基本内容：

（1）亲权的主体是父母双方，而非父母一方，除非依法丧失或剥夺，父与母都对子女拥有亲权，不因离婚而丧失。

（2）亲权的主要内容既包括对子女人身方面的权利与义务即人身照护权，又包括对子女财产方面的权利与义务即财产照护权。人身照护权包括抚养权、教育权、法定代理权和同意权、子女交还请求权、惩戒权、职业许可权、居所指定权等。

（3）亲权的停止、消灭与剥夺。亲权以父母子女关系为基础，既是父母对子女的权利，又是父母对子女的义务，不得任意抛弃，不得滥用，不得任意转让。但是，父母子女关系既有天然的血缘关系，也有法律的拟制关系，父母由于各种原因还可能成为无行为能力人或限制行为能力人，这就会存在亲权的停止、消灭、剥夺的问题。

所谓亲权的停止，是指父母由于各种原因暂时停止其亲权的行使，原因消除后再予恢复。如父母一方或双方因疾病、伤害丧失民事行为能力或成为限制民事行为能力人，一方因重病长期治疗或长期服刑等而无法与未成年子女共同生活等，就可依法停止其亲权。如父母双方出现上述情况时，应当依法为未成年子女设置监护人，以保障其合法权益。另外，父母离婚，非直接抚养方的部分亲权实际上也会受到限制或停止。

所谓亲权的消灭，是指由于各种原因父母对子女的权利与义务关系灭失、消除。如因子女死亡而无民事权利能力，或因子女成年获得完全的民事行为能力而消灭；因亲权人死亡，收养关系、继父母与继子女间的抚养关系的终止而消灭。

所谓亲权的剥夺，是指基于法定原因剥夺父母对子女的亲权。如父母对未成年子女有危及生命健康的重大犯罪行为，或者滥用亲权，如惩戒子女过重、擅自处分子女的重大财产等，严重损害未成年子女的利益，就可依法剥夺其亲权。

（4）侵害亲权的损害赔偿。侵害亲权的行为多种多样，如通过暴力、威胁方法非法剥夺亲权人对子女的人身照护权及财产照护权，致使子女身心受到伤害，财产遭受损失；未经亲权人许可，引诱未成年子女参加工作，处分财产；父母离婚后，非直接抚养一方包括祖父母等，以暴力从直接抚养一方抢走小孩；亲权人滥用亲权对子女造成人身伤害或财产损失；亲权人不履行抚养、保护、教育义务，致使子女身心健康受到伤害；等等。对于这些侵害亲权的行为，行为人依法应当承担民事责任，包括赔偿损失、停止侵害、消除影响、赔礼道歉、继续履行等。

（5）亲权与监护权的区别。主要有：1）权利的产生基础不同。亲权以亲子关系为基础；而监护人与被监护人之间既可以存在亲子关系，也可以存在其他近亲属关系或者其他关系，并不一定存在近亲属等特定的人身关系和权利与义务关系。2）亲权行为的对象为未成年子女；而监护的对象不一定是子女，还可以是配偶、父母、孙子女等其他无民事行为能力人或限制民事行为能力人。3）法律对亲权人对于子女的财产进行处分的限制较弱，且亲权人享有对该财产的用益权；而监护人则受到严格限制，并不享有对被监护人财产的用益权。4）监护人因其监护活动可以得到报酬，而亲权人不能得到。5）亲权人因亲子关系而自然取得对其未成年子女的亲权，只有在特殊情况下，亲权才会受到限制；而监护权并不一定自然得到，有的要经法定程序才能够取得。6）行使亲权一般不需要专门监督机构，而监护人行使监护权一般要受到一定监督机构的监督。7）监护人在监护开始时，对被监护人的财产一般要开出清单，并受监督机构的监督；而亲权则不受此限制。等等。

除亲权外，父母子女间的权利与义务还有一些规定。如父母对子女的姓氏权，有的规定：婚生子女既可以随父姓，也可以随母姓，具体可由双方协商。有的则规定，婚生子女以父母的婚姻姓氏为姓氏，非婚生子女则以生母的姓氏为姓氏。如《德国民法典》第 1616 条规定："子女以其父母的婚姻姓氏为出生姓氏。"《日本民法典》第 790 条规定："婚生子女，称父母的姓氏。但是，父母于子女出生前离婚时，称离婚之际父母的姓氏。非婚生子女，称母的姓氏。"又如成年子女对父母的扶养义务，父母因年老、患病等原因需要扶养的，有负担能力的成年子女有扶养父母的义务。如《日本民法典》第 877 条第 1 款规定："直系血亲及兄弟姐妹之间，有相互扶养的义务。"还如子女对父母的尊重、尊敬、帮助义务，尊重老人、孝敬父母为各国社会的公德，有的还将此上升为法定义务。如《法国民法典》第 371 条规定："子女，不问年龄，应尊敬其父母。"《德国民法典》第 1618 a 条规定："父母和子女负有相互帮助和体谅的义务。"《秘鲁家庭法》第 397 条规定："子女有尊重、服从和尊敬父母的义务。"

第二节　父母子女间的权利与义务

一、父母抚养子女的义务

我国婚姻家庭法基于人与人之间的平等互助关系，在继承中华民族尊老爱幼的优良传统、坚持保护未成年人和老年人合法权益原则的基础上，就父母子女间的权利与义务做了明确规定，形成了尊老爱幼、养老育幼的父母子女关系。就内容而言，既包括父母对子女的抚养、教育和保护，又包括子女对父母的赡养、扶助，还包括对遗产的相互继承。在这里，先就父母对子女的抚养义务进行分析。

1. 父母抚养子女的义务

《民法典》第 1067 条第 1 款明确规定："父母不履行抚养义务的，未成年子女或者不能独立生活的成年子女，有要求父母给付抚养费的权利。”《民法典婚姻家庭编解释（一）》第43条规定，婚姻关系存续期间，父母双方或者一方拒不履行抚养子女义务，未成年子女或者不能独立生活的成年子女请求支付抚养费的，人民法院应予支持。对此，要正确理解，必须注意以下4点：

(1) 抚养，在这里是指父母对子女在物质上、经济上、生活上的养育和照料。父母对子女进行抚养，为子女学习、生活提供必需的物质条件，承担必要的经济责任，在生活中给予子女必要的照料，是子女生存、成长不可缺少的基础，是父母对子女的一项基本的法定义务。

(2) 父母抚养子女，作为父母子女间的一种法律关系，其主体为父母双方和子女本人。其中，父母是义务人，子女为权利人。父母作为义务人，不论其婚姻状态如何，都应承担抚养义务，不能因父母离婚将抚养义务理解为父母一方的义务。未解除其间的婚姻关系时，抚养子女属于夫妻共同的义务；在离婚后仍为夫妻共同的义务。一方直接抚养子女，另一方则负担部分或全部抚养费，不能因为离婚推卸抚养子女的责任。

(3) 父母抚养义务的对象为子女。这里的子女并非一切子女，而是特定化了的子女，即未成年子女和不能独立生活的成年子女。已经成年并有独立生活能力的子女不属于父母抚养的对象。根据《民法典婚姻家庭编解释（一）》第41条规定尚在校接受高中及其以下学历教育，或者丧失、部分丧失劳动能力等非因主观原因而无法维持正常生活的成年子女，可以认定为《民法典》规定的“不能独立生活的成年子女”。

(4) 父母抚养子女，作为父母对子女的一项法定义务，具有强制性。父母有能力抚养而拒不抚养的，属于违法行为，应当承担相应的责任；情节严重，构成犯罪的，应当以遗弃罪追究其刑事责任。

2. 父母教育子女的权利和义务

《民法典》第1068条规定，“父母有教育、保护未成年子女的权利和义务”。据此，父母教育未成年子女，既是父母对子女的应尽义务，也是其对子女所有的一种权利。反之，子女有获得教育的权利，又应承担接受父母教育的义务。在父母对子女的教育过程中，双方既是权利主体，又是义务主体，处于权利与义务的对等地位。

父母教育子女，不仅要言传身教，而且应依法履行法定的送子女入学接受学校教育的义务，做到家庭教育、学校教育有机结合、相辅相成。根据《义务教育法》第11条的规定，父母或者其他法定监护人必须使适龄的子女或者被监护人按时入学，接受并完成义务教育，即9年制义务教育，包括6年制小学教育、3年制初等中学教育，不得使在校接受义务教育的未成年人辍学。现在，有的父母受“读书无用论”的影响，让未成年子女辍学打工、做生意等，是违反法律的行为，应当坚决纠正。

二、保护和教育未成年子女的权利和义务

未成年子女一般属于无民事行为能力人或限制民事行为能力人，对事情缺乏全面的理解、认识、处理能力，自控能力弱。为了保障他们的合法权益，使他们健康、茁壮成长，《民法典》第1068条规定：“父母有教育、保护未成年子女的权利和义务。未成年子女造成他人损害的，父母应当依法承担民事责任。”据此，保护和教育未成年子

女，既是父母享有的权利，又是父母应尽的义务。作为享有的权利，父母有权主动实施保护和教育未成年子女的行为，任何人都不得限制、阻碍或干涉；作为应尽的义务，父母必须实施保护和教育未成年子女的行为，不得不作为，放弃保护和教育未成年子女的，应承担法律后果。具体说来，正确理解这一权利和义务，应当注意以下 3 点。

1. 保护和教育的含义

所谓保护，是指父母为保障、维护未成年子女的人身健康安全、财产权利和其他合法权益采取各种措施，以防止、排除来自自然的、社会的对未成年子女人身、财产等权益的不法侵害。所谓教育，在这里主要指父母应当以健康的思想、品行和适当的方法，按照法律和社会公德的要求，对未成年子女进行教诲、引导、约束，以利于其健康成长。

2. 依法承担未成年子女给他人造成损害的赔偿责任

父母有保护未成年子女人身、财产和其他合法权益的义务，同时也有教育未成年子女不侵害他人合法权益的义务，未尽这种教育义务或者未有效尽到这种教育义务，致使未成年子女给他人造成损害时，无疑应当承担由子女造成的民事损害赔偿责任。对此，《民法典》第 1188 条规定："无民事行为能力人、限制民事行为能力人造成他人损害的，由监护人承担侵权责任。监护人尽到监护职责的，可以减轻其侵权责任。有财产的无民事行为能力人、限制民事行为能力人造成他人损害的，从本人财产中支付赔偿费用；不足部分，由监护人赔偿。"

在幼儿园、学校学习、生活的无民事行为能力人、限制民事行为能力人给他人造成损害，幼儿园、学校等单位有过错的，应当适度减轻行为人的民事责任。

3. 依法承担未成年子女对他人造成损害时的其他民事责任

1980 年《婚姻法》第 17 条规定，在未成年子女对国家、集体或他人造成损害时，父母只有赔偿经济损失的义务。赔偿损失，固然是父母对未成年子女给国家、集体或他人造成损害时所应承担的主要民事责任，但并非全部民事责任，也不能完全消除对被害人的损害。另外，父母完全可以承担排除妨碍、消除危险、返还财产、恢复原状、修理、重作、支付违约金等民事责任。所以，《民法典》第 1068 条规定，在未成年子女对他人造成损害时，父母有承担民事责任的义务。这一修改，既完善了婚姻立法，又有利于保护受害人的合法权益，还有利于促使父母全面、认真、彻底地行使亲权，履行义务，应当引起充分的注意。

三、侵犯父母对未成年子女保护和教育权利的责任

父母基于父母子女身份关系依法享有保护和教育未成年子女的权利和义务，任何人不得侵犯，不然应当依照《民法典》等的规定承担有关法律责任。其中，非法使被监护人脱离监护，导致亲子关系或者近亲属间的亲属关系遭受严重损害的，根据《民事侵权精神损害赔偿解释》第 2 条的规定，监护人向人民法院起诉请求赔偿精神损害的，人民法院应当依法予以受理。第 8 条规定，因侵权致人精神损害，但未造成严重后果，受害人请求赔偿精神损害的，一般不予支持，人民法院可以根据情形判令侵权人停止侵害、恢复名誉、消除影响、赔礼道歉。因侵权致人精神损害，造成严重后果的，人民法院除判令侵权人承担停止侵害、恢复名誉、消除影响、赔

礼道歉等民事责任外，可以根据受害人一方的请求判令其赔偿相应的精神损害抚慰金。

四、子女赡养扶助父母的义务

父母生儿育女，将子女抚养成人，对家庭和社会尽到了责任。父母年老体衰，丧失劳动能力、生活能力，需要他人供养、帮助、照顾时，无疑应当得到必要的供养、帮助与照顾。为此，《民法典》第1067条第2款规定："成年子女不履行赡养义务的，缺乏劳动能力或者生活困难的父母，有要求成年子女给付赡养费的权利。"子女对父母的义务具体包括赡养义务和扶助义务两个方面。

所谓赡养，在这里是指子女在物质上、经济上为父母提供必要的生活用品及费用，即提供必要的经济来源，给予必要的生活保障，承担必需的经济责任。具体来说，就是为父母的衣食住行等提供必要的物质条件，使其老有所养，老有所依，老有所靠。

所谓扶助，是指子女对父母在生活上的照料和精神上的慰藉。如父母年老体弱，生活、行动困难，为其提供必要的帮助；父母生病、受到伤害，生活不能自理，给予其精心陪护、照顾；父母做不了的家务，帮其做好；尊敬、体贴、谅解父母；不与父母住在一起的，经常带着配偶、孩子前去探望、问候；与父母进行必要的思想沟通、感情交流，了解其身体状况、生活情况、精神状态等；为父母提供所喜爱的精神文化用品。这些都属于子女对父母的扶助。赡养扶助父母是子女对父母的一项不可推卸的法定义务。对之，要正确理解、全面履行，还应注意以下5个问题。

1. 子女赡养扶助父母，其主体为子女和父母

子女为义务人，父母为权利人。子女具有赡养扶助父母的义务，然不是说其一定会实际承担这项义务。要实际承担此义务，必须具有赡养扶助的能力。倘若没有赡养扶助的能力，例如，子女本身为无民事行为能力人，自不能承担赡养扶助的义务。子女，不论是婚生子女还是非婚生子女，是亲生子女还是养子女，都不影响其成为义务主体。可继子女只对对自己承担了抚养教育义务的继父母承担赡养扶助义务。继父母未对继子女承担抚养教育义务的，该继子女对继父母不承担赡养扶助义务。根据《民法典》的规定，被他人收养而与他人形成养父母养子女关系的，其与亲生父母的权利与义务关系因收养成立而解除。这时，养子女对生父母不承担赡养扶助的义务。当然，收养关系解除后，未成年子女与亲生父母的权利与义务关系自然恢复；成年子女与生父母的权利义务关系可由双方协商予以恢复，这时子女的赡养扶助义务也随之恢复。另外，继子女即使与继父母形成法定的权利与义务关系，但只要未被继父母收养，其与生父母的父母子女关系就未消除，仍应承担赡养扶助生父母的责任。

应当指出，在现实生活中，父母可能有两个甚至多个子女。这时，每一个子女都有赡养扶助父母的义务，只要有赡养扶助的能力，都应自觉承担义务，不能因为其他子女承担了赡养扶助义务就免除自己应尽的义务。

2. 子女赡养扶助的对象为父母

这里的父母，并非一切父母，而是指需要赡养扶助的父母，如父母因年老、疾病、遭受伤害等而丧失劳动能力，失去经济生活来源，生活无法维持，或者虽然具有经济来源然生活不能自理等。倘若具有独立生活的能力，由于好吃懒做或者成天溺于赌博、嫖娼等恶习而生活困难，则不属于需要赡养扶助的范围。对于需要赡养扶助的父母，有赡养扶助义务的子女都应尽力履行自己的义务。父母没有生活来源或者生活困难的，子女应当根据父母的生活需要，给付赡养费；有两个或两个以上子女的，子女应当共同承担赡养费。当然，经济能力强的，可多承担些；经济能力差的，可少承担些；与父母共同生活的子女在平时承担更多的扶助义务的，也可少承担些赡养费。应当指出，共同承担并非等额承担，要根据子女的经济情况酌情处理。赡养费的确定，既应考虑父母的实际生活需要，又要照顾子女的经济负担能力。一般来说，赡养费的数额支付应当保证被赡养人的生活水平不得低于子女本人或者当地人们平均生活水平。赡养费的支付方式可以根据情况的不同而不同。有工资等固定收入的，可按月或定期给付；无工资等固定收入的，可按收益季节支付。对有经济来源但生活不能自理需要扶助的父母，子女则要提供父母所需要的各种扶助，不得以工作忙、事情多等为由而推卸应尽的义务。即使请人陪护父母，子女也应经常自己或者带着亲人前去看望父母，嘘寒问暖，关心、尊敬父母，给予必要的精神慰藉，让父母享受天伦之乐，幸福、愉快地度过晚年。

3. 子女赡养扶助父母的义务，是赡养义务与扶助义务的有机结合

子女既要尽赡养义务，又要尽扶助义务。不能认为尽了赡养义务就可不尽扶助义务，也不能认为尽了扶助义务就可不尽赡养义务。在现实生活中，有的子女给了父母赡养费后，对父母的一切都不管，甚至让父母吃“嗟来食”“白眼饭”，使父母得不到必要的精神慰藉，仍是不尽义务的违法行为，同样应当承担相应的法律责任。当然，对于不需要赡养只需扶助的父母，子女则不必实际承担赡养义务。

4. 子女赡养扶助父母的义务，实际履行的前提条件为父母需要赡养扶助和子女有赡养扶助的能力

父母不论年龄多大，只要需要赡养扶助，有赡养扶助能力的子女就应开始赡养扶助。这样，赡养扶助不能设定期限。有的自开始一直到死亡都需要赡养扶助，有的一段时间需要赡养扶助，中间又可以停顿一段时间，然后再需要赡养扶助。只有父母最终死亡，子女赡养扶助父母的义务才最终消亡。

5. 子女赡养扶助父母的义务具有强制性

《民法典》第 1067 条第 2 款规定：“成年子女不履行赡养义务的，缺乏劳动能力或者生活困难的父母，有要求成年子女给付赡养费的权利。”《治安管理处罚法》第 45 条第 2 项规定，遗弃没有独立生活能力的被扶养人的，处 5 日以下拘留或者警告。《刑法》第 261 条还将情节恶劣的遗弃家庭成员的行为规定为犯罪。这些都为处理赡养纠纷提供了明确的法律依据，应当严格遵守执行。

五、子女应当尊重父母的婚姻权利

《民法典》第 1069 条规定：“子女应当尊重父母的婚姻权利，不得干涉父母离婚、再婚以及婚后的生活。子女对父母的赡养义务，不因父母的婚姻关系变化而终止。”这是保障老年人婚姻自由的规定。在适用这条规定时，应注意把握以下两个方面的内容：

1. 老年人的婚姻自由受法律保护，子女应当尊重父母的婚姻权利

子女应当尊重父母的婚姻权利，包括离婚和再婚的自主权利，尤其是不得因一己私利和世俗偏见阻挠干涉父母再婚。父母是否再婚、与谁结婚应由其自己根据法律决定。父母再婚后，子女不得干涉父母婚后的生活，比如，子女不得干涉父母选择居所或者依法处分个人财产的权利。

2. 子女对父母的赡养义务，不因父母的婚姻关系变化而终止

无论父母的婚姻关系如何变化，子女对父母都有赡养扶助的义务。子女对父母的赡养义务是无期限的，只要父母需要赡养，子女就应当履行这一义务。父母婚姻关系的变化不导致子女赡养义务的消除，子女不能以父母再婚为借口拒不履行赡养义务。倘使有赡养能力的子女不履行赡养义务，缺乏劳动能力或生活困难的父母，有要求子女给付赡养费的权利。

此外，对于那些暴力干涉老年人婚姻和拒绝赡养父母的子女，情节严重构成犯罪的，应当依法追究刑事责任，以保障老年人的婚姻自由和婚后的正常生活。

六、父母子女相互继承遗产的权利

对于父母子女相互继承遗产的权利，《民法典》仅仅做了提示性、原则性的规定，即第1070条规定："父母和子女有相互继承遗产的权利。"至于父母子女的继承顺序、份额等具体问题，应当根据《民法典》继承编的规定确定。在这里，不做详细解读，在继承部分再做详细分析。

七、子女的姓氏权利

在我国，姓氏制度源远流长。自父系社会确立时起，子女便冠以父姓，姓氏反映子女与父方的血缘关系，历经奴隶社会、封建社会数千年，带有浓厚的男尊女卑、夫权家长统治的色彩。女子出嫁之后，要改为夫姓，子女姓氏自然随父。只有男子入赘，子女姓氏才能随母，此时，子女只有随母姓才能使其香火、宗祧得以延续。新中国成立后，旧姓氏制度的经济、政治、道德、文化基础不再存在。《民法典》第1015条明确规定："自然人应当随父姓或者母姓，但是有下列情形之一的，可以在父姓和母姓之外选取姓氏：（一）选取其他直系长辈血亲的姓氏；（二）因由法定扶养人以外的人扶养而选取扶养人姓氏；（三）有不违背公序良俗的其他正当理由。少数民族自然人的姓氏可以遵从本民族的文化传统和风俗习惯。"可是，也应看到，由于数千年的传统影响，子女随父姓在一定范围内、某种程度上已经成为人们普遍承认的习俗，在实际生活中大多数子女也都随父姓。但从法律上来讲，子女是父母双方的子女，双方都对子女承担法定义务，无疑应当根据男女平等的原则确定子女的姓氏。具体说来，子女出生后是随父姓还是随母姓，应当由父母双方协商确定。子女姓氏确定后，父母通过协商可以改变，但一般不得由父母一方擅自改变。即使双方离异，一方变更子女的姓氏，也应征得另一方的同意。擅自将子女姓氏改为继父母姓氏引起纠纷的，一般应责令恢复原姓氏。然8周岁以上的子女自己愿意改随继父母姓氏的，或者改变子女姓氏有利于维护未成年子女合法权益及身心健康的，则也可以不恢复原姓氏。当然，子女按自

己的意思变更姓氏，则应允许，这不属于父母一方变更子女姓氏的问题，两者应当区分，不能混淆。

还应指出，《民法典》虽然规定子女可以随父姓，也可以随母姓，但不否认可以随他姓。对于子女被他人收养的，《民法典》第1112条规定："养子女可以随养父或者养母的姓氏，经当事人协商一致，也可以保留原姓氏。"另外，《民法典》第1012条规定："自然人享有姓名权，有权依法决定、使用、变更或者许可他人使用自己的姓名，但是不得违背公序良俗。"这样，子女也可以依法变更自己的姓氏。另外，父母协商子女使用他姓，如有的追求个性特征，而让子女取父母双姓或自成一姓，只要不违背法律及公序良俗，都应允许。

第三节　婚生子女

一、婚生子女的概念

婚生子女，是指婚姻关系存续期间妻子受胎所生的子女。婚生子女，必须同时符合以下4个条件，缺一不可：（1）父母之间必须存在有效的婚姻关系。无效婚姻、被撤销婚姻自始无效，所生子女也不能视为婚生子女。（2）必须是生父的妻子所分娩。（3）受胎在婚姻关系存续期间。夫妻离婚后，不再存在婚姻关系，如果再受胎，所生子女不属婚生子女。（4）须为生母之夫的血统，即受胎为生母丈夫所为。倘若是丈夫之外的男人致生母受胎，则所生子女不属婚生子女。在我国，婚姻家庭法首先根据婚生子女拟定父母子女之间的权利与义务关系，然后再对非婚生子女、养子女、继子女与父母、养父母、继父母间的关系予以确认。

二、婚生子女的确认

是否属于婚生子女，必须根据婚生子女的4个构成条件加以判断。第1个、第2个条件即其父母之间存在有效的婚姻关系和须为生父之妻分娩不难认定，然第3个、第4个条件即受胎在婚姻关系存续期间和须为生母之夫的血统，则难以判断。为此，国外一些法律根据医学上的统计和婚姻道德因素做出法律推定，即符合法律规定的条件的子女，除非有证据证明不为婚生子女，则推定为婚生子女，从而出现了婚生子女的推定和否认制度。我国法律对此则没有明确规定。

1. 婚生子女的推定

婚生子女的推定，是指符合法律事先拟定的条件的子女即推定为婚生子女的一种法律制度。作为一种法律推定，其条件是法律事先设置的，任何人都不得改变。具体来说，又大体分为3种情况：

（1）根据受胎期推定为婚生子女。按照这种推定，妻子在婚姻关系存续期间受胎者，所生的子女为婚生子女，同时规定明确的期间。如《法国民法典》第311条、第312条规定，子女系在婚姻关系存续期间受胎者，夫即为父。受胎期为子女出生前的300～180天，其间的121天为受胎期。

（2）根据子女出生的期间推定为婚生子女。如《瑞士民法典》规定："推定婚生的条件，不以受胎为限，而以子女出生的时间为准则。在婚姻关系存续期间或婚姻解除后的300天内出生的子女，推定夫为父。"古巴、秘鲁、保加利亚等国的规定也与瑞士的完全相同。

（3）既根据受胎期又根据子女出生期推定。如在英国普通法中，于婚姻关系存续期间受胎或出生的子女，皆推定为婚生子女。除非有重要事实足以推翻该推定者，否则不能否认子女为婚生子女。美国许多州都采用了英国普通法的推定，且规定得更宽松，如《纽约州家庭法》第24条第1款规定，父母在子女出生前或出生后，已举行世俗的或宗教仪式，或者已按普通法规定完婚，婚姻被认为有效并经婚姻举行地法律认可的，所生子女均为婚生子女。

2. 婚生子女的否认

婚生子女的否认，是指丈夫根据未与妻子同居等事实依法否认推定的婚生子女为自己亲生子女的一种法律制度。婚生子女是根据法律规定确定的，属于法律推定的结果。一般说来，作为一种法律推定，婚生子女的推定会与事实相符，但是，社会生活异常复杂、变化多端，推定难免与事实不符。如子女在婚姻关系存续期间或者婚姻关系解除后的300日内出生，推定夫为父的，倘若是妇女婚前与他人发生关系受孕而在结婚后所生的子女，显然不是婚生子女。而妇女在婚姻关系解除后的100日内又与他人结婚200日内所生的子女，既可推定为前夫之子女，因为子女出生在前一婚姻关系解除后的300日内；又可推定为后夫之子女，因为子女出生在后一婚姻关系存续期间。这样即使按照同一规则推定，也可能出现错误，况且还有可能子女是妻子与他人通奸或者卖淫受胎所致。为此，只要丈夫能够证明妻生子女并非自己的婚生子女，就应允许其对婚生子女否认。

三、亲子确认纠纷的处理

最近20多年来，由于婚姻期间夫妻一方的不忠，非婚生子女数量增长。近年来，亲子鉴定"生意兴隆"，亲子确认争议增多，赋予利害关系人"异议权"，在协商不成时，向人民法院起诉，寻求司法裁决确认或否认亲子关系，实有必要。这不仅关系到当事人的个体利益，也事关血缘关系秩序——公共利益，后者涉及禁止结婚的亲属关系等一系列公共利益。是以，《民法典》第1073条规定："对亲子关系有异议且有正当理由的，父或者母可以向人民法院提起诉讼，请求确认或者否认亲子关系。对亲子关系有异议且有正当理由的，成年子女可以向人民法院提起诉讼，请求确认亲子关系。"亲子确认纠纷，大致可以分为3种情况：

1. 女方指认生父，男方否认而提起的确认之诉

这种纠纷，一般发生在不存在婚姻关系的男女之间。女方与他人通奸、非法同居或者被他人强奸或诱奸、卖淫等后受孕所生子女，生父不承认的，生母即可向人民法院提起确认之诉。这种确认之诉，应当由女方提出证据证明与男方有过性经历。证据不能确认的，可以由专门机构进行鉴定。证据足以证明为男方所生子女的，男方应自觉履行抚养教育义务；不履行的，应当依法强制履行。然而，在婚姻关系存续期间，丈夫不承认子女为其亲生，且不履行抚养教育子女义务的，应适用否认之诉，即使由

妻子提出确认之诉的，也应由丈夫负举证责任。

2. *在婚姻关系存续期间妻子所生子女，丈夫不承认系其亲生子女而提起的否认之诉*

这种否认之诉，由男方负举证责任，必要时进行亲子鉴定。《民法典婚姻家庭编解释（一）》第39条规定："父或者母向人民法院起诉请求否认亲子关系，并已提供必要证据予以证明，另一方没有相反证据又拒绝做亲子鉴定的，人民法院可以认定否认亲子关系一方的主张成立。父或者母以及成年子女起诉请求确认亲子关系，并提供必要证据予以证明，另一方没有相反证据又拒绝做亲子鉴定的，人民法院可以认定确认亲子关系一方的主张成立。"倘使经过人民法院判决否认之诉成立，即提请方胜诉，则子女不能被认定为胜诉方的亲生子女。如果否认之诉不能成立，则应推定该子女为夫妻双方的婚生子女。倘若能够确认子女不属夫或妻一方的亲生子女，该方则可不承担抚养的责任。此外，根据最高人民法院1992年4月2日《关于夫妻关系存续期间男方受欺骗抚养非亲生子女离婚后可否向女方追索抚养费的复函》（〔1991〕民他字第63号）指出："在夫妻关系存续期间，一方与他人通奸生育了子女，隐瞒真情，另一方受欺骗而抚养了非亲生子女，其中离婚后给付的抚育费，受欺骗方要求返还的，可酌情返还；至于在夫妻关系存续期间受欺骗方支出的抚育费用应否返还，因涉及的问题比较复杂，尚需进一步研究，就你院请示所述具体案情而言，因双方在离婚时，其共同财产已由男方一人分得，故可不予返还。"为非亲生子女自愿承担抚养费的，在离婚时则不予返还。由此可知，对于婚姻关系存续期间受骗方为欺骗方与他人所生的子女支出的抚养费是否返还，司法解释没有明确做出规定，观点也不统一。有的人认为，丈夫虽然不明真相，但他事实上抚养了小孩，承担了抚育义务，与小孩的关系可以视为养父与养子女的关系，所以无权追索抚养费。有的人认为，夫妻在共同生活期间女方隐瞒真情与他人通奸所生子女，男方虽无法定义务，可在婚姻关系存续期间，夫妻双方财产为共同所有，不存在债权债务关系，且双方是用共同财产抚养该子女，各自支出的抚养费金额无法计算。因此，男方不能追索婚姻关系存续期间的抚养费用。有的人认为，丈夫受骗承担了抚育义务，抚育行为应为无效，应当有权追索抚养费。孩子的母亲作为法定代理人，应全部返还抚养费。有的人认为，从法理上讲，丈夫追索抚养费的请求应予支持，至于孩子的母亲是否应当全部返还抚养费，则应根据案件的具体情况做出具体处理，不能一概而论。有的人认为，男方无法定义务对非婚生子女抚养教育，抚育行为构成无因管理，应返还已支出的抚养费。还有的人认为，对于非婚生子女的生父和生母而言，无抚养义务之人支付的抚养费，属不当得利，生父母应当返还不当得利给无抚养义务的人。笔者认为，妻子欺骗丈夫致使丈夫抚养不属于自己的孩子，应当确认为侵权性质，其实质是生父或生母对被欺骗人的财产侵权，侵权人当然应当承担侵权民事责任。欺诈性抚养关系的事实抚养人为非抚养义务人，其之所以对非亲生子女进行了抚养，是妻子的欺诈行为使其误认为该子女为亲生子女所致。这样，无论是在婚姻关系存续期间还是在离婚后被欺骗人所支出的抚养费用，从法理上讲，应当由非婚生子女的生父、生母返还。

在具体处理时，则应分别情况进行处理：

(1) 非婚生子女生母与其配偶没有离婚。倘若实行共同财产制，非婚生子女已被生父认领，或者已知其生父的，被欺骗人有权向生父请求返还抚养费。鉴于生母与该被欺骗人属于共同财产的主体，从而生母不应作为共同侵权人承担侵权责任。然生母与其配偶对婚后财产约定为各自所有的，则生母和生父应以共同侵权论，可以生父母作为共同被告提起诉讼。

（2）非婚生子女的生母与其配偶没有离婚，非婚生子女又未被生父认领，不知谁是生父的，在夫妻共同财产制下，丈夫不得向妻子请求承担民事责任。但是，约定为分别财产制的，则可请求其承担民事责任。

（3）非婚生子女的生母已与被欺骗人离婚的，无论是夫妻共同财产制，还是约定分别财产制，均因离婚而使夫妻财产分解为个人所有的财产，被欺骗人可以共同侵权行为要求孩子的生父母连带承担民事责任。

（4）处理此类案件，应注意保护非婚生子女的合法权益，不应因争执抚养关系而使非婚生子女的利益受到侵害。被欺骗人谅解并同意继续抚养孩子的，该子女与被欺骗人的关系可视为有抚养关系的继父与继子女的关系，产生父母子女的权利与义务。被欺骗人要与生母离婚，生父不认领，生母又无经济能力的，则可缓减生母的民事责任。

3. 因医院过错将新生婴儿抱错，一方起诉要求确认亲子关系的纠纷

这种纠纷因其诉讼请求在于确认亲子关系，当事人即争议双方应为婴儿的两个父母。医院对此没有争议，也没有独立的请求权，故不能成为当事人，既不能成为原告，也不能成为被告。可案件的处理结果与医院有利害关系，一旦确认婴儿确属医院抱错对换，医院应承担赔偿责任，故为无独立请求权的第三人。在亲子确认纠纷的处理过程中，通常涉及亲子鉴定问题。鉴于亲子鉴定事关夫妻双方、子女和他人的人身关系和财产关系，是一项十分严肃的工作，对于要求做亲子鉴定的案件，应从保护妇女、儿童的合法权益，有利于增进团结和防止矛盾激化出发，区别情况，慎重对待。对于双方当事人要求同意做亲子鉴定的，一般应予准许；一方当事人要求做亲子鉴定的，或者子女已超过3周岁的，应视具体情况，从严掌握。对其中必须做亲子鉴定的，也要做好当事人及有关人员的思想工作。人民法院对于亲子关系的确认，要进行调查研究，尽力收集其他证据。亲子鉴定结论，只能作为鉴别亲子关系的证据之一，人民法院一定要将其与案件的其他证据相印证，综合进行分析后，以做出正确的判断。

四、人工授精子女的法律问题

1. 人工授精的概念

人工授精，是指根据生物遗传工程理论，采用人工方法取出精子或卵子，然后将精子或者受精卵胚胎注入妇女子宫内，使其受孕的一种新生殖技术，不同于人类传统的基于两性行为使女子受孕的自然生育。采用这一技术生育的子女，称为人工授精子女。

2. 人工授精子女的法律地位

人工授精问题涉及伦理道德、法律等领域，人工授精使生育上的单向关系变成了多重关系，由此，向传统法律提出了一系列新挑战。人工授精生育子女有别于法律所明确的其他四类子女的确认。一般来说，夫妻采用同质人工授精（AIH）方式所生的

子女，属父母的直系血亲且为婚生子女，夫妻双方通常不得向法院提出否认亲子之诉。而对于异质人工授精（AID）子女的法律身份的确认，则涉及较复杂的问题。其基本特征是：血缘父、母亲的一方是不特定的。这种不特定的父或母与子女之间无法互相享有权利、履行义务。因此，采用异质人工授精方法时，夫妻双方的共同意向是十分重要的。

关于人工授精所生子女的法律地位问题，《民法典》前后的司法解释均做了明文规范，如《民法典婚姻家庭编解释（一）》第40条规定，婚姻关系存续期间，夫妻双方一致同意进行人工授精，所生子女应视为婚生子女，父母子女间的权利义务关系适用《民法典》的有关规定。

第四节　非婚生子女

一、非婚生子女的概念

非婚生子女，是指没有有效婚姻关系的男女所生的子女。如未婚男女所生的子女，已婚男女与第三人通过通奸、姘居、卖淫、嫖娼等自愿性行为所生的子女，无效婚姻、被撤销婚姻当事人所生的子女，妇女被强奸后所生的子女，等等，均属非婚生子女。然男女恋爱期间先怀孕后登记结婚，或者《婚姻登记管理条例》1994年2月1日施行前形成的为法律承认的事实婚姻关系当事人所生的子女，以及《婚姻登记管理条例》施行后先以夫妻名义同居后依法补办结婚登记的男女双方在结婚登记之前的同居期间所生的子女，应为婚生子女。

二、非婚生子女的法律地位

关于非婚生子女的法律地位经历了一个否定到消极的肯定再至积极的肯定的过程。在旧中国，非婚生子女被称为私生子、婢生子、奸生子，备受歧视。如清末的《大清现行刑律》规定，婢生子、奸生子不得继承宗祧，在继承财产时与婚生子女也不能平等。他们在现实生活中也普遍遭受遗弃、虐待。在国外，为了保护一夫一妻制度，对非婚生子女开始也是普遍歧视。如1804年的《法国民法典》第335条规定："认领不得为乱伦或通奸所生子女的利益为之。"第340条规定："非婚生子女不得请求其父认领"。第338条规定："经认领的非婚生子女不得主张婚生子女的权利"。第756条规定："非婚生子女绝不得为继承人；法律仅对于经合法认领的非婚生子女，授予其承受死亡父母遗产的权利。"第757条规定："非婚生子女对于死亡父母遗产的权利，依下列的规定：如父母有婚生子女时，非婚生子女的权利为婚生子女应继份的三分之一"。虽然婚姻关系以外的两性关系是违法的、不道德的，要受到法律的否定、道德的谴责，可这是父母的过错，与子女无关，子女是无辜的，对其加以歧视是不公平的。故，在20世纪初，法国首先取消了禁止非婚生子女"探索生父"的规定。1918年的《苏俄婚姻家庭和监护法典》明确规定非婚生子女与婚生子女没有任何区别。1926年的《英国准正法》承认非婚生子女因事后父母结婚准正取得婚生子女的地位。自20世纪60年代以后，鉴于人道主义、血统主义及人权思想，亦为了防止歧视、虐待、遗弃私生子女所造成的反社会现象，各国立法进一步肯定了非婚生子女与婚生子女的平等地位，以保护非婚生子女的合法权益。1960 年丹麦、1969 年英国与德国都规定了非婚生子女和婚生子女平等或相近的权利。新中国成立后，1950 年的《婚姻法》第 15 条就明确规定：“非婚生子女享受与婚生子女同等的权利，任何人不得加以危害或歧视。”1980 年的《婚姻法》以及后来的修改都重申了这一规定。《民法典》第 1071 条明确规定：“非婚生子女享有与婚生子女同等的权利，任何组织或者个人不得加以危害和歧视。不直接抚养非婚生子女的生父或者生母，应当负担未成年子女或者不能独立生活的成年子女的抚养费。”据此，应当注意以下 5 个问题。

1. 非婚生子女与婚生子女享有同等的权利

如获得父母的教育和保护、继承父母的遗产等权利，非婚生子女的合法权益受法律保护。

2. 非婚生子女的生父、生母都有抚养教育非婚生子女的义务

生父或者生母不依法履行抚养教育义务的，未成年的或者不能独立生活的成年的非婚生子女可以根据《民法典》第 1067 条第 1 款“父母不履行抚养义务的，未成年子女或者不能独立生活的成年子女，有要求父母给付抚养费的权利”的规定，要求父母付给抚养费。

3. 非婚生子女既可以由生父直接抚养，也可以由生母直接抚养

由谁直接抚养发生争议的，由人民法院从有益于子女利益出发，考虑生父生母双方的经济能力、道德品质、性格爱好、家庭背景等因素确定由谁直接抚养。不直接抚养非婚生子女的生父或生母，应当负担子女的抚养费，直至子女独立生活为止。应当指出，对于非婚生子女的抚养，在一般情况下至 18 周岁止。虽已成年但不能独立生活的，生父母仍负抚养义务。这时，不直接抚养子女的一方还应负担子女的抚养费。需要注意的是，不直接抚养非婚生子女的生父或生母往往是一次性付清抚养费，以免今后的生活遭受影响。然应看到，子女在不同年龄阶段所需不同，而且货币价值处在不断的变化中，一次性给付抚养费并非对子女一定有利，特别是子女尚幼更是这样。采用了这种方法，原来给付非婚生子女的抚养费不能满足需要的，非婚生子女有权提出增加抚养费的要求。

4. 生母或生父与他人结婚，他人愿意负担非婚生子女的生活费时，生父或生母的负担可酌情减少或者免除

生母或生父与他人结婚，他人愿意负担非婚生子女的生活费时，生父或生母的负担可酌情减少或者免除；与此同时，他人不愿意承担或者愿意后又反悔的，生父或生母的责任不能减少或免除。

5. 非婚生子女享有与婚生子女同等的权利，承担与婚生子女同等的义务

除非被他人收养，非婚生子女与生父、生母的权利与义务完全适用《民法典》中有关父母子女权利与义务的规定。

三、非婚生子女的婚生化制度

非婚生子女与生母之间的关系，基于生母分娩的事实即可确定，但与生父之间关

系的确认，并不容易。为此，国外一般规定了非婚生子女的准正、认领制度，以确认父母与非婚生子女之间的关系，使非婚生子女婚生化。

1. 非婚生子女的准正

非婚生子女的准正，是指已出生的非婚生子女因为生父母结婚或司法宣告而取得婚生子女资格的制度。其始于罗马法，在寺院法、日耳曼法中也有规定。现在，基于尊重正式婚姻和保护非婚生子女的理念，无论是英美法系国家还是大陆法系国家，大都规定了这一制度。

非婚生子女的准正，作为一种法律事件，随着生父母结婚或者司法宣告而成立。因生父母结婚而准正，是生父母结婚的附随效力，无须任何人批准，也无须经过任何其他程序，然要以非婚生子女与生父母之间存在血缘关系为前提。至于准正效力，法国规定从父母结婚或法院宣告之日起发生婚生效力，德国、日本、瑞士则规定准正具有溯及力，即自子女出生之日起发生婚生效力。

非婚生子女的准正，可以有两种方式，即因生父母结婚而准正和因司法宣告而准正。

（1）因生父母结婚而准正。这又分为两种情况：1）仅以生父母结婚为准正条件，即生父母一结婚，非婚生子女自然准正。例如，英国 1926 年的《英国准正法》、1976 年的《非婚生子女获取合法地位法》都规定，非婚生子女可因其父母结婚而取得合法地位，变为婚生子女，享有与婚生子女相同的一切权利。德国、秘鲁、比利时等国也采用此制。2）以生父母结婚和认领为准正的双重条件。这样，除生父母结婚外，还应通过生父母的依法认领准正。缺少其一，即不能准正，日本、法国、瑞士等就是如此。

（2）因司法宣告而准正。是指男女订立婚姻后，因一方死亡或其他婚姻障碍致使婚姻不能实现时，由婚约一方或子女请求由法官宣告其为婚生子女，如德国就设立了这种准正制度。

2. 非婚生子女的认领

非婚生子女的认领，是指非婚生子女无法准正时，按照法定程序使非婚生子女实现婚生化的制度。通过认领使婚生化的子女为准婚生子女，即相当于婚生子女。

非婚生子女的认领，属于法律行为，具有以下特征：（1）认领人与被认领人之间必须存在生理上的父亲子女血缘联系，这是认领行为成立的基本前提；（2）自愿认领必须有生父承认自己为非婚生子女生父的单独意思表示，而强制认领无须以此为构成条件；（3）认领权利，属形成权，一般不受消灭时效和起诉期间的限制，不论子女的年龄大小，生父均可行使认领权。

从认领是否出于生父的自愿看，非婚生子女的认领可以分为自愿认领和强制认领两种情况。

（1）自愿认领。其又称任意认领，是指生父承认自己为该非婚生子女的生父，并自愿对其承担抚养义务的法律行为，即在立法上采取主观主义，又称意思主义或认领主义，生父在主观上承认自己为该婚生子女的生父，并有认领其为自己子女的意思表示。不过，有的国家如德国、日本还要求生父认领必须经过非婚生子女生母的同意，有的国家如德国规定自愿认领成年非婚生子女须经子女本人同意。

就方式来说，按照不同的标准，自愿认领又有不同的分类：1）按照生父认领意思表示方式的不同，自愿认领可分为明示认领和默示认领。前者是指生父做出明确认领意思表示的自愿认领；后者则是指生父虽然未做出明确认领的意思表示，但根据其已实际抚养子女等已默认的事实推定其以沉默的方式同意认领的自愿认领。2）按照是否经过必定程序的不同，自愿认领可分为要式认领和非要式认领。非要式认领，是指不必经过特别程序的认领方式，非婚生子女经生父事实抚育，且生父对该子女有承认为自己子女的意思表示，即视为认领。我国台湾地区就承认这种非要式认领。要式认领，是指必须经过特别程序的自愿认领。如有的规定向户籍部门申报认领或用遗嘱方式认领；有的规定认领必须载入出生证明或经公证的证明；有的规定须向身份官员声明或以遗嘱方式认领；有的规定要由生父申请，并经监护法院宣告。

（2）强制认领。其与自愿认领相对，是指非婚生子女的生父不主动自愿认领时，由有关当事人诉请法院以强迫其认领的一种认领方式，故又称生父的探索或生父的寻认。主要有两种情况：1）女子未婚便生子女，生母指认的生父拒不承认子女为其所生，生母或子女请求强制认领；2）已婚妇女与他人通奸或被强奸受孕所生子女，女方指认第三人为生父遭到否认时，由生母或子女请求强制认领。这种请求形成的诉讼为确认之诉，要由请求人负举证责任。

强制认领一旦成立与自愿认领的效力完全相同，非婚生子女实现了婚生化，取得婚生子女的身份资格，享有婚生子女的权利与义务，即在立法上采取客观主义，又称血缘主义。只要其间存在自然血缘父亲子女关系则当然成立法律的父亲子女关系，与生父的主观意思无关。从世界各国立法的发展趋势看，认领制度正从主观主义向客观主义逐步转化。至于请求强制认领的诉讼时效，有的如瑞士规定，从子女出生时起1年；有的如法国规定为2年；有的如美国大多数州规定，生母自怀胎或分娩时起随时都可请求强制认领。

在我国，没有非婚生子女准正和认领的法律规定。然在司法实践中，生父母在子女出生后补办了结婚登记的，该子女视为婚生子女；同时，也处理了请求强制生父认领非婚生子女并承担抚养教育非婚生子女义务的案件，前提就是生父与非婚生子女之间存在血缘关系。

第五节　继子女

一、继父母和继子女的概念

继子女，是指配偶一方对他方与前配偶所生的子女的称谓，如其妻与前夫或其夫与前妻所生的子女就是其继子女。

与继子女相对，继父母是指子女对母亲或父亲的再婚配偶的称谓，如其母之后夫与其父之后妻就是其继父或继母。

继父母和继子女间的关系，基于生父母一方死亡，另一方再婚，或者父母离婚后，一方或双方再婚而形成，一般属于姻亲关系。继父母与继子女形成了抚养关系，或者继父或继母收养了继子女的，又会形成法律拟制的直系血亲关系。据此，继父母继子女关系，可以分为3种类型。

1. 名分型

生父与继母或生母与继父再婚时，继子女已经成年独立生活，或虽未成年然仍由其生父或生母提供抚养费，继子女没有受继父或继母的抚养教育，也不对继父或继母尽赡养扶助义务。其关系松散，仅有继父母继子女的名分，没有权利与义务的实质内容，之间属于纯粹的直系姻亲关系，即因生父与继母或生母与继父结婚这一事实形成。只要生父与继母或生母与继父结婚这一事实成立，便产生继子女与继父母之间的关系。

2. 共同生活型

生父与继母或者生母与继父再婚时，继子女尚未成年，或者虽已成年然不能独立生活，随生母或生父一方与继父或继母生活在一起，继父或继母对其进行抚养教育，承担了部分乃至全部抚养费，其应对继父或继母承担赡养扶助义务。另外，成年继子女事实上对继父或继母进行了长期赡养扶助，亦可视为形成了扶养关系，为共同生活型。这种情况形成了继父母与继子女间的法律拟制血亲关系，除生父与继母或生母与继父结婚这一法律事实外，还必须以继父或继母与继子女间形成了抚养关系为条件。

应当指出，继子女与继父或继母形成了继父母继子女间的关系后，并不终止该子女与生父母之间的关系，即其具有与继父母、生父母双重的权利与义务关系。

还应注意的是，在现实生活中，生母或生父按照离婚判决或者协议承担了部分或全部抚养费，继父或继母与共同生活的继子女能否形成抚养关系，有不同的看法。有的人认为不能，有的人认为可以。笔者认为，应当分别情况区别对待：生父或生母自愿给付，继父或继母对继子女尽力在生活上给予了照料、在思想品德方面进行了教育的，可以形成；继父或继母对继子女的生活、教育放任不管，甚至虐待、遗弃继子女的，则不能形成；继父或继母有经济能力而拒绝给予抚养费，生父或生母经济困难而想方设法给付的，不能形成；虽然继父或继母无力承担抚养费而由生父或生母承担全部抚养费，但在生活上的照料、思想品质上的教育方面继父或继母尽己之力的，可以形成；等等。总之，现实生活异常复杂，应当针对具体情况做出具体分析，不能一概而论，更不能简单化、机械化。

3. 收养型

继父或继母经继子女的生父母同意，依法收养继子女，从而形成继父母与继子女间的收养关系。该子女与共同生活的生父或生母依旧具有父母子女关系，与不在一起共同生活的生母或生父的权利与义务关系则消除。

二、继子女的法律地位

如上所述，继子女在法律上的地位是多重的，应当根据其与继父或继母是否形成抚养教育关系、收养关系而定。

（1）继子女与继父或继母未形成抚养关系和收养关系的，该子女与继父或继母没有权利与义务关系，只与生父母具有权利与义务关系。

（2）继子女与继父或继母形成了抚养关系，即未成年子女或者不能独立生活的成年子女受继父或继母抚养教育的，则与继父或继母形成权利与义务关系。这种权利与义务关系，根据《民法典》第1072条规定关于“继父母与继子女间，不得虐待或者歧视。继父或者继母和受其抚养教育的继子女间的权利义务关系，适用本法关于父母子女关系的规定”的规定，即与生父母子女间的权利与义务关系完全相同，没有区别，如继父母继子女之间互有继承遗产权，继子女有赡养扶助继父或继母的义务。即使继父与生母、继母与生父离婚，继父或继母与受其抚养教育的继子女的关系，除非依法解除，其权利与义务关系仍然存在。对此，最高人民法院1986年3月21日的《关于继母与生父离婚后仍有权要求已与其形成抚养关系的继子女履行赡养义务的批复》(〔1986〕民他字第9号）指出，继父母对继子女的抚养关系，不会因为继父与生母或继母与生父离婚而解除，曾经受到继父或继母抚养教育的继子女对与生母或生父离婚的继父或继母仍旧具有赡养扶助的义务。

还应指出，继子女与继父或继母因抚养形成的权利与义务关系，并不影响其与生父母包括未与之共同生活的生父或生母的权利与义务关系。为此，《民法典》施行前的司法解释及《民法典继承编解释（一）》第11条均规定，继子女继承了继父母遗产的，不影响其继承生父母的遗产。继父母继承了继子女遗产的，不影响其继承生子女的遗产。故在一定程度上就可以说明这一点。

（3）继子女由继父或继母依法收养的，形成收养关系，继子女成为养子女，继子女与继父或继母之间的权利与义务完全等同于生父母子女间的权利与义务。但该子女与不在一起共同生活的生父或生母间的权利与义务关系解除，与在一起共同生活的生母或生父仍然保持生父母子女关系。这点与单纯的收养关系不同，应当加以注意。

应当指出，在现实生活中，一些继父母对继子女加以歧视、虐待，不仅影响了继父母与继子女之间的感情，而且影响了夫妻间的感情，常常成为破坏家庭团结、稳定的不良因素。于是，《民法典》第1072条第1款明确规定：“继父母与继子女间，不得虐待或者歧视。”《治安管理处罚法》第45条规定，虐待家庭成员，被虐待人要求处理的，处5日以下拘留或者警告。构成犯罪的，则应依法承担刑事责任。

三、继父母继子女关系的解除

继父母继子女之间形成了抚养关系后，能否解除，法律没有明确规定。有的人认为能够解除，有的人认为不能解除。笔者认为，能否解除应当视情况而定。最高人民法院1988年1月22日《关于继父母与继子女形成的权利义务关系能否解除的批复》(〔1987〕民他字第44号)[①] 曾经指出：“继父母与继子女已形成的权利义务关系不能自然终止，一方起诉要求解除这种权利义务关系的，人民法院应视具体情况作出是否准许解除的调解或判决。”参照此解释，已经形成抚养关系的继父母继子女关系是否解除，应视以下具体情况而定：

（1）父母一方死亡，另一方再婚产生的继父母继子女关系，再婚的生父或生母又死亡，继子女尚未成年的，为保护其合法权益，已形成抚养关系的继父母继子女关系一般不能解除。但未成年子女的祖父母、外祖父母、成年兄姐等近亲属领回抚养的，也可解除。

（2）生父母离婚后，一方带子女再婚产生的继父母继子女关系，未与未成年子女

① 该解释已被最高人民法院2013年1月14日发布、同年1月18日实施的《关于废止1980年1月1日至1997年6月30日期间发布的部分司法解释和司法解释性质文件（第九批）的决定》废止。

共同生活的生父或生母将未成年子女领回抚养的，继父母继子女关系可以解除。

（3）生父与继母或生母与继父的婚姻关系因生父或生母死亡而终止，未成年子女的生母或生父尚在且有抚养能力，形成抚养关系的继父母继子女关系可以解除，不然一般就不得解除。

（4）生父与继母或生母与继父离婚，基于未成年子女与生父母之间的法律权利义务关系并未完全消失，如相互之间仍然享有继承权，所以，《民法典婚姻家庭编解释（一）》第54条规定，生父与继母离婚或者生母与继父离婚时，对曾受其抚养教育的继子女，继父或者继母不同意继续抚养的，仍应由生父或者生母抚养。

（5）生父与继母或生母与继父的婚姻关系存续，受继父或继母抚养教育的继子女已经长大成人，应当负起赡养继父母的义务，原则上不能解除继父母继子女关系。但是，继父或继母与继子女关系恶化，可能危害生父与继母或生母与继父的婚姻关系的，或者对继父或继母与继子女的正常生活确实不利的，经继父或继母请求，可以解除他们之间的权利与义务关系。

（6）生父与继母或生母与继父的婚姻关系因生父或生母死亡而终止时，或者生父与继母或生母与继父离婚时，受继父或继母长期抚养、教育的继子女已经成年，继父母与继子女已经形成的抚养关系，不能当然解除。一方或双方提出解除继父母继子女关系的，是否准许，应由人民法院根据具体情况确定。即使形成抚养关系的继父母继子女关系解除，由继父或继母抚养长大成人并独立生活的继子女，也应承担生活困难、缺乏劳动能力的继父或继母晚年生活必要的费用。

第六节　养子女

养子女，是指本与他人没有父母子女关系，但因被他人依法收养而与他人形成法律拟制的父母子女关系的子女，他人称为其养父母。作为一种独立的法律关系，养父母和养子女间的权利与义务关系的成立条件和程序、内容等均由《民法典》规定，具体根据有关收养关系的法律规范加以确定，这里不加赘述。

《民法典》第1111条规定："自收养关系成立之日起，养父母与养子女间的权利义务关系，适用本法关于父母子女关系的规定；养子女与养父母的近亲属间的权利义务关系，适用本法关于子女与父母的近亲属关系的规定。养子女与生父母以及其他近亲属间的权利义务关系，因收养关系的成立而消除。"据此，养父母子女的权利义务与生父母子女的权利义务完全等同，没有区别。然养子女与养父母形成收养关系，除特定情况外，该子女不再与生父母存在权利与义务关系，其间的权利与义务因收养关系成立而消除。

养父母养子女关系和生父母子女关系、继父母继子女关系的区别在于形成的原因、方式、条件及解除等不同。

1. 产生的原因不同

生父母子女关系基于出生事实而形成；继父母继子女关系源于生父或生母再婚，已形成抚养关系的继父母继子女关系还以继父母事实抚养教育继子女为必要条件；养父母养子女关系则因依法成立的收养关系而形成。

2. 产生的条件、方式、程序不同

生父母子女关系因出生这一法律事件而产生，其形成没有其他的条件和程序。继父母继子女关系因生父或生母再婚成立；形成抚养关系的继父母继子女关系，还以继父母与继子女之间存在事实上的抚养关系为条件，而不必经过法定程序。收养关系必须符合收养法规定的条件并依照法定程序才能设立，否则就不能形成养父母养子女间的亲子关系。

3. 权利与义务关系的解除不同

生父母子女关系不得任意解除。只有生父母将子女依法送养，其间的关系才能依法解除。解除继父母继子女间的关系，应视情况而定：未形成抚养关系的继父母继子女关系随生父与继母或生母与继父的婚姻关系的消灭而消灭；已经形成抚养关系的继父母继子女关系是否解除，情况复杂。即使解除，也没有特别的条件和程序。养父母养子女关系既因符合法定的条件、根据法定的程序而形成，又因符合法定的条件、根据法定的程序而解除。

第八章 其他家庭成员关系

我国婚姻家庭法规范、调整的家庭成员关系，除夫妻关系、父母子女关系外，还包括祖父母、外祖父母与孙子女、外孙子女，以及兄弟姐妹之间的关系。这对明确特定条件下的家庭成员间的权利与义务，维护家庭的稳定与团结，保护老人和儿童的合法权益，发扬尊老爱幼的优良传统美德，促进平等、和睦、文明的婚姻家庭关系的形成，具有十分重要的意义。下面分别对祖父母、外祖父母与孙子女、外孙子女间的关系（以下简称“祖孙关系”）以及兄弟姐妹间的关系做出分析。

第一节　祖孙关系

祖父母与孙子女、外祖父母与外孙子女，属于三代直系血亲，一般不会发生权利与义务关系。因为父母与子女作为二代直系血亲，关系更为密切，除特定情况外，如父母死亡或完全丧失民事行为能力等，一般应由父母抚养教育子女，由子女赡养缺乏劳动能力或生活困难的父母。但在存在特定情况如父母无法抚养子女、子女无法赡养父母时，为了家庭稳定及功能实现，以及维护老人和儿童的合法权益，就有必要产生祖父母与孙子女、外祖父母与外孙子女间的权利与义务关系。为此，《民法典》第 1074 条规定：“有负担能力的祖父母、外祖父母，对于父母已经死亡或者父母无力抚养的未成年孙子女、外孙子女，有抚养的义务。有负担能力的孙子女、外孙子女，对于子女已经死亡或者子女无力赡养的祖父母、外祖父母，有赡养的义务。”对此，应当严加遵守，严格执行。

应当指出，祖孙间的权利与义务关系，相对于父母子女关系来说是第二位的，具有补位性质。换言之，只有在父母子女间的权利与义务源于法定条件无法实现时，才能形成祖孙间的法定权利与义务关系。这种法定条件，根据《民法典》第 1074 条的规定，具体分为两种情况：

1. 祖父母、外祖父母抚养孙子女、外孙子女的条件

祖父母、外祖父母抚养孙子女、外孙子女的条件，具体包括 3 个方面：

（1）孙子女或外孙子女必须尚未成年。已经成年具有独立生活能力，或者虽未成年但已年满16周岁，以自己的劳动收入为主要生活来源的，视为完全民事行为能力人，不需要抚养的，祖父母、外祖父母当然对之不再承担抚养义务。对于虽已成年然为无民事行为能力人或限制民事行为能力人的，祖父母、外祖父母也不再承担抚养义务，即他们之间不会形成婚姻家庭法的权利与义务关系，但根据《民法典》第28条的规定，祖父母、外祖父母可以依法成为监护人。

（2）孙子女、外孙子女的父母已经死亡或者父母无力抚养。父母没有死亡且有抚养能力，自然应由父母承担抚养义务。当然，祖父母、外祖父母自愿提供经济上的资助，自应允许，然这与承担抚养义务是两种性质完全不同的事情。父母已经死亡或者父母无力抚养，既包括父母双方都已死亡，又包括父母双方都未死亡但均丧失抚养能力，还包括父母一方死亡，另一方丧失抚养能力。

（3）祖父母、外祖父母本身有负担能力。无负担能力，甚至自己都为无民事行为能力人或限制民事行为能力人，自然无法承担抚养义务。

上述3个方面的条件，必须同时成立，缺一不可。另外，祖父母、外祖父母依法承担抚养孙子女、外孙子女的义务，不限于孙子女、外孙子女与己共同生活。未与己共同生活的，也应承担抚养义务。如果祖父母、外祖父母均有负担能力，则应由他们共同承担抚养义务。至于由谁直接抚养，可由双方共同协商；协商不成的，可由人民法院判决。未成年孙子女已满8周岁的，参照《民法典》第1084条第3款的规定，由谁直接抚养，应当征求其意见，未直接抚养的一方应承担合理的抚养费。

2. 孙子女、外孙子女赡养祖父母、外祖父母的条件

孙子女、外孙子女赡养祖父母、外祖父母的条件，具体也包括3个方面：

（1）祖父母、外祖父母必须是缺乏劳动能力或生活困难需要赡养。

（2）祖父母、外祖父母的子女已经死亡或者无力赡养，包括子女全部死亡、子女都为无民事行为能力人、限制民事行为能力人而无力赡养，以及一部分子女死亡另一部分子女均无赡养能力。

（3）孙子女、外孙子女有负担能力，即为完全民事行为能力的成年人。

应当指出，孙子女、外孙子女依法赡养祖父母、外祖父母，也不以与己共同生活为限。有多个孙子女、外孙子女，则由他们共同承担赡养祖父母、外祖父母的义务。

还应指出，祖父母、外祖父母和孙子女、外孙子女间除了上述特定条件下产生的抚养、赡养关系外，还有依法继承对方遗产的权利。根据《民法典》第1127条的规定，祖父母、外祖父母是孙子女、外孙子女遗产的第二顺序继承人。孙子女、外孙子女虽然不是法定继承人，不能直接继承祖父母、外祖父母的遗产，然在父母先于祖父母、外祖父母死亡时，可以代位继承祖父母、外祖父母的遗产。根据《民法典继承编解释（一）》第16条规定，代位继承人缺乏劳动能力又没有生活来源，或者对被继承人尽过主要赡养义务的，在分配遗产时还可以多分。此外，祖父母、外祖父母、孙子女、外孙子女之间，在第一顺序继承人存在的情况下，虽然不能实际继承遗产，但根据《民法典》第1131条的规定，如果是依靠被继承人扶养的人，或者是对被继承人扶养较多的人，也可以分得适当的遗产。

第二节 兄弟姐妹关系

兄弟姐妹，包括同父母的兄弟姐妹、同父异母或同母异父的兄弟姐妹及有扶养关系的继兄弟姐妹和养兄弟姐妹。在一般情况下，兄弟姐妹均由他们的父母抚养，他们之间并不形成法定的权利与义务关系。然在特定条件下，如父母死亡或者父母无力抚养尚未成年的弟、妹时，作为与弟、妹关系最密切的同辈旁系血亲的兄、姐倘若有负担能力，根据《民法典》第1075条的规定，应当承担扶养义务；同样，由兄、姐扶养长大的有负担能力的弟、妹，对于缺乏劳动能力又缺乏生活来源的兄、姐，也有扶养的义务。他们之间形成了法定的权利与义务关系。

由上所述，兄弟姐妹之间形成婚姻家庭法上的权利与义务关系是有条件的。正确处理其间的纠纷，必须全面把握必要的特定条件：

1. 兄、姐扶养弟、妹所应具备的条件

兄、姐扶养弟、妹所应具备的条件，包括3个方面，缺一不可：

（1）被扶养人必须是无完全民事行为能力的未成年人，包括无民事行为能力人和限制民事行为能力人。

（2）被扶养人必须是父母死亡或者父母无力抚养的未成年人。父母死亡或者父母无力抚养，既包括父母双亡，又包括父母双方未亡但都没有抚养能力，还包括父母一方死亡另一方没有抚养能力。

（3）兄、姐必须有负担能力。

应当指出，对于父母已经死亡或父母无力抚养的未成年人，其祖父母、外祖父母、兄、姐只要有负担能力，不论是否与需要扶养的未成年人处于同一家庭生活，都有扶养的义务。这样，就会存在由谁直接扶养的问题，对此，法律未做明文规定。有人认为，根据《民法典》第27条第2款的规定，未成年人的父母已经死亡或者没有监护能力的，祖父母、外祖父母属于第一顺序监护人，兄、姐属于第二顺序监护人。为此，首先应由第一顺序监护人即祖父母、外祖父母承担抚养义务；在第一顺序监护人都已死亡或者无力抚养时，才由第二顺序监护人兄、姐承担扶养义务。作为同一顺序的扶养义务人，倘使有数人，则应由有负担能力的所有人共同承担抚养、扶养责任。根据法学理论，笔者认为，在祖父母、外祖父母、兄、姐均有负担能力时，应由他们共同承担扶养义务，不应有顺序之分，主要有以下5个原因：

一是从《民法典》的规定看，第1074条、第1075条并非排斥条款，也非某条对某条的例外，而是并列条款。既然是并列条款，一旦符合法定的条件，都应贯彻执行。

二是从祖父母、外祖父母与孙子女、外孙子女以及兄弟姐妹之间形成的婚姻家庭法上的权利与义务关系看，两者的条件基本相同。特别是对于父母死亡或父母无力抚养的未成年人的扶养，祖父母、外祖父母与兄、姐承担扶养义务的前提条件完全相同。换句话说，祖父母、外祖父母对未成年的孙子女、外孙子女，兄、姐对未成年的弟、妹，其扶养义务均具有补位性质，其补位的前提条件也一样。所以，只要补位的前提条件存在，祖父母、外祖父母及兄、姐就分别具有扶养义务。

三是从婚姻家庭法的基本原则看，保护妇女、未成年人、老年人、残疾人合法权益是婚姻家庭法的一项重要基本原则。为保障未成年人健康成长，让有负担能力的祖父母、外祖父母及兄、姐共同承担扶养义务，无疑也有必要。

四是从权利与义务相一致的原则看，祖父母、外祖父母与兄、姐均为第二顺序法定继承人，因而也可视其为同一顺序的扶养义务承担人。

五是《民法典》第 27 条对未成年人设置的监护制度，意在保护被监护人的身体健康，照顾被监护人的生活，管理和保护被监护人的财产，代理被监护人进行民事活动，对被监护人进行管理和教育，在被监护人的合法权益受到侵害或者发生争议时，代理其进行诉讼而这与婚姻家庭编规定的对未成年人的抚养义务是不同的。

2. 弟、妹扶养兄、姐所应具备的条件

弟、妹扶养兄、姐所应具备的条件，具体也包括 3 个方面，缺一不可：

（1）兄、姐必须是缺乏劳动能力又缺乏生活来源的人。虽缺乏劳动能力然有生活来源的，弟、妹不承担扶养义务，但应承担生活照料等责任。另外，兄、姐有配偶、子女等扶养、赡养义务人时，应由其配偶、子女等承担扶养、赡养义务。只有配偶、子女无力承担时，有负担能力的弟、妹才具有扶养兄、姐的义务。这是因为，兄弟姐妹间的扶养义务相对夫妻、父母子女之间的权利与义务来说，始终是第二位的，具有补位性质。只有在第一顺位权利与义务关系无法实现时，才由第二顺位权利与义务关系替补，这点应当引起充分的注意。

（2）弟、妹曾经为兄、姐扶养长大；如果不是受兄、姐扶养长大，根据《民法典》第 1075 条，弟、妹也不承担扶养兄、姐的义务。当然，基于亲情提供适当的帮助和照顾，无疑很有必要。但那是道德伦理义务，而非法定的义务。

（3）弟、妹本身有负担能力。

此外，根据《民法典》第 1127 条的规定，兄弟姐妹互为第二顺序继承人，即相互之间具有继承遗产的权利。根据《民法典》第 1131 条，兄弟姐妹之间，在第一顺序继承人存在的情况下，即使不能作为继承人，然如果是依靠被继承人扶养的人，或者是对被继承人扶养较多的人，也可以分得适当的财产。

第九章 收养法

第一节 收养制度概述

一、收养的概念及特征

1. 收养的概念

收养，是指自然人依法领养他人子女为自己的子女，使得收养人与被收养人建立拟制亲子关系的民事法律行为。领养他人子女者称作收养人，即养父母；将子女或其他未成年人送给他人收养的生父母、其他监护人和儿童福利机构称作送养人；被他人收养的人称作被收养人。

2. 收养的法律特征

收养关系的成立和终止与自然血亲不尽相同，作为一种独特的法律关系，收养具有以下法律特征：

（1）收养行为是一种民事法律行为。收养不仅涉及当事人的利益，而且关系到社会的整体利益，各国法律均对收养行为及收养关系进行了规范和调整。收养的成立，收养关系的解除，除要求当事人符合法律规定的条件，即必须符合民事法律行为的有效条件外，还必须符合法律规定的程序要件。

（2）收养是变更亲属身份和权利与义务关系的行为。收养行为成立后，收养人与被收养人之间产生父母子女间的身份关系和权利与义务关系，被收养人与其生父母之间的身份关系和权利与义务关系随之消灭。但被收养人与生父母及其亲属间的血缘关系依然存在，关于禁止近亲结婚的法律规定对他们仍有约束力。

（3）收养只能发生在非直系血亲或没有血缘关系的人之间。收养的目的是确立父母子女间的权利与义务关系，故收养行为只能发生在旁系血亲的长辈和晚辈之间或者发生在不具有任何血缘关系的人之间。

（4）收养关系是一种拟制血亲关系。通过收养使养父母与养子女之间产生如同亲生父母子女之间的权利与义务关系，所以收养关系也称作“准血亲”关系，即法律拟制的血亲关系。拟制血亲关系不同于自然血亲，既可以依法产生，也可以依法解除。

3. 收养与相关概念的区别

（1）收养与寄养的区别。寄养是指父母因某种原因，暂时不能直接履行对子女的抚养义务，而委托他人代为抚养的行为。寄养实际上就是委托抚养，例如，为了让孩子接受更好的教育，将孩子寄养在城市里的姑姑家。张学良的妻子——赵四小姐，将其孩子托付给美国的朋友，就是寄养，而不是收养。寄养并不是一个法律概念，其实质是委托监护。收养与寄养有如下区别：

一是收养关系成立和解除都必须经过法律规定的程序，而寄养无须经过法定程序。

二是收养关系建立后，收养人与被收养人之间产生拟制血亲关系，而寄养不产生此关系。

三是寄养关系随寄养原因的消除而消除，故具有临时性，而收养关系则是长期的甚至是永久的。

（2）收养关系与继父母子女关系的区别，表现为：

一是法律关系产生的根据不同。收养关系是依据法律规定而成立的一种独立的法律关系。各国法律关于收养当事人须具备的实质条件和收养的程序一般均有明文规定，符合法律规定的收养关系才能成立，否则就不能成立。继父母子女关系则是附属于婚姻关系的一种法律关系，它是因生父或生母与继母或继父结婚而自然形成的。法律对继父母子女关系产生的条件和程序均未做任何规定和要求，继父母和继子女之间是否形成抚养教育关系，完全由双方的意愿而定。形成抚养教育关系的继父母子女之间属于拟制血亲关系，未形成抚养教育关系的继父母子女之间属于姻亲关系。

二是法律关系规定的权利与义务不同。收养关系建立后，养子女与养父母之间产生了权利与义务关系，而养子女与亲生父母的权利与义务关系终止，即养子女的权利与义务关系始终是单一的。而继父母与继子女的权利与义务可能是双重的，也可能是单一的。倘若他们之间形成了抚养教育关系，继子女既和继父母形成权利与义务关系，又和亲生父母继续保持权利与义务关系，继子女的权利与义务关系是双重的；倘使没有形成抚养教育关系，则继子女只和亲生父母保持单一的权利与义务关系。

三是法律关系的消灭不同。收养关系可以依法成立，也可以依法解除，养父母和养子女都有依法要求解除收养关系的权利。而继父母子女关系如何解除，则分两种情况而论：1）未形成抚养教育关系的继父母子女关系可因生父和继母或生母和继父离婚，或继父母死亡，或与继父母结婚的一方亲生父母死亡而解除。2）已形成抚养教育关系的继父母子女关系，在生父和继母或生母和继父离婚后是否解除，取决于双方的意愿。如果双方都愿意保持父母子女关系则继续保持，反之也不当然解除之间已经形成的继父母子女的权利义务关系。

二、收养制度的发展

1. 收养制度的历史概况

收养制度，作为亲属法律制度中的一个重要组成部分，源远流长，早在原始社会就已存在。恩格斯曾经指出，“氏族可以收养外人入族”，“男子可以提议收养外人为兄弟或姊妹；女子可以提议收养外人为自己的孩子”①，这种收养主要是氏族将外氏族的成员包括未杀死的俘虏，吸收为本氏族的成员，是为了本氏族的利益，壮大本氏族的力量，故称之为“为族的收养”。为了确认收养关系，必须举行入族典礼，带有浓厚的朴素色彩。人类步入阶级社会后，收养制度作为法律制度的一个组成部分，必须随着社会物质生活条件的变化而变化，最终由生产关系所决定，并受政治、经济、文化、道德等因素的影响和制约，从而在不同社会、不同国家、不同历史时代表现出不同的特征。纵观其发展历史，大致经历了从“为家的收养”到“为亲的收养”最后到“为子女的收养”三个阶段。其中，“为家的收养”，即只有家长才能收养，由罗马法率先创设，与奴隶社会、封建社会等父权家族制度相适应。在现实生活中，以男性为中心的家族在发展过程中，难免有缺乏男性血缘承继的现象，基于家族法上的血缘继承原理，“为家的收养”便应运而生。可见，收养的产生在阶级社会最先是家族承继血缘关系的需要。“为亲的收养”随着父权家族制度的衰落而产生，其以安慰晚年父母或增加家庭劳动力或继承私有财产为目的，如1804年《法国民法典》、1896年《德国民法典》设立的收养制度便为“为亲的收养”。“为子女的收养”，以第二次世界大战为契机，出于救济战争孤儿、流浪儿、非婚生子女等目的，以给予这些不幸儿童家庭温暖。现代各国设立的“为子女的收养”制度，都是从儿童的福利观点出发的。

国外早在奴隶社会，收养就已相当盛行，如古巴比伦的《汉穆拉比法典》规定：“自由民得收养被遗弃的幼儿为子。若不将收养的幼儿视同亲生子女，得将其归还于生父之家。养子若不承认养父，得割去其舌。”罗马法的亲属制度，已将收养分为自权人收养和他权人收养、完全收养和不完全收养，并规定了相应的条件、程序及效力，其中一些规定对后来大陆法系的收养制度产生了重要影响。在封建时代的欧洲，日耳曼习惯法中的收养，则是自然人加入另一血族团体的重要途径。在资本主义国家，个人本位主义在收养中得到体现并不断强化，如1923年修订的《法国民法典》第343条的规定，即“收养除有正当之事由且为子女之利益外，在所不许”，就是例证。但有的国家由于历史传统等方面的原因，到中世纪还不承认收养制度，有的到20世纪才承认收养制度，如英国直到1926年颁行《养子法》后，才予以承认。

---

① 马克思恩格斯全集：第21卷. 北京：人民出版社，1965：101，102.

2. 我国封建社会的收养制度

我国封建社会，实行宗法制度，以男性为中心，收养以承继宗祧为目的，以祭祀不绝、宗嗣延续为宗旨。就方式而言，有立嗣和乞养两种。

立嗣，即立后，又称过继或过房，是指男子无子时，允许其将同宗辈分相当于己的他人之子立为嗣子的行为。承继人称为嗣子、过继子。嗣子与所嗣父母之间发生拟制血亲关系，即嗣子取得嫡子的法律地位，有承继宗祧、继承遗产的权利，所嗣父母不得任意终止这种关系。一旦终止或解除这种关系，则为“退继”。《唐律疏议》指出：“依户令，无子者听养同宗于昭穆相当者。”《大清律例·户律》规定：“无子者，许令同宗昭穆相当之侄承继，先尽同父周亲，次及大功、小功、缌麻。如俱无，方许择立远房及同姓为嗣。”《唐律·户婚》规定：“诸养子，所养父母无子而舍去者，徒二年。若自生子及本生无子，欲还者，听之。”可见，立嗣必须符合下列条件。

（1）立嗣的目的在于继承宗祧，传宗接代，“上以事宗庙，而下以继后世也”，保证父系、父权、父治的家统永世不断。是以，只有没有儿子的男子才能立嗣，女子不具有立嗣的主体资格。

（2）只能将与自己辈分相当的同宗男性成员之子立为嗣子。倘若与自己同宗辈分相当的男性成员没有儿子，则应按先亲后疏、先近后远的顺序确定立嗣的顺序，不得立异姓之男为嗣，以免乱宗。如《唐律疏议》解释说：“异姓之男，本非族类，违法收养，故徒一年。违法与者，得笞五十。”因为宗祧需要，也不得立女子为嗣。

（3）允许兼祧和断绝。所谓“兼祧”，是指倘使被立为嗣子的人是独子，又排在立嗣顺序的最前面，只要两家同意，经族人证明认可，该人可以同时作为两家的继承人。两家可各为其娶妻，以传宗接代。所谓“断绝”，是指无子的男子生前未立嗣的，死后可由其妻或由其父母等长辈代其立嗣。嗣子与嗣父母之间发生亲子关系。立嗣既可在立嗣者生前进行，也可在其死后由配偶或族中的尊长为之择立。立嗣一旦成立，嗣子便为嗣父的继体，地位等同于亲生子，高于他种收养的被收养人，既发生嗣子与嗣父母的亲子关系，又形成嗣子与嗣父母的亲属间的关系。立嗣允许解除，即退继，以消灭之间的亲子关系。

乞养，即非亲属间的收养，唐律称之为收养。收养人称义父母，被收养人称养子女或义子女。收养人和被收养人之间形成法律拟制血亲关系，如《唐律·户婚》规定：“其遗弃小儿，年三岁以下，虽异姓，听收养，即从其姓。”按照《唐律疏议》的解释，三岁以下小儿，受本生父母遗弃，若不听收养，即性命将绝，故作为例外。虽异姓听收养，然改为己姓。乞养虽然源于怜悯之心，然由于封建等级观念，对收养对象仍有着十分森严的等级界限。如《唐律·户婚》明确规定：“诸养杂户男为子孙者，徒一年半；养女，杖一百。官户，各加一等。与者，亦如之。”“若养部曲及奴为子孙者，杖一百，各还正之。无主及主自养者，听从良。”即不许以贱充贵。

从上不难看出，乞养与立嗣相比，有着明显的不同：首先，立嗣为了传宗接代、继承宗祧而成立，乞养则主要是基于人类的怜悯之心或其他需要而成立，故嗣子比义子女的地位要高，后者不能继承宗祧。其次，立嗣条件严格，仅限于无子的男子，对象限为同宗近亲属的男子，且有顺序；而乞养适用于男女，且对象既可以是自己的亲属，又可以是非亲属，既可以是男子，又可以是女子，条件宽松得多。

3. 我国现代社会的收养制度

新中国成立后，我国的现代收养制度具有以下 3 个特点：1）以保护未成年人利益为其基本目的和功能；2）收养的实质要件向有利于孤儿、弃儿、残疾儿、非婚生子女的方向发展，使其得到家庭温暖；3）从成立方式上看，国家采取了监督和干预的政策，以保证收养目的的实现。这种法律变迁大体上经历了以下几个阶段。

（1）新中国成立初期至 20 世纪 70 年代初，收养制度处于萌芽状态。我国 1950 年《婚姻法》第 13 条规定，养父母与养子女相互间的关系适用父母子女间的权利义务关系。这说明当时已承认和保护合法的收养关系，然而，对收养关系的成立、效力、终止等问题缺乏具体的规定。

（2）20 世纪 70 年代末至 80 年代末，收养制度处于逐步完善阶段。最高人民法院 1979 年《关于贯彻执行民事政策法律的意见》规定了收养的条件、程序，规定了因养父母或生父母一方反悔、养父母与成年养子女关系恶化而要求解除收养的处理原则。1980 年《婚姻法》第 20 条，以立法形式明确了收养成立的效力。《离婚案件子女抚养意见》对上述 1979 年《关于贯彻执行民事政策法律的意见》进行了修订，并增加了下列新内容：承认事实收养和养祖孙关系，补充规定了解除收养的条件及经济、人身方面的法律后果。此外，一些地方性法规也对收养条件做了相应规定。

（3）20 世纪 90 年代初，《收养法》颁布施行，收养制度开始进入较系统、完备的阶段。第七届全国人民代表大会常务委员会第二十三次会议于 1991 年 12 月 29 日通过了新中国成立以来第 1 部《收养法》，该法自 1992 年 4 月 1 日起施行，对于规范收养行为、保护合法的收养关系，发挥了重要作用。

（4）20 世纪 90 年代末，《收养法》修正。第九届全国人大常委会第五次会议于 1998 年 11 月 4 日通过了《关于修改〈中华人民共和国收养法〉的决定》，自 1999 年 4 月 1 日起施行。这次对《收养法》的修正，主要涉及两个方面的内容：1）放宽收养条件，从而减少了事实收养；2）进一步完善收养程序，国内与涉外收养关系统一由民政部门登记成立。

（5）2020 年 5 月 28 日，《民法典》正式颁布，《收养法》的有关规定纳入《民法典》婚姻家庭编的第五章，该章共 3 节、26 条。为保障被收养人的健康成长，婚姻家庭编对收养人的资格进行了有针对性的明确：1）增加了最有利于被收养人的原则性规定；2）强调了收养人权益保护，新增政府收养评估制度；3）放宽了收养人的子女的人数限制，收养人有 1 名子女的可以收养 1 名子女；4）放宽了被收养人的年龄限制，不再强制要求必须不满 14 周岁；5）严格了收养条件，在原规定收养人必须在 30 周岁以上才能收养的基础上，收养人无论男女，收养异性子女年龄差必须达到 40 周岁以上；6）加强了对被收养人权益的保障，如收养关系的成立和解除，被收养人 8 周岁以上的要本人同意。

三、我国收养规范的基本原则及收养的意义

1. 收养规范的基本原则

收养规范的基本原则，作为收养规范本质和特点的集中体现，既是收养关系当事人成立收养关系时所应遵循的基本准则，也是人民法院处理收养纠纷、正确适用收养

法、提高办案质量所应遵循的基本准则，还是立法机关规定收养成立的条件、方式、程序等内容时所应遵守的基本准则。收养规范的基本原则，作为收养制度的核心所在，贯穿于收养制度的始终，是收养制度各项具体规定的浓缩、抽象和概括。收养制度的各项具体规定，都应以其为指导、为标准，不得与其相抵触，并成为其具体体现。对收养制度各项规定的理解、适用和遵守，也应以其为指导。法律没有规定或者规定不明确的，应以其为准则做出符合立法意旨的解释。总之，无论是收养立法的完善，还是有关司法解释的做出，抑或是收养制度的遵守、执行和研究，都应自觉将收养规范的基本原则有机贯彻其中，不可偏离。根据《民法典》的规定，收养法共有以下基本原则。

（1）有利于被收养的未成年人的抚养、成长原则。未成年人是祖国、民族的未来、希望所在，党和国家一直无限关怀他们的成长。为了保护他们的身心健康，保障他们的合法权益，促使他们在品德、智力、体质等方面全面发展，成为有理想、有道德、有文化、有纪律的社会主义事业接班人，不仅在宪法、民法、婚姻家庭法等相关法律中明确规定要保护未成年人的合法权益，而且制定了《未成年人保护法》《义务教育法》等专门法律，以保障未成年人的利益。

根据《民法典》第1093条的规定，被收养人为丧失父母的孤儿、查找不到生父母的未成年人、生父母有特殊困难无力抚养的子女。这些被收养人是不满18周岁的未成年人。他们年龄尚小，身心尚未发育成熟，对事物缺乏准确的认识、判断能力，为无民事行为能力人或限制民事行为能力人，需要家庭、社会的关怀，为其营造一个适宜其健康成长的良好环境。尤其是那些由于各种原因脱离家庭无人照顾，或者是由于父母无力抚养得不到必要照顾的未成年人，更需要关心爱护。在通过收养改变其亲属关系和生活环境时，必须考虑其未成年人的身心特点，使其得到一个利于抚养和成长的更好的环境，享受新的家庭的温暖。是以，《民法典》第1098条规定："收养人应当同时具备下列条件：（一）无子女或者只有一名子女；（二）有抚养、教育和保护被收养人的能力；（三）未患有在医学上认为不应当收养子女的疾病；（四）无不利于被收养人健康成长的违法犯罪记录；（五）年满三十周岁。"

（2）遵循平等自愿原则。收养，作为一种民事法律行为，无疑要以《民法典》规定的民事活动基本原则为纲领。遵循平等原则，在收养关系中，应注意以下几点：

一是收养行为的当事人包括收养人、送养人、被收养人在成立、解除收养关系的整个民事活动过程中的地位是独立的、平等的，不允许任何一方享有超越法律的特权。

二是收养关系一旦成立，则形成收养人、被收养人之间对等的权利义务关系。收养人成为养父母，对被收养的未成年人负有抚养教育的义务，同时享有获得被收养人赡养扶助的权利；被收养人成为养子女，负有赡养扶助收养人的义务，未成年养子女同时享有获得收养人抚养教育的权利；收养人与被收养人之间互有继承遗产的权利。

三是在收养关系中，无论当事人是男是女，其地位都是平等的。男女作为独立的民事主体，都有权依法独立或共同收养子女，或送养子女；男女也都可被人收养；养子女既可随养父姓，又可随养母姓。要自觉抵制、克服封建社会立嗣制度遗留下来的男尊女卑思想的影响。

四是在收养关系中，出现违反平等原则的行为，要坚决依法纠正，以保证平等原则的彻底贯彻。

至于遵循自愿原则，在收养关系中，是指当事人建立或解除收养关系都应由当事人自愿决定、协商进行，任何一方及其他组织个人都不得以欺诈、胁迫手段或者乘人之危使对方或收养关系当事人做出违背自己真实意思的表示。这是收养得以成立的前提，不然就会使得收养不合法而不能成立。具体来说，就是生父母是否完全、真实同意将子女送养，收养人是否完全、真实同意接纳他人为子女，丧失父母的孤儿、查找不到生父母的未成年人、生父母有特殊困难无力抚养的子女，这些未成年人是否完全、真实同意被他人收养，都应由当事人根据自己的感情、意志做出决定，任何人不得强迫、干涉或者采取其他手段致使其做出不真实的意思表示。这不仅源于收养作为一种变更民事权利义务关系的法律行为，必以当事人自愿合意为要件，而且还由于收养一旦成立，要改变当事人间的身份关系，改变被收养人的生活环境，具有浓厚的感情色彩，更需要以当事人自愿为前提。否则，必不利于被收养未成年人的抚养、成长，还可能由此引发纠纷，破坏团结，因此应当坚持自愿原则。

(3) 不得违背公序良俗原则。公序，指公共秩序，是指国家社会的存在及其发展所必需的一般秩序；良俗，指善良风俗，是指国家社会的存在及其发展所必需的一般道德。公序良俗原则，则是指民事主体的行为应当遵守公共秩序，符合善良风俗，不得违反国家的公共秩序和社会的一般道德。

根据学者的研究，公序良俗原则起源于罗马法。在罗马法上，所谓公序，即国家的安全、市民的根本利益，良俗即市民的一般道德准则。二者含义广泛，且随时间的不同而不同，非一成不变。违反公序良俗的行为在法律上是无效的。近现代许多国家和地区的民事立法都明文规定了这一原则。

我国《民法典》多次提及公序良俗。如第 8 条规定，民事主体从事民事活动，不得违反法律，不得违背公序良俗。第 10 条规定，处理民事纠纷，应当依照法律；法律没有规定的，可以适用习惯，但是不得违背公序良俗。第 153 条规定，违背公序良俗的民事法律行为无效。在收养关系中，公序良俗处处都有体现。如人们一贯提倡的敬老爱幼、平等互助、和睦团结，禁止遗弃、虐待老人和未成年人，禁止有伤风化、违背伦理的行为，提倡尊重人格尊严，等等，都应得到严格遵守。在整个收养关系中，在收养关系的形成、终止以及收养人和被收养人的共同生活中都不得违背。如《民法典》第 1113 条规定："有本法第一编关于民事法律行为无效规定情形或者违反本编规定的收养行为无效。"这样的行为不仅是违背社会公德的行为，要受到道德的谴责，而且还是违法行为，应当承担相应的法律责任，直至被追究刑事责任。

2. 收养的意义

收养制度作为家庭关系产生的一种方式，在现实生活中发挥着积极的作用，其意义有以下 4 个方面：

(1) 可以使丧失父母的孤儿、因特殊原因不能与父母共同生活的子女，在养父母的抚养教育之下，享受家庭的温暖，得到健康的成长。

(2) 通过收养，使那些没有子女或丧失子女的人，在感情上得到慰藉，在心理上得到满足，使养父母在晚年时老有所养，充分享受天伦之乐。

(3) 目前，鉴于我国社会发展尚不充分发达，社会福利机构相对有限，公民之间的收养行为，可以减轻国家的经济负担，使社会问题得到有效的解决，从而促进社会的安定团结，故应加以鼓励、支持。

(4) 收养制度是亲属制度不可缺少的组成部分，在任何类型的社会里，都有与其经济制度相适应的收养制度为其服务。通过收养，弘扬了社会成员间相互扶助的道德风尚，实现了幼有所育、老有所养，完善了家庭关系，对促进社会主义的安定团结和精神文明建设有着积极的意义。

第二节　收养的成立

作为民事法律行为之一的收养行为，只有在成立时同时具备两个方面的条件，才能发生法律效力：一方面是收养关系当事人所应具备的条件，即成立收养时的实质要件；另一方面是当事人依法应当履行的程序手续，即成立收养时的形式要件。

一、收养成立的法定条件

依据我国《民法典》的规定，收养行为有一般收养和特殊收养两种，收养的法定条件因而可被划分为一般收养成立的条件和特殊收养成立的条件。

1. 一般收养成立的条件

在一般情况下，收养行为涉及收养人、被收养人和送养人三方，法律对此三方民事活动的主体条件分别做出了要求。

(1) 被收养人应当具备的条件。依照《民法典》第 1093 条的规定，被收养人应当符合下列条件：

一是丧失父母的孤儿。就是说，其父母双亡。这里的“孤儿”是指父母死亡时不满 18 周岁的未成年人。民政部 1992 年 8 月 11 日发布实施的《关于在办理收养登记中严格区分孤儿与查找不到生父母的弃婴的通知》(民婚函〔1992〕263 号) 指出，孤儿是指其父母死亡或人民法院宣告其父母死亡的不满 14 周岁的未成年人。

二是查找不到生父母的未成年人。查找不到生父母的未成年人，主要指被父母或其他监护人丢弃或遗失而脱离家庭或监护人的未成年人。

三是生父母有特殊困难无力抚养的子女。例如，生父母无经济负担能力，患有严重疾病，丧失民事行为能力，等等。

(2) 收养人应当具备的条件。根据《民法典》第 1098 条的规定，收养人应当同时具备下列条件。

一是收养人必须年满 30 周岁。这一规定基于：1) 对收养人年龄限制是各国立法的普遍性要求，世界上大多数国家都有对收养人最低年龄的要求。如德国和法国关于收养人年龄的要求为：30 岁的成年人即可收养。有的国家虽然没有规定一定的年龄差，但实践中一般相差 20 岁左右。2) 收养是建立父母子女关系的法律行为，收养人因此为人父母，履行抚养、教育被收养人的义务，既需要一定的经济能力，又需要相应的思想文化水平，故收养人不宜过于年轻。总之收养人年满 30 周岁，是对有配偶者双方和无配偶者的共同要求。也就是说，配偶双方收养人必须都达到 30 周岁。至于收养人年龄上限，有些国家做出了规定，例如，智利法律规定，收养人年龄上限是70周岁。因为收养人年龄太大也因容易缺乏抚养、教育被收养人的能力而不宜收养。

二是收养人无子女或者只有一名子女。无子女或只有一名子女，是根据《人口与计划生育法》提倡一对夫妻可以生育两个子女所做的规定。

三是有抚养、教育和保护被收养人的能力。为了保证被收养人的健康成长，对收养人抚养、教育和保护能力的要求包括两个方面：1）收养人应具有良好的思想道德品质；2）收养人有保证被收养人成长的物质条件。

四是收养人未患有在医学上认为不应当收养子女的疾病。即没有影响被收养人健康成长的精神疾病或其他严重疾病。这里的疾病，主要是指可能危害养子女健康的传染病和可能危及养子女人身安全的精神疾病。

五是收养人无不利于被收养人健康成长的违法犯罪记录。随着不少家庭或个人领养孩子的愿望逐年升高，被收养儿童的身心健康和权益如何得到有效保护，亟须法律给出答案。倘若收养人有诸如虐待、遗弃未成年人等违法犯罪记录，无疑不适合收养未成年人。但收养人具有与此无关的其他违法犯罪记录，则不受影响，在符合其他条件的情况下，还是可以收养子女。法律这样规定的目的，在于保证被收养人能在一个和睦、温暖的家庭环境中健康成长。因此，《民法典》规定，收养人应当没有不利于被收养人健康成长的违法犯罪记录。

（3）送养人应具备的条件。《民法典》婚姻家庭编所认可的送养人，包括下列个人和社会组织：

一是孤儿的监护人。由于孤儿父母死亡，当孤儿被送养时，由孤儿的监护人作为送养人。根据《民法典》第27条、第31条的规定，可以作为孤儿监护人的包括下列人员：祖父母、外祖父母；兄、姐；其他愿意担任监护人的个人或者组织，但是须经未成年人住所地的居民委员会、村民委员会或者民政部门同意。对监护人的确定有争议的，由被监护人住所地的居民委员会、村民委员会或者民政部门指定监护人，有关当事人对指定不服的，可以向人民法院申请指定监护人；有关当事人也可以直接向人民法院申请指定监护人。居民委员会、村民委员会、民政部门或者人民法院应当尊重被监护人的真实意愿，按照最有利于被监护人的原则在依法具有监护资格的人中指定监护人。依照上述规定指定监护人前，被监护人的人身权利、财产权利以及其他合法权益处于无人保护状态的，由被监护人住所地的居民委员会、村民委员会、法律规定的有关组织或者民政部门担任临时监护人。

为保护孤儿的合法权益，《民法典》第1096条对监护人送养孤儿做出了必要的限制性规定："监护人送养孤儿的，应当征得有抚养义务的人同意。有抚养义务的人不同意送养、监护人不愿意继续履行监护职责的，应当依照本法第一编的规定另行确定监护人。"此处所称的"有抚养义务的人"，就是指对孤儿有监护能力和抚养能力的祖父母、外祖父母、兄、姐。

二是儿童福利机构。儿童福利机构是各级人民政府的民政部门所兴办的慈善机构，如儿童福利院等。那些因父母死亡其他亲属又无力抚养的孤儿或查找不到生父母的未成年人，依照我国《未成年人保护法》的规定，由儿童福利机构收留抚养。当收养人在符合条件的情况下，自愿收养由儿童福利机构抚养的孩子时，儿童福利机构即可成为送养人。

三是有特殊困难无力抚养子女的生父母。生父母对子女有抚养教育的义务，这种义务在通常情况下是不能免除的，但生父母确有特殊困难（如重疾、高残、丧失劳动能力又无经济来源等情况）无力承担抚养义务，法律则允许其将子女送他人收养。根据《民法典》的规定，生父母送养子女时，无论双方是否离婚，都须共同送养；只有在生父母一方不明或查找不到时，才允许单方送养；生父母一方死亡的，生存方可单方送养。还需强调一点，这样的父母不能以送养后无子女为理由而违反《人口与计划生育法》关于“生育调节”的规定。

《民法典》还进一步规定，当存在下列情况时，个人或社会组织不得作为送养人：1）未成年人的父母均不具备完全民事行为能力的，该未成年人的监护人不得将其送养，但是父母对该未成年人有严重危害可能的除外。2）监护人送养未成年孤儿的，须征得有抚养义务的人同意。有抚养义务的人不同意送养、监护人不愿意继续履行监护职责的，应当按照《民法典》的规定变更监护人。3）在配偶一方死亡后，死亡一方的父母要求优先行使抚养未成年孙子女或外孙子女的权利的，生存一方不能将该未成年人送养。

2. 特殊收养成立的条件

基于收养关系主体身份的多样性，从有利于收养关系和家庭关系的正常发展的需要出发，《民法典》对一些特殊情况下的收养条件，也相应地做出了特殊规定。

（1）无配偶者收养异性子女的，收养人与被收养人的年龄应当相差 40 周岁以上。这一规定是在《收养法》基础上所做的修正。《收养法》第 9 条规定：“无配偶的男性收养女性的，收养人与被收养人的年龄应当相差四十周岁以上。”这样，法律原来只强调男性收养女性一个方面，《民法典》婚姻家庭编同时强调女性收养男性也应适用，所以第 1102 条规定：“无配偶者收养异性子女的，收养人与被收养人的年龄应当相差四十周岁以上。”这样规定的主要目的在于保护被收养人的合法权益。

（2）收养三代以内旁系同辈血亲的子女的。《民法典》第 1099 条规定，收养三代以内旁系同辈血亲的子女，可以不受本法第 1093 条第 3 项、第 1094 条第 3 项和第 1102 条规定的限制。华侨收养三代以内旁系同辈血亲的子女，还可以不受本法第 1098 条第 1 项规定的限制。对此，应当注意从以下方面理解：1）这里的三代是指收养人和被收养人是三代以内旁系同辈血亲；2）无配偶者收养三代以内旁系同辈血亲的异性子女的，收养人与被收养人的年龄应当相差 40 周岁以上（《民法典》第 1102 条）；3）收养三代以内旁系同辈血亲子女，规定可不受“被收养人不满 14 周岁的限制”，那么，很可能出现收养成年人的问题，即凡是收养三代以内旁系同辈血亲之子女的，被收养人可以是成年人。

（3）收养孤儿、残疾未成年人或者儿童福利机构抚养的查找不到生父母的未成年人。《民法典》规定，收养孤儿、残疾未成年人或者不受收养人无子女或者只有 1 名子女，以及无子女的收养人可以收养 2 名子女，有子女的收养人只能收养 1 名子女的限制。这主要是为了保护被收养人，使他们可以获得良好的成长环境。按此规定，有 2 名子女的收养人亦可收养本规定中所列举的被收养人，收养 1 名或数名均可。

（4）继父母对继子女的收养。《民法典》第 1103 条规定：“继父或者继母经继子女的生父母同意，可以收养继子女，并可以不受本法第一千零九十三条第三项、第一九零九十四条第三项、第一千零九十八条和第一千一百条第一款规定的限制。”

（5）隔代收养，即收养人收养他人作为养孙子女。在现实生活中，有些人因与被收养人年龄悬殊或是辈分不当，要求将被收养人作为养孙子女收养，形成了称谓不同的父母子女关系。这在国外被称为“跳跃收养”，在我国被称为“隔代收养”。对于这样的收养，《贯彻民事政策法律若干意见》第 29 条明确予以确认：“收养人收养他人为孙子女，确已形成养祖父母与养孙子女关系的，应予承认。解决收养纠纷或有关权益纠纷时，可依照婚姻法关于养父母与养子女的有关规定，合情合理地处理。”20 多年来，各级人民法院据此妥善地解决了不少此类纠纷，对维护有关当事人的合法权益，稳定社会秩序起到了良好的作用。可是，《民法典》对此未做明文规定。

3. 转收养

转收养，也称为转送养，是指收养人收养子女后将养子女再转送第三人收养的民事行为。《法国民法典》第 346 条第 2 款规定，在两收养人均死亡的情况下，或者在收养人之一死亡的情况下，如果健在的一方的配偶提出请求，得宣告再次收养。我国法律对是否允许收养人转收养，目前没有明确规定，然根据《民法典》第 1114 条第 1 款关于“收养人在被收养人成年以前，不得解除收养关系，但是收养人、送养人双方协议解除的除外。养子女八周岁以上的，应当征得本人同意”的规定，许多人认为我国不应允许转收养。诚然，收养关系成立后，养父母即承担将养子女抚育成人的法定责任，不得任意推卸。为防止收养人借转送养之机逃避自己的法定责任，防止利用转送养贩卖儿童，禁止转收养有一定的道理。然而，倘若出于某种原因，养父母均丧失民事行为能力，或一方死亡、另一方丧失民事行为能力，或存在严重威胁未成年养子女生命安全的情况，而该养子女既无其他近亲属承担抚养义务，又查找不到其生父母，此时若不允许转送养，对未成年养子女的成长显然不利。故，转送养虽不宜提倡，可在特殊情况下，亦应许可，并承认其法律效力。

转收养须符合以下 3 个条件：（1）被转送养的未成年人的养父母必须是严重丧失抚养子女的能力，且无其他近亲属承担法定抚养义务，继续维持该收养关系将对未成年人成长明显不利；（2）被转送养的未成年人的生父母必须查找不到或均已死亡；（3）被转送养的未成年人在 8 周岁以上时，须征得本人同意，本人不同意的，不得转送养。

转收养关系成立后，被收养人与原养父母的权利与义务关系终止，与新的养父母建立父母子女关系。

二、收养成立的法定程序

收养行为成立，不仅要求当事人符合《民法典》规定的实质要件，同时，还要求当事人必须履行一定的收养程序。在我国，成立收养的法定程序是收养登记，而收养协议与收养公证是当事人可以自愿选择的程序，是对收养登记的必要补充。

1. 我国境内公民收养登记

《民法典》第 1105 条规定：“收养应当向县级以上人民政府民政部门登记。收养关系自登记之日起成立。收养查找不到生父母的未成年人的，办理登记的民政部门应当在登记前予以公告。收养关系当事人愿意签订收养协议的，可以签订收养协议。收养关系当事人各方或者一方要求办理收养公证的，应当办理收养公证。”《中国公民收养子女登记办法》第2条规定：“中国公民在中国境内收养子女或者协议解除收养关系的，应当依照本办法的规定办理登记。办理收养登记的机关是县级人民政府民政部门。”据此，收养登记是收养关系成立的必经程序。我国境内公民（即华侨以及居住在港澳台地区的中国公民以外的我国公民）收养子女的登记程序如下。

（1）办理收养登记的机关。办理收养登记的法定机关是县级人民政府民政部门。根据《中国公民收养子女登记办法》第3条的规定，具体为：1）收养社会福利机构抚养的查找不到生父母的弃婴、儿童和孤儿的，在社会福利机构所在地的收养登记机关办理登记。2）收养非社会福利机构抚养的查找不到生父母的弃婴和儿童的，在弃婴和儿童发现地的收养登记机关办理登记。3）收养生父母有特殊困难无力抚养的子女或者由监护人监护的孤儿的，在被收养人生父母或者监护人常住户口所在地（组织作监护人的，在该组织所在地）的收养登记机关办理登记。4）收养三代以内同辈旁系血亲的子女，以及继父或者继母收养继子女的，在被收养人生父或者生母常住户口所在地的收养登记机关办理登记。

（2）收养关系当事人原则都应亲自前往收养登记机关办理收养登记手续；因特殊原因不能亲自办理登记手续的，则应依法提供有关证明。对此，《中国公民收养子女登记办法》第4条规定：“收养关系当事人应当亲自到收养登记机关办理成立收养关系的登记手续。夫妻共同收养子女的，应当共同到收养登记机关办理登记手续；一方因故不能亲自前往的，应当书面委托另一方办理登记手续，委托书应当经过村民委员会或者居民委员会证明或者经过公证。”

（3）收养人提交申请及有关材料。根据《中国公民收养子女登记办法》第5条的规定，具体包括以下几种。

1）收养人应当向收养登记机关提交收养申请书和下列证件、证明材料：一是收养人的居民户口簿和居民身份证。二是由收养人所在单位或者村民委员会、居民委员会出具的本人婚姻状况和抚养教育被收养人的能力等情况的证明，以及收养人出具的子女情况声明。对收养人出具的子女情况声明，登记机关可以进行调查核实。三是县级以上医疗机构出具的未患有在医学上认为不应当收养子女的疾病的身体健康检查证明。

2）收养查找不到生父母的弃婴、儿童的，并应当提交收养人经常居住地计划生育部门出具的收养人生育情况证明；其中收养非社会福利机构抚养的查找不到生父母的弃婴、儿童的，收养人还应当提交下列证明材料：一是收养人经常居住地计划生育部门出具的收养人无子女的证明；二是公安机关出具的捡拾弃婴、儿童报案的证明。

3）收养继子女的，可以只提交居民户口簿、居民身份证和收养人与被收养人生父或者生母结婚的证明。

（4）送养人向收养登记机关提交有关材料。根据《中国公民收养子女登记办法》第6条的规定，具体包括：

1）送养人应当向收养登记机关提交下列证件和证明材料：一是送养人的居民户口簿和居民身份证（组织作监护人的，提交其负责人的身份证件）；二是收养法规定送养时应当征得其他有抚养义务的人同意的，并提交其他有抚养义务的人同意送养的书面意见。

2）社会福利机构为送养人的，并应当提交弃婴、儿童进入社会福利机构的原始记录，公安机关出具的捡拾弃婴、儿童报案的证明，或者孤儿的生父母死亡或者宣告死亡的证明。

3）监护人为送养人的，并应当提交实际承担监护责任的证明，孤儿的父母死亡或者宣告死亡的证明，或者被收养人生父母无完全民事行为能力并对被收养人有严重危害的证明。

4）生父母为送养人的，并应当提交与当地计划生育部门签订的不违反计划生育规定的协议；有特殊困难无力抚养子女的，还应当提交送养人有特殊困难的声明。其中，因丧偶或者一方下落不明由单方送养的，还应当提交配偶死亡或者下落不明的证明。对送养人有特殊困难的声明，登记机关可以进行调查核实；子女由三代以内同辈旁系血亲收养的，还应当提交公安机关出具的或者经过公证的与收养人有亲属关系的证明。

5）被收养人是残疾儿童的，并应当提交县级以上医疗机构出具的该儿童的残疾证明。

（5）对收养人与送养人提交的材料进行审查。收养登记机关在收到收养人、送养人提交的有关材料后，应当依法对收养申请和相关材料进行审查，以查明当事人是否符合《民法典》规定的实质要件、有无不良动机、意思表示是否真实。根据《中国公民收养子女登记办法》第7条的规定，收养登记机关收到收养登记申请书及有关材料后，应当自次日起30日内进行审查。收养查找不到生父母的弃婴、儿童的，收养登记机关应当在登记前公告查找其生父母；自公告之日起满60日，弃婴、儿童的生父母或者其他监护人未认领的，视为查找不到生父母的弃婴、儿童。公告期间不计算在登记办理期限内。

（6）依法办理收养登记。根据《中国公民收养子女登记办法》第7条第1款的规定，登记机关对收养人、送养人提交的材料进行审查后，对符合《民法典》规定的收养条件的，为当事人办理收养登记，发给收养登记证，收养关系自登记之日起成立；对不符合《民法典》规定的收养条件的，不予登记，并对当事人说明理由。其中，收养登记证的式样，根据《中国公民收养子女登记办法》第13条的规定，由国务院民政部门制定。

（7）为被收养人办理户口登记或者迁移手续。根据《中国公民收养子女登记办法》第8条的规定，收养关系成立后，需要为被收养人办理户口登记或者迁移手续的，由收养人持收养登记证到户口登记机关按照国家有关规定办理。

2. 我国境外公民收养登记

我国境外公民（即华侨以及居住在港澳台地区的中国公民）在境内收养子女，在收养登记程序上与境内公民收养子女完全相同，然在登记机关以及要求提供的材料方面则有所区别。具体如下。

（1）我国境外公民收养子女登记的机关。《华侨办理收养登记证明材料的规定》第2条规定："华侨以及居住在香港、澳门、台湾地区的中国公民在内地收养子女的，应当到被收养人常住户口所在地的直辖市、设区的市、自治州人民政府民政部门或者地区（盟）行政公署民政部门申请办理收养登记。"

（2）华侨收养子女所应提交的材料。对此，又规定了两种情形：

一是居住在与我国建立了外交关系国家的华侨所应提交的材料。《华侨办理收养登记证明材料的规定》第3条规定："居住在已与中国建立外交关系国家的华侨申请办理成立收养关系的登记时，应当提交收养申请书和下列证件、证明材料：（一）护照；（二）收养人居住国有权机构出具的收养人的年龄、婚姻、有无子女、职业、财产、健康、有无受过刑事处罚等状况的证明材料，该证明材料应当经其居住国外交机关或者外交机关授权的机构认证，并经中国驻该国使领馆认证。"

二是居住在未与我国建立外交关系国家的华侨所应提交的材料。《华侨办理收养登记证明材料的规定》第4条规定："居住在未与中国建立外交关系国家的华侨申请办理成立收养关系的登记时，应当提交收养申请书和下列证件、证明材料：（一）护照；（二）收养人居住国有权机构出具的收养人的年龄、婚姻、有无子女、职业、财产、健康、有无受过刑事处罚等状况的证明材料，该证明材料应当经其居住外交机关或者外交机关授权的机构认证，并经已与中国建立外交关系的国家驻该国使领馆认证。"

(3) 香港居民中的中国公民收养子女所应提交的材料。《华侨办理收养登记证明材料的规定》第5条规定："香港居民中的中国公民申请办理成立收养关系的登记时，应当提交收养申请书和下列证件、证明材料：（一）香港居民身份证、香港居民来往内地通行证或者香港同胞回乡证；（二）经国家主管机关委托的香港委托公证人证明的收养人的年龄、婚姻、有无子女、职业、财产、健康、有无受过刑事处罚等状况的证明材料。"

(4) 澳门居民中的中国公民收养子女所应提交的材料。《华侨办理收养登记证明材料的规定》第6条规定："澳门居民中的中国公民申请办理成立收养关系的登记时，应当提交收养申请书和下列证件、证明材料：（一）澳门居民身份证、澳门居民来往内地通行证或者澳门同胞回乡证；（二）澳门地区有权机构出具的收养人的年龄、婚姻、有无子女、职业、财产、健康、有无受过刑事处罚等状况的证明材料。"

(5) 台湾居民收养子女所应提交的材料。《华侨办理收养登记证明材料的规定》第7条规定："台湾居民申请办理成立收养关系的登记时，应当提交收养申请书和下列证件、证明材料：（一）在台湾地区居住的有效证明；（二）中华人民共和国主管机关签发或签注的在有效期内的旅行证件；（三）经台湾地区公证机构公证的收养人的年龄、婚姻、有无子女、职业、财产、健康、有无受过刑事处罚等状况的证明材料。"

3. 自愿订立收养协议

收养关系当事人在自愿的基础上，可以签订书面收养协议。《民法典》第1105条第3款规定："收养关系当事人愿意签订收养协议的，可以签订收养协议。"收养协议的主要条款应当包括：收养人、送养人和被收养人的基本情况，收养的目的，收养人不虐待、不遗弃被收养人和抚育被收养人健康成长的保证，以及双方要求订入的其他内容。协议程序不是收养成立的必经程序，只有书面协议而未履行登记手续的收养行为不产生法律效力。

4. 收养公证

《民法典》第1105条第4款规定："收养关系当事人各方或者一方要求办理收养公证的，应当办理收养公证。"依据此规定，收养公证的办理与否，取决于当事人是否要求，只有在一方或双方要求之下，才必须办理收养公证手续，非经要求，公证程序不是收养成立的必经程序。

三、事实收养

事实收养，是指双方当事人符合法律规定的收养条件，未办收养公证或登记手续，便公开以养父母子女关系长期共同生活的行为。一般应具备下列条件：（1）收养当事人双方均须符合法律规定的收养条件；（2）收养人与被收养人公开承认其养父母子女关系，以父母子女相称并为群众及有关组织公认，双方相互有扶养的事实；（3）养子女与生父母在事实上已终止了父母子女间的权利义务关系；（4）未办理收养公证或登记手续。

关于事实收养的效力问题，根据我国《民法典》的规定，收养属于要式法律行为，即必须履行法定程序。换言之，收养行为只有符合法定的条件并履行了法定的程序才有效。然在1992年4月1日施行的《收养法》第15条规定："收养查找不到生父母的弃婴和儿童以及社会福利机构抚养的孤儿的，应当向民政部门登记。""除前款规定外，收养应当由收养人、送养人依照本法规定的收养、送养条件订立书面协议，并可以办理收养公证；收养人或者送养人要求办理收养公证的，应当办理收养公证。"直至1998年11月4日根据全国人大常委会《关于修改〈中华人民共和国收养法〉的决定》修正的《收养法》第15条第1款才明确，所有收养均应当向县级以上人民政府民政部门登记。这样，在修正的《收养法》通过前，并非所有收养行为都需要办理收养手续。于是，对于《收养法》1998年11月4日之前发生的符合《收养法》规定的收养条件但没有进行登记的事实收养关系，按照《贯彻民事政策法律若干意见》第28条关于"亲友、群众公认，或有关组织证明确以养父母与养子女关系长期共同生活的，虽未办理合法手续，也应按收养关系对待"的规定，应当承认之法律效力并予以保护。对于修正的《收养法》1998年11月4日通过后的没有登记的所谓收养行为，则属不当收养，不宜再以事实收养关系而加以保护。

四、试收养期

所谓"试收养期"（the probationary period），是指在收养人向收养登记机关提交收养申请后，收养登记机关应对收养申请进行书面审查，如初步确认收养人符合收养条件，即可准予收养人和被收养人进入试收养期。在此期间内，收养人和被收养人应连续地共同生活，收养登记机关应登门走访，实地考察收养人的收养条件，收养人的道德品质、健康状况、经济来源、家庭情况和抚养被收养人的能力，收养人的动机或目的，收养人与被收养人的相互适应情况，被收养人对收养人的态度和意见，等等。待试收养期届满时，倘使收养人认真履行了抚育之责，且对收养子女的初衷不改，收养登记机关即可确认该收养人实际具备收养条件，应予办理收养登记；对在试收养期内收养人未能履行抚育责任的，可确认其不具有充分的收养条件，不予办理收养登记。

应当指出，一种收养理念正在世界范围内扩展，即收养不仅要符合法定条件，而且应给收养当事人留出适当的收养磨合期即试收养期，如《德国民法典》第1744条规定："一般情况下，应当在收养人对子女予以适当期间的养育之后，才得宣告收养。"现代社会的收养法一般都规定了试收养期，通常为 6 个月至 1 年。也有少数国家的法律规定为 2 年，如《瑞士民法典》第 264 条就有此要求。为了维护儿童的最大利益，不仅出现了规定试收养期的趋势，而且许多国家的收养法还规定了试收养过程及此前的收养调查程序。

我国是当今世界少数没有规定实行试收养期的国家之一，在《民法典》的制定过程中，也没有涉及这方面的问题。当然，我们依然可以倡导试收养期这一国际潮流，建议修订《民法典》时设置试收养期，这主要有以下 4 个方面的法律意义：

一是有利于收养人和被收养人之间的了解与沟通，增进彼此的情感交融和心理认同。

二是有利于兼顾收养当事人的收养送养意愿和双向选择，即收养人可依据与被收养人共同生活的体验，无怨无悔地做出是否收养子女的决定。已满 8 周岁的被收养人也可根据对收养人的生活习惯等因素的了解，做出是否愿意被其收养的意思表示。至于送养人，则可以根据被收养人和收养人在试收养期间的生活情况决定是否送养。

三是有利于纠正收养程序中欠缺实质审查环节的弊端，避免盲目收养和违法收养，减少收养冲突和收养纠纷，促进收养关系的稳定。

四是有利于顺应现代国际收养法的发展趋向。

第三节　收养的效力

一、收养成立的效力

收养成立的效力，又称收养的效力或收养关系成立的效力，是指收养这一民事法律行为因为符合法律规定的条件和程序成立而导致的法律后果。作为一种民事法律行为，收养一旦成立，即产生法律预先设立的法律后果，任何人不得随意改变。《民法典》第 1111 条规定："自收养关系成立之日起，养父母与养子女间的权利义务关系，适用本法关于父母子女关系的规定；养子女与养父母的近亲属间的权利义务关系，适用本法关于子女与父母的近亲属关系的规定。养子女与生父母以及其他近亲属间的权利义务关系，因收养关系的成立而消除。"第 1112 条规定："养子女可以随养父或者养母的姓氏，经当事人协商一致，也可以保留原姓氏。"据之，自收养关系成立之日起，即产生如下 4 种法律后果。

1. 养父母与养子女间形成法律拟制的直系血亲关系

养父母与养子女的权利与义务关系，完全适用法律关于生父母子女关系的规定。换句话说，养父母、养子女分别取得与生父母、生子女相同的法律地位，养父母养子女间的权利与义务完全等同于父母子女间的权利与义务。具体说来，主要有：

(1) 养父母有抚养养子女的义务，不得虐待、遗弃养子女，不得采用溺婴、弃婴等手段残害养子女。养父母不履行抚养义务时，未成年的或者不能独立生活的成年养子女有要求养父母给付抚养费的权利。

(2) 养父母有保护和教育未成年养子女的权利和义务，是未成年养子女的监护人。

未成年养子女的合法权益受到他人侵害时，养父母要以监护人身份请求法律保护。未成年养子女造成他人损害时，养父母作为监护人应依法承担民事责任。

(3) 成年养子女对养父母有赡养扶助的义务。成年养子女不履行赡养义务时，缺乏劳动能力或者生活困难的养父母，有要求养子女给付赡养费的权利。

(4) 养父母和养子女互为第一顺序法定继承人，有相互继承遗产的权利。

(5) 养子女应当尊重养父母的婚姻权利，不得干涉养父母离婚、再婚以及婚后的生活。养子女对养父母的赡养义务，不因养父母的婚姻关系变化而终止，但依法由一方收养的除外。

2. 养子女与养父母的近亲属间形成法律拟制的直系或旁系血亲关系

养子女与养父母的近亲属间的权利义务关系，完全适用法律关于子女与父母的近亲属之间关系的规定。依照婚姻家庭法有关规定，子女与父母的近亲属形成权利义务关系的范围，包括孙子女、外孙子女与祖父母、外祖父母之间以及兄弟姐妹之间的关系。于是，养子女与养父的父母和养母的父母之间形成法律拟制的养孙子女、养外孙子女与养祖父母、养外祖父母的近亲属关系，与养父母的婚生子女之间形成法律拟制的养兄弟姐妹的近亲属关系，相互依法承担义务，并依法享有权利。如有负担能力的养祖父母、养外祖父母，对于养父母已经死亡或者养父母无力抚养的未成年养孙子女、养外孙子女，有抚养的义务；有负担能力的未成年养孙子女、养外孙子女，对于子女已经死亡或子女无力赡养的养祖父母、养外祖父母，有赡养的义务；有负担能力的养兄、养姐，对于父母已经死亡或父母无力抚养的未成年的养弟、养妹，有扶养义务；由养兄、养姐抚养长大的有负担能力的养弟、养妹，对于缺乏劳动能力又缺乏生活来源的养兄、养姐，有扶养的义务；养祖父母、养外祖父母是养孙子女、养外孙子女的第二顺序法定继承人；养兄弟姐妹之间，依法互为第二顺序法定继承人；养父母先于养祖父母、养外祖父母死亡的，当养祖父母、养外祖父母去世时，养孙子女、养外孙子女有权依法代位继承养祖父母、养外祖父母的遗产。

3. 养子女与生父母及其他近亲属间的权利义务关系消除

收养关系成立后，养子女与生父母、祖父母和外祖父母、兄弟姐妹等之间的近亲属关系消除，相互间不再享有权利承担义务。其意旨在于稳定收养关系，有利于养子女与养父母以及其他近亲属之间建立起亲密和睦的家庭关系。应当指出，收养关系的成立虽然消除了养子女与生父母及其他近亲属间的权利义务关系，但这种关系仅是法律意义上的父母子女关系及其他近亲属间的权利义务关系，而非自然意义上的父母子女关系及其他近亲属关系，也就是说，他们之间的血缘关系并不由于收养而改变。所以，养子女与生父母及其他近亲属间仍要受到《民法典》关于直系血亲和三代以内的旁系血亲禁止结婚的限制。另外，被收养人对养父母尽了赡养义务，同时又对生父母扶养较多的，根据《民法典继承编解释（一）》第10条规定，除可依照《民法典》第1127条的规定继承养父母的遗产外，还可依照《民法典》第1131条的规定酌情分得生父母的适当遗产。

值得注意的是，继父或继母经过生父母同意收养继子女的，继子女只能成为继父或继母的养子女，其间形成养父母养子女关系，然与与其共同生活的生母或生父依旧是亲子关系，即此种继父母收养继子女的特殊收养关系，只能终止该子女与不与其共同生活的生父或生母及其他近亲属间的权利义务关系，并不能终止该子女与与其共同生活的生母或生父及其他近亲属间的权利义务关系。

4. 养子女的姓氏变更

在我国长达2000多年的封建统治中，男尊女卑体现于国家、社会及家庭的各个方面，在姓氏问题上子女随父姓已成习惯。女子出嫁之后，一般冠上夫的姓氏，失去其独立的人格标志。新中国成立后，无论是在经济、政治、文化生活中，还是在家庭生活中，男女都有独立的人格，处于平等的法律地位。就姓氏问题而言，《民法典》第1012条规定："自然人享有姓名权，有权依法决定、使用、变更或者许可他人使用自己的姓名，但是不得违背公序良俗。"第1015条规定："自然人应当随父姓或者母姓，但是有下列情形之一的，可以在父姓和母姓之外选取姓氏：（一）选取其他直系长辈血亲的姓氏；（二）因由法定扶养人以外的人扶养而选取扶养人姓氏；（三）有不违背公序良俗的其他正当理由。少数民族自然人的姓氏可以遵从本民族的文化传统和风俗习惯。"尽管如此，在现实生活中，大多数子女都是随父姓。就养子女而言，也以随父姓为多。养父母为了淡化养子女与生父母的关系，常常改变子女的姓名。为了增进收养人与被收养人的感情，在养子女的姓氏问题上，既要考虑养父母的情感需要，又要照顾养子女的情感需要，还要考虑决定、使用、变更自己姓名的权利乃是自然人一项重要的法定身份权利，需要慎重对待。《民法典》第1112条规定："养子女可以随养父或者养母的姓氏，经当事人协商一致，也可以保留原姓氏。"这不仅体现了男女平等原则，尊重各方的意愿，而且也能照顾当事人各方的情感需要。根据上述规定，养子女的姓氏，可随养父，也可随养母，养父母都有完全民事行为能力的，应由养父母共同商量确定而不能由一方做主。被收养人8周岁以上的，宜征求其意见。养父母、送养人共同协商，在征求8周岁以上被收养人意见的基础上，达成一致意见的，也可以保留原姓，甚至改为他姓。

应当指出，《民法典》对养子女姓氏的规定，是一种任意性规定，改变或保留养子女的姓氏属于收养关系成立后产生的一种效果，而不是收养关系成立的必要条件。是以，在司法实践中，应当注意不要将养子女改从养父母的姓氏，或者改姓后又恢复其生父母的姓氏或者另改姓氏，作为判断收养关系成立的条件或标志。

二、收养的无效

为了确保法律的严肃性，《民法典》在肯定合法、有效的收养行为的同时，还设立了收养无效制度。收养的无效，是指因欠缺收养成立的法定有效条件，收养行为不能产生收养的法律效力。《民法典》第1113条规定："有本法第一编关于民事法律行为无效规定情形或者违反本编规定的收养行为无效。无效的收养行为自始没有法律约束力。"有不少国家都规定了收养的无效和可撤销制度，例如《日本民法典》。

1. 确认收养无效的条件

根据《民法典》的有关规定，导致收养行为无效有以下原因：(1) 行为人不具有相应的民事行为能力；(2) 成立收养的意思表示不真实，即他人以欺诈、胁迫手段或乘人之危，使当事人在违背真实意愿的情况下做出意思表示；(3) 有《民法典》关于民事法律行为无效规定的情形以及关于收养行为无效规定的情形或者违反公序良俗原则等；（4）违反有关收养程序的规定，如不进行收养登记，弄虚作假、提供虚假证明材料骗取收养登记，等等。对此，《中国公民收养子女登记办法》第 12 条规定："收养关系当事人弄虚作假骗取收养登记的，收养关系无效，由收养登记机关撤销登记，收缴收养登记证。"

应当指出，被宣告死亡，与自然死亡一样，会导致婚姻家庭关系，包括其中的父母子女关系、收养关系消灭。但可其毕竟是一种法律推定死亡，与实际可能并不一致，被宣告死亡的人的子女被他人收养，被宣告死亡的人重新出现后以没有征得其同意为由主张收养关系无效的，如何处理，需要明确。是以，《民法典》第 52 条明确规定："被宣告死亡的人在被宣告死亡期间，其子女被他人依法收养的，在死亡宣告被撤销后，不得以未经本人同意为由主张收养关系无效。"

2. 无效收养行为的处理

（1）收养登记的撤销。对于当事人弄虚作假骗取收养登记的，由收养登记机关撤销收养登记，并收缴收养登记证。被撤销的收养关系不具有法律效力。

（2）无效收养的确认。对于不符合法定条件的收养行为，当事人可请求人民法院确认其无效；人民法院在审理收养纠纷案件时，如果发现该收养行为不符合法定条件，应当以判决的形式确认其无效。

3. 收养行为无效的法律后果

依据《民法典》关于收养行为无效的规定，收养行为被人民法院确认为无效的，从行为开始时就没有法律效力；收养登记被收养登记机关依法撤销的，其无效的后果同样也是追溯到收养关系成立之时。

对以收养为名买卖未成年人构成犯罪的，依法追究其相应的刑事责任。对以欺骗手段骗取收养登记证的行为人，可由收养登记机关予以必要的行政处罚。此外，《中国公民收养子女登记办法》第 11 条规定："为收养关系当事人出具证明材料的组织，应当如实出具有关证明材料。出具虚假证明材料的，由收养登记机关没收虚假证明材料，并建议有关组织对直接责任人员给予批评教育，或者依法给予行政处分、纪律处分。"

第四节　收养关系的解除

一、收养关系的终止

收养关系基于一定的法律事实的存在而发生，也可以在一定条件下终止。收养关系的终止，是指合法、有效的收养关系因一定事实的发生而归于消灭。引起收养关系终止的原因有：（1）收养关系当事人一方死亡；（2）当事人依法办理了收养解除手续。因一方当事人死亡导致收养关系终止的，仅是权利与义务关系因主体不存在而终止，是收养关系的相对终止；因当事人办理解除手续而解除收养关系的，身份关系和权利与义务关系都予以终止，是收养关系的绝对终止。《民法典》对于收养关系当事人解除收养关系做出了明确规定。

二、收养关系解除的条件

根据《民法典》的规定，有下列情形之一的，可以解除收养关系。

1. 收养人与送养人协议解除收养关系

《民法典》第 1114 条第 1 款规定："收养人在被收养人成年以前，不得解除收养关系，但是收养人、送养人双方协议解除的除外。养子女八周岁以上的，应当征得本人同意。"《民法典》的这一规定，基于最有利于被收养人和平等自愿的原则而制定，以防止发生因收养人、送养人相互推卸抚养责任而侵害未成年人权益现象的发生。倘若养子女为 8 周岁以上的未成年人，在征得其本人同意后，收养人、送养人双方才可协议解除收养关系。

2. 收养人不履行抚养义务，侵害未成年养子女合法权益，送养人要求解除收养关系

《民法典》第 1114 条第 2 款规定："收养人不履行抚养义务，有虐待、遗弃等侵害未成年养子女合法权益行为的，送养人有权要求解除养父母与养子女间的收养关系。送养人、收养人不能达成解除收养关系协议的，可以向人民法院提起诉讼。"收养关系成立后，养父母须依法承担抚养、教育和保护养子女的义务，倘使养父母有虐待、遗弃未成年养子女的行为，就会直接损害养子女的身心健康，送养人从而有权要求解除收养关系。

3. 养父母与成年养子女关系恶化，无法共同生活

《民法典》第 1115 条规定："养父母与成年养子女关系恶化、无法共同生活的，可以协议解除收养关系。不能达成协议的，可以向人民法院提起诉讼。"收养确立的目的，不仅要有利于被收养人的健康成长，同时，也是对养老制度的补充和完善。养子女成年后，应当履行对养父母赡养、扶助的义务。养父母与成年养子女关系恶化、根本无法继续共同生活的，则收养关系也失去了其存在的意义，任何一方均可要求解除收养关系。

三、收养关系解除的程序

收养关系的解除导致收养关系的终止，根据《民法典》的规定，收养关系解除的程序分为两类，即行政解除程序和诉讼解除程序。

因此，收养关系的解除和离婚类似，包括登记解除和诉讼解除两种方式。

1. 收养关系的行政解除程序

收养关系解除的行政程序也被称作登记程序，适用这一程序的前提条件是：要求终止收养关系的当事人已自愿达成解除协议，并对财产和生活做出了协商一致的妥善处理。《民法典》第 1116 条规定："当事人协议解除收养关系的，应当到民政部门办理解除收养关系登记。"《中国公民收养子女登记办法》第 9 条规定："收养关系当事人协议解除收养关系的，应当持居民户口簿、居民身份证、收养登记证和解除收养关系的书面协议，共同到被收养人常住户口所在地的收养登记机关办理解除收养关系登记。"

办理收养关系解除登记的机关是被收养人常住户口所在地的县级人民政府的民政

部门。《中国公民收养子女登记办法》第10条规定："收养登记机关收到解除收养关系登记申请书及有关材料后，应当自次日起30日内进行审查；对符合收养法规定的，为当事人办理解除收养关系的登记，收回收养登记证，发给解除收养关系证明。"关于解除收养关系证明的式样，《中国公民收养子女登记办法》第13条规定由国务院民政部门制定。至此，收养关系即告终止。

2. 收养关系的诉讼解除程序

收养关系的诉讼解除程序，是指收养关系当事人通过向人民法院起诉，经法院依法审理而解除收养关系的程序。当出现以下两种情形时，适用诉讼解除的程序：（1）当事人就收养关系的解除不能自愿达成协议；（2）双方虽同意解除收养关系，然对财产或生活存有争议。

四、收养关系解除的效力

在收养关系解除后，会产生一系列的法律后果，依据《民法典》第1117条、第1118条的规定，收养关系解除后的法律后果如下。

1. 涉及身份关系的法律后果

（1）养子女与养父母及其他近亲属间的权利与义务关系消除。在收养关系解除后，养子女与养父母间不再存在拟制血亲关系，养子女与养父母的近亲属间的拟制直系或旁系血亲关系也随之消除。

（2）未成年养子女与生父母及其他近亲属间的权利与义务关系自行恢复。

（3）成年养子女与生父母及其他近亲属间的权利与义务关系是否恢复，由他们协商确定。

2. 涉及财产关系的法律后果

（1）生父母要求解除收养关系的，养父母可以要求生父母适当补偿收养期间支出的抚养费。这种后果多发生于养子女尚未成年，因生父母反悔而要求解除收养关系的情况。但因养父母虐待、遗弃养子女而解除收养关系的除外。

（2）在收养关系解除后，经养父母抚养的成年养子女，对缺乏劳动能力又缺乏生活来源的养父母，应当给付生活费。鉴于养父母承担了各种义务，才将养子女抚养成人，基于权利与义务相对等的一般法律原则，养子女在成年后，应当对养父母履行赡养扶助的义务。即使收养关系终止，经养父母抚养成年的养子女，仍有义务给予既缺乏劳动能力又缺乏生活来源的养父母一定的生活费。

（3）因养子女成年后虐待、遗弃养父母而收养关系解除的，养父母可以要求养子女补偿收养期间支出的抚养费。只要收养关系的解除是由于成年养子女虐待、遗弃养父母，无论养父母是否既缺乏劳动能力又缺乏生活来源，养父母都有权要求成年养子女补偿收养期间支出的抚养费。

此外，在解除收养关系后，对于不满18周岁的被收养人，送养人应当凭解除收养关系证或者解除收养调解协议书、解除收养判决书，将被收养人的户口迁至送养人户口所在地，恢复原户口关系。

第十章

离婚制度

第一节　离婚制度概述

一、离婚的概念及特征

离婚，又称离异，作为结婚的对称，是指夫妻双方依照法律规定解除双方的婚姻关系的法律行为。它具有下列基本特征。

1. 离婚主体是夫妻双方

离婚发生于具有有效婚姻关系的主体即夫妻双方之间，是夫妻双方本身的行为，其主体只能是夫妻双方。因此，离婚应当体现夫妻双方本人的意志。在双方自愿离婚时，就必须要求双方当事人亲自到婚姻登记机关做出申请离婚的意思表示，婚姻登记机关则应查明双方是否确实属于自愿；在一方要求离婚时，要求离婚的一方必须向人民法院递交诉状或者向人民法院口头表达离婚的意愿。除不能表达意志的以外，人民法院在开庭审理时，双方都应出庭。当事人确因特殊情况不能出庭的，也须向人民法院提交书面意见，以体现本人的意志。

2. 有效的婚姻关系为离婚的前提条件

离婚，作为一种解除当事人之间存在的婚姻关系的行为，当然应以双方当事人之间存在有效的婚姻关系为前提。这种婚姻关系，既包括男女双方依照《民法典》婚姻家庭编的规定到婚姻登记机关进行了结婚登记、取得了结婚证的有效婚姻关系，又包括符合结婚实质要件然未进行结婚登记但其效力为法律所承认的事实婚姻关系。根据《民法典》第1051条、第1052条、第1053条的规定，因为重婚、有禁止结婚的亲属关系、未达到法定婚龄等原因形成的无效婚姻，以及因胁迫结婚形成的可撤销婚姻和因一方患有重大疾病但在结婚登记前没有如实告知另一方而形成的可撤销婚姻，则应宣告为无效婚姻或被撤销，不按离婚程序解决。当然，未在所要求的期限内提出的，如未到法定婚龄的没有在法定婚龄届至前提出或宣告的，受胁迫结婚的未在自胁迫行为终止之日起1年内提出的，被非法限制人身自由的未在自恢复人身自由之日起1年内提出的，因该无效婚姻或可撤销婚姻已经转化为合法婚姻从而不能再以无效婚姻或可撤销婚姻处理。这时，要解除他们之间的婚姻关系，仍要通过离婚程序处理。至于其效力未被法律承认的事实婚姻，如《婚姻登记管理条例》1994年2月1日施行后形成的事实婚姻，以及有配偶者与第三人形成的同居关系，可以依法直接解除，无须按离婚程序处理其关系。

3. 离婚必须在夫妻双方都未死亡时才能进行

夫妻一方死亡包括宣告死亡，其夫妻关系自然终止，不再具有夫妻关系，自然不存在离婚的问题。

4. 离婚必须符合法律规定

离婚，无论是男女双方完全自愿的协议离婚，还是一方要求而提出的诉讼离婚，都必须符合法律规定的条件，遵守法律规定的程序。我们知道，离婚作为一种法律行为，不仅会在双方当事人的人身关系、财产关系等方面引起一系列法律后果，而且会涉及诸如抚养、教育子女等问题，对家庭、社会也会产生不同程度的影响。为此，法律在保障包含离婚自由在内的婚姻自由的同时，又要设置一定的条件和程序，以防止当事人草率离婚。这样，只有符合离婚条件且经过法定离婚程序，才能依法解除婚姻关系。不符合离婚条件或虽符合离婚条件而私下达成离婚协议，未经法定程序的，不具备离婚的法律效力，婚姻关系并不因之而解除。

5. 离婚是一种法律行为，符合条件和程序的会产生法律规定的法律后果

这种法律后果，具体就是婚姻关系由此解除，财产应当依法分割，有关子女的抚

养、教育问题也要依法妥善处理。

二、离婚与无效婚姻、可撤销婚姻的区别

在形式上，离婚与无效婚姻、可撤销婚姻都会带来男女双方的婚姻关系解除、财产分割等法律后果，具有某些相同的特征，但是，它们是本质不同的概念，应当注意加以区分。

1. 内涵不同

离婚是对现存有效婚姻关系的解除，不具有制裁性质。这种婚姻关系一般是合法的，即符合法定结婚实质要件并履行了法定程序，经过了结婚登记。违法的无效婚姻、可撤销婚姻、事实婚姻在法律承认转化为有效婚姻的条件下也可以通过离婚程序处理，可这是少数。而婚姻无效则是对不符合法定实质要件的婚姻从根本上否认其效力，婚姻被撤销，是对因威胁而结婚或结婚登记前一方隐瞒其重大疾病的婚姻依法否定其效力，属于制裁违法婚姻的性质。

2. 原因不同

不论是离婚还是婚姻无效或被撤销，其原因都要由法律加以规定的，但法律对之设置的原因或条件不同。如离婚是出于男女双方完全自愿或一方要求离婚，感情确已破裂而调解无效时解除其间的婚姻关系；婚姻无效是因重婚、有禁止结婚的亲属关系以及未达到法定婚龄等而无效；婚姻被撤销则是源于胁迫，或一方患有重大疾病而在结婚登记前没有如实告知另一方而形成的可撤销婚姻。另外，离婚的原因一般发生在婚后，是双方不能相互协调、适应和满足对方的结果；而婚姻无效、被撤销的原因都产生于结婚之时或之前，结婚一开始就已包含了无效或可撤销的内在原因。

3. 当事人所表示的意思的程度不同

离婚是双方当事人通过合法行为消灭其间婚姻关系的自主行为，允许当事人意思自治，即按双方意愿协议离婚。在协议不成时，则可请求人民法院判决。而无效婚姻，违反的是国家法律强制性规定，宣告无效虽可由当事人及利害关系人申请，但是否宣告无效不以申请人的意志为转移，不允许当事人对之是否有效进行协商。可撤销婚姻，是否被撤销虽然允许受胁迫或被欺骗一方自行决定，然这种决定取决于受胁迫一方和被欺骗的一方，不以双方达成一致意思表示为必要。并且，无论是无效婚姻还是可撤销婚姻，均由法律所规范；非法定原因，不能宣告无效或被撤销。而离婚双方同意的，不必以满足法定原因为必要。

4. 提出的主体不同

离婚仅限于婚姻当事人提出，应由当事人自己表示离婚的意愿；婚姻无效既可由当事人提出，也可以由当事人的利害关系人提出；可撤销婚姻，则只能由受胁迫的一方和受欺骗的一方当事人提出。

5. 提出的时间限制不同

离婚，只要婚姻关系存在，无论何时都可以提出；而婚姻无效，因未到法定婚龄而产生时，应于法定婚龄届至前提出或宣告；婚姻撤销亦应在法律规定的期限内提出。不在规定期限内提出，无效婚姻、可撤销婚姻转化为法律承认效力的有效婚姻。这时，要予以解除，则必须通过离婚途径。另外，无效婚姻或可撤销婚姻既可在男女双方生

存期间提出申请宣告或撤销，也可在男女一方死亡之后提出申请。

6. 法律的效力期间不同

离婚是对现存婚姻关系的解除，终止其婚姻的效力，但没有溯及力，即承认离婚前的那段婚姻仍然有效；而婚姻无效或撤销，是对整个婚姻效力的自始否定，即具有溯及力，从一开始就不承认其婚姻的效力。

7. 法律后果不完全相同

离婚是终止当事人之间夫妻关系的行为。夫妻共同财产由双方协议处理；协议不成的，则由人民法院根据财产的具体情况，按照照顾子女、女方和无过错方权益的原则判决，并且双方都享有请求对方给予义务补偿、困难帮助的权利，以及向因重婚、与他人同居等有过错的一方请求损害赔偿的权利。婚姻无效、被撤销是对婚姻效力自始的根本否认，未形成夫妻关系，同居期间所得的财产，由当事人协议处理；在协议不成时，由人民法院根据照顾无过错方的原则判决。双方都不得请求对方给予义务补偿、困难帮助；对重婚导致的婚姻无效的财产处理，不得侵害合法婚姻当事人的财产权益，双方不具有向过错方请求损害赔偿的权利。

三、离婚与婚姻终止

婚姻终止，又称婚姻关系的消灭，是指合法、有效的婚姻关系由于一定法律事实的发生而归于消灭。其原因有：（1）配偶一方死亡，包括被宣告死亡。（2）离婚。前者为自然原因，属法律事件；后者为人为原因，属法律行为。

对于存在婚姻关系的男女双方，一方死亡这一法律事件的发生，必然导致二者之间的婚姻关系终止或消灭。这是因为，婚姻是男女双方共同生活的结合体，夫妻则是共同生活的伴侣，倘若一方死亡或者被宣告死亡，无疑失去了共同生活的前提与意义，当然应当导致二者之间的婚姻关系终止。另外，根据《民法典》第 13 条的规定，自然人的民事权利能力始于出生，终于死亡。死者不再具有民事权利能力，不再具备包括婚姻关系在内的民事法律关系的主体资格，其婚姻关系终止也属当然。

离婚与死亡，作为婚姻终止的两种不同原因，既有联系，又有区别。两者都会导致夫妻人身关系及权利与义务关系的结束。故，无论是一方死亡之后另一方再婚，还是离婚后一方或双方再婚，均不会发生重婚问题。两者的区别则体现在多个方面，如死亡致使婚姻关系自然终止，无须设置其他条件或经过其他程序；然离婚则要符合法定的条件，遵守法定的程序。法律后果也不完全相同，例如，一方死亡之后，另一方可以配偶身份继承其遗产，可离婚后则不再发生相互继承的问题；又如，一方死亡后，另一方与其血亲之间的姻亲关系并不当然消除，但离婚后，一方与另一方血亲的姻亲关系则自行消除；等等。

第二节　离婚制度的历史沿革

离婚，作为与结婚相对应的概念，是婚姻家庭制度的重要组成部分。其产生、发展和变化，既要受到社会物质生产条件及其生产关系的制约，又要受到政治、法律、文化、道德、宗教等上层建筑诸因素的影响。于是，在不同社会制度下或者在同一社会制度下的不同历史时期，离婚制度都会表现出不同的性质和特点。

一、世界各国离婚制度的历史沿革

伴随着一夫一妻制的产生、发展，离婚制度也经历了长期的历史演变，表现出不同的形态。归纳起来，主要有下列 3 种不同的制度。

1. 专权离婚制度

专权离婚制度，是指夫家或者夫本人单方面享有全部或者较多的离婚权，而妻本人没有离婚权或者离婚权受到极为严格限制的一种离婚制度。在古代社会，与实行夫权统治的宗族家庭制度相适应，实行男子专权离婚制度。在这种制度下，丈夫享有离婚的特权，妇女则没有什么离婚自由。例如，《汉穆拉比法典》规定，因妻子通奸、不生育、浪费家庭财产等原因，丈夫就可以与她离异。在负债的情况下，丈夫可以出卖妻子或把妻子作为债奴交给债权人。直到现在，还可见到这种专权离婚制度的踪迹。

2. 禁止离婚制度

实行禁止离婚主义是欧洲中世纪离婚制度的基本特征。这一制度的产生有其深刻的宗教、法律、文化背景。坚持一夫一妻制与婚姻不解除主义，是中世纪教会法的两项最重要的原则。对于夫妻关系恶劣不能共同生活的崩溃婚姻，在设置无效婚、未完成婚（举行了结婚仪式然未发生性关系的，以此否认其婚姻）制的同时，规定了别居制度。所谓别居制度，又称桌床离异，即夫妻可以分开居住，免除夫妻同居义务，而婚姻关系仍旧存在，并不切断夫妻关系的纽带，别居者从而不能再婚。直至 16 世纪，教会内部掀起宗教改革运动，新教教义主张应以通奸、恶意遗弃等作为离婚理由；在教会外部，自然法思想从萌芽到不断强大，与教会法进行了顽强而坚决的斗争，进而导致了婚姻运动，即将婚姻的立法权、司法权从教会手中取回还给世俗（国家）的运动最终爆发，并获成功。自此，禁止离婚制度才逐渐消失，并为限制离婚制度所取代。

3. 限制离婚制度

限制离婚制度，是指夫妻双方均享有离婚请求权，但法律对离婚条件加以限制的立法主张，即法律明确规定离婚的理由，只有符合法律规定的离婚理由才允许离婚，故又称“有因离婚”。在反对封建专制制度的斗争中，资产阶级提出了婚姻自由的口号，认为其是“天赋人权”，不能侵犯。1791 年，法国革命宪法宣告，婚姻不外乎是民事契约，实行离婚自由。然同时认为，应当对离婚加以严格限制，不能任意解除婚姻这种神圣的契约。只有一方存在严重过错，如有通奸、被判重刑、虐待、遗弃、重婚、谋害配偶、吸毒、嗜赌等情形时，对方才可以据此提出离婚，有过错的一方则不能请求离婚。这就形成了过错离婚制度或限制离婚制度。在这种制度下，无过错的一方有证据证明对方的过错，即可成为离婚的理由。可是，被控有过错行为的被告能够提出充分的理由予以反驳的，法院即可据此驳回原告的起诉或者不做出离婚的判决，即承认有过错方的被告对被控过错拥有抗辩权。作为抗辩事由的，通常有以下情形：（1）宥恕，即有通奸、虐待、遗弃等过错行为的被告，倘使能够证明对方曾经对其过错行为表示过宽恕、容忍，即可成为抗辩事由，而不被判决离婚；（2）纵容，即夫妻一方为了离婚，而于事前故意纵容另一方实施可以构成离婚理由的过错行为；（3）共谋，即在双方都有过错或者都无过错的情况下，为了达到离婚目的而串通共谋规避法律；（4）反控，即有过错的一方提出证据证明对方同样犯有可以作为离婚理由的过错；（5）超过期限，即有离婚请求权的一方，在知悉对方具有构成离婚理由的过错行为后于法定期限内没有提出离婚请求；等等。然而，婚姻的破裂、崩溃并非一定由过错行为引起。另外，离婚也并非对有过错一方的单独制裁，而是为了使其和无过错一方即夫妻双方能够从无法共同生活的痛苦婚姻中解脱出来。于是，后来又逐步有了无过错离婚，即夫妻一方虽然没有过错，但因一定的客观原因致使无法实现婚姻的目的，夫妻之间无法同居生活的，便可作为离婚理由而请求离婚，如一方有生理缺陷、患有严重精神疾病或恶性疾病、生死不明、夫妻分居达到一定期限等，都可成为这种无过错离婚主义的法定离婚理由。

自20世纪60年代末期开始，一些资本主义国家如英国、法国、德国、瑞典等，又对离婚制度做了进一步的变革，认为离婚是对事实上已经破裂的婚姻的确认，是当事人摆脱陷入困境的痛苦婚姻的一种手段。是以，对于那些已经无法挽回的破裂的婚姻，即使双方都没有过错，也应准予离婚。这就形成了以夫妻双方婚姻关系破裂、无法共同生活作为离婚理由的破裂主义离婚制。例如，1969年的《英国离婚改革法》第1条规定："本法生效之后，婚姻任何一方可以向法庭请求离婚的唯一理由是婚姻关系已无可挽回地破裂。"1970年的《美国统一结婚离婚法》、1975年的《澳大利亚婚姻法》、1984年的《加拿大离婚法修正案》等都否认过错离婚原则，而将婚姻彻底破裂作为唯一的离婚理由。有的还规定了双方分居一定期限如12个月即可作为婚姻破裂的证明。有的国家，如1970年的《意大利婚姻解消法》、1975年的《法国民法典》则采取过错主义与破裂主义结合的原则，在列举数项离婚理由后，指出因其他原因致使婚姻破裂的亦可以离婚。

二、我国离婚制度的历史沿革

1. 新中国成立前的离婚制度

在奴隶社会、封建社会，我国长期实行"七出""三不去"的专权离婚制度，即出妻，并以"义绝"和"和离"以及基于特定事由的呈诉离婚方式作为补充。

所谓"七出"，是指奴隶社会、封建社会用礼、法规定的男子休弃妻子的7种理由。它产生于我国奴隶社会，最早只是礼制上的要求，后来在封建社会才以法律规定下来。《大戴礼记·本命》记载："妇有七去：不顺父母去，无子去，淫去，妒去，有恶疾去，多言去，盗窃去。"并进一步解释道："不顺父母去，为其逆德也；无子，为其绝世也；淫，为其乱族也；妒，为其乱家也；有恶疾，为其不可与共粢盛也；口多言，为其离亲也；盗窃，为其反义也。"《仪礼·丧服》贾公彦疏曰："七出者：无子，一也；淫佚，二也；不事舅姑，三也；口舌，四也；盗窃，五也；妒忌，六也；恶疾，七也。"两者提法虽有区别，然内容一样。自唐律开始，以后封建各朝的法律，都明确规定"七出"是男子提出离婚的合法理由。妇女因触犯"七出"规定而被逐出男方家庭，是我国封建社会最为普遍的离婚方式，以下对"七出"的具体内容加以介绍。

（1）不顺父母。即不事舅姑，是指儿媳不孝顺公婆，包括得不到公婆的欢心，这样公婆就可以命令儿子休妻。著名长篇叙事诗《孔雀东南飞》及陆游的千古名词《钗头凤》，所反映的就是儿媳得不到公婆的欢心，儿子在母命不可违的封建伦理道德的压力下，不得不休弃心爱妻子的悲剧。

(2) 无子。即妻子不生儿子，断绝了夫家的宗祧。在我国古代社会只有男子才能传宗接代和继承家产，妻子如果不生儿子，就要承担断绝夫家后代的责任。

(3) 淫佚。即妻子与他人通奸。

(4) 妒忌。男子为了传宗接代，多子多孙，除1个正妻外，还可以纳妾，即实际实行一夫多妻制。倘若妻子多生妒忌，必然对宗法制度不利，故要承担责任，即被休弃，驱逐出夫家。

(5) 恶疾。即妻子患有癫痫等疾病，对夫家家族兴旺不利，可以成为被休弃的理由。

(6) 多言。即口舌，是指妻子违反“三从四德”中的“妇言”，对家事多言多语，会离间夫家的亲属关系，不利于夫家的团结、兴旺。

(7) 盗窃。即妻子擅自动用家庭财产。根据《礼记·内则》记载，“子妇无私货，无私畜，无私器，不敢私假，不敢私与”。也就是说，妻子对家庭财产没有处理权，倘使动用家财，就被认为属于盗窃，可以成为被休弃的法定理由。

根据上述“七出”，只要妻子具有其中之一，就可以成为丈夫休弃妻子的理由，即丈夫可以依此“出妻”而将之驱逐于家庭之外。但是，如果妻子具有“三不去”的情形之一，则丈夫不能以“七出”将之休弃。换句话说，“三不去”乃是“七出”的例外，是对“七出”的限制。所谓“三不去”，是指“尝更三年丧不去”，即为公婆服过3年丧的，不能休；“贱取贵不去”，即娶妻时夫家贫贱，妻曾与丈夫同甘共苦，后来一起富贵了，不能休；“有所受无所归不去”，即妻子无娘家可归的，不能休。按照唐律规定，妻子“虽犯七出，有三不去而出之者，杖一百，追还合”。然也有例外情况，如唐、宋律规定，犯恶疾及奸者，则不受“三不去”的保障。元、明、清律亦规定，犯罪者不受“三不去”的保障。

所谓义绝，是我国古代存在的一种特有的离婚方式，在夫妻之间、夫妻一方与他方亲属之间以及双方亲属之间，倘若发生了法律所规定的事由，无论夫妻双方的感情、意愿如何，都被认为违背了夫妇之义，必须离异，否则就要受到刑事处罚。如唐、宋律均规定：“诸犯义绝者离之，违者徒一年。”元、明法律亦规定：“若犯义绝应离而不离者，杖八十。”

根据《唐律疏议》记载，义绝包括以下5种情况：(1) 夫殴妻之祖父母、父母，杀妻之外祖父母、伯叔父母、兄弟、姑、姊妹的；(2) 夫妻祖父母、父母、外祖父母、伯叔父母、兄弟、姑、姊妹自相杀的；(3) 妻殴詈夫之祖父母、父母，杀伤夫之外祖父母、伯叔父母、兄弟、姑、姊妹的；(4) 妻与夫之缌麻以上亲如夫之父、伯叔父，祖父、伯叔祖父，兄弟、侄等宗亲相奸，或者夫与妻之母相奸的；(5) 妻欲害夫的。

所谓和离，作为我国古代的一种离婚方式，指夫妇感情不和、不相安谐而协商离婚。如《唐律·户婚》规定：“若夫妻不相安谐而和离者，不坐。”《唐律疏义》进一步解释为：“谓彼此情不相得，两愿离者，不坐。”元、明、清律也规定：“若夫妻不相和谐而两愿离者，不坐。”其中，夫妻“不相安谐”“不相得”“不相和谐”，均是指夫妻感情不和；“不坐”即不受处罚。而“和离”，即“两愿离者”，相当于现在的双方自愿而协议离婚。可是，在封建社会里，妇女深受夫权宗法制度的压迫及封建思想的束缚，且经济上没有任何保障，其和离的愿望很难实现。离与不离，主要取决于丈夫。通常是在妻子具有“七出”情形之后，夫家本着“家丑不可外扬”的古训，便采用和离的办法出妇。为此，和离往往就是男子出妻的别名。

除了上述3种离婚方式外，法律也规定，基于某些特定的原因，夫妻一方可以向官府呈诉离婚。根据《元史·刑法志》《元典章》及明、清律的有关规定，男方据以诉请离婚的原因主要有“妻背夫在逃”“妻殴夫”“男妇虚执翁奸”“妻杀妾子”“妻魇魅其夫”，女方据以诉请离婚的原因主要有“夫抑勒或纵容其妻与人通奸”“夫逃亡三年以上不归”“夫殴妻至折伤以上”“夫典雇其妻”“妻因受夫之祖父母、父母非理相殴至笃疾”“夫强奸妻前夫男妇或前夫女”“翁欺奸男妇”。

由上所述可知，我国古代社会的离婚制度充满了专权色彩，明显具有以下3个方面的特征：

一是男子片面享有休妻弃妻的权利，妇女则只有等待被休弃的命运。针对妇女被休弃的“七出”“三不去”就可以充分说明这一点。“义绝”“和离”以及个别情况下的呈诉离婚，对处于夫权统治下的妇女也明显不利。《白虎通·嫁娶》曰：“夫有恶行，妻不得去者，地无去天之义也。”《周易·恒》记载：“妇人贞吉，从一而终也。”这都说明妇女结婚之后就依附于丈夫，丈夫生前不能离弃，丈夫死后也要守节，反映出妇女根本没有什么离婚权利而言。

二是片面保护丈夫宗族利益，以维护以夫权为核心的封建宗法制度。在宗法制度下，男女结婚的主要目的在于“上以事宗庙，而下以继后世也”，即为夫家传宗接代。正因为如此，女子无子，就可以成为丈夫休妻的理由。

三是充分体现了夫权的专横统治。妇女在丈夫家里，对丈夫、公婆、小叔子、小姑子、夫妾等，都要“谦让恭敬，先人后己，有善莫名，有恶莫辞，忍辱含垢，常若畏惧”，把自己看作卑弱低一等的人，争取不被休弃，不然，就可能由于“妒”“口多言”而被休弃。

2. 新中国成立后的离婚制度

早在新民主主义革命时期，中国共产党领导下的革命根据地政权就根据马克思主义的家庭学说，建立了具有自己特色的离婚制度，确立了离婚自由的原则。1931年12月颁布的《中华苏维埃共和国婚姻条例》第9条就规定：“确定离婚自由，凡男女双方同意离婚的，即行离婚，男女一方坚决要求离婚的，亦即行离婚。”第10条规定：“男女离婚，须向乡苏维埃或城市苏维埃登记。”对于离婚后的孩子抚养及财产处理，则分别设专章规定。1934年4月颁布的《中华苏维埃共和国婚姻法》在此基础上进一步做了完善。1950年、1980年的《婚姻法》、2001年修正后的《婚姻法》以及2020年的《民法典》，继续坚持离婚自由的原则，对离婚制度做出了具体规定，形成了特色鲜明的离婚制度，既保障男女平等的离婚自由，又反对轻率离婚，正确、辩证地处理好了两者的关系。主要表现为以下两个方面的特点：

（1）保障男女平等的离婚自由。保障男女离婚自由，为婚姻的性质所决定。在社会主义制度下，实行男女平等、婚姻自由的婚姻原则，婚姻关系的成立与存续，都以爱情为基础。在现实的锅碗瓢勺、油盐酱醋的婚姻生活中，由于各种各样的原因，一些夫妻的感情会受到影响，甚至完全破裂，以致夫妻双方无法共同生活，出现一定量的离婚也是不可避免的。在夫妻感情确已破裂时，婚姻关系就失去了存在的基本前提。倘若勉强维持这种名存实亡的关系，会给双方带来莫大痛苦，影响当事人的工作、生活，严重的甚至可能由此激化矛盾，导致自杀、伤害、凶杀等悲剧的发生，对子女的健康成长、家庭乃至社会的稳定都有害而无益。实行离婚自由，正是为了使感情已经破裂的婚姻能够依法得以解决，使双方从痛苦中解脱出来，消除不利于双方、家庭乃至社会的影响。应当充分肯定离婚自由对于已经宣告爱情死亡的婚姻的积极意义，尤其是在男女事实上还未真正、彻底实现平等，一些家庭大男子主义还相当严重的情况下，更应该认识到离婚自由特别是男女平等享有离婚自由的现实意义。可以说，离婚自由与结婚自由一样，同属于婚姻自由的不可缺少的组成部分。没有离婚自由，就没有完整、真正意义上的婚姻自由。保障离婚自由，进而充分保障婚姻自由，对于改善家庭关系，维护家庭、社会稳定，推动社会日益文明、进步具有十分重要的意义。

（2）反对轻率离婚。主张离婚自由，并不意味着男女想离婚就离婚，可以轻率地处理，无任何限制。如果说双方感情破裂而不允许离婚会对当事人本人、家庭、社会带来危害的话，那么，轻率地离婚、对离婚自由的滥用也会给双方当事人、家庭以及社会带来或深或浅的危害。这是基于，婚姻属于一种社会关系，家庭乃是社会的细胞。一个婚姻和家庭的解体，不仅不利于当事人本人的利益，而且会对他方、子女、周围的其他人造成直接或间接的物质上的和精神上的影响，对社会也有一定程度的副作用。是以，反对轻率离婚，不将尚可维持的婚姻轻易、草率地解除，既是婚姻的本质要求，也是保护公民根本利益和社会利益的必然要求。总之，反对轻率离婚，就是要将离婚限制在法律规定的限度内，超出了这一限度，轻率甚至任意离婚，必然严重危害婚姻当事人、家庭乃至社会的利益，必然为国家、社会所不许。

三、我国现行离婚制度的基本特点

我国现行的离婚制度，作为为《民法典》所规定的婚姻家庭制度的重要组成部分，具有下列基本特点：

1. 在离婚的立法原则上，采取彻底的破裂主义

从离婚制度的历史发展过程中不难发现，离婚制度历经禁止离婚主义、许可离婚主义，已经发展到了自由离婚主义；立法则经历了从有因离婚到无因离婚，从有责主义到无责主义，从过错主义到破裂主义的变化，普遍确立了离婚自由原则，奉行离婚无因主义、无责主义、破裂主义。修正后的2001年《婚姻法》和《民法典》继续实行彻底的破裂主义，符合婚姻家庭立法的发展趋势。

2. 在离婚理由的规定上，扬弃了概括主义，采取了列举主义

在总结司法实践经验的基础上，对夫妻感情确已破裂的一些情况做了列举，增强了可操作性。

3. 在离婚后的权益保护上，加重了保护未成年子女和妇女合法权益的砝码，增加了许多相关内容

例如，离婚后，不直接抚养子女的父或母，有探望子女的权利，另一方有协助的义务。行使探望权利的方式、时间由当事人协议；协议不成时，由人民法院判决。父

或母探望子女，不利于子女身心健康的，由人民法院依法中止探望；中止的事由消失后，应当恢复探望。离婚时，夫妻的共同财产由双方协议处理；协议不成时，由人民法院根据财产的具体情况，按照照顾子女、女方和无过错方权益的原则判决。对夫或妻在家庭土地承包经营中享有的权益等，应当依法予以保护。尤其是有关探望权的规定，更具有现实意义，是我国婚姻家庭立法的重大进步。

4. 在离婚后的财产处理上，增加了义务补偿、过错损害赔偿等规定，强化了权利与义务的一致性

如夫妻一方因抚育子女、照料老年人、协助另一方工作等负担较多义务的，离婚时有权向另一方请求补偿，另一方应当给予补偿。因重婚，与他人同居，实施家庭暴力，虐待、遗弃家庭成员，有其他重大过错等原因导致离婚的，无过错方有权请求损害赔偿。夫妻一方隐藏、转移、变卖、毁损、挥霍夫妻共同财产，或伪造夫妻共同债务企图侵占另一方财产的，在离婚分割夫妻共同财产时，该方可以少分或不分。离婚后，另一方发现有上述行为的，可以向人民法院提起诉讼，请求再次分割夫妻共同财产。

第三节 协议离婚

一、协议离婚的概念

协议离婚，又称两愿离婚、合意离婚、登记离婚，是指夫妻双方自愿离异，并就子女抚养、财产以及债务处理等事项协商一致后，由有关机关认可即解除婚姻关系的一种离婚方式。这种离婚方式是离婚自由即双方当事人自主决定是否离婚、何时离婚以及如何离婚的充分自主权的具体体现，反映了法律尊重当事人有关婚姻意思自治的现代法治精神。以双方当事人完全自愿并达成协议为前提，不仅手续简便，而且利于他们和平、友好地分手，利于防止矛盾激化，消除对立情绪，不失为一种可取的先进离婚制度。许多国家和地区如日本、瑞典、德国、荷兰、印度、泰国、比利时、墨西哥、卢森堡、美国的一些州等都允许双方当事人协议离婚。如1973年修正的《瑞典婚姻法》第1条规定："夫妻合意解消婚姻者，双方取得离婚的权利。"我国《民法典》第1076条第1款明确规定："夫妻双方自愿离婚的，应当签订书面离婚协议，并亲自到婚姻登记机关申请离婚登记。"第1078条规定："婚姻登记机关查明双方确实是自愿离婚，并已经对子女抚养、财产以及债务处理等事项协商一致的，予以登记，发给离婚证。"这为夫妻双方协议离婚提供了具体的法律依据，有利于防止当事人不顾婚姻应当承担的责任和社会利益而草率离婚，或者双方为逃避共同义务或为获得共同利益而恶意通谋虚假离婚，或者夫妻一方利用自己在经济上、地位上等优势，威胁、逼迫另外一方进行所谓的协议离婚等有悖于协议离婚立法宗旨的行为发生。

二、协议离婚的条件

根据《民法典》第1076条的规定，夫妻双方只有符合一定条件时才能协议离婚，

不符合条件的，即使双方完全自愿，也不能以协议离婚方式离异。这说明协议离婚作为夫妻双方解除婚姻关系时有权选择的一种方式，并不是没有任何限制的，要克服婚姻是男女双方个人的事情、当事人同意就可以无条件地离婚的错误观念，以防止对离婚自由的滥用。根据《民法典》婚姻家庭编和《婚姻登记条例》等有关规定，协议离婚必须符合下列实质要件。

1. 协议离婚的男女之间必须存在法律承认的有效婚姻关系

协议离婚在于解除有效的婚姻关系，就必须要求双方之间存在有效的婚姻关系，不存在这种有效的婚姻关系，如无效婚姻、在一定时期内的可撤销婚姻以及非法同居关系，本来不能发生婚姻成立的法律效力，故无须通过协议加以解除。

2. 协议离婚的主体必须是婚姻双方当事人

婚姻关系属于人身关系，专属双方当事人所有，是否解除应由双方亲自决定。夫妻双方以外的第三人包括其父母、有关单位都不能代为做出解除婚姻关系的意思表示。

3. 双方当事人必须是自愿离婚，即具有离婚的合意

协议离婚，顾名思义，要求夫妻双方具有共同的离婚意愿。一方不愿意离婚，就无所谓协议，因而不能按协议离婚方式解除婚姻关系。不仅如此，双方的离婚合意还必须是真实的、自愿的、一致的，而不是虚假的、被迫的、误解的、出于一时气愤或冲动的。例如，一方受到另一方或第三人的暴力、威胁而违背自己真实意愿勉强被迫离婚，一方采取欺诈、哄骗的方式使对方误解而同意离婚，为了获取某种利益或逃避某种义务而恶意串通进行所谓假离婚，约定非永久性地仅在某一段时间内解除婚姻关系，约定别居、解除双方之间财产上的权利与义务关系而不解除人身关系，等等，都由于不符合协议离婚的本质而不能被认为是协议离婚。

4. 双方当事人必须具有完全的民事行为能力

协议离婚，是对夫妻双方人身关系的解除，涉及本人、子女、家庭、社会等各个方面，是一种极为重要的民事法律行为，故在以双方当事人的意愿为前提条件的协议离婚中，要求他们都具有民事行为能力。一方或双方不具有完全民事行为能力，即为无民事行为能力人或者限制民事行为能力人，就可能无法表示自己的真实意愿，并对子女抚养教育、财产以及债务问题难以妥善处理。因此，《婚姻登记条例》第 12 条第 2 项明确规定，一方或者双方当事人为限制民事行为能力人或者无民事行为能力人的，婚姻登记机关不受理其离婚登记。对于他们的离婚问题，应当通过诉讼离婚方式加以解决。

5. 双方当事人必须对子女的抚养教育做出适当、合理的处理

《民法典》第 1076 条第 2 款规定："离婚协议应当载明双方自愿离婚的意思表示和对子女抚养、财产以及债务处理等事项协商一致的意见。"所称的抚养费，根据《民法典婚姻家庭编解释（一）》第 42 条的规定，包括子女生活费、教育费、医疗费等费用。为此，双方在协议离婚时，应对子女的抚养教育问题，如直接抚养由哪方具体负责，抚养费的负担及给付方式、期限，非直接抚养一方的探望安排，子女的姓氏等问题达成一致协议，以维护子女的合法权益，保障其健康成长。

6. 双方当事人对财产以及债务必须做出适当的处理

夫妻双方在离婚时，一般要涉及共同生活而产生的共同财产和共同债务的处理问

题，如夫妻共同财产如何分割、住房问题怎么安排、债务如何清偿以及确有生活困难的一方如何得到另一方的帮助等。对于这些问题，只有妥善处理后，才会有利于消除双方的对立情绪，有利于化解双方的矛盾，以实现离婚的积极意义。正因为这样，《民法典》明确规定，只有双方按照真实、一致的意愿对财产以及债务问题进行了适当的处理后才允许协议离婚。没有达成一致的处理意见的，即使双方自愿离婚，也不能协议离婚。要解除其间的婚姻关系，依然只能通过诉讼离婚方式进行。

7. 必须符合法律的规定

协议离婚作为一种重要的民事法律行为，无疑要符合法律的规定，即不得违反法律、行政法规的强制性规定，不得违背公序良俗；不得借此规避法律，以达到个人的某种不正当目的；不得损害未成年人的利益，影响未成年人的健康成长；不得侵犯或剥夺一方当事人的合法权益；等等。否则就不能成立，婚姻登记机关一经查实，则不能允许协议离婚，即不能进行离婚登记。

三、协议离婚的程序

夫妻双方当事人达成离婚合意并就子女抚养、财产以及债务问题已有适当处理后，还应依法到婚姻登记机关办理离婚登记，获取离婚证，才能解除婚姻关系。

1. 办理离婚登记的机关

根据《婚姻登记条例》的有关规定，内地居民办理离婚登记的机关是县级人民政府民政部门或者乡（镇）人民政府，省、自治区、直辖市人民政府可以按照便民原则确定农村居民办理婚姻登记（包括离婚登记）的具体机关。中国公民同外国人，内地居民同香港特别行政区居民、澳门特别行政区居民、台湾地区居民、华侨办理离婚登记的机关是省、自治区、直辖市人民政府民政部门或者省、自治区、直辖市人民政府民政部门确定的机关。根据《婚姻登记条例》第 10 条的规定，内地居民自愿离婚的，男女双方应当共同到一方当事人常住户口所在地的婚姻登记机关办理离婚登记。中国公民同外国人在中国内地自愿离婚的，内地居民同香港居民、澳门居民、台湾居民、华侨在中国内地自愿离婚的，男女双方应当共同到内地居民常住户口所在地的婚姻登记机关办理离婚登记。根据第 19 条的规定，中华人民共和国驻外使（领）馆可以依照本条例的有关规定，为男女双方均居住于驻在国的中国公民办理婚姻登记，包括离婚登记。

2. 办理离婚登记的行政程序

就协议离婚的程序而言，根据《民法典》，民政部 2020 年 11 月 24 日发布、2021 年 1 月 1 日起施行的《关于贯彻落实〈中华人民共和国民法典〉中有关婚姻登记规定的通知》（民法〔2020〕116 号），《婚姻登记工作规范》第 54 条规定，包括申请、受理、初审、冷静期、审查、登记（发证）步骤。

（1）离婚申请及有关材料的提交与接受。《婚姻登记条例》第 11 条规定，办理离婚登记的内地居民应当出具下列证件和证明材料：本人的户口簿、身份证；本人的结婚证；双方当事人共同签署的离婚协议书。办理离婚登记的香港居民、澳门居民、台湾居民、华侨、外国人除应当出具本人的结婚证及双方当事人共同签署的离婚协议书外，香港居民、澳门居民、台湾居民还应当出具本人的有效通行证、身份证，华侨、外国人还应当出具本人的有效护照或者其他有效国际旅行证件。离婚协议书应当载明双方当事人自愿离婚的意思表示以及对子女抚养、财产及债务处理等事项协商一致的意见。2021 年 1 月 1 日起施行的《关于贯彻落实〈中华人民共和国民法典〉中有关婚姻登记规定的通知》规定："根据《民法典》第一千零七十六条、第一千零七十七条和第一千零七十八条规定，离婚登记按如下程序办理：（一）申请。夫妻双方自愿离婚的，应当签订书面离婚协议，共同到有管辖权的婚姻登记机关提出申请，并提供以下证件和证明材料：内地婚姻登记机关或者中国驻外使（领）馆颁发的结婚证；符合《婚姻登记工作规范》第二十九条至第三十五条规定的有效身份证件；在婚姻登记机关现场填写的《离婚登记申请书》。"

（2）离婚申请的受理。婚姻登记员按照《婚姻登记工作规范》有关规定对当事人提交的上述材料进行初审。申请办理离婚登记的当事人有一本结婚证丢失的，当事人应当书面声明遗失，婚姻登记员可以根据另一本结婚证受理离婚登记申请；申请办理离婚登记的当事人两本结婚证都丢失的，当事人应当书面声明结婚证遗失并提供加盖查档专用章的结婚登记档案复印件，婚姻登记员可根据当事人提供的上述材料受理离婚登记申请。婚姻登记员对当事人提交的证件和证明材料初审无误后，发给《离婚登记申请受理回执单》。不符合离婚登记申请条件的，不予受理。当事人要求出具《不予受理离婚登记申请告知书》的，应当出具。

（3）经过冷静期。2021 年 1 月 1 日起施行的《关于贯彻落实〈中华人民共和国民法典〉中有关婚姻登记规定的通知》规定："自婚姻登记机关收到离婚登记申请并向当事人发放《离婚登记申请受理回执单》之日起三十日内，任何一方不愿意离婚的，可以持本人有效身份证件和《离婚登记申请受理回执单》（遗失的可不提供，但需书面说明情况），向受理离婚登记申请的婚姻登记机关撤回离婚登记申请，并亲自填写《撤回离婚登记申请书》。经婚姻登记机关核实无误后，发给《撤回离婚登记申请确认单》，并将《离婚登记申请书》、《撤回离婚登记申请书》与《撤回离婚登记申请确认单（存根联）》一并存档。自离婚冷静期届满后三十日内，双方未共同到婚姻登记机关申请发给离婚证的，视为撤回离婚登记申请。"

该规定的立法用意是旨在减少、防范当事人一时意气用事而冲动离婚。夫妻共同生活中，有矛盾是常态，有冲突也属正常；多数冲突情形不会也不应该导致离婚。同时，夫妻在婚姻中的成长需要一个过程，当事人从中学习、积累、掌握化解夫妻矛盾的经验和技艺。然而，确有部分夫妻一发生比较大的争议，就首选离婚为解决方案。为了帮助夫妻成长，帮助婚姻成长，促进夫妻修复婚姻裂隙，有必要在离婚登记程序中设置冷静期。为离婚登记程序设置冷静期，也是最高人民法院于 2016 年正式开展家事审判方式和工作机制改革试点以来，许多地方法院探索挽救婚姻的改革措施之一，收到了良好社会效果。

（4）离婚申请及有关材料的审查。自离婚冷静期届满后 30 日内（期间届满的最后一日是节假日的，以节假日后的第一日为期限届满的日期），双方当事人应当持《婚姻登记工作规范》第 55 条第 4 至 7 项规定的证件和材料，共同到婚姻登记机关申请发给离婚证。婚姻登记机关按照《婚姻登记工作规范》第 56 条和第 57 条规定的程序和条件执行和审查。婚姻登记机关对不符合离婚登记条件的，不予办理。当事人要求出具

《不予办理离婚登记告知书》的，应当出具。

（5）登记（发证）。婚姻登记机关按照《婚姻登记工作规范》第58条至第60条规定，予以登记，发给离婚证。离婚协议书一式三份，男女双方各一份并自行保存，婚姻登记处存档一份。婚姻登记员在当事人持有的两份离婚协议书上加盖“此件与存档件一致，涂改无效。××××婚姻登记处××××年××月××日”的长方形红色印章并填写日期。多页离婚协议书同时在骑缝处加盖此印章，骑缝处不填写日期。当事人亲自签订的离婚协议书原件存档。婚姻登记处在存档的离婚协议书加盖“××××登记处存档件××××年××月××日”的长方形红色印章并填写日期。

（6）不予离婚登记。婚姻登记机关经过审查，发现申请离婚登记的当事人有下列情形之一的，根据《婚姻登记条例》第12条的规定，不予受理登记：（1）未达成离婚协议的；（2）属于无民事行为能力人或者限制民事行为能力人的；（3）其结婚登记不是在中国内地办理的。

3. 补领离婚证

离婚证作为婚姻登记证之一，须由国务院民政部门规定式样并监制。离婚证遗失或者损毁的，当事人可以持户口簿、身份证向原办理婚姻登记的机关或者一方当事人常住户口所在地的婚姻登记机关申请补领。婚姻登记机关对当事人的婚姻登记档案进行查证，确认属实的，应当为当事人补发离婚证。补发离婚证的程序与补发结婚证的程序基本一样，具体参见结婚登记的有关介绍。当事人办理离婚登记或者补领离婚证的，应当交纳工本费。工本费的收费标准由国务院价格主管部门会同国务院财政部门规定并公布。

四、关于协议离婚的几个问题

1. 离婚的当事人一方不按照离婚协议履行应尽义务的，另一方可以向人民法院提起民事诉讼

因为当事人不履行离婚协议中的财产、抚养子女等有关义务而发生纠纷，属于民事范畴，不能再由婚姻登记机关处理，也不能要求人民法院强制执行。需要解决的，只能依法向人民法院提起民事诉讼。

2. 双方在办理离婚登记后，一方反悔，要求人民法院重新处理的问题

最高人民法院1985年6月15日的《关于男女登记离婚后一方反悔，向人民法院提起诉讼，人民法院是否应当受理的批复》指出，男女双方自愿离婚办理了离婚登记后，一方反悔，向人民法院提起诉讼的，人民法院不应受理，应当告知当事人向原婚姻登记机关申请解决。

第四节　诉讼离婚程序

一、诉讼离婚的概念

诉讼离婚，又称裁判离婚，与协议离婚相对应，是指夫妻一方当事人基于离婚法

定事由，向人民法院提起离婚诉讼，人民法院依法通过调解或判决而解除当事人之间婚姻关系的一种离婚方式。在一些国家，诉讼离婚是唯一的离婚方式，例如，《德国民法典法》规定："离婚仅得由夫妻一方或双方的申请，经法院判决而为之。"在我国，作为两种离婚方式之一，诉讼离婚既可以解决一方要求离婚另一方却不愿意离婚的婚姻纠纷，又可以解决双方都愿意离婚但无法在子女抚养、财产以及债务问题上达成一致适当处理意见的婚姻纠纷；既可以解决依法成立的合法婚姻纠纷，又可以解决未依法进行登记而以夫妻名义共同生活且为法律承认的事实婚姻纠纷，以及虽不符合结婚实质条件然以夫妻名义同居后又办理了结婚登记从而转化为有效婚姻关系的无效婚姻，或者在法定期限内未撤销而转化为有效婚姻关系的可撤销婚姻纠纷。相对于协议离婚通过合意解除婚姻关系的特点来说，诉讼离婚可以说是"对真正有争议的离婚事件进行裁判"，与协议离婚相辅相成，成为我国解决离婚问题的一种不可缺少的重要手段。

二、诉讼离婚前的调解

《民法典》第 1079 条第 1 款规定："夫妻一方要求离婚的，可以由有关组织进行调解或者直接向人民法院提起离婚诉讼。"据此，对于夫妻一方要求离婚另一方不同意离婚的婚姻纠纷，以及双方虽同意离婚然不能在子女抚养、财产以及债务问题上达成一致意见的婚姻纠纷，既可以在诉讼前由有关组织进行调解，又可以不经调解直接向人民法院提出诉讼，通过诉讼离婚方式解决。进行调解，既可以由有关组织主动进行，也可以由当事人或第三人请求有关组织进行。是否进行诉讼前的调解，由当事人自愿选择。主持调解的，通常为当事人的所在单位、村民委员会或居民委员会、群众团体、人民调解组织、法律服务机构、婚姻登记机关等。他们一般都对当事人的婚姻状况、纠纷原因比较了解，容易抓住矛盾焦点进行说服劝导工作，具有较强的针对性，亦为当事人熟悉、信赖，有利于沟通和妥善、及时处理纠纷，化解双方的矛盾。这种在我国民间流传已久的婚姻纠纷调解，不拘形式，就地解决，既不会严重影响当事人的正常工作或生活，又能在双方矛盾的发展过程中起到一定的缓解作用，常被人们选择适用，在农村更是如此。实践证明，只要有关组织认真、及时、耐心、细致地做好调解工作，许多婚姻纠纷就可得到妥善处理，这无论是对当事人本人，还是对家庭、社会都有益而无害。正因如此，婚姻家庭法对之进行了确认。当然，诉讼离婚前的调解，并不是离婚诉讼的必经前置程序，是否进行这种调解，应当坚持当事人自愿原则，不得强迫。在调解过程中，还应坚持合法原则，不得强制或变相强制当事人达成或不达成某种协议。达不成协议的，当事人有权提起离婚诉讼，不得限制、阻碍；达成离婚协议的，当事人依旧需要到婚姻登记机关办理离婚登记，不能认为一达成协议就解除了其间的婚姻关系。故，诉讼离婚前的调解并不是离婚方式之一，而是离婚前的一种促使双方妥善处理婚姻纠纷的有效措施。

诉讼离婚前的调解，具体包括 3 种不同的结果：

(1) 双方重归于好，消除了矛盾，解决了纠纷，继续保持夫妻关系。但应指出，诉讼前调解，即使是行政机关、司法机关对单位工作人员的调解，也属民事行为，非行政行为或司法行为，对当事人没有任何约束力。调解和好后，当事人需要离婚的，仍可向人民法院依法起诉。

（2）双方就离婚及子女抚养、财产以及债务问题达成了协议，经过婚姻登记机关审查认可，进行离婚登记，解除婚姻关系。婚姻登记机关审查认为协议不符合法律规定或者在婚姻登记机关办理离婚登记、发给离婚证前当事人又反悔的，协议无效，要解除婚姻关系，仍需通过诉讼离婚方式解决。

（3）调解无效。一方坚持离婚，另一方仍持不同意见，或者双方虽然同意离婚，然对子女抚养、财产以及债务问题无法达成妥善处理的一致意见，可以通过诉讼离婚方式解决。

三、诉讼离婚的提出

如果夫妻双方无法通过协议离婚解除婚姻关系，就只能通过诉讼离婚方式。诉讼离婚，是人民法院在双方当事人等诉讼参与人的参加下，依法解决当事人间的婚姻纠纷的一种民事诉讼行为，必须依照《民事诉讼法》《民法典》等规定的程序、条件进行，不得违反。具体来说，其程序包括提出离婚诉讼、调解及判决 3 个阶段。以下先对提出离婚诉讼进行介绍。

当事人提出离婚诉讼，是启动诉讼离婚程序的原始动力。对于夫妻双方的婚姻纠纷，作为司法机关的人民法院不能主动干预。只有在当事人提出离婚诉讼并符合法律规定的条件时，人民法院才能立案受理，然后依法审理。根据《民事诉讼法》第 119 条的规定，当事人起诉，即提出离婚诉讼，必须符合下列条件。

（1）原告是与离婚案件有直接利害关系的自然人，即提出离婚诉讼的必须是夫妻双方的一方当事人。其他任何人包括当事人的父母、子女都不能代替当事人并以诉讼当事人的身份提出离婚诉讼。当事人没有诉讼行为能力的，根据《民法典婚姻家庭编解释（一）》第 62 条的规定，无民事行为能力人的配偶有《民法典》第 36 条第 1 款规定的“实施严重损害被监护人身心健康的行为”“怠于履行监护职责，或者无法履行监护职责且拒绝将监护职责部分或者全部委托给他人，导致被监护人处于危困状态”“实施严重侵害被监护人合法权益的其他行为”，其他有监护资格的人可以要求撤销其监护资格，并依法指定新的监护人；变更后的监护人代理无民事行为能力一方提起离婚诉讼的，人民法院应予受理。但监护人代理无民事行为能力人提起离婚诉讼的，仍然只是代理人，而不是离婚诉讼的当事人，不属于原告。

（2）有明确的被告。即原告提出离婚诉讼时必须具明对方当事人的姓名、性别、年龄等基本身份情况。离婚案件的被告，只能是与原告存在夫妻关系的对方当事人。与原告不存在夫妻关系的其他人，都不能成为离婚案件的被告而被提起离婚诉讼。

（3）有具体的诉讼请求和事实、理由。具体的诉讼请求，是原告请求人民法院解决的具体事项。在离婚案件中，就是解除原被告之间的婚姻关系以及与之相关的子女抚养、财产以及债务问题。至于事实和理由，则是支持其诉讼请求的事实、证据及理由。根据《民法典婚姻家庭编解释（一）》第 4 条的规定，当事人仅以《民法典》第 1043 条“家庭应当树立优良家风，弘扬家庭美德，重视家庭文明建设。夫妻应当互相忠实，互相尊重，互相关爱；家庭成员应当敬老爱幼，互相帮助，维护平等、和睦、文明的婚姻家庭关系”的规定为依据提起诉讼的，人民法院不予受理；已经受理的，裁定驳回起诉。

(4) 属于人民法院受理民事诉讼的范围及受诉人民法院管辖。离婚诉讼，无疑属于人民法院受理民事诉讼的范围，无须多说。另外，与此相关的子女抚养、财产分割、债务清偿等问题，也包括其中，应在离婚案件中一并处理。但是，一方当事人对另一方实行虐待、遗弃以及重婚等犯罪行为，需要追究行为人刑事责任的，则属刑事诉讼的范围，不能在离婚诉讼中一并解决。人民法院要对当事人的起诉根据民事诉讼法规定的管辖原则进行认真审查，不属于自己管辖的，应告知当事人向有管辖权的人民法院提出诉讼。根据《民事诉讼法》第 21 条的规定，离婚案件一般应由被告住所地人民法院管辖；被告住所地与经常居住地不一致的，由经常居住地人民法院管辖。第 22 条规定，下列民事诉讼，由原告住所地人民法院管辖；原告住所地与经常居住地不一致的，由原告经常居住地人民法院管辖：1）对不在中华人民共和国领域内居住的人提起的有关身份关系的诉讼；2）对下落不明或者宣告失踪的人提起的有关身份关系的诉讼；3）对被采取强制性教育措施的人提起的诉讼；4）对被监禁的人提起的诉讼。

此外，《民事诉讼法司法解释》第 3 条第 1 款规定，公民的住所地，是指公民的户籍所在地。第 4 条规定，公民的经常居住地，是指公民离开住所地至起诉时已连续居住 1 年以上的地方，但公民住院就医的地方除外。第 6 条规定，被告被注销户籍的，依照《民事诉讼法》第 22 条规定确定管辖；原告、被告均被注销户籍的，由被告居住地人民法院管辖。第 7 条规定，当事人的户籍迁出后尚未落户，有经常居住地的，由该地人民法院管辖；没有经常居住地的，由其原户籍所在地人民法院管辖。第 8 条规定，双方当事人都被监禁或者被采取强制性教育措施的，由被告原住所地人民法院管辖。被告被监禁或者被采取强制性教育措施 1 年以上的，由被告被监禁地或者被采取强制性教育措施地人民法院管辖。第 11 条规定，双方当事人均为军人或者军队单位的民事案件由军事法院管辖。第 12 条规定，夫妻一方离开住所地超过 1 年，另一方起诉离婚的案件，可以由原告住所地人民法院管辖。夫妻双方离开住所地超过 1 年，一方起诉离婚的案件，由被告经常居住地人民法院管辖；没有经常居住地的，由原告起诉时被告居住地人民法院管辖。第 13 条规定，在国内结婚并定居国外的华侨，如定居国法院以离婚诉讼须由婚姻缔结地法院管辖为由不予受理，当事人向人民法院提出离婚诉讼的，由婚姻缔结地或者一方在国内的最后居住地人民法院管辖。第 14 条规定，在国外结婚并定居国外的华侨，如定居国法院以离婚诉讼须由国籍所属国法院管辖为由不予受理，当事人向人民法院提出离婚诉讼的，由一方原住所地或者在国内的最后居住地人民法院管辖。第 15 条规定，中国公民一方居住在国外，一方居住在国内，不论哪一方向人民法院提起离婚诉讼，国内一方住所地人民法院都有权管辖。国外一方在居住国法院起诉，国内一方向人民法院起诉的，受诉人民法院有权管辖。第 16 条规定，中国公民双方在国外但未定居，一方向人民法院起诉离婚的，应由原告或者被告原住所地人民法院管辖。第 17 条规定，已经离婚的中国公民，双方均定居国外，仅就国内财产分割提起诉讼的，由主要财产所在地人民法院管辖。《民事诉讼法》第 33 条第 1、3 项规定，因不动产纠纷提起的诉讼，由不动产所在地人民法院管辖；因继承遗产纠纷提起的诉讼，由被继承人死亡时住所地或者主要遗产所在地人民法院管辖。《民事诉讼法司法解释》第 28 条第 1、3 款规定，《民事诉讼法》第 33 条第 1 项规定的不动产纠纷是指因不动产的权利确认、分割、相邻关系等引起的物权纠纷。不动产已登记的，以不动产登记簿记载的所在地为不动产所在地；不动产未登记的，以不动产实际所在地为不动产所在地。第34条规定，当事人因同居或者在解除婚姻、收养关系后发生财产争议，约定管辖的，可以适用《民事诉讼法》第34条“合同或者其他财产权益纠纷的当事人可以书面协议选择被告住所地、合同履行地、合同签订地、原告住所地、标的物所在地等与争议有实际联系的地点的人民法院管辖，但不得违反本法对级别管辖和专属管辖的规定”之规定确定管辖。

上述4个条件是提起离婚诉讼必须遵循的条件，缺一不可。在特定的离婚诉讼中，法律规定了其他限定条件的，起诉时也必须符合。不然，人民法院就可依法驳回起诉，不予受理。例如，对判决不准离婚和调解和好的离婚案件，根据《民事诉讼法》第124条第7项的规定，没有新情况、新理由，原告不能在6个月内又提起离婚诉讼。违反规定在6个月内又起诉的，人民法院不予受理。之所以这样规定，既是为了防止当事人的离婚请求今天被驳回明天又上法院的“缠讼”现象发生，又是为了给当事人一个冷静的机会，让他们重新审视自己的婚姻，以挽救感情尚未真正破裂的婚姻。

应当指出：第一，判决不准离婚和调解和好的离婚案件6个月内不能起诉，是针对原离婚诉讼的原告而言的。对于原离婚诉讼的被告，法律没有限制提出离婚诉讼的规定，故其在6个月内作为原告提出离婚诉讼的，即使没有新情况、新理由，人民法院亦应受理。第二，原告在判决不准离婚或者调解和好后6个月内又提出离婚诉讼，并不是一律都应限制，而只是在没有新情况、新理由，即支持离婚请求的事实、理由没有变化或者没有本质变化的情况下才加以限制。如果出现诸如证明感情确已破裂的新情况、新理由，如对方犯罪被追究刑事责任严重影响夫妻感情，对方重婚或公开与他人姘居，对一方赌博、吸毒而屡教不改，可能有自杀、凶杀等恶性事件发生，等等，原告也可以在6个月内提起离婚诉讼，人民法院审查后确属新情况、新理由的，应当依法受理。

还应指出，对于没有按照法律规定办理结婚登记而以夫妻名义共同生活的男女双方，向人民法院起诉要求离婚的，倘若符合立案的条件，人民法院也应当受理，不能仅以男女双方没有办理结婚登记为由而对之提起的离婚诉讼置之不理。可是，应当根据有关法律及司法解释区分不同情况进行处理。对此，《民法典婚姻家庭编解释（一）》第7条规定，未依据《民法典》第1049条规定办理结婚登记而以夫妻名义共同生活的男女，提起诉讼要求离婚的，应当区别对待：（1）1994年2月1日民政部《婚姻登记管理条例》公布实施以前，男女双方已经符合结婚实质要件的，按事实婚姻处理。（2）1994年2月1日民政部《婚姻登记管理条例》公布实施以后，男女双方符合结婚实质要件的，人民法院应当告知其补办结婚登记。未补办结婚登记的，依据本解释第3条“当事人提起诉讼仅请求解除同居关系的，人民法院不予受理；已经受理的，裁定驳回起诉。当事人因同居期间财产分割或者子女抚养纠纷提起诉讼的，人民法院应当受理”的规定处理。

此外，在离婚诉讼中，人民法院经过审理确属无效婚姻，根据《民法典婚姻家庭编解释（一）》第12条的规定，应当将婚姻无效的情形告知当事人，并依法作出确认婚姻无效的判决。对于司法实践中常常存在的就同一婚姻关系提出离婚及申请确认婚姻无效的情况，人民法院就这两种不同诉讼请求的案件分别受理了离婚和请求确认婚姻无效案件的，根据《民法典婚姻家庭编解释（一）》第 13 条的规定，对于离婚案件的审理，应当待请求确认婚姻无效案件作出判决后进行。

四、诉讼离婚中的调解

1. 诉讼离婚中调解的概念

《民法典》第 1079 条第 2 款规定："人民法院审理离婚案件，应当进行调解；如果感情确已破裂，调解无效的，应当准予离婚。"据此，调解应是人民法院审理离婚案件的必经程序。未经调解，一般不得即行作出离婚判决。

诉讼离婚中的调解，又称司法调解，是指在人民法院审判人员的主持下，由双方当事人自愿协商，达成协议，解决纠纷的一种方法及程序。人民法院调解离婚案件的过程，既是审判人员依照法律、法规及政策说服、教育当事人的过程，也是当事人在审判人员的主持下分清是非、互相协商、解决争端的过程，还是人民法院审理离婚案件的组成部分。一旦调解成功，制作并送达调解书，由双方当事人签收后，即发生法律效力。与诉讼离婚前的调解有着本质的不同，应当注意加以区分。

2. 诉讼离婚中的调解应当注意的问题

司法调解，作为诉讼离婚程序中的一个重要环节，应当依照《民事诉讼法》《民法典》规定的原则、程序进行。具体说来，应当注意以下 5 个方面。

（1）必须坚持自愿原则。这主要包括两个方面：首先，是否进行调解，应当遵循当事人的意愿，不能强行调解。对当事人说明情况并进行一定的思想工作后，当事人一方或双方不愿调解的，即不应进行调解。其次，调解要达成协议，也必须双方完全自愿，不能在当事人思想不通的情况下勉强达成调解协议，更不能强迫一方或双方接受调解，达成所谓的和好协议。

（2）必须坚持合法原则。这不仅要求调解的程序符合法律规定，而且要求通过调解达成协议的内容必须符合法律的规定，例如，在子女抚养、财产分割、债务清偿等问题上，不得损害妇女、未成年子女的合法权益等。

（3）必须在事实清楚、分清是非的基础上进行调解。调解的目的在于有效地解决婚姻纠纷，这就必须查清纠纷发生的原因，了解双方感情的历史、现实情况，掌握当事人的真实思想，并合理、合法分清各自的是非责任，以有针对性地开展劝说、疏导、调解工作，有效地促进纠纷的解决。那种不明事实真相、不分是非责任的做法，不仅不会促使纠纷的妥善解决，而且会导致矛盾的激化，应当摒弃。

（4）应当注意发挥基层组织、有关单位及个人的作用。任何夫妻都要生活在一定的社会环境中，与当事人双方相联系的单位，村民委员会、居民委员会等组织以及亲属、朋友、同事、邻居等个人往往对他们的婚姻状况比较了解。通过这些熟悉情况的组织和个人做工作，发挥亲劝亲、邻劝邻、知心人劝知心人的群众工作方法的作用，必然有助于双方纠纷的解决。为此，《民事诉讼法》第 95 条明确规定："人民法院进行调解，可以邀请有关单位和个人协助。被邀请的单位和个人，应当协助人民法院进行调解。"这种坚持群众路线的工作方法，在离婚诉讼中更应注意运用。

（5）应当重视调解结案的回访工作。离婚案件的审判实践证明，调解和好的双方当事人，其夫妻关系在感情愈合的初期还比较脆弱，容易出现反复，人民法院通过及时回访，了解双方的情况，进一步做好当事人的思想工作，有利于调解效果的稳定和巩固。

3. 诉讼离婚中调解的结果

经过自愿、合法的调解，其结果可能出现3种不同的情况：

（1）双方当事人互谅互让，达成重归于好的协议。原告撤诉，或是人民法院将调解笔录存卷，按撤诉处理。这时，人民法院可以不制作调解书，然应当记入笔录，由双方当事人、审判人员、书记员签名或者盖章后，即发生法律效力。

（2）双方就离婚以及离婚后的子女抚养、财产分割、债务清偿等问题达成了协议。这时，人民法院应当制作调解书，写明诉讼请求、案件的事实和调解结果，并由审判人员、书记员签名，加盖人民法院印章后送达双方当事人。双方当事人签收后，发生法律效力，不许上诉，双方的婚姻关系得以解除。

（3）双方协议不成，调解无效，或者调解书送达前一方或双方反悔的，继续进行诉讼，进入判决阶段。人民法院应当依法及时判决，切忌久拖不决。

五、诉讼离婚的判决

对于调解未能达成和好或者虽然达成离婚协议，但在调解书送达前一方或双方反悔的案件，人民法院应当通过判决解决婚姻纠纷。判决应以经过开庭审理查明的事实为依据，以法律规定的判决离婚的条件即感情确已破裂为标准。对于夫妻感情确已破裂、符合法律规定的准予离婚条件的，应当判决离婚，并对子女抚养、财产以及债务处理等一并做出处理；对于感情尚未真正破裂、不符合法律规定的准予离婚条件的，应当判决不准离婚。不论是准予离婚还是不准离婚的判决，属于一审的，当事人可以提出上诉，上诉应在判决书送达之日起15日内进行。未在上诉期内依法上诉的，一审判决发生法律效力。在上诉期内依法上诉的，案件进入二审程序。二审时，仍可进行调解，调解无效作出的判决，属终审判决，一经送达即发生法律效力。根据《民事诉讼法》第202条的规定，当事人对已经发生法律效力的解除婚姻关系的判决、调解书，不得申请再审。这是因为，离婚判决、调解书不同于一般的民事判决、调解，它涉及双方当事人的身份关系即夫妻关系的解除。这种解除，必然伤害当事人的感情，夫妻关系解除后，当事人可能已与他人再婚，故离婚判决调解书发生法律效力后，即使依据的事实有误，也不应再审。双方愿意破镜重圆的，则可通过复婚恢复其婚姻关系。至于有关子女抚养、财产以及债务问题处理不当的，则可通过另行提起民事诉讼依法处理。

六、诉讼离婚的限制与例外

为了维护军婚和妇女、儿童的合法权益，《民法典》对军婚和涉及特定妇女的离婚分别做出了特别限制规定，以下分别加以介绍。

1. 对现役军人配偶要求离婚的特别限制规定

《民法典》第1081条规定："现役军人的配偶要求离婚，应当征得军人同意，但是军人一方有重大过错的除外。"这是法律对军婚给予的特殊保护。要充分、正确保障现役军人的婚姻关系，应当注意以下4个方面。

(1) 现役军人的范围。所谓现役军人，是指正在中国人民解放军和中国人民武装警察部队服现役、具有军籍的人。既包括在中国人民解放军服现役，具有军籍、军衔的军官、士兵（如被任命为排级以上职务或者初级以上专业技术职务，并授予相应军衔的军官；被任命为基层行政或者专业技术领导管理职务的现役士兵，即军士长；服现役满5年以上，自愿继续服役，经批准担任专业技术工作的现役士兵；被授予上士、中士、下士以及上等兵、列兵军衔的义务兵役制士兵；等等）又包括在中国人民武装警察部队服现役的具有警籍的警官、警士。既包括武职人员，又包括文职干部，如军事院校、科研机构中具有军籍，从事教学、科研的人员等。但下列人员，不属于现役军人：1）在军队中工作但没有军籍的职工，如在军队内部从事生产经营、后勤管理的非军人干部，在军队内部从事军事勤务工作的非军人。2）已经过转业、复员、退伍、退休、离休的军人或者经过退役的革命残废军人。3）在地方担任某种军事职务的人，如编入民兵组织或者经过登记服预备役的预备役军官、士兵。4）正在服刑的军人。军人在服刑期间不计算军龄，且停发津贴、工资，不宜再以现役军人对待。

(2) 现役军人的配偶要求离婚，除军人一方有重大过错外，必须征得军人同意。现役军人的配偶，仅指现役军人的非军人配偶，即现役军人的配偶不属于军人。现役军人提出离婚，或者双方都是现役军人的离婚则不受上述规定的限制。其中，现役军人的配偶，既包括与现役军人办理了结婚登记而同居的人，又包括与现役军人办理了结婚登记而未实际同居的人，但不包括与现役军人仅仅存在恋爱、婚约关系的人，以及与现役军人形成了同居关系的人。

现役军人向非军人配偶提出离婚，不受《民法典》第1081条的限制，即无须征得配偶的同意。然而，也应严肃对待，不可草率。

至于双方都是现役军人的离婚，不适用《民法典》第1081条的规定，是由于该条的立法意图在于通过限制现役军人配偶的离婚请求实现权，以支持军人一方的意愿，从而对军人一方给予特殊的保护。但若双方都是现役军人，不管哪方提出离婚均适用该条规定，都必须在给予一方特殊保护的同时而损害另一方的利益，与特殊保护现役军人婚姻的立法意图相悖。

另外，法律规定现役军人的配偶要求离婚，须得军人同意，是对现役军人的非军人配偶提出离婚请求的限制，即对非军人配偶离婚请求权的限制，仅适用于非军人配偶一方单方要求离婚，而不适用于双方的合意离婚。双方合意，协议一致，即可登记离婚，无须适用本条规定。另外，现役军人同意离婚，然未在子女抚养、财产以及债务问题上与要求离婚的对方达成一致意见，非军人配偶提起诉讼的，人民法院应当根据感情是否确已破裂而作出判决，此时一般应判决离婚，并妥善处理好子女抚养、财产以及债务等问题。

(3) 军人一方有重大过错，非军人配偶要求离婚的不受“应当征得军人同意”的限制。这是2001年修正的《婚姻法》增加的规定，是在军人有重大过错时保护军人的非军人配偶利益的必要措施，体现了法律的公平要求。另外，不论具体情况，一概要求现役军人配偶提出离婚应当征得军人同意，对配偶无益，对军人也无益。倘若配偶坚决要求离婚，军人不同意，有的便采取极端行为，长期对军人生活进行干扰，久而久之，军人精疲力竭，不得不同意离婚，这给双方都会带来极大痛苦，并且由此可能引发军人择偶难的不良后果。鉴于同现役军人离婚一律应当征得军人同意，可能使得很多人对与现役军人结婚有所顾虑，于是立法机关增加了这一规定。

何谓重大过错，法律未做明确规定。根据《民法典婚姻家庭编解释（一）》第64条的规定，《民法典》第1081条所称的“军人一方有重大过错”，可以依据《民法典》第1079条第3款前3项规定及军人有其他重大过错导致夫妻感情破裂的情形予以判断。军人具有下列情形之一的，即可认定其具有重大过错：1）重婚或者与他人同居；2）实施家庭暴力或者虐待、遗弃家庭成员；3）有赌博、吸毒等恶习屡教不改；4）其他重大过错导致夫妻感情破裂，如通奸、卖淫、嫖娼造成严重社会影响，婚前隐瞒严重疾病或生理缺陷，婚后久治不愈，违法犯罪，被判长刑或严重伤害夫妻感情，等等。这时，另一方坚决要求离婚，确系感情破裂的，即使军人一方不同意，人民法院也可以根据《民法典》第1079条、第1081条的规定以军人一方有重大过错为由而判决准予离婚。

（4）正确理解本条规定与“感情确已破裂，调解无效的，应当准予离婚”的关系。《民法典》第1079条第2款规定，夫妻双方感情确已破裂，调解无效的，应当准予离婚。这是适用于所有离婚案件包括军人离婚案件的一般规定。军人离婚案件，最终是否判决离婚，仍然要以感情是否确已破裂为依据。为了给予军人婚姻特别的保护，《民法典》第1081条对现役军人的配偶要求离婚的，规定应当征得军人的同意，属于军人离婚诉讼中的特别规定。根据特别法优先于普通法的适用原则，在现役军人配偶要求离婚的诉讼中，就应首先适用现役军人配偶要求离婚的，应当征得军人同意的规定。但是，不能由此推出，军人不同意离婚的，就绝对不能判决离婚。这是因为《民法典》设置该条规定，是对现役军人配偶离婚请求权进行一定限制，并不是否定夫妻感情确已破裂这一所有诉讼离婚案件判决离婚的唯一法定理由。判决准予或者不准离婚的标准，仍旧是夫妻感情是否确已破裂，而非军人自身的主观愿望。否则，将军人同意离婚作为判决准予离婚的一个条件，不论感情是否确已破裂，在军人不同意时都不准予离婚，必然侵害军人配偶的合法权益，并有悖于婚姻自由的原则及婚姻的本质，也不符合本条的立法本意。本条的立法本意在于保护军人尚未死亡的婚姻，即通过对军人配偶离婚请求权的限制，防止感情没有破裂或没有完全、真正破裂的军人婚姻的消灭，而不是利用法律手段强制维持其间已经死亡的、没有存在必要的婚姻。正因为这样，《贯彻民事政策法律若干意见》第9条曾经规定：“……军人不同意离婚时，应教育原告珍惜与军人的夫妻关系，尽量调解和好或判决不准离婚。对夫妻感情已经破裂，经过做和好工作无效，确实不能继续维持夫妻关系的，应通过军人所在部队团以上的政治机关，做好军人的思想工作，准予离婚。”这为正确理解本条规定与“感情确已破裂，调解无效的，应当准予离婚”的关系提供了重要的参考。

应当指出，非军人配偶提出离婚，不需要征得军人同意，要以军人一方有重大过错为前提。军人一方没有过错或者虽有过错然并非重大过错的，其配偶要求离婚就都应当征得其同意。

2. 男方要求与特定妇女离婚的特别限制规定

《民法典》第1082条规定：“女方在怀孕期间、分娩后一年内或者终止妊娠后六个月内，男方不得提出离婚；但是，女方提出离婚或者人民法院认为确有必要受理男方离婚请求的除外。”这是保护妇女、儿童合法权益原则直接、具体的体现。妇女在怀孕期间以及分娩、终止妊娠（即“小产”，包括自然流产和人工流产）后的一段时间内，身体负荷大，付出多，生理不适，心理脆弱，无论在身体上还是精神上都需要丈夫更多的关心、爱护及生活上的特别照顾。另外，怀孕、分娩后的一段期间，母亲的精神状况直接影响着胎儿的生长发育和婴儿的哺育照料，关系到胎儿和婴儿的健康成长。从保护妇女、儿童及关心民族的未来出发，对男方在此期间提出离婚做出限制，无疑非常必要，符合社会公共伦理道德的要求。男方提出离婚倘使违反了这一限制性规定，人民法院就不应受理。

应当指出，这一规定只是对男方起诉离婚的诉权做暂时的限制，即推迟男方行使起诉离婚权利的时间，并非剥夺男方的诉权，也不涉及是否准予离婚这一实质问题。法律规定的限制期间届满之后，男方起诉离婚的诉权不再受到该规定的限制，要求离婚的，仍可依法提出离婚。

在司法实践中，要正确贯彻、执行这一限制性规定，应当注意以下3个方面：

（1）女方提出离婚的，不受这一规定的限制。这是由于，该限制设立的目的在于保护妇女、胎儿及婴儿的利益，女方在此期间提出离婚，就表明她认为离婚才更利于保护自己及胎儿、婴儿的利益。在通常情况下，女方在需要特别照顾时提出离婚，乃是情非得已，例如，不堪忍受精神上和肉体上的折磨等。这时，她认为只有离婚才是最明智、最符合自己利益的选择，才能更好地保护自己以及胎儿、婴儿健康发育成长，并对离婚可能带来的后果做好充分的思想准备。如果不及时处理，会损害自己及胎儿、婴儿的利益。所以，女方在此期间提出离婚不应受到限制，不然就会与这一限制规定的立法精神相违背。另外，男女双方一致同意离婚，并对子女抚养、财产及债务问题达成协议的，也应允许双方到婚姻登记机关办理离婚登记手续。

（2）人民法院认为确有必要受理男方离婚请求的，也不受这一规定的限制。在现实生活中，婚姻纠纷的原因是多种多样的，其程度也千差万别，不能不分情况一律绝对限制。在重大而急迫的特殊情况下，如夫妻双方关系已不可调和，不予受理，就可能导致夫妻矛盾进一步恶化，甚至可能出现自杀、凶杀事件，有严重损害妇女、儿童或危及他人生命、健康的可能，具有紧迫性。这时，从维护妇女、儿童的利益出发，无疑有必要在对男方于此期间提出离婚加以限制的一般原则下做出灵活的规定，即“确有必要”时，应当允许男方提出离婚，人民法院也应受理男方的离婚请求。当然，认定“确有必要”，应当严格把握，并由人民法院确定。总的原则是受理男方提出的离婚比起不受理其提出的离婚应当更利于维护妇女、儿童的利益。只有这样，才不至于违背此条限制性规定的精神。

（3）关于非法同居关系导致女方怀孕、终止妊娠及分娩，男女双方提出解除其非法同居关系是否受到上述规定的限制。对此，有的人提出，非法同居虽然具有违法性，但胎儿、婴儿是无辜的，女方在怀孕期间、分娩后1年内其身心健康同样要受到保护。为此，主张在上述期间应对男方提出解除非法同居关系的请求予以限制。笔者认为，非法同居关系不具有婚姻的效力，女方在同居期间的怀孕、分娩，违反了《民法典》的规定，有悖于公序良俗原则，破坏了良好的道德风尚，不应享受《民法典》因配偶身份而设置的特别保护，否则就等于对其默许、纵容，不利于有效抑止此类行为的发生。当然，不对男方解除非法同居关系的请求加以限制，并不意味着就不保护妇女、胎儿、婴儿的利益。在处理这类非法同居关系时，同样应当妥善处理好妇女、胎儿、婴儿的问题。另外，基于同样的道理，对于无效婚姻或可撤销婚姻，男方提出宣告无效或撤销的，也不应受到在妇女怀孕期间、终止妊娠 6 个月内、分娩后 1 年内不得提出的限制。

3. 诉讼离婚的例外

除了《民法典》规定的诉讼离婚中的两种特别限制外，《民事诉讼法》及其司法解释还规定了两种离婚诉讼不应受理的情形，即：（1）判决不准离婚和调解和好的离婚案件，没有新情况、新理由，原告在 6 个月内又起诉的，人民法院不予受理。被告起诉的，不在此限。（2）原告撤诉或者按撤诉处理的案件，没有新情况、新理由，在 6 个月内又起诉的，依照《民事诉讼法》第 124 条第 7 项的规定不予受理。被告起诉的，不在此限。

第五节　诉讼离婚的法定条件

一、夫妻感情确已破裂是诉讼离婚的法定条件

《民法典》第 1079 条第 2 款规定："人民法院审理离婚案件，应当进行调解；如果感情确已破裂，调解无效的，应当准予离婚。"据此，诉讼离婚的法定条件为夫妻双方感情确已破裂。倘若感情没有破裂或者尚未完全破裂，还能够维持，有和好的可能，即使一时调解无效，也不应准予离婚。将感情确已破裂作为准予离婚的唯一法定条件，主要有以下 3 个方面的原因。

1. 是婚姻本质的反映

我们知道，夫妻双方的感情是婚姻关系的基本要素，是婚姻关系赖以缔结、存在和巩固的基础。夫妻朝夕相处，长期共同生活，要发生物质上的、精神上的以及自然上的各种联系，必然要以感情为前提。婚姻纠纷的原因虽然多种多样，但婚姻纠纷归根结底是夫妻感情的变化引起的。夫妻感情深厚，即使对方有什么过错，也可以原谅，不会发生纠纷。倘使感情很淡薄甚至已经"死亡"，就会对对方的某些缺点无法原谅，久而久之，必然引发婚姻纠纷。为此，以感情的有无作为是否准许离婚的法定条件，无疑反映了婚姻关系的本质。

2. 是我国长期立法、司法实践经验的总结

早在新民主主义革命时期，一些革命根据地的婚姻立法就已经蕴含了感情破裂这一准予离婚的标准。例如，1942 年《晋冀鲁豫边区婚姻暂行条例》第 16 条规定："夫妻感情恶劣，至不能同居者，任何一方均得请求离婚。"新中国成立后，1950 年《婚姻法》并未对准予离婚的条件做出明确的规定。1950 年《婚姻法》第 17 条规定，男女一方坚决要求离婚的，经区人民政府和司法机关调解无效时，亦准予离婚。人民法院对离婚案件，也应首先进行调解；如调解无效时，即行判决。不过，在关于《婚姻法》的起草经过和起草理由的报告中，则概括了人民法院判决离婚案件的经验，指出有正当原因不能继续夫妻关系的，作准予离婚的判决，不然作不准予离婚的判决。中央法

制委员会1950年6月26日在《就有关婚姻法施行的若干问题的解答》中进一步指出："有正当原因不能继续夫妻关系的，应作准予离婚的判决；否则也可作不准予离婚的判决。"中央法制委员会1953年3月19日在《有关婚姻问题的若干解答》中又指出："人民法院对于一方坚决要求离婚，如经调解无效而又确实不能继续维持夫妻关系的，应准予离婚。如经调解虽然无效，但事实证明他们双方并非到确实不能继续同居的程度，也可以不批准离婚。"最高人民法院1963年8月28日在《关于贯彻执行民事政策几个问题的意见（修正稿）》中进一步指出："对那些夫妻感情已完全破裂，确实不可能和好的，法院应积极做好坚持不离一方的思想工作，判决离婚。"由上可见，在司法实践中，对于离婚条件的把握，经历了从"有正当原因"到"感情已完全破裂"的转变。这一转变自1953年3月19日就已发生，直至1963年8月28日才予以明确。可是，在当时的历史条件下，特别是在"文化大革命"中，"感情已完全破裂"的标准常被"有正当原因"，甚至被"划清政治界限，同资产阶级思想作斗争"的所谓标准替代。在现实生活中，一些感情尚未破裂的夫妻因划清政治界限的需要而被判决离婚；而一些感情确已破裂、关系已名存实亡的婚姻却又以反对资产阶级喜新厌旧、见异思迁的思想为由而被判决不准离婚。直至1979年最高人民法院在《关于贯彻执行民事政策法律的意见》中又明确地指出，人民法院审理离婚案件，准离与不准离的基本界限，要以夫妻关系事实上是否确已破裂，能否恢复和好为原则。至此，感情确已破裂才真正成为判决离婚的唯一理由。1980年的《婚姻法》将司法实践中反复总结出来的判决离婚的标准上升为法律，使得感情确已破裂成为我国诉讼离婚的法定条件、理由及原因，2001年的《婚姻法》和2020年的《民法典》都将"感情确已破裂"列为我国诉讼离婚唯一的法定条件、理由及原因。

3. 是世界离婚立法发展的必然趋势

通观世界各国近现代婚姻立法，对于离婚理由的规定大致采取3种方法：

（1）采取列举主义，即具体列举各种离婚的理由，如《墨西哥民法典》列举的具体离婚理由达17项。这种方法标准具体、明确，可操作性强，然只见树木，不见森林，难以穷尽离婚理由的所有情况，既是对个人离婚的限制，也排除了法官自由裁量的余地。

（2）采取概括主义，即不具体列举各种离婚理由，只是抽象地、概括地规定婚姻关系破裂的，应判决离婚，如《美国统一结婚离婚法》《罗马尼亚家庭法》就是如此。这种方法简单概括离婚条件的本质内涵，具有高度的抽象性、灵活性、适用性，但由于标准不具体，可操作性不强，并易产生理解上的歧义，可能导致对以婚姻破裂为由的离婚权利的滥用。

（3）采取例示主义，即将列举性的规定和概括性的规定加以结合，在对离婚若干具体理由做出具体列举以起例示作用的同时，又做一个相对抽象的具有伸缩性的概括规定，既弥补列举方式难以包罗各种离婚理由的不足，又弥补了概括主义标准不明、易产生歧义的不足，集两者之优点。如《日本民法典》第770条第1款在具体规定了4种离婚的理由后，于第5项做出"有其他难以继续婚姻的重大事由时"允许离婚的概括规定，所采取的就是例示主义。

然而，不论是列举主义，还是概括主义，抑或例示主义，都具有一个共同特征，就是将感情破裂、难以继续婚姻关系作为离婚的标准。具体理由只不过是感情破裂的具体体现，并不否定感情破裂这一唯一的离婚标准。

在我国，1980 年的《婚姻法》考虑到离婚情况非常复杂，具体理由不易列举完全，加上我国当时对离婚案件的审判实践所总结的有效经验有限，只是概括性地将感情破裂规定为准予判决离婚的理由。这样，在司法实践中，怎样认定感情破裂就成为困扰离婚案件审判的一个重大疑难问题。为此，最高人民法院在总结司法实践经验的基础上于《离婚案件夫妻感情确已破裂意见》中，对体现感情破裂的 14 种具体情况做了列举，从而为正确、及时处理离婚案件提供了指导。经过实践检验的成功，2001 年修正的《婚姻法》及《民法典》对以上司法解释规定做了进一步的吸收、归纳与总结，在继续概括规定感情破裂是判决离婚的唯一理由的同时，对其具体表现做了一定列举，同时设立了“其他导致夫妻感情破裂的情形”的兜底条款，保持了法律的开放性、灵活性。抽象规定、具体情形及兜底条款，构成了我国设置离婚条件的立法技术手段，使一般和特殊、本质和现象、抽象和具体有机结合，充分体现了有关离婚条件的立法更趋合理、科学与完善，对于理解、适用法定条件判决离婚，也具有重要的理论与实践意义。

总之，准予离婚的标准，只能是夫妻双方的感情确已破裂，已无和好可能，达到了无法挽救的地步，即实行无过错主义、破裂主义，而不应是“有正当的离婚理由”，也不应以“起诉者无过错”为前提，即不能以一方有过错为由而对离婚加以限制。只要双方的感情确已破裂，即使有过错方提出离婚，也应判决离婚，不能以判决不离进行“惩罚”。对此，《民法典婚姻家庭编解释（一）》第 63 条进一步明确，人民法院审理离婚案件，符合《民法典》第 1079 条第 3 款规定“应当准予离婚”情形，即感情确已破裂且调解无效的，不应当因当事人有过错而判决不准离婚。

二、夫妻感情破裂的认定方法

1. 根据夫妻感情确已破裂的一般标准进行考察

夫妻感情，是指夫妻双方基于自然因素和社会因素形成的相互关切、喜爱之情，属于社会意识的范畴，具有生理性、社会性、可变性等基本特征。夫妻感情的生理性，是指生理因素是建立、巩固或者影响夫妻感情的自然基础。夫妻感情的社会性，是指夫妻感情并不孤立地存在于夫妻双方之间，而要受到所处社会的政治、经济、文化、道德、宗教、科学等社会物质因素、精神因素的影响与制约。夫妻感情的可变性，是指夫妻感情并不是静止而一成不变的，而是随着夫妻双方的地位、条件的变化，社会的发展等许多因素而变化。既可以由浅变深，又可以由深变浅；既可以由好变坏，也可以由坏变好。正因为这样，感情的认识问题非常复杂。加之个人的性格、爱好等个人特征的差异，以及个人所处环境的不同，对感情的看法、表现千差万别，没有固定模式，这给感情的认识增加了困难。但这不是说，感情不能认识，无法捉摸。感情作为相互之间的关切、喜爱之情，必有一定行为来体现；同样，感情不好或者破裂，也可以通过人的行为、态度来反映。只要注意方法，学会全面观察、分析问题，就可以对感情是否确已破裂做出准确的认定。

从理论上讲，夫妻感情确已破裂，是指夫妻双方感情已真实、长久、完全地破裂，无法挽回。具体来说，包括3个方面的内容：

（1）夫妻感情已经破裂，也就是破裂既成事实，成已然状态，并非可能破裂、将要破裂或刚刚开始破裂。

（2）夫妻感情已真正破裂，夫妻之间已不存在和好的可能，是客观存在的破裂，而非虚假破裂或为他人主观臆断的破裂。

（3）夫妻感情完全破裂、彻底破裂，没有挽回的余地，并非刚刚产生裂痕或者尚未完全破裂。

总之，感情确已破裂，是一种彻底、完全、真正的不可挽回的破裂，这是感情确已破裂的本质特征。判断感情是否已经破裂，应当在这一标准的指导下进行。

应当指出，将夫妻感情确已破裂作为法定离婚的条件，实行破裂主义，不仅揭示了婚姻关系的伦理价值，符合婚姻关系的本质要求，而且有利于维护当事人的合法权利和根本利益。

还应指出，感情破裂主义，是指夫妻一方可以以夫妻感情破裂、不能共同生活或者不需要继续维持夫妻关系为由而请求离婚。其实行无责、无因原则，即不论感情破裂源于何种原因，不论当事人是否有过错，是否具有违反婚姻法的行为，是否有正当理由，只要符合感情确已破裂的条件，当事人就可提出离婚诉讼请求，人民法院就可判决离婚。为此，感情确已破裂的法定条件，既是当事人提起离婚诉讼请求的规范指引，也是人民法院判决离婚的法律根据，还是对人民法院判决离婚的制约。换句话说，只有夫妻感情确已破裂，其中一方才可提出离婚，人民法院只能依此作出离婚判决。

2. 将感情确已破裂的一般标准与具体列举的情形综合起来进行考察

《民法典》第1079条第2款概括地规定了离婚法定条件，第3款具体罗列了视为感情确已破裂的4种情形与1项兜底条款。4种情形，标准明确，属于其中之一的，如果调解无效，应准予离婚。对于兜底条款规定的“其他导致夫妻感情破裂的情形”，则要以一般标准为基础，并与上述4种具体情形相比较，只有与4种情形相当，足以认定为感情确已破裂时，才可认定为属于“其他导致夫妻感情破裂的情形”。

3. 根据一般标准和具体标准，对当事人的婚姻缔结及共同生活的过程做全面、细致的考察

无论是一般标准还是具体标准，只能通过当事人的实际婚姻内容来表现，只是指导考察感情确已破裂的基本方向，在具体运用时，不能脱离当事人的具体婚姻生活。只有在对当事人的婚姻内容进行全面、深入的考察后，才能准确得出是否符合感情确已破裂的结论。参照《离婚案件夫妻感情确已破裂意见》规定，判断夫妻感情是否确已破裂，应当从婚姻基础、婚后感情、离婚原因、夫妻关系的现状和有无和好的可能等方面综合分析，得出夫妻感情是否确已破裂的本质结论。

（1）看婚姻基础。婚姻基础仅是婚姻感情的一个重要方面，并不是绝对的唯一因素。婚姻形成后，感情会随着双方的思想、地位等个人因素或者环境的变化而变化。是以，婚姻基础好的并不一定会善始善终，而婚姻基础一般的在婚后也可能在共同的生活中建立深厚的感情。因此，认定感情是否破裂切忌简单化、片面化及绝对化。

（2）看婚后感情。婚后感情，作为夫妻共同生活期间相互关切、忠诚、敬重、喜爱的表现，是反映婚姻质量的重要因素，是判断感情破裂的重要方面。看婚后感情，

首先就要看夫妻之间是否互敬互爱、互相关心、互相体贴，对家庭是否有责任感，是否共同抚养教育子女、赡养扶助父母，是否讲究平等、民主，等等。另外，还要看当事人的思想道德品质、工作状况、生活作风、兴趣爱好、性格习惯、经济合作、家务参与、性生活状况以及家庭成员相互间的关系等对夫妻感情有影响的各种情况。从婚后感情发展趋势中把握感情，既看到过去，又立足现在，更看到将来，是认定感情是否破裂时所应注意的关键所在。

（3）看离婚原因。离婚原因千差万别，异常复杂。尽管如此，还是可以从不同角度对离婚原因进行分类、归纳，并找出其与婚姻死亡的联系程度及特征，从而为判断夫妻感情是否破裂提供最重要的根据。具体说来，离婚原因可能是单一的，也可能是多种因素相互交错在一起的。有主观方面的原因，如性格、志趣各异，相互之间不能容忍对方的缺点等，也有客观上的原因，如对方身体差、生活负担重等；有直接的原因，也有间接的原因；有内因，也有外因；有远因，也有近因；有思想意识、道德品质的影响，也有实际生活问题或生活琐事的影响；有第三者的干涉，也有可能出于自身误解；有一时一事的原因，也有长期一贯的原因；有真实的原因，也有虚假的原因，甚至是故意制造的掩盖自己真实思想动机的原因。在婚姻纠纷形成的原因中，要注意找出真正的、起决定作用的主要原因、主要矛盾。只有找出了主要原因、主要矛盾，才能据此看清双方感情的真正面目。

应当指出，离婚原因，作为夫妻感情破裂的最根本依据，是双方当事人争执的焦点所在。因此，原告一方为了达到离婚目的，通常都会夸大事实，或者隐瞒事实真相，甚至捏造、歪曲事实，制造假象；被告一方由于不愿意离婚，通常也会做出与事实不符的陈述。在陈述理由时，原被告难免相互夸大对方缺点、过错或掩饰对己不利的事实。在审理案件时，应当全面听取双方的意见，必要时做一些调查，以掌握造成纠纷的真正原因，切忌先入为主，偏听偏信，以致为虚假现象所迷惑。

查清了双方感情纠纷的真正原因后，还应根据各种原因对感情影响的一般规律，进一步把握感情有无恢复的可能。一般说来，夫妻之间本质上的内部原因，往往难以调解和好，而非双方之间的、非本质的外部原因，则比较容易消除；一时一事的原因，容易得到对方谅解，而长期的原因，则难以调和；难以解决的生活实际问题，则难以调和，相对容易解决的生活实际问题，自然容易化解，等等。

查明离婚的原因，进而把握各种原因与感情恶化之间的内在联系，是分清、明辨是非，有针对性地做好双方思想、法制教育工作的必要前提。在此基础上，有的放矢，对症下药，才能抓住双方矛盾的要害，缓解双方的对立情绪，促使双方冷静地、理智地解决婚姻纠纷。这时，无论是判决离婚还是判决不准离婚，是调解和好还是调解失败，对婚姻纠纷的合理、妥善处理都有好处，故需引起充分的注意。

（4）看有无和好的可能。夫妻感情并非一成不变。它可以由好变坏，也可以由坏变好。矛盾双方因各种原因导致感情创伤，出现诉讼离婚，但是，只要感情尚未真正破裂，通过利用有助于感情恢复的各种因素，加上其他的积极、有效工作，完全可以使他们重归于好。在司法实践中有相当比例的离婚案件能够调解成功、重新和好就足以说明一切。关键在于通过上述“三看”以后，能对婚姻的现状、发展有一个正确的、客观的、符合实际情况的估计。在这一估计中，最为重要的就是要准确把握各种有利于双方感情和好的因素，既要看夫妻感情的实际情况，也要看双方的态度包括不愿离婚的一方有无争取和好的态度，如果双方对立的程度不大，没有分居或分居时间不长，夫妻间的权利与义务没有停止，子女年龄小且双方都对子女非常关心、牵挂，有过错的一方有悔改的诚意，坚持不离的一方有和好的行动，等等，就存在化解之间纠纷、使他们重新和好的积极因素。在司法实践中，有过错的一方只要以实际行动诚心悔改，一般都能得到对方的谅解，使夫妻关系得到改善；坚持不离的一方只要真心实意地争取和好，通过外界的工作，一般也会使对方回心转意；夫妻双方都关爱小孩，为了子女的健康成长，双方往往亦会努力维持关系，只要注意呵护感情，夫妻矛盾可能消除，关系可能得到改善。为此，要善于发现有利于夫妻感情和好的各种因素。这些因素往往在一些不经意的细枝末节中表现出来，需要细心观察与捕捉。

以上4个方面，相互联系，相互影响，构成一个有机整体，不能割裂。不能只据某个或者某几个方面就做出判断，而要在全面把握四者及其相互联系的基础上，进行综合分析后得出结论。也就是说，既要看到夫妻双方感情的过去和现在，又要从过去、现在的感情脉络和轨迹中，准确预见夫妻关系的趋向与前途。只要夫妻双方尚有和好的可能，就应采取各种有效措施努力帮助他们调整自己的行为，改善双方的关系，使和好变为现实。夫妻感情确已破裂，没有和好可能的，则应依法及时判决离婚，不要久拖不决，以免矛盾恶化，引发家庭悲剧。

还应指出，要正确认定感情破裂，还必须正确理解感情破裂与调解无效之间的关系。《民法典》第1079条第2款规定，人民法院审理离婚案件，应当进行调解；如果感情确已破裂，调解无效的，应当准予离婚。在上述规定中，调解无效仅是一种程序进行后的结果，属于程序性规定的范畴，并非判决离婚法定条件的组成部分，只有客观存在的感情确已破裂才是判决离婚的唯一法定理由和实质条件。一般说来，感情确已破裂，无继续共同生活的可能，调解无效乃属自然。从这个意义上来说，调解无效是感情确已破裂的自然结果与反映，而感情确已破裂则是调解无效的内在原因。可是，不能说凡是调解无效，感情就一定确已破裂。调解无效作为一种程序行为的结果，其原因是多种多样的，感情确已破裂仅是其一。有时候夫妻双方感情并未真正完全破裂，而一些外在原因，如法官不做耐心、细致的工作，态度蛮横，分不清是非，故意刁难一方，或者一方得理不饶人，对对方期待过高，都可能使得调解工作归于失败。故，调解无效并非等同于感情确已破裂，两者内涵不同，不能混淆。另外，从“如果感情确已破裂，调解无效的，应当准予离婚”的法律规定看，在判决准予离婚的法定条件——感情确已破裂前加上“如果”，是立法设定条件的表述方法。“如果”后面的规定，应当包含两层意思：（1）感情确已破裂，调解无效的，应当准予离婚；（2）感情没有破裂或者尚未完全破裂的，虽然调解无效，也不应准予离婚。这说明感情确已破裂与调解无效不同，既不能把调解无效简单地看作感情确已破裂的标志，也不能将调解无效作为判决离婚的法定条件。这点应当引起充分的注意。

三、夫妻感情破裂的具体认定标准

《民法典》第1079条第3款规定，有下列情形之一，调解无效的，应当准予离婚：（1）重婚或者与他人同居；（2）实施家庭暴力或者虐待、遗弃家庭成员；（3）有赌博、吸毒等恶习屡教不改；（4）因感情不和分居满 2 年；（5）其他导致夫妻感情破裂的情形。此外，该条第 4 款规定，一方被宣告失踪，另一方提出离婚诉讼的，应当准予离婚。该条第 5 款规定，经人民法院判决不准离婚后，双方又分居满 1 年，一方再次提起离婚诉讼的，应当准予离婚。据此，《民法典》对夫妻感情确已破裂提出 4 项具体标准、1 项概括标准，加上 2 种特殊情况，准予离婚具体有 7 种情形。下面分别进行分析。

1. 重婚或者与他人同居

婚姻具有排他性，夫妻应当互相忠实，否则就可能伤害夫妻感情，引发婚姻纠纷。另外，夫妻一方重婚、与他人同居既违反了道德，又为法律所禁止还会对对方、孩子、家庭造成极大伤害。也正因如此，夫妻一方重婚或与他人同居，可以视为夫妻感情确已破裂，调解无效的，应当准予离婚。根据《民法典婚姻家庭编解释（一）》第 2 条的规定，《民法典》第 1042 条、第 1079 条、第 1091 条规定的“与他人同居”的情形，是指有配偶者与婚外异性，不以夫妻名义，持续、稳定地共同居住。

在具体适用这一规定时，应当注意以下 6 个方面。

（1）一方重婚，对方因此提出离婚的，人民法院先应依法解除重婚关系，并对重婚构成犯罪者给予刑事制裁。对方坚持离婚，调解无效的，应视为感情破裂，判决离婚。

（2）一方重婚，并起诉要求与原配偶离婚的，倘若对方控告原告犯罪，应当先行处理重婚问题。人民法院依法解除重婚关系并对重婚者追究刑事责任后，重婚者依然坚持离婚，而对方坚持不离的，则应认真分析双方之间的婚姻基础、婚后感情、离婚原因、夫妻关系的现状和有无和好的可能，判断夫妻感情是否确已破裂。若感情尚未真正破裂，应着重调解；若感情确已破裂，则应做好原配偶的思想疏导工作，调解或判决准予离婚。

（3）基于喜新厌旧或传宗接代等原因而重婚的，依法解除重婚关系，并依法追究刑事责任后，重婚一方提出与原配偶离婚，原配偶同意离婚的，视为感情破裂。原配偶不同意离婚的，应着重调解；调解无效，夫妻感情确已破裂的，判决离婚，但在财产处理上要注意保护无过错方的利益。同时，《民法典婚姻家庭编解释（一）》第 23 条规定，夫以妻擅自中止妊娠侵犯其生育权为由请求损害赔偿的，人民法院不予支持；夫妻双方因是否生育发生纠纷，致使感情确已破裂，一方请求离婚的，人民法院经调解无效，应依照《民法典》第 1079 条第 3 款第 5 项关于“其他导致夫妻感情破裂的情形”的规定处理。

（4）一方为了反对强迫、包办婚姻，或者遭受虐待、遗弃，要求离婚得不到支持，反遭到迫害，因而外出与人重婚的，可不按重婚犯罪对待。该方坚决要求与原配偶离婚的，应当做好工作，调解或判决准予离婚。已登记的后婚在前婚解除后方为有效。倘使后一婚姻关系未办理结婚登记，则应补办登记手续。

（5）已婚妇女因严重自然灾害外流或被拐卖与他人重婚的，一般不按重婚犯罪论处。在发生纠纷时，原则上应维持原来的婚姻关系，尽量调解促使其与原配偶和好；如果原来夫妻感情不好，女方坚持不肯回去，或者外出重婚已有多年，与后夫感情很好，已生育子女的，可说服原夫面对现实，调解或判决离婚。然无论是准离还是不准离，都应做好思想工作，不能采取简单强制的办法让女方回到原夫家里。女方同意回去的，也应消除舆论障碍和女方的思想顾虑，并要注意防止侵犯人身权利的行为及抢婚、械斗事件等的发生。

(6) 在离婚案件上诉期间，一方与他人结婚而发生的纠纷，应查明原因，分清责任，根据具体情况处理，不应一律按重婚犯罪对待。

2. 实施家庭暴力或虐待、遗弃家庭成员

实施家庭暴力或者虐待、遗弃家庭成员，不仅会造成家庭成员肉体的痛苦、伤害，而且会损害家庭成员的身心健康，严重侵害家庭成员的人身健康权利，破坏家庭团结，危及家庭稳定，具有严重的社会危害性。《民法典》第1042条第3款规定："禁止家庭暴力。禁止家庭成员间的虐待和遗弃。"《反家庭暴力法》第1条规定："为了预防和制止家庭暴力，保护家庭成员的合法权益，维护平等、和睦、文明的家庭关系，促进家庭和谐、社会稳定，制定本法。"第3条规定："家庭成员之间应当互相帮助，互相关爱，和睦相处，履行家庭义务。反家庭暴力是国家、社会和每个家庭的共同责任。国家禁止任何形式的家庭暴力。"《刑法》第260条、第261条还将情节恶劣的虐待、遗弃行为规定为犯罪，给予必要的刑事处罚。于是，实施家庭暴力或虐待、遗弃家庭成员导致离婚诉讼，调解无效的，可以视为感情破裂而判决准予离婚。

正确理解这一感情破裂的具体表现，应当注意以下几方面：

(1) 实施家庭暴力或者虐待、遗弃家庭成员行为的主体从字面上讲可以是与夫妻双方共同生活的所有家庭成员。然实际造成夫妻双方感情破裂的一般是夫妻一方对另一方及其家庭成员实施家庭暴力、虐待和遗弃行为，如丈夫对妻子、岳父、岳母，儿媳对公婆，丈夫或妻子对儿女等实施的暴力、虐待、遗弃行为，就很容易伤害夫妻感情，严重者造成双方无法共同生活，并导致婚姻名存实亡。

(2) 家庭暴力、虐待、遗弃行为的对象，既可以是夫妻一方，如丈夫对妻子或妻子对丈夫、公婆对儿媳等的暴力、虐待、遗弃，又可以是夫妻一方的血亲，如丈夫对妻子的父母、妻子对丈夫的父母、公婆对儿媳的父母等的暴力、虐待、遗弃，还可以是夫妻共同的血亲，如丈夫或妻子对子女的家庭暴力、虐待、遗弃。其对象并不限于夫妻，这点应当引起注意。

(3) 实施家庭暴力或者虐待、遗弃家庭成员的行为，只要具有其中之一，就可视为感情破裂，不必同时实施家庭暴力、虐待、遗弃等3种行为。根据《民法典婚姻家庭编解释（一）》第1条的规定，持续性、经常性的家庭暴力，可以认定为《民法典》第1042条、第1079条、第1091条所称的"虐待"。

(4) 对因实施家庭暴力或者虐待、遗弃家庭成员而引发的离婚诉讼应当注意认真查明夫妻之间、家庭成员之间平时的感情状况，家庭暴力、虐待、遗弃的原因、对象、次数、后果等具体事实、情节，不能在调解无效后就简单地判决离婚。一般说来，平时夫妻之间、家庭成员之间感情较好，因为一时一事而实施暴力或虐待、遗弃家庭成员，情节尚不严重的，应当着重做好调解工作。尤其是针对夫妻外的家庭成员的暴力、虐待、遗弃行为，更是如此。这时，对实施暴力、虐待、遗弃行为的一方要严肃批评、教育，使其承认错误，向对方赔礼道歉，求得对方的谅解。夫妻之间、家庭成员之间感情不好，实施暴力、虐待、遗弃行为司空见惯，有的甚至严重影响家庭成员的身心健康及工作生活，彻底伤害了对方感情，经过调解，被暴力、虐待、遗弃行为侵害的一方坚决不予谅解而要求离婚的，就应视为感情破裂，判决离婚。

（5）《民法典婚姻家庭编解释（一）》第62条规定，无民事行为能力人的配偶有《民法典》第36条第1款规定的“实施严重损害被监护人身心健康的行为”“怠于履行监护职责，或者无法履行监护职责且拒绝将监护职责部分或者全部委托给他人，导致被监护人处于危困状态”“实施严重侵害被监护人合法权益的其他行为”，其他有监护资格的人可以要求撤销其监护资格，并依法指定新的监护人；变更后的监护人代理无民事行为能力一方提起离婚诉讼的，人民法院应予受理。

3. 有赌博、吸毒等恶习屡教不改

无论是赌博还是吸毒，一旦上瘾，危害性很大。它们既是社会的毒瘤，又是损害夫妻感情、危害家庭稳定幸福的罪魁祸首。既为社会、法律所不容，也为家庭、情感所不许。所以，因吸毒、赌博等恶习导致婚姻纠纷，调解无效的，可以视为感情破裂而判决准予离婚。

对于因吸毒、赌博等恶习引发离婚纠纷的，在认定时，需要注意以下3个方面：

（1）必须有赌博、吸毒等恶习。赌博、吸毒一旦成瘾，就很难戒掉，也即形成恶习。如果虽有赌博、吸毒等行为，但只有偶尔的一两次，没有成瘾，就不能称之为恶习。

（2）赌博、吸毒等恶习，并不限于赌博、吸毒，还应包括其他一切严重危害夫妻感情的坏习惯，如酗酒、嫖娼、卖淫、淫乱、猥亵、动不动砸东西等。

（3）具有赌博、吸毒等恶习并且屡教不改。虽然具有上述恶习，但通过批评教育或者拘留、罚款等行政处罚后，当事人表示真诚悔改，并有实际表现的，应当着重调解，以给他一次悔过自新的机会，挽救濒临破裂的家庭。这无论是对对方还是对家庭抑或是对社会，都有益处。然而，对于屡教不改，对方对其已失去信心，夫妻难以共同生活的，调解无效，即可认定为夫妻感情确已破裂，判决准予离婚。

4. 因感情不和分居满2年

缔结婚姻的目的在于双方当事人共同生活。由于感情不和而长期分居，互不履行夫妻间应尽的义务，与婚姻的宗旨不符，也说明夫妻无法共同生活，感情确已破裂。是以，夫妻分居达到法定的期限，被许多国家、地区列为法定的准予离婚的条件。例如，1969年的《英国离婚改革法》规定，被告同意判决离婚的，双方须已经连续分居2年；被告不同意离婚的，则须连续分居5年。又如，《法国民法典》规定，夫妻事实上分居达6年以上的，可以共同生活长期中断为由而诉请离婚。在具体执行时，应当注意以下3点：

（1）夫妻之间存在分居的客观事实，即分开不在一起共同生活，未履行夫妻之间相互的义务。

（2）夫妻分居的原因必须是夫妻感情不和。其他原因，如因工作、学习、户口、住房拥挤等非感情不和的原因而分居的，当然不能作为夫妻感情破裂的依据。

（3）因感情不和分居2年以上。虽因感情不和而分居，但分居时间未满2年，也不能认定为感情破裂。值得注意的是，分居2年以上的期限必须没有间断，一旦中断，即应重新计算分居时间。

当然，并非夫妻因感情不和分居满2年，符合了离婚的条件，就不需要再认真调解，而是应在认真调解无效、一方坚持离婚的情况下，才判决准予离婚。如果有和好可能，调解能够成功，当然就不能以感情破裂论。

5. 其他导致夫妻感情破裂的情形

随着政治、经济、文化、教育等的不断变化，人们的思想、观念会发生变化，感情破裂的原因也会不断变化，要一一列举准许离婚的所有条件是不可能的，也是不现实的，这就需要人民法院在审理离婚案件时，从既保障离婚自由，又维护家庭、社会稳定健康发展出发，根据《民法典》的基本宗旨，准确判断夫妻感情是否确已破裂。为此，《民法典》在列举了 4 项具体的判决准予离婚的条件后，设置了 1 项兜底性条款，以“其他导致夫妻感情破裂的情形”加以概括，从而为人民法院在基于各种各样的原因提出的离婚诉讼中认定夫妻感情确已破裂提供了依据。参照《离婚案件夫妻感情确已破裂意见》的规定，其他导致夫妻感情破裂的情形，主要包括：一方患有法定禁止结婚的疾病的，或一方有生理缺陷或其他原因不能发生性行为，并且难以治愈的；婚前缺乏了解，草率结婚，婚后亦未建立起夫妻感情，难以共同生活的；一方在夫妻共同生活期间患有精神病，久治不愈的；双方办理结婚登记后，未同居生活，无和好可能的；一方被依法判处长期徒刑，或者其违法犯罪行为严重伤害夫妻感情的；等等。

6. 一方被宣告失踪

根据《民法典》第 1079 条第 4 款的规定，一方被宣告失踪，另一方提出离婚诉讼的，应准予离婚。这是因为，一方被宣告失踪后，事实上无法与配偶共同生活，无法履行夫妻间的义务，夫妻关系名存实亡，为了维护另一方的合法权益，应当视为感情确已破裂而准予离婚。

另外，《民事诉讼法司法解释》第 217 条规定：“夫妻一方下落不明，另一方诉至人民法院，只要求离婚，不申请宣告下落不明人失踪或者死亡的案件，人民法院应当受理，对下落不明人公告送达诉讼文书。”据此，夫妻一方下落不明，另一方不通过宣告失踪或宣告死亡程序直接提出离婚的，人民法院也应当受理。符合条件的，应当判决准予离婚。婚姻家庭编规定，对被宣告失踪的自然人，其配偶提出离婚的，应当判决准予离婚。但对下落不明满 2 年的公民，其配偶不愿申请宣告失踪而是直接进行离婚诉讼的，能否判决准予离婚？笔者认为，宣告失踪与判决离婚适用不同的程序，前者适用民事诉讼特别程序，后者一般适用民事诉讼普通程序，二者没有必然的联系，而且，是否申请宣告自然人失踪，是利害关系人的权利。是以，人民法院经过审理，已经查明夫妻一方确实下落不明满 2 年，另一方即使不愿申请下落不明人失踪或者死亡的，亦宜根据《民法典》第 1079 条第 4 款的规定而判决准予离婚。

7. 经人民法院判决不准离婚后，双方又分居满一年，一方再次提起离婚诉讼的，应当准予离婚

“经人民法院判决不准离婚后，双方又分居满一年，一方再次提起离婚诉讼的，应当准予离婚。”这是《民法典》婚姻家庭编较 2001 年《婚姻法》新增加的规定，也是对既往司法审判经验的总结。在司法实践中，夫妻一方起诉离婚，没有重婚，与他人同居，实施家庭暴力，虐待、遗弃家庭成员，有赌博、吸毒等恶习屡教不改，因感情不和分居满二年等法定离婚事由，亦没有明确证据证明夫妻感情确已破裂的，对于这种初次起诉离婚的案件，人民法院本着维护婚姻家庭稳定的原则，一般判决不准离婚。

实践证明这些判决不准离婚的夫妻，有相当部分未再到法院起诉离婚，表明人民法院对案件事实的判断是正确的。但是，也有部分当事人在 6 个月期满后再次提起离婚诉讼，这表明当事人要求离婚的态度坚决，如经人民法院调解，原告仍坚持要求离婚，通常表明夫妻感情已经无可挽回，人民法院一般认定夫妻感情确已破裂，判决准予离婚。《民法典》增加了这一新的规定，即经人民法院判决不准离婚后，双方又分居满一年，一方再次提起离婚诉讼的，应当准予离婚。该规定可以显示，当事人在初次离婚诉讼被法院驳回后，夫妻双方又持续分居满一年，互不履行夫妻义务，长期分居亦致使夫妻感情无挽回的机会，表明夫妻感情在前次诉讼之后并无改善，且夫妻一方再次提起诉讼，持续提起诉讼表明当事人要求解除婚姻关系的意志坚决，因此，我们可以认定为夫妻感情破裂，准予离婚。另外，两次提起离婚诉讼，即近两三年内当事人致力于解除婚姻关系，从尊重婚姻自由，维护家庭及社会秩序的正常运行等角度考虑，也应当准予离婚。

第十一章
离婚效力

第一节　离婚对夫妻身份关系的效力

一、夫妻扶养义务的解除

二、夫妻同居义务的消灭

三、夫妻代理、监护权的终止

四、夫妻继承权的丧失

五、夫妻间姻亲关系的消灭

六、双方再婚自由的恢复

第二节　离婚对夫妻财产关系的效力

一、夫妻共同财产的分割原则

二、夫妻共同财产的分割方法

第三节　离婚时对夫妻共同债务的清偿

一、夫妻共同债务的演变

二、夫妻共同债务的概念与范围

三、夫妻共同债务的认定

四、夫妻共同债务的处理及其原则

第四节　离婚义务补偿、困难帮助和过错损害赔偿制度

一、离婚义务补偿制度

二、离婚困难帮助制度

三、离婚过错损害赔偿制度

第五节　离婚后对子女的抚养和教育

一、离婚后的父母子女关系

二、离婚后对子女的直接抚养

三、离婚后对子女直接抚养的变更

四、离婚后对子女抚养费的负担

五、子女抚养费的变更

六、因子女变更姓氏而拒付抚养费的处理

七、离婚后对未成年子女致人损害民事责任的承担

第六节　探望权

一、探望权的概念及特征

二、探望权设置的意义

三、探望权的实施、探望的中止和恢复

离婚效力，又称离婚的法律后果，是指离婚在当事人的人身关系、财产关系和亲子关系方面所引发的一系列法律后果。其直接的法律后果是使夫妻之间的人身关系以及在此基础上产生的权利与义务归于消灭，并引发子女的抚养教育、夫妻共同财产的分割、共同债务的清偿，以及一方对他方生活上的帮助等问题的处理。这种后果，自双方的婚姻关系解除时发生，并对将来产生约束力。具体来说，离婚效力的发生时间依离婚方式的不同而有所不同。在协议离婚中，完成离婚登记即发生离婚的效力，但离婚协议中的财产分割部分应当在双方签署协议时就发生效力；在诉讼离婚中，则以离婚判决书、调解书生效的时间为准。下面对离婚的具体法律后果进行分析和阐述。

第一节　离婚对夫妻身份关系的效力

离婚对夫妻身份关系的效力，是指离婚行为对夫妻身份关系所产生的法律后果，即导致夫妻之间身份关系的解除，依于夫妻身份关系而产生的夫妻间的权利与义务也随之消灭。这是离婚行为最为直接的法律后果，主要表现为以下 6 个方面：

一、夫妻扶养义务的解除

男女结婚而共同生活，必然包含夫妻相互扶养的内容。换句话说，夫妻间相互负有扶养义务，乃是男女双方以共同生活为目的而缔结的婚姻关系本身所固有的必然要求，是维系婚姻的必要保障。《民法典》第 1059 条第 1 款明确规定："夫妻有相互扶养的义务。"顾名思义，夫妻间的互相扶养义务，存在于夫妻之间。夫妻离婚后，其夫妻身份关系不再存在，互相扶养义务自应同时解除，双方均不再以夫妻关系承担相互扶养的义务，即任何一方不再享有要求对方扶养的权利，同时也不再负有扶养对方的义务。虽然《民法典》第 1090 条规定"离婚时，如果一方生活困难，有负担能力的另一方应当给予适当帮助。具体办法由双方协议；协议不成的，由人民法院判决"，然这与夫妻间的扶养义务在性质、内容上均不相同，不能混淆。

二、夫妻同居义务的消灭

男女结婚同居一室，共同进行性的、物质的、精神的生活，乃夫妻之间必要的不可或缺的具有实质性内容的义务，同时也是维系夫妻感情、改善夫妻关系的必要手段。在一般情况下，除非工作、学习等正常原因或者双方自愿协商，否则双方都应自愿承担同居义务，共同承担婚姻的责任。夫妻解除婚姻关系后，基于婚姻成立的同居义务自然消灭，双方不再负有同居义务。不仅如此，倘若再同居，则属非法同居，要受到道德、法律的否定，并由此可能承担相应的道德、法律责任。

三、夫妻代理、监护权的终止

在共同生活中，夫妻基于配偶身份在未经对方授权的情况下可以代对方实施家庭日常生活需要的民事法律行为，如在对方患病治疗时代行是否同意接受治疗的权利。

这种代理权与夫妻关系同时存在，夫妻关系一经解除，代理权便失去了前提，从而终止。另外，夫妻一方为限制民事行为能力人或者无民事行为能力人，在设置监护人时，根据《民法典》第28条的规定，配偶相互具有监护权。这种因为夫妻关系而形成的监护权，随着双方离婚夫妻关系解除而自然终止。

四、夫妻继承权的丧失

《民法典》第1061条、第1127条均规定，夫妻有相互继承遗产的权利。也就是说，夫妻双方相互为对方遗产的法定继承人。一方先于另一方死亡，另一方就可以法定继承人的身份对死者遗产依法继承。这种因夫妻关系存在的继承资格，在夫妻关系因离婚而被解除时，自然丧失。离婚后，任何一方都不再是对方遗产的法定继承人，不再具有法定继承人资格，也就无权再以配偶身份继承对方的遗产。

五、夫妻间姻亲关系的消灭

姻亲关系随着夫妻关系的缔结而形成，并随着夫妻关系的人为解除而消灭。这方面与夫妻关系因一方死亡而自然终止有所不同，后者不自然终止其间的姻亲关系。

六、双方再婚自由的恢复

在我国，实行一夫一妻的婚姻基本原则，禁止重婚。任何人在夫妻关系存续期间都不能再与他人结婚，不然便属重婚，应承担相应的法律后果；情节严重，构成犯罪的，还应依法追究刑事责任。只有在夫妻关系由于死亡或者离婚终止后，夫妻关系的一方或双方才可再与他人结婚，即享受再婚的自由。因离婚解除婚姻关系的，男女双方都有再婚的权利，不受他人干涉。

第二节　离婚对夫妻财产关系的效力

男女双方缔结了婚姻，一般会共同生活，形成共同生活所必要的财产关系。但是，随着离婚双方人身关系的解除，夫妻关系不再存在，夫妻双方不能再以夫妻名义共同生活，与之相应的夫妻间的财产关系也就终止，进而发生共同财产分割、共同债务清偿以及一方因生活困难需要另一方给予适当帮助等财产处理问题。

一、夫妻共同财产的分割原则

夫妻共同财产的分割，又称夫妻共同财产的处理，是双方当事人离婚时依法将夫妻共同财产划分为各自个人财产的一种法律行为。在离婚案件中，对于夫妻共同财产的处理，应当由夫妻双方协商解决。协商解决，可以避免不必要的争执，便于财产的归属尽快落实，并有利于婚姻纠纷的彻底解决，对双方、子女、家庭都有利。只有双方不愿协商或者协商不成时，才由人民法院依法判决。无论是双方协商解决，还是人民法院判决解决，其结果都直接关系到双方当事人的切身利益。因此，要遵照一定的原则进行，不能随意、草率为之。

1. 男女平等原则

男女平等原则，即夫妻不论地位、收入高低，双方都有平等分割共同财产的权利，具体表现为：

（1）男女双方都有决定是否自愿协商处置的权利，任何人不得强迫其协商解决，也不得强迫其不协商解决，是否协商解决应由双方当事人自行决定。

（2）双方决定协商解决的，应由双方根据自己的意愿平等协商。任何人都不得干涉、强迫、威胁一方对另一方做出让步，使另一方多分而获得更多的利益。

（3）不愿协商，或协商不成，或因一方丧失行为能力而无法协商，由人民法院判决时，双方也具有平等的地位与权利，不能由于性别、收入差异等原因对一方少分甚或不分。在农村，尤其应注意保护女方离婚后在责任田、口粮田、宅基地、自留地等家庭土地承包经营、使用中的权利，不能在女方离婚后剥夺、限制其应有的权利。

（4）在分割共同财产，获得权利时，男女平等；在履行义务如清偿共同债务时，也应男女平等。然应指出，分割夫妻共同财产坚持男女平等，是指其地位、权利与义务平等，而非实际分割财产时的均等。

2. 照顾子女和女方权益的原则

坚持这一原则，主要应注意两个方面：

（1）要将未成年子女的利益放在优先考虑的地位。夫妻离婚，家庭解体，对身心尚未成熟的未成年子女的伤害是不可弥补的，然而，其通常又是无辜的、无奈的。他们没有独立的生活能力，还不能通过劳动获得收入，并且因为学习的需要，还要花费相当的费用，生存、成长和教育都需要父母的支持及帮助，尤其是物质上的帮助与支持。为此，除离婚后男女双方仍要承担其未成年子女的抚养费外，在夫妻共同财产的分割中，也必须根据未成年子女的实际需要给予必要的照顾。

（2）要照顾女方的权益。男女事实上不平等的现象的确存在。一般说来，女性受教育的机会、就业机会、劳动报酬等与男性还有一定差距，女性的经济能力或者说独立谋生的能力总体上弱于男性。另外，从男女两性的社会分工看，女性在家务中付出的往往更多，而这又很难物化为财产收益。不论是为了真正实现男女平等，还是考虑到女性经济能力相对较弱的现实，在夫妻离婚分割财产时，都有必要照顾女方的权益，尽量使女方婚后的生活更有保障。为此，《民法典》第1087条第1款明确规定："离婚时，夫妻的共同财产由双方协议处理；协议不成的，由人民法院根据财产的具体情况，按照照顾子女、女方和无过错方权益的原则判决。"应当指出，照顾子女和女方的权益，就是在具体分割财产时，要给女方及子女随之生活的一方多分一些财产，或者提供更多的方便，例如，共有房屋一般由女方或子女随之生活的一方所有等。但是，照顾子女和女方权益，作为一项一般原则，不能简单地绝对化、机械化。在现实生活中，有的女性经济能力远比男性强，或子女已经具有相当的经济能力，在分割财产时就不一定要多分。

3. 照顾无过错方权益原则

结婚一旦成立，夫妻即应承担相应的法律、道德义务，如相互扶养、相互关心、相互爱护、相互帮助、相互忠诚等。一方不履行法律、道德义务或者有重大过错并伤害夫妻感情、引发离婚纠纷的，应承担相应的法律、道德责任。故，在分割财产时，坚持照顾无过错方权益的原则，使其在财产上能够多分一些，在感情、精神上做些弥补，无疑很有必要，乃是法律、道德的公义所在。至于过错，其表现形式多种多样，如一方对另一方虐待、遗弃或者实施殴打等暴力行为，一方重婚、卖淫、嫖娼，或者具有赌博、吸毒、酗酒等恶习等。值得注意的是，在分割夫妻共同财产时，坚持照顾无过错方权益的原则，并不是说对有过错方完全不分。即使对有过错的一方，至少应当注意维持其基本的生活水平。

4. 尊重双方当事人意愿的原则

离婚时对夫妻共同财产进行分割，必须在尊重双方当事人意愿的原则下进行：

(1) 双方是否愿意协商处理应由双方自行决定，不能强迫。双方都愿意协商处理的，应由其协商处理；双方或一方不愿意协商或者无法协商处理的，才由人民法院判决。

(2) 协商处理时，应由双方当事人完全按照自己的意愿进行处理。人民法院可以帮助提供方案，但不能代替当事人进行处理，提出的方案必须经过双方当事人同意，不能强迫、威胁其接受。协商达成一致意见的，只要不违法，一方多分或少分甚至完全放弃财产权利，都应尊重双方的选择而不应加以干涉。无法达成一致意见的，人民法院才依法作出判决。

(3) 尊重双方当事人的意愿，是指尊重双方当事人的真实意愿。倘若不是出于真实意思表示，如因受到对方威胁而达成的协商，不符合协商的本意，应当加以限制或否定。另外，还应注意协商的内容符合法律的规定，与法律规定相悖的，也应限制或否定。

5. 有利于生产、生活需要的原则

在对夫妻共同财产分割时，应从充分发挥共同财产的效用出发，坚持有利于生产、生活需要的原则，进行妥善处置。例如，对共同财产，应当注意保持其完整性，分给需要的一方；对于共同所有的生产资料，应当分给有生产、经营条件、能力或者正在进行生产、经营的一方；对于科技人员、文艺工作者、从事某项专业研究的人员及其他因自己的职业或正当的爱好所必需的工具、仪器、专业图书、资料等，应当分给需要的一方；对于一些特定物品，如运动员、艺术员、科学家等获得的金质奖章等，应当分给获奖的一方；等等。某项财产基于生产、生活需要原则分给一方后，价值超过其应分得的财产的，对超过部分的价值应当由其补偿给对方，以维护对方的合法权益。对此，《民法典继承编解释（一）》第 42 条规定，人民法院在分割遗产中的房屋、生产资料和特定职业所需要的财产时，应当依据有利于发挥其使用效益和继承人的实际需要，兼顾各继承人的利益进行处理。参照《离婚案件财产分割意见》第 10、11 条的规定，属于夫妻共同财产的生产资料，可分给有经营条件和能力的一方。分得该生产资料的一方对另一方应给予相当于该财产一半价值的补偿。对夫妻共同经营的当年无收益的养殖、种植业等，离婚时应从有利于发展生产、有利于经营管理考虑，予以合理分割或折价处理。

6. 不得损害国家、集体和他人利益的原则

分割夫妻共同财产，只能对夫妻之间的共同财产进行分割。可是，夫妻共同财产在进行分割前，往往与夫妻个人的财产、其他家庭成员的个人财产、家庭共同财产相

互结合在一起，有的甚至还与他人的财产、集体甚至国家财产结合在一起。另外，夫妻共同财产中还可能有一方或他方利用贪污、受贿、诈骗、盗窃、抢劫等非法手段获得的财产。这样，在分割时，必须注意准确划分夫妻共同财产。否则，或者会损害国家、集体和他人的利益，或者会损害双方当事人的合法权益。这点需要引起注意。

二、夫妻共同财产的分割方法

离婚时，夫妻共同财产由当事人协商分割，协商不成并向人民法院提起诉讼的，则应由人民法院依法进行裁判。此外，因履行财产分割协议发生纠纷的，也可向人民法院提起诉讼。对此，《民法典婚姻家庭编解释（一）》第 69 条第 2 款规定，当事人依照《民法典》第 1076 条“夫妻双方自愿离婚的，应当签订书面离婚协议，并亲自到婚姻登记机关申请离婚登记。离婚协议应当载明双方自愿离婚的意思表示和对子女抚养、财产以及债务处理等事项协商一致的意见”的规定签订的离婚协议中关于财产以及债务处理的条款，对男女双方具有法律约束力。登记离婚后当事人因履行上述协议发生纠纷提起诉讼的，人民法院应当受理。

另外，为了保证财产分割协议充分尊重当事人的意愿，《民法典婚姻家庭编解释（一）》第 70 条规定，夫妻双方协议离婚后就财产分割问题反悔，请求撤销财产分割协议的，人民法院应当受理。人民法院审理后，未发现订立财产分割协议时存在欺诈、胁迫等情形的，应当依法驳回当事人的诉讼请求。第 83 条规定，离婚后，一方以尚有夫妻共同财产未处理为由向人民法院起诉请求分割的，经审查该财产确属离婚时未涉及的夫妻共同财产，人民法院应当依法予以分割。但这所针对的是诉讼离婚、协议离婚尚未处理的夫妻共同财产。

1. 夫妻共同财产分割的具体方法

夫妻共同财产分割，一般采取实物分割、价金分割及价格补偿的方法进行。所谓实物分割，是指在不影响财产使用价值及特定用途的情况下，双方根据各自应得的份额将财产直接、实际分给夫妻各方。这时，夫妻各方得到的是原属于夫妻共有的财物。所谓价金分割，是指将共有物变卖后所得的价金分割给夫妻各方。这种分割，夫妻获得的不是属于夫妻共有的财物，而是将原物变卖后所得的价金。这种方法通常是在共有物不能分割或者分割后会损害其使用价值及特殊用途，双方又难以达成一致协议的情况下采用。所谓价格补偿，是指由夫妻的一方取得共有物，另一方则获得对方给予的相当于原物价格一半的补偿，即取得价金。

2. 诉讼离婚时分割夫妻共同财产的规则

（1）诉讼离婚时，根据《民法典》第 1087 条的规定，包括两种情形：1）双方就分割夫妻共同财产达成协议的，按照协议分割。《民法典》第 1065 条规定，男女双方以书面方式约定婚姻关系存续期间所得的财产以及婚前财产归各自所有、共同所有或者部分各自所有、部分共同所有，对双方具有法律约束力。但是，夫妻对婚姻关系存续期间所得的财产约定归各自所有，夫或者妻一方对外所负的债务，相对人知道该约定的，以夫或者妻一方的个人财产清偿。另外，有关财产的约定属于《民法典》规定的无效或者可撤销民事法律行为的，如第 144 条规定的“无民事行为能力人实施的民事法律行为”，第 153 条规定的违反除了不导致该民事法律行为无效之外的“法律、行政法规的强制性规定的民事法律行为”“违背公序良俗的民事法律行为”，第154条规定的“行为人与相对人恶意串通，损害他人合法权益的民事法律行为”等无效行为，以及第149条、第150规定的“第三人实施欺诈行为，使一方在违背真实意思的情况下实施的民事法律行为，对方知道或者应当知道该欺诈行为的”“一方或者第三人以胁迫手段，使对方在违背真实意思的情况下实施的民事法律行为”等可撤销的行为，应当依照有关规定做出处理。2）达不成协议的，由人民法院根据财产的具体情况，按照照顾子女、女方和无过错方权益的原则判决。《民法典婚姻家庭编解释（一）》第69条第1款规定，当事人达成的以协议离婚或者到人民法院调解离婚为条件的财产以及债务处理协议，如果双方离婚未成，一方在离婚诉讼中反悔的，人民法院应当认定该财产以及债务处理协议没有生效，并根据实际情况依照《民法典》第1087条和第1089条的“离婚时，夫妻的共同财产由双方协议处理；协议不成的，由人民法院根据财产的具体情况，按照照顾子女、女方和无过错方权益的原则判决。对夫或者妻在家庭土地承包经营中享有的权益等，应当依法予以保护”“离婚时，夫妻共同债务应当共同偿还。共同财产不足清偿或者财产归各自所有的，由双方协议清偿；协议不成的，由人民法院判决”的规定判决。

（2）对毁损或者企图侵占夫妻共同财产的一方予以适当的惩罚。在现实生活中，一些夫或妻为了一己之私，想方设法占有自己不该分得的财产。所以，《民法典》第1092条规定，夫妻一方隐藏、转移、变卖、毁损、挥霍夫妻共同财产，或者伪造夫妻共同债务企图侵占另一方财产的，在离婚分割夫妻共同财产时，对该方可以少分或者不分。离婚后，另一方发现有上述行为的，可以向人民法院提起诉讼，请求再次分割夫妻共同财产。《民法典婚姻家庭编解释（一）》第84条规定，当事人依据《民法典》第1092条的规定向人民法院提起诉讼，请求再次分割夫妻共同财产的诉讼时效期间为3年，从当事人发现之日起计算。第85条规定，夫妻一方申请对配偶的个人财产或者夫妻共同财产采取保全措施的，人民法院可以在采取保全措施可能造成损失的范围内，根据实际情况，确定合理的财产担保数额。

3. 夫妻共同共有财产的特殊分割规则

根据《民法典》有关司法解释的规定，对下列夫妻共同财产，采用较为特殊的分割规则。

（1）分割共同财产中的股票、债券、投资基金份额等有价证券以及未上市股份有限公司股份的规则。根据《民法典婚姻家庭编解释（一）》第72条的规定，夫妻双方分割共同财产中的股票、债券、投资基金份额等有价证券以及未上市股份有限公司股份时，协商不成或者按市价分配有困难的，人民法院可以根据数量按比例分配。

（2）分割夫妻一方在“有限责任公司”的出资额（另一方不是该公司股东）的规则。根据《民法典婚姻家庭编解释（一）》第73条的规定，人民法院审理离婚案件，涉及分割夫妻共同财产中以一方名义在有限责任公司的出资额，另一方不是该公司股东的，按以下情形分别处理：1）夫妻双方协商一致将出资额部分或者全部转让给该股东的配偶，其他股东过半数同意，并且其他股东均明确表示放弃优先购买权的，该股东的配偶可以成为该公司股东。2）夫妻双方就出资额转让份额和转让价格等事项协商一致后，其他股东半数以上不同意转让，但愿意以同等条件购买该出资额的，人民法院可以对转让出资所得财产进行分割。其他股东半数以上不同意转让，也不愿意以同等条件购买该出资额的，视为其同意转让，该股东的配偶可以成为该公司股东。用于证明前款规定的股东同意的证据，可以是股东会议材料，也可以是当事人通过其他合法途径取得的股东的书面声明材料。

（3）分割夫妻一方在“合伙企业”中的出资（另一方不是该企业合伙人）的规则。根据《民法典婚姻家庭编解释（一）》第74条的规定，人民法院审理离婚案件，涉及分割夫妻共同财产中以一方名义在合伙企业中的出资，另一方不是该企业合伙人的，当夫妻双方协商一致，将其合伙企业中的财产份额全部或者部分转让给对方时，按以下情形分别处理：1）其他合伙人一致同意的，该配偶依法取得合伙人地位；2）其他合伙人不同意转让，在同等条件下行使优先购买权的，可以对转让所得的财产进行分割；3）其他合伙人不同意转让，也不行使优先购买权，但同意该合伙人退伙或者削减部分财产份额的，可以对结算后的财产进行分割；4）其他合伙人既不同意转让，也不行使优先购买权，又不同意该合伙人退伙或者削减部分财产份额的，视为全体合伙人同意转让，该配偶依法取得合伙人地位。

（4）分割夫妻一方在独资企业中的投资的规则。根据《民法典婚姻家庭编解释（一）》第75条的规定，夫妻以一方名义投资设立个人独资企业的，人民法院分割夫妻在该个人独资企业中的共同财产时，应当按照以下情形分别处理：1）一方主张经营该企业的，对企业资产进行评估后，由取得企业资产所有权一方给予另一方相应的补偿；2）双方均主张经营该企业的，在双方竞价基础上，由取得企业资产所有权的一方给予另一方相应的补偿；3）双方均不愿意经营该企业的，按照《个人独资企业法》等有关规定办理。

（5）分割无法达成协议的共同房屋价值及其归属的规则。根据《民法典婚姻家庭编解释（一）》第76条的规定，双方对夫妻共同财产中的房屋价值及归属无法达成协议时，人民法院按以下情形分别处理：1）双方均主张房屋所有权并且同意竞价取得的，应当准许；2）一方主张房屋所有权的，由评估机构按市场价格对房屋作出评估，取得房屋所有权的一方应当给予另一方相应的补偿；3）双方均不主张房屋所有权的，根据当事人的申请拍卖、变卖房屋，就所得价款进行分割。

（6）分割双方尚未取得所有权或者完全所有权尚有争议且协商不成的房屋的规则。根据《民法典婚姻家庭编解释（一）》第77条的规定，离婚时双方对尚未取得所有权或者尚未取得完全所有权的房屋有争议且协商不成的，人民法院不宜判决房屋所有权的归属，应当根据实际情况判决由当事人使用。当事人就前款规定的房屋取得完全所有权后，有争议的，可以另行向人民法院提起诉讼。

（7）分割一方婚前以个人名义首付按揭贷款在婚后以共同财产还贷的不动产的规则。根据《民法典婚姻家庭编解释（一）》第78条的规定，夫妻一方婚前签订不动产买卖合同，以个人财产支付首付款并在银行贷款，婚后用夫妻共同财产还贷，不动产登记于首付款支付方名下的，离婚时该不动产由双方协议处理。前款规定不能达成协议的，人民法院可以判决该不动产归登记一方，尚未归还的贷款为不动产登记一方的个人债务。双方婚后共同还贷支付的款项及其相对应财产的增值部分，离婚时应根据《民法典》第1087条第1款规定的“离婚时，夫妻的共同财产由双方协议处理；协议不成的，由人民法院根据财产的具体情况，按照照顾子女、女方和无过错方权益的原则”，由不动产登记一方对另一方进行补偿。

(8) 分割夫妻共同财产购买的以一方父母名义参加房改且登记在该方父母名下的房屋的规则。根据《民法典婚姻家庭编解释（一）》第79条的规定，婚姻关系存续期间，双方用夫妻共同财产出资购买以一方父母名义参加房改的房屋，登记在一方父母名下，离婚时另一方主张按照夫妻共同财产对该房屋进行分割的，人民法院不予支持。购买该房屋时的出资，可以作为债权处理。

(9) 分割尚不能领取的基本养老金及以共同财产缴纳基本养老金的部分及其利息的规则。根据《民法典婚姻家庭编解释（一）》第80条的规定，离婚时夫妻一方尚未退休、不符合领取基本养老金条件，另一方请求按照夫妻共同财产分割基本养老金的，人民法院不予支持；婚后以夫妻共同财产缴纳基本养老保险费，离婚时一方主张将养老金账户中婚姻关系存续期间个人实际缴纳部分及利息作为夫妻共同财产分割的，人民法院应予支持。

(10) 分割一方可以继承但继承人尚未分割的遗产的规则。根据《民法典婚姻家庭编解释（一）》第81条的规定，婚姻关系存续期间，夫妻一方作为继承人依法可以继承的遗产，在继承人之间尚未实际分割，起诉离婚时另一方请求分割的，人民法院应当告知当事人在继承人之间实际分割遗产后另行起诉。

(11) 分割一方通过双方协议而借取的共同财产的规则。根据《民法典婚姻家庭编解释（一）》第82条的规定，夫妻之间订立借款协议，以夫妻共同财产出借给一方从事个人经营活动或者用于其他个人事务的，应视为双方约定处分夫妻共同财产的行为，离婚时可以按照借款协议的约定处理。

第三节　离婚时对夫妻共同债务的清偿

一、夫妻共同债务的演变

夫妻共同债务的认定，一直是社会关注的焦点问题，不仅与夫妻双方的财产权利息息相关，而且影响债权人利益和交易安全，而现行法律并没有具体规定夫妻关系存续期间个人债务、共同债务的认定和承担。多年来，最高人民法院通过制定司法解释、司法政策和发布指导案例等多种形式，逐步构建起了认定夫妻共同债务的裁判规则。

1.《婚姻法》关于夫妻共同债务的规定

2001年修订的《婚姻法》共51个条文，涉及夫妻债务的只有2个条文。该法第19条第3款规定：“夫妻对婚姻关系存续期间所得的财产约定归各自所有的，夫或妻一方对外所负的债务，第三人知道该约定的，以夫或妻一方所有的财产清偿。”第41条规定：“离婚时，原为夫妻共同生活所负的债务，应当共同偿还。共同财产不足清偿的，或财产归各自所有的，由双方协议清偿；协议不成时，由人民法院判决。”上述2个条文虽然对分别财产制下特定债务和离婚时共同债务偿还问题做了规定，但从整体上看，《婚姻法》对夫妻债务认定标准规定得不够明确具体，理论界和实务界对如何确定夫妻共同债务问题一直存在不同理解。

2.《婚姻法司法解释（二）》第 24 条的出台

为解决审判实践中存在的问题，指导人民法院依法妥善审理涉及夫妻债务纠纷案件，基于《婚姻法》第 19 条第 3 款规定以及第 41 条删除了 1980 年《婚姻法》第 32 条中有关“男女一方单独所负债务，由本人偿还”的内容，结合审判实践中反映较多的一些夫妻“假离婚、真逃债”的实际情况，在对债权人利益和夫妻另一方利益衡量后，根据《婚姻法》规定的原则和精神，最高人民法院在《婚姻法司法解释（二）》第 24 条中规定：“债权人就婚姻关系存续期间夫妻一方以个人名义所负债务主张权利的，应当按夫妻共同债务处理。但夫妻一方能够证明债权人与债务人明确约定为个人债务，或者能够证明属于婚姻法第十九条第三款规定情形的除外。”据此，夫妻一方以个人名义对外举债，以认定为夫妻共同债务为原则。倘若夫妻另一方不认同属于夫妻共同债务，则由其负举证责任。如果能够举证证明债权人与债务人明确约定为个人债务，或者夫妻对婚姻关系存续期间所得的财产约定归各自所有，且债权人知道该约定的，则不认定为夫妻共同债务，而为举债的夫妻一方的个人债务。倘使无法举证或者所举证据无法证明债权人与债务人明确约定为个人债务，或者虽然夫妻对婚姻关系存续期间所得的财产约定归各自所有，但是债权人不知道该约定的事实存在，则认定为夫妻共同债务。显然，这种规定有利于债权人，而不利于对外举债夫妻的另一方。因为，此时让对外举债夫妻的另一方举证证明，很难做到。这样，在夫妻一方本来为个人举债的情况下，即使双方不离婚，实行夫妻财产共同所有制时，也会对对外举债夫妻的另一方的权益造成损害，造成夫妻共同财产的减少；如果双方离婚，必然让对外举债夫妻的另一方承担本来不属于夫妻共同债务的债务，由此损害其利益。另外，夫妻一方倘若举债用于赌博、吸毒、嫖娼等非法活动，债权人也知情，此时认定为夫妻共同债务让非对外举债的另一方共同承担，既有悖于法旨法理，又不合于世理情理。还有，夫妻一方的对外举债，可能是高利贷，有的远远超过法定利率，非举债的夫妻一方也往往难以举证证明，将此认定为夫妻共同债务，有强化对这种非法债权保护的嫌疑。另外，夫妻之间的代理也仅仅限于家庭日常事务的范围，如果将夫妻一方未经另一方同意以个人名义实施的超出家庭日常生活需要的大额甚至巨额的借款认定为共同债务，也有悖于《婚姻法》中“夫妻在家庭中地位平等”“夫妻对共同所有的财产，有平等的处理权”等原则与规定。上述司法解释将夫妻一方以个人名义的对外举债推定为夫妻共同债务，让非对外举债的另一方举证否定的规定，无疑存在诸多问题，出台之后更引起了强烈的社会反响。

3. 有关《婚姻法司法解释（二）》第 24 条的补充规定[①]的出台

《婚姻法司法解释（二）》第 24 条出台之后，司法实践中又出现了一些新情况、新问题，司法实践也证明第 24 条并不能满足司法审判实践的要求，各地法院纷纷向最高人民法院咨询，最高人民法院也在 2014 年、2015 年给各法院做出一些答复。如最高人民法院民一庭〔2014〕民一他字第 10 号答复（答复江苏高院）明确了如果举债人的配偶举证证明所借债务并非用于夫妻共同生活，则其不承担偿还责任；〔2015〕民一他字

① 该补充规定为：最高人民法院 2017 年 2 月 20 日通过、同年 3 月 1 日起施行的《关于适用〈中华人民共和国婚姻法〉若干问题的解释（二）的补充规定》（法释〔2017〕6 号），已被《废止部分解释及规范性文件决定》废止。

第9号答复（答复福建高院）明确了夫妻一方对外担保之债不应当适用《婚姻法司法解释（二）》第24条的规定认定为夫妻共同债务。以上答复旨在指导地方各级人民法院准确适用法律和司法解释，避免简单机械地适用第24条，在一定程度上解决了司法实践中认定夫妻债务的突出问题。随着经济社会的发展，我国城乡居民家庭财产结构、类型、数量、形态以及理财模式等发生了巨大变化，社会公众的婚姻家庭观念和家庭投资渠道也日趋多元化，许多家庭的财富因此快速增长，同时因投资而产生的债务风险也在不断放大。由于第24条对于夫妻共同债务的认定标准较宽，而上述答复中的两种除外情形在实践中又较为少见，因此夫妻一方以个人名义举债的，通常都会被认定为夫妻共同债务。因配偶一方超出家庭日常生活需要大额举债，造成配偶另一方在毫不知情的情况下背上沉重债务负担的问题日益凸显。因此，人民群众呼吁进一步规范和细化夫妻共同债务认定标准。妇联组织、婚姻法学界专家学者也纷纷呼吁，希望最高人民法院尽快细化完善夫妻债务司法解释，合理分配举证证明责任，平衡保护债权人利益和未举债夫妻一方利益。为及时有效地解决这一问题，最高人民法院在2017年2月28日出台了《关于依法妥善审理涉及夫妻债务案件有关问题的通知》和《婚姻法司法解释（二）》的补充规定，特别是《婚姻法司法解释（二）》的补充规定在《婚姻法司法解释（二）》第24条的基础上增加两款，分别作为该条第2款和第3款，即："夫妻一方与第三人串通，虚构债务，第三人主张权利的，人民法院不予支持。""夫妻一方在从事赌博、吸毒等违法犯罪活动中所负债务，第三人主张权利的，人民法院不予支持。"进一步表明了人民法院对虚假债务、非法债务否定性评价的鲜明立场。根据各级妇联等相关组织和各级人民法院的反馈，补充规定和通知出台后，在司法实践中起到了积极作用，但是有关夫妻共同债务认定标准、举证证明责任等方面的问题仍然没有得到全面解决。

4.《夫妻债务纠纷案件司法解释》的出台

基于上述情况，为确保《夫妻债务纠纷案件司法解释》（以下简称《解释》）兼收并蓄、切实稳妥，最高人民法院认真总结审判实践经验，结合近年来办理全国人大代表建议和全国政协委员提案答复工作，开展了大量前期调查研究。2017年2月、11月和2018年1月，最高人民法院与全国妇联召开3次座谈会，就夫妻债务的司法认定交换意见；2017年3月至7月，与全国妇联联合邀请婚姻法专家学者、全国人大代表、全国政协委员等组成联合调研组，分赴北京、山东、江苏、浙江、福建、安徽、广东、湖南等8省市进行专题调研，认真听取部分全国人大代表、全国政协委员、专家学者、妇联组织、民政部门、各级法院法官、律师以及案件当事人意见；2017年2月、6月、8月、11月和2018年1月，与全国人大常委会法工委多次交流，就制定夫妻债务司法解释充分沟通；2018年1月，征求检察机关、中国婚姻法学研究会、部分民法学专家学者意见。在各有关部门、社会团体组织、专家学者等达成基本共识的基础上，制定出台了《解释》。《夫妻债务纠纷案件司法解释》第1条规定："夫妻双方共同签字或者夫妻一方事后追认等共同意思表示所负的债务，应当认定为夫妻共同债务。"第2条规定："夫妻一方在婚姻关系存续期间以个人名义为家庭日常生活需要所负的债务，债权人以属于夫妻共同债务为由主张权利的，人民法院应予支持。"第3条规定："夫妻一方在婚姻关系存续期间以个人名义超出家庭日常生活需要所负的债务，债权人以属于夫妻共同债务为由主张权利的，人民法院不予支持，但债权人能够证明该债务用于夫妻共同生活、共同生产经营或者基于夫妻双方共同意思表示的除外。”这样，《夫妻债务纠纷案件司法解释》着力解决司法实践中的突出问题，积极回应社会关切，进一步细化和完善夫妻共同债务认定标准，合理分配举证证明责任，引导民事商事主体规范交易行为，加强事前风险防范，平衡保护各方当事人的合法权益，满足广大人民群众的司法需求。

5. 夫妻共同债务的认定写入《民法典》

在《民法典》婚姻家庭编草案审议中，二审稿采纳并吸收了最高人民法院《夫妻债务纠纷案件司法解释》的规定，《民法典》第 1064 条对夫妻共同债务的范围做了明确规定，即“夫妻双方共同签名或者夫妻一方事后追认等共同意思表示所负的债务，以及夫妻一方在婚姻关系存续期间以个人名义为家庭日常生活需要所负的债务，属于夫妻共同债务。夫妻一方在婚姻关系存续期间以个人名义超出家庭日常生活需要所负的债务，不属于夫妻共同债务；但是，债权人能够证明该债务用于夫妻共同生活、共同生产经营或者基于夫妻双方共同意思表示的除外。”这就解决了夫妻关系存续期间个人债务、共同债务的认定和承担的问题。

二、夫妻共同债务的概念与范围

《民法典》第 1064 条规定：“夫妻双方共同签名或者夫妻一方事后追认等共同意思表示所负的债务，以及夫妻一方在婚姻关系存续期间以个人名义为家庭日常生活需要所负的债务，属于夫妻共同债务。夫妻一方在婚姻关系存续期间以个人名义超出家庭日常生活需要所负的债务，不属于夫妻共同债务；但是，债权人能够证明该债务用于夫妻共同生活、共同生产经营或者基于夫妻双方共同意思表示的除外。”由此可知，夫妻共同债务，是指夫妻双方共同签名或者夫妻一方事后追认等共同意思表示所负的债务，以及夫妻一方在婚姻关系存续期间以个人名义为家庭日常生活需要所负的债务，或虽然是夫妻一方以个人名义超出家庭日常生活需要所负，但债权人能够证明用于夫妻共同生活、共同生产经营或者基于夫妻双方共同意思表示的债务。夫妻共同债务须满足 3 个基本条件：（1）须产生于双方婚姻关系存续期间，即双方结婚之日起至离婚时止的期间。然婚前为结婚后共同生活购置物品所负的债务，应当为夫妻共同债务。（2）须用于夫妻共同生活或共同生产经营活动，包括为履行抚养、赡养义务等所负债务。（3）须夫妻双方共同签名或者夫妻一方事后追认等共同意思表示。第 3 个件是新增条件，它的增加有利于当事人自动履行债务，也有助于债权人在考虑相关风险后做出借款决定，进而有利于法院审判质量的提高、社会和谐稳定。符合上述条件，不论是以夫妻一方还是以双方的名义所负的债务，都属于共同债务。反之，债务不是发生在婚姻关系存续期间，或者虽然发生在婚姻关系存续期间，然不是用于共同生活或共同生产经营的，都不属于共同债务，而是夫妻一方的个人债务。《民法典婚姻家庭编解释（一）》第 33 条规定，债权人就一方婚前所负个人债务向债务人的配偶主张权利的，人民法院不予支持。但债权人能够证明所负债务用于婚后家庭共同生活的除外。第 34 条规定，夫妻一方与第三人串通，虚构债务，第三人主张该债务为夫妻共同债务的，人民法院不予支持。夫妻一方在从事赌博、吸毒等违法犯罪活动中所负债务，第三人主张该债务为夫妻共同债务的，人民法院不予支持。

夫妻共同债务，主要是基于夫妻共同生活的需要，以及对共同财产管理、使用、收益和处分而产生的债务，包括以下几个方面：（1）婚前一方借款购置的财产已转化为夫妻共同财产，为购置这些财产所负的债务；（2）夫妻为家庭共同生活所负的债务；（3）夫妻共同从事生产经营活动所负的债务，或者一方从事生产经营活动，经营收入用于家庭生活或配偶分享所负的债务；（4）夫妻一方或者双方治病以及为负有法定义务的人治病所负的债务；（5）因抚养子女所负的债务；（6）因赡养负有赡养义务的老人所负的债务；（7）为支付夫妻一方或双方的教育、培训费用所负的债务；（8）为支付正当必要的社会交往费用所负的债务；（9）夫妻协议约定为共同债务的债务；（10）其他应当认定为夫妻共同债务的债务。

三、夫妻共同债务的认定

对于夫妻共同债务的认定，应当在夫妻之间及夫妻与债权人利益之间寻找一个符合公平正义的平衡点。在夫妻共同债务的认定上，应当采取慎重的态度，即：确认婚姻关系存续期间的债务属于夫妻个人债务还是夫妻共同债务，应根据《民法典》第1064条的规定及其司法解释，并可参照《夫妻债务纠纷案件司法解释》等加以认定。

在司法实践中，理解夫妻共同债务，应该注意以下几个方面：

1. 为共同生活所负的债务

在日常生活中，主要包括：购置共同生活用品所负债务；购买、装修共同居住的住房所负的债务；夫妻一方或双方为治疗疾病支付医疗费用所负的债务；从事双方同意的文化教育、文娱体育活动所负的债务；婚前一方贷款购置的住房等财物已转化为夫妻共同财产的，为购置财物所负的债务；其他发生在日常生活中的应由双方共同负担的债务；等等。

2. 夫妻共同经营所负的债务

夫妻共同经营所负的债务包括：双方共同从事工商业或农村承包经营所负的债务，购买生产资料所负的债务，共同从事投资或者其他金融活动所负的债务，以及在这些生产、经营活动中欠缴的税款，等等。这里的共同经营，既包括夫妻双方一起共同从事投资、生产经营活动，也包括夫妻一方从事生产经营活动而利益归家庭共享的情形。在夫妻关系存续期间，一方从事个体经营或承包经营的，其收入为夫妻共有财产，债务亦应以夫妻共有财产清偿。这样，一方以个人名义对外从事的经营活动所负债务，因其经营收入已转化为夫妻共同财产或已用于夫妻共同生活的，该债务也应认定为夫妻共同债务。共同经营所负债务缘于夫妻共同经营费用的不足，故不论债务是由谁借的，以谁的名义借的，只要债务是夫妻共同经营所致，就为夫妻共同债务，应共同偿还，只问其用途，而不究其形式。

3. 履行抚养、赡养义务所负的债务

根据《民法典》的规定，父母对子女有抚养教育的义务，子女对父母有赡养扶助的义务。父母不履行抚养义务时，未成年的或不能独立生活的成年子女，有要求父母支付抚养费的权利。子女不履行赡养义务时，缺乏劳动能力或生活困难的父母，有要求子女付给赡养费的权利。有负担能力的祖父母、外祖父母，对于父母已经死亡或父母无力抚养的未成年的孙子女、外孙子女，有抚养的义务。有负担能力的孙子女、外孙子女，对于子女已经死亡或子女无力赡养的祖父母、外祖父母，有赡养的义务。有负担能力的兄、姐，对于父母已经死亡或父母无力抚养的未成年的弟、妹，有扶养的义务。由兄、姐扶养长大的有负担能力的弟、妹，对于缺乏劳动能力又缺乏生活来源的兄、姐，有扶养的义务。抚养子女、赡养父母是父母和子女应尽的义务。在特定情况下，祖父母、外祖父母与孙子女、外孙子女之间有抚养与赡养义务，兄、姐与弟、妹之间互有扶养义务。夫妻一方出于履行自己应尽的抚养、赡养、扶养的法定义务，比如为必须抚养、赡养、扶养的亲属支付生活费、医疗费、教育费等而负的债务，属于夫妻共同债务，应由夫妻共同承担。

4. 离婚后的共同债务

夫妻在离婚时对夫妻关系存续期间所负的债务未做处理，或者在离婚后因原财产处理、子女抚养产生新的债务，从而形成离婚后的共同债务。具体情形有：（1）离婚时双方未对婚姻关系存续期间共同所负债务做出处理，离婚后债权人主张权利的；（2）夫妻双方的离婚协议或者人民法院的判决书、裁定书、调解书虽然已经对夫妻财产分割问题做出处理，但离婚后债权人就离婚前产生的夫妻共同债务向男女双方主张权利的；（3）离婚后因分割夫妻共同财产所必须支付的费用，如共同委托的评估费、鉴定费、过户费等财产处理费；（4）因抚养子女或行使子女监护权所负的债务，如未成年子女侵犯他人权益所致的债务。如《民法典》第 1188 条规定：“无民事行为能力人、限制民事行为能力人造成他人损害的，由监护人承担侵权责任。监护人尽到监护职责的，可以减轻其侵权责任。有财产的无民事行为能力人、限制民事行为能力人造成他人损害的，从本人财产中支付赔偿费用；不足部分，由监护人赔偿。”

5. 夫妻共同的消极债务

夫妻共同的消极债务，是指不能认定为夫妻共同债务的债务。夫妻一方在从事赌博、吸毒等违法犯罪活动中以个人名义所负的债务，债权人知道或者应当知道夫妻一方举债用于赌博、吸毒等违法犯罪活动而向其出借款项所形成的债务，债权人对所借出去的款项以“利息”“违约金”“服务费”“中介费”“保证金”“延期费”等这样或那样的方法突破或变相突破法定“超过合同成立时 1 年期贷款市场报价利率 4 倍的”利率红线所生的利息，等等，均因属于不受法律保护的非法债务而不能认定为夫妻共同债务。

四、夫妻共同债务的处理及其原则

夫妻共同债务的处理，最为集中地体现在夫妻离婚的过程中，同时又和夫妻采取的离婚方式相关：如果夫妻采用协议的方式离婚，则夫妻双方应在离婚协议中明确双方各自应承担的债务，当然，这种约定本身对债权人没有法律约束力；倘若夫妻通过诉讼提起离婚，则应依据《民法典》第 1089 条“离婚时，夫妻共同债务应当共同偿还。共同财产不足清偿或者财产归各自所有的，由双方协议清偿；协议不成的，由人民法院判决”的规定处理。

根据《民法典》的规定，法院应当对夫妻共同债务的承担进行判决。然由于夫妻共同债务的认定和处理直接和第三人的合法权益相联系，是以，法院在判决时，对于可以确认为夫妻共同债务的，可以进行判决；而对夫妻债务是否存在，或到底是夫妻共同债务还是个人债务没法确定的，或可能被确定为个人债务的等情况，由于缺少债权人的介入，法院应该告知另行处理，而不应在判决中进行确认，以充分保障第三人的合法债权。根据《民法典婚姻家庭编解释（一）》第35条关于“当事人的离婚协议或者人民法院生效判决、裁定、调解书已经对夫妻财产分割问题作出处理的，债权人仍有权就夫妻共同债务向男女双方主张权利。一方就夫妻共同债务承担清偿责任后，主张由另一方按照离婚协议或者人民法院的法律文书承担相应债务的，人民法院应予支持”的规定，债权人仍有权就夫妻共同债务向夫妻双方依法主张权利。这是源于，法院的判决或夫妻的离婚协议中对夫妻共同债务的处理，只对夫妻双方具有法律约束力，债权人一样可以向离婚后的夫妻提起诉讼，要求承担责任。

应当指出，《民法典》第1089条规定：“离婚时，夫妻共同债务应当共同偿还。共同财产不足清偿或者财产归各自所有的，由双方协议清偿；协议不成的，由人民法院判决。”据之，处理共同债务，应当遵循以下原则：

1. 以夫妻共同财产偿还的原则

《民法典》规定，夫妻财产共同所有，共同债务共同清偿，同时规定夫妻对共同财产有平等的处理权，与此相对应，对夫妻共同债务，双方也有平等的清偿义务。在与债权人协商一致的前提下，可由夫妻双方约定各自的责任和清偿日期，也可约定由其中1人全部清偿，而后在分割共同财产时清偿一方向另一方追偿。在现实生活中，有的当事人为逃避债务，采取假离婚的手段，双方协议财产不归其所有，债务归另一方，当债权人要求偿还时，另一方则以财产不归其所有，不应由其偿还为由拒绝给付，以达到逃避债务的目的。为了防止上述情况的发生，不给逃避债务的当事人以可乘之机，在司法实践中，在处理夫妻共同债务的分担时，应把夫妻共同财产与共同债务视为一个整体，不可分割，将二者联系起来进行考虑，倘使财产判归一方，那么债务也就应由该方负担，即使其无财产清偿，至少其分得的共同财产可折抵偿还共同债务。

2. 协商一致的原则

对于夫妻共同债务的清偿，双方应从各自的实际承担能力和经济来源出发，协商一致解决，可多可少，也可由1人全部承担。如果协商不成，可向人民法院提起诉讼，由人民法院判决决定。

3. 依法保护债权人合法权益不受侵害的原则

离婚时（后），男女双方对夫妻共同债务各应负清偿全部债务的责任，当债权人主张权利时，男女双方都不能以离婚时双方达成的债务分担协议或者法院判决的承担比例以及离婚时是否分得夫妻共同财产及分得多少夫妻共同财产为由而拒绝对债务的连带责任。当一方清偿全部债务后，即享有向对方的追偿权，这是保证债权人利益依法实现的必要措施。此外，根据《民法典婚姻家庭编解释（一）》第36条的规定，夫或者妻一方死亡的，生存一方应当对婚姻关系存续期间的夫妻共同债务承担清偿责任。

4. 坚持男女平等与保护妇女利益相结合，考虑双方当事人实际履行能力的原则

男女平等是婚姻家庭法的基本原则，在财产关系中表现为夫妻对共同财产有平等的管理、经营、使用的权利，分割财产时有平等分割的权利，对共同债务有平等清偿

的义务。但平等清偿并非平均分担，还应考虑到当事人履行债务的能力，向妇女或经济来源困难的一方倾斜。

第四节　离婚义务补偿、困难帮助和过错损害赔偿制度

一、离婚义务补偿制度

1. 离婚义务补偿制度的概念及意义

《民法典》第1088条规定："夫妻一方因抚育子女、照料老年人、协助另一方工作等负担较多义务的，离婚时有权向另一方请求补偿，另一方应当给予补偿。具体办法由双方协议；协议不成的，由人民法院判决。"据此离婚义务补偿制度，是指夫妻双方离婚时，因抚育子女等为家庭负担较多义务的一方有权向另一方提出补偿请求，另一方依法应当给予适当补偿的制度。设立离婚义务补偿制度，在我国家庭分工还具有较为浓厚传统色彩的现实情况下，具有以下重要意义：

（1）符合权利与义务相一致的原则。在家庭分工中，源于历史长期形成的传统，一般是女主内，更多地承担抚育子女、照料老年人等家务；男主外，更多地投入社会拼搏，获取功名地位及财富。两种分工，为家庭共同生活所必需，互相依存，对夫妻双方来讲，具有同等价值，都是为家庭付出自己的时间、精力，为家庭的幸福美满做贡献。为此，分割夫妻财产，不仅要考虑显性的、有形的经济供给和收入，而且要考虑隐性的、无形的财产收入及付出包括为承担家庭义务的付出，这也是权利与义务相一致原则在夫妻财产分割中的必然要求。既然一方为家庭抚育子女、照料老年人负担了较多义务，无疑可以由于此种付出而从获得了利益的另一方得到一定的补偿，这对肯定、鼓励夫妻双方自愿多承担家庭义务，稳定、巩固家庭关系也有一定的现实意义。

（2）有利于充分保障妇女的合法权益。如前所述，在现实生活中，一般来讲，在家庭中负担更多义务的绝大多数是妇女。她们不得不把大量的时间、精力奉献给丈夫、子女及家庭，因此，就失去了自己的发展机会，导致自己在婚姻关系存续期间无经济收入，或者经济收入远低于丈夫，当婚姻关系终结之时，无论夫妻财产是分别财产制还是共同财产制，离婚分割财产时，妇女的合法权益均得不到有效的保障。所以，在这样的现实下，设立离婚义务补偿制度，无疑有利于充分保障妇女的合法权益。

2. 离婚义务补偿的条件

如前所述，设立离婚义务补偿制度非常必要，为家庭承担较多义务的一方为此享有依法请求另一方给予补偿的权利。但是，这种权利并非绝对的、无条件的，而是相对的、有条件的。根据《民法典》第1088条的规定，这些条件包括以下3个方面：

（1）夫妻一方在共同生活中对家庭承担了更多的义务。这是启动离婚义务补偿制度的原因条件，是离婚义务补偿制度的核心。倘若一方并未在共同生活中对家庭承担更多的义务，就不能请求对方给予补偿。补偿以权利与义务对等为前提，只有一方承担了更多的义务才存在由另一方对其所承担的更多义务给予补偿的问题。承担更多义

务，包括抚养教育子女，照料、赡养老年人，支持、协助对方工作等各个方面。就内容而言，既可以在抚育子女、照料老年人、协助对方工作等方面付出了更多的钱财，也可以是在上述各个方面付出更多的劳动、精力，如一方协助对方工作而承担所有家务，也应认定多承担了义务，不能仅仅将多付出钱财理解为多承担义务。

（2）必须是离婚时由多承担义务的一方向另一方提出补偿请求。一方对家庭承担了较多义务的，未到离婚时，不能向对方提出补偿。多承担义务的一方在婚姻关系存续期间即使要求对方给予一定的物质扶助，仍是相互扶养的问题，与离婚时一方给予另一方补偿有着本质的不同。当然，在司法实践中，承担较多义务的一方并未提出补偿，另一方主动给予一定补偿的，无疑也应允许。

对于符合补偿条件的，承担较多义务的一方向另一方提出要求，另一方应当给予补偿。当然，应当补偿，并不等于事实上实际能够补偿。另一方如果生活困难，基本生活都难以维持，这时就无法使承担较多义务的一方应获补偿的权利得到保障。这是权利能否实现的问题，而不是权利有无以及是否应当得到保障的问题。另外，离婚义务补偿制度启动的条件是一方对家庭承担更多义务以及离婚时提出了补偿要求。承担义务较多的一方的财产状况、经济能力与另一方的财产状况、经济能力并不影响离婚义务补偿制度的启动。只要符合了上述条件，承担较多义务的一方即使比另一方拥有更多的财产、更强的经济能力，也可以要求对方给予补偿。当然，经济能力的强弱，应当作为确定补偿数额的重要因素加以考虑。

3. 离婚义务补偿数额的确定

给予补偿的数额，应当在查明夫妻双方各自财产状况以及一方多承担义务情况的基础上，按照权利与义务对等的原则确定。一般来说，承担的义务越多，所获得的补偿就越多。但如前所述，补偿的数额也要根据双方的财产状况、经济能力等加以修正。

（1）承担义务的多少，是确立获取补偿数额的首要考虑因素。离婚义务补偿制度以一方承担较多家庭义务为前提，承担义务的多少自然是确定补偿数额的因素。这种根据承担义务的多少确定补偿数额的过程，实际是将家庭义务的价值货币化、有形化的过程。在现实生活中，不少城市、社区已大量存在从事家务劳动的单位、组织，为家务货币化、有形化提供了一定的条件。为此，可以将向市场购买同等工作量的抚育子女、照料老年人等家务所需要的价格作为参考因素。雇用他人需要花费多少成本，那么，该成本的一半就应由未承担义务的一方承担，该方也承担了一定的义务的，可酌情减少。

（2）少承担义务一方因之获得利益及其经济条件，是确定补偿数额的又一重要因素。因少承担家庭义务获得更多的利益、经济条件更好的一方，当然应给予对方更多的补偿。获得的利益不仅包括显性的、有形的财产价值，如收入、购置的房产等，而且包括隐性的、无形的可期待性利益，如品牌、文凭、尚未获得利益的知识产权等。在现实生活中，隐性的、无形的利益所占比例越来越大，并与无形的家庭财富相互转化。如在婚后，丈夫利用家庭共同投资学习了某种专业技能、自费出国留学、学习技艺，然后将所学运用到市场赚取更多的钱财，就是如此。因此，在确定补偿数额时，既应考虑少承担义务的一方因之获得显性的、有形的财产价值，又要考虑因之获得的隐性的、无形的可期待财产利益的价值。尤其应注意后者的物化、货币化、有形化，这也正是离婚义务补偿制度的主要意图所在。

（3）承担较多义务的一方本身的经济能力。倘若其学历高，工资水平高，有特殊的专业执照、技能、人际关系，能从市场上交换得到较大的价值，那么，其为家庭提供义务所付出的机会成本就越大，代价就越高。此时，自然需要获得更多的补偿。

（4）其他因素，如承担较多义务的一方条件差、生活状况不好，应当获得更多的补偿等。

二、离婚困难帮助制度

1. 离婚困难帮助制度的概念

《民法典》第1090条规定："离婚时，如果一方生活困难，有负担能力的另一方应当给予适当帮助。具体办法由双方协议；协议不成的，由人民法院判决。"据此，离婚困难帮助制度，是指夫妻离婚时，一方生活确有困难，经双方协议或法院判决，由有负担能力的另一方从其个人财产中给予生活困难一方适当资助的制度。这种制度，既不以一方承担更多义务为条件，也不以一方具有过错为必要，而是以一方存在生活困难为前提，与以一方承担较多义务为前提的离婚义务补偿制度，以及以一方的过错导致离婚为条件的过错损害赔偿制度都不相同，应当注意加以区分。另外，离婚时一方对另一方的帮助与夫妻间共同生活期间的扶养义务及夫妻共同财产分割的性质也不相同。夫妻间的相互扶养的义务，以夫妻人身关系为前提，存在于婚姻关系存续期间，没有任何其他条件，并且随着婚姻关系的终止而终止。而离婚时一方对另一方的困难帮助，则以夫妻解除婚姻关系为前提，存在于婚姻关系解除之后，并且以一方生活存在困难为条件。夫妻共同财产的分割，是对共同财产进行处置，而离婚时一方对另一方的困难帮助是有负担能力的一方以其个人财产给予生活有困难的一方适当的帮助，两者也有着本质区别。

2. 离婚困难帮助制度设立的意义

夫妻离婚时对生活有困难的一方由有负担能力的另一方给予适当帮助，是夫妻之间互相扶养义务在离婚时的一定程度上的延伸，有益于化解因离婚可能引发的消极因素。在现实生活中，有的人离婚时年龄偏大，又没有学历、技能等优势，难以在社会上独立生活；有的人因体弱多病，在离婚后难以谋生；有的人因全身心投入家庭，成为全职的主妇或主夫；等等。他们出于对离婚后独立生活的忧虑甚至是艰难谋生的恐惧，宁可忍受已经死亡的婚姻，委曲求全，也不愿意提出离婚或坚决不同意离婚，其结果既不利于个人，也不利于家庭。另外，由于这样或那样的原因，男女之间的经济地位存在实际差距。在一般情况下，妇女的经济能力较男子的经济能力要弱，离婚时存在生活困难的通常是女方。为此，设置这一制度，对于维护妇女的合法权益，实现男女的真正平等，保障妇女的婚姻自由，也有一定的现实意义。

3. 离婚困难帮助的条件

根据《民法典》第1090条的规定，一方给予另一方帮助，是有条件的、相对的。这些条件包括：

（1）一方必须存在生活困难。必须存在，是指离婚时就已经实际存在，具有客观性，而不是离婚后可能存在困难。生活困难，参照《婚姻法司法解释（一）》第27条的规定，是指依靠个人财产和离婚时分得的财产无法维持当地的基本生活水平。一方离婚后没有住处的，也属于生活困难。据此，生活困难，是指难以维持当地的基本生活水平，而不是指无法满足更好、更奢侈的生活。至于生活困难的原因则多种多样，如因年老多病，无法继续劳动，又没有工作等固定生活来源；因伤残、疾病丧失劳动能力，无生活来源；等等。

（2）另一方必须具有提供帮助所必要的能力。一方存在生活困难，另一方没有提供帮助所必要的能力，如自己的生活也存在困难，或者只能勉强维持生活，当然就不存在提供帮助的问题。

（3）必须是在离婚时，即这种帮助具有严格的时间界限。在婚姻关系存续期间，一方给予另一方财产，属于相互扶养的内容，与离婚时一方对另一方的帮助有着本质的不同。

以上条件，相互联系，构成一个有机结合的整体，缺一不可。

4. 离婚困难帮助的实现

对于一方符合应当获得另一方帮助的条件的，根据《民法典》第1090条的规定，首先应由双方协议，协议不成的，才由人民法院判决。无论是协议还是判决，都应注意查明双方的财产状况、经济和身体条件、接受帮助方的困难程度、提供帮助方的承受能力等因素，结合当地的基本生活水平及双方婚姻关系存续期间的生活水平，确定一方给予另一方的适当帮助。至于帮助的形式，既可以给予一定的金钱帮助，又可以给予一定的物质帮助，还可以以个人财产中的住房进行帮助。离婚时，一方以个人财产中的住房对生活困难者进行帮助的，参照《婚姻法司法解释（一）》第27条第3款的规定，其形式既可以是房屋的居住权，又可以是房屋的所有权。此外，对于困难帮助的实现，还应注意以下4个问题：

（1）离婚时，一方年轻有劳动能力，只是生活暂时有困难的，另一方可给予短期的或一次性的帮助。

（2）结婚多年，一方年老病残、失去劳动能力而又无生活来源的，另一方应在居住和生活等方面给予适当的安排，在经济上可视具体情况，给予一次性帮助或长期的帮助。

（3）在执行帮助期间，受帮助一方再婚或经济收入足以维持生活时，帮助一方即可停止帮助。

（4）原定经济帮助执行完毕后，受帮助方要求对方继续给予帮助的，人民法院一般不予支持。因为，离婚困难帮助制度设立的目的主要在于帮助困难方暂渡难关，鼓励其自力更生，并不是使其长期依赖对方，更不能等同扶养，这点应当引起注意。

应当指出，离婚困难帮助制度的适用以离婚时一方确有困难为必要。虽然有困难的一方一般是女方，可并不排除少数家庭中有困难的一方为男方。无论是男方还是女方，都有依法享有帮助的权利。所以，接受帮助的既可以是男方，也可以是女方。另外，不能把困难帮助等同于夫妻共同财产的分割。必要的困难帮助是夫妻一方利用自己的房产等个人财产对有困难的另一方给予帮助，故在夫妻共同财产制下应在夫妻财产分割后一方利用已经属于自己的财产帮助对方，不能在共同财产分割前进行所谓的困难帮助，否定接受帮助一方对共同财产的所有权。

三、离婚过错损害赔偿制度

1. 离婚过错损害赔偿制度的概念及意义

离婚过错损害赔偿制度，是指婚姻由于夫妻一方法定的过错行为而破裂，由过错方向非过错方赔偿损失、给付抚慰金的一种民事法律制度。该项制度的设立主要有以下 4 个方面的意义。

（1）符合婚姻的本质要求。众所周知，婚姻一旦缔结成立，就负载着相应的法律义务与道德责任。这些义务和责任，是社会道德、人伦秩序、法律要求在婚姻中的表现。当事人按照自己的意志步入以爱情为基础的婚姻殿堂，就意味着对婚姻所负载的法律义务及道德责任的承诺，在婚姻关系存续期间，应当全面、认真、切实履行，别无选择。这些义务和责任，既有要求积极作为的，如抚养子女、赡养扶助父母等，又有要求消极不作为的，如禁止重婚，婚外恋情，家庭成员间的虐待、遗弃等。夫妻一方违反法律、道德要求，不履行义务与责任时，一方面可由当事人自动调适、矫正，使婚姻关系得以继续维持，除严重危害家庭、社会而应依法追究刑事责任的外，第三人一般不主动干预；另一方面，倘使双方不能自动调适、矫正，并由此伤害对方感情，导致感情破裂，使婚姻走向死亡、解体的，在离婚时由重大过错方对对方由此受到的损害进行赔偿，无疑符合婚姻法律义务、道德责任的内在要求。

（2）是保障无过错方离婚当事人合法权益的要求。从我国婚姻家庭关系的现状看，由于各方面的原因，重婚、“包小三”、“包二奶”、“养小蜜”、有配偶与他人同居，及虐待、遗弃家庭成员，实施家庭暴力等违法行为时有发生，因此导致离婚的占有相当的比例。许多无过错方当事人，身心受到严重摧残、伤害，如果无法获得必要补偿，就会极大地损害其合法权益。因而，设立过错损害赔偿制度，不仅有利于保护无过错方的合法权益，而且有利于有效抑制重婚、有配偶与他人同居等违法侵权行为，进而维护家庭乃至社会稳定。

（3）是当代婚姻家庭法的公平原则和保护家庭弱者的道义在离婚问题上的必然要求。公平原则、保护弱者的道义是当代婚姻家庭法的基本原则，必须贯彻于婚姻家庭立法、司法的各个方面。在因重婚、家庭暴力等原因导致离婚时，无过错方无疑处于受害者的弱者地位，基于上述原则，让过错方给予无过错方损害赔偿，使无过错方得到一定的救济和慰藉，无疑成为必然。法国、日本、瑞士、墨西哥等国家都有离婚过错损害赔偿的规定，如法国法律规定，因夫妻一方的重大过错致使婚姻关系破裂的，无过错方有权要求过错方赔偿损害，赔偿范围包括财产损害和精神损害，赔偿数额依据无过错方的需要和过错方的经济状况以及将来可能发生的变化确定。

（4）是完善婚姻家庭立法、弘扬社会公德的需要。在现实生活中，重婚、与他人同居、家庭暴力等违反法律的行为在一定程度上存在，已给家庭、社会带来了严重的危害。对于这些违法行为，应当通过完善的法律体系，从不同角度、不同层次加以调节、规范，以有效抑制、防范这些违法行为的发生。如对重婚及情节恶劣的虐待、遗弃等应以犯罪论处，依法追究刑事责任；对于情节较轻的可依法给予行政处罚。然对该行为造成损害的民事责任，若没有法律规定，司法实践中遇到此类问题，处理却无法可依，不处理又有失公平。故，无论是从制裁、遏制重婚、家庭暴力等违法行为出发，还是为了完善婚姻家庭立法，使追究这类行为的民事责任有法可依，弘扬社会公德，都具有现实意义及历史意义。

总之，离婚过错损害赔偿制度既有补偿损害，维持公平、正义的功能，又有精神抚慰，平息怨愤、报复，缓和矛盾的功能，还有规范、引导家庭秩序的功能，从而具有设置的充分必要基础。

2. 离婚过错损害赔偿的构成条件

离婚过错损害赔偿制度的确立，赋予了无过错方请求过错方赔偿损害的权利。与其他权利一样，这一权利不是绝对的、无条件的，而是相对的、有条件的。只有符合法律规定的条件，无过错方才能提出损害赔偿。

（1）夫妻一方必须具有法定的过错行为，这是构成离婚过错损害赔偿的必要前提。没有过错行为，或者虽有过错行为但不是《民法典》规定的过错行为，也不能提出损害赔偿请求。根据《民法典》第1091条的规定，能够据之请求损害赔偿的过错行为，只有重婚，与他人同居，实施家庭暴力，虐待①、遗弃家庭成员，及有其他重大过错这5种。除重婚，与他人同居，实施家庭暴力，虐待、遗弃家庭成员这4种具体的可以构成离婚过错损害赔偿的原因外，《民法典》还有1个兜底条款，即“有其他重大过错”。而《婚姻法》第46条规定的离婚过错损害赔偿法定事由只有夫妻一方“重婚的”“与他人同居的”“实施家庭暴力的”“虐待、遗弃家庭成员的”等4项具体的原因。然而在实际生活中，确有夫妻一方的行为严重损害另一方人格尊严和利益的其他情形发生，例如，夫妻一方与他人通奸、嫖娼、卖淫等。于是，增设这条兜底条款，既能涵盖可能出现的严重损害配偶一方权益的其他情形，又为司法公平裁量提供了依据。

此外，《民法典婚姻家庭编解释（一）》第28条规定，一方未经另一方同意出售夫妻共同所有的房屋，第三人善意购买、支付合理对价并已办理不动产登记，另一方主张追回该房屋的，人民法院不予支持。夫妻一方擅自处分共同所有的房屋造成另一方损失，离婚时另一方请求赔偿损失的，人民法院应予支持。据此，夫妻一方擅自处分共同所有的房屋造成另一方损失的行为，可以理解为“有其他重大过错”的情形而适用离婚损害赔偿制度。

（2）夫妻的另一方没有过错，这是离婚赔偿损害构成的又一必要前提。如果双方都有过错，如各自与他人重婚，或与他人同居，或遗弃、虐待家庭成员，则任何一方都不能以对方有过错为由而提出损害赔偿。对此，《民法典婚姻家庭编解释（一）》第90条规定，夫妻双方均有《民法典》第1091条规定的“重婚”“与他人同居”“实施家庭暴力”“虐待、遗弃家庭成员”“有其他重大过错”等情形，一方或者双方向对方提出离婚损害赔偿请求的，人民法院不予支持。

（3）必须因过错行为导致了离婚，并给无过错方造成了现实的、客观存在的损害。离婚过错损害赔偿，应以损害存在为必要。有损害才有赔偿，无损害就无赔偿的前提与基础。但是，这种损害既可以是显性的、有形的损害，如身体受到伤害而残疾，财产遭受损害，还可以是无形的精神损害，如因对方过错产生的痛苦、煎熬、失望、怨

① 根据《民法典婚姻家庭编解释（一）》第1条规定，持续性、经常性的家庭暴力，可以认定为《民法典》第1091条所称的“虐待”。

愤等。既包括财产损害，又包括非财产损害。财产损害，是指无过错方因另一方过错行为造成的物质上的现有财产权益的损失，然不包括遗产继承权、保险受益权等可期待财产权益的损失。非财产损害，则包括人身损害与精神损害。精神损害是指过错行为导致婚姻破裂，由此给另一方造成的非物质性的肉体或精神痛苦。

（4）过错行为与损害之间必须存在因果关系。不存在因果关系，如一方虽有过错行为然没有造成损害，就不能提请离婚损害赔偿。判断两者之间是否具有因果关系，必须从两个方面把握：1）该行为实际已经给对方造成了损害，如虐待、遗弃行为必然给对方造成肉体上的或精神上的伤害；2）必须因过错行为导致了婚姻破裂，即婚姻破裂是一方的过错行为所致，一方的过错行为是婚姻死亡、解体的基本原因。倘若婚姻解体不是法定的过错行为所致，即使过错行为造成了对方的损害，无过错方也不能提起离婚损害赔偿。当然，应当看到，在现实生活中，夫妻双方离婚的原因并非单一，而是各种原因交织在一起。此时，应当认真分析导致离婚的主要原因。只要主要原因是婚姻家庭编规定的过错情形，就应当认定婚姻破裂是过错行为所致，无过错方就可据此提起离婚损害赔偿请求。

（5）过错方主观上必须具有过错。只要实施重婚、与他人同居、家庭暴力、虐待、遗弃等过错行为，就应认定其有过错，不能以不懂法律等为由而推卸责任。

（6）离婚过错损害赔偿，以当事人离婚为必要条件。这里的离婚包括诉讼离婚和协议离婚。当事人最终没有离婚即使提起离婚诉讼，无过错一方也不能获得所谓的离婚过错损害赔偿。为此，《民法典婚姻家庭编解释（一）》第 87 条第 2 款、第 3 款规定，人民法院判决不准离婚的案件，对于当事人基于《民法典》第 1091 条提出的损害赔偿请求，不予支持。在婚姻关系存续期间，当事人不起诉离婚而单独依据该条规定提起损害赔偿请求的，人民法院不予受理。

3. 离婚过错损害赔偿的实现

离婚过错损害赔偿，作为法律赋予无过错方离婚时所享有的权利，要得以实现，必须依法进行。

（1）必须由无过错一方提出损害赔偿请求。无过错方没有提出请求，人民法院在处理离婚案件时不能主动干预、处理。提出离婚损害赔偿的无过错方是与过错方存在有效婚姻关系的配偶一方。其他人如家庭其他成员，重婚时的配偶，无效婚姻、可撤销婚姻中的“配偶”等因一方过错行为受到损害的，不能适用离婚过错损害赔偿，从而无权提出离婚损害赔偿；需要赔偿的，只能适用一般的侵权损害赔偿处理。

至于无过错方提起离婚过错损害赔偿的时间，根据《民法典婚姻家庭编解释（一）》第 88 条的规定，在适用《民法典》第 1091 条时，应当区分以下不同情况：1）符合《民法典》第 1091 条规定的无过错方作为原告基于该条规定向人民法院提起损害赔偿请求的，必须在离婚诉讼的同时提出。2）符合《民法典》第 1091 条规定的无过错方作为被告的离婚诉讼案件，如果被告不同意离婚也不基于该条规定提起损害赔偿请求的，可以就此单独提起诉讼。3）无过错方作为被告的离婚诉讼案件，一审时被告未基于《民法典》第 1091 条规定提出损害赔偿请求，二审期间提出的，人民法院应当进行调解；调解不成的，告知当事人另行起诉。双方当事人同意由第二审人民法院一并审理的，第二审人民法院可以一并裁判。

应当指出的是，为了保护无过错方的合法权益，根据《民法典婚姻家庭编解释(一)》第 88 条的规定，应当将《民法典》第 1091 条关于离婚过错损害赔偿等规定中的有关当事人的权利义务，书面告知当事人。这样，人民法院一旦受理了离婚案件，就有义务将《民法典》中有关离婚过错损害赔偿等规定中的有关当事人的权利与义务书面告知当事人。对此，人民法院应当尽职尽责，认真遵守履行，而不能漠视。

(2) 必须向有过错的导致婚姻关系破裂的配偶提起，即只有与无过错方形成有效婚姻关系的人才是义务主体，其他人如与有配偶者重婚、同居的人，不属于赔偿义务主体。对此，《民法典婚姻家庭编解释（一)》第 87 条第 1 款规定，承担《民法典》第 1091 条规定的损害赔偿责任的主体，为离婚诉讼当事人中无过错方的配偶。

关于第三者即明知对方有配偶而与其发生不正当男女关系的人，能否成为赔偿主体的问题，在有关立法过程中存在激烈争论。有的人认为，第三者插足，破坏了他人的婚姻家庭，是一种侵权行为，由此导致他人离婚的，应当负赔偿责任，在离婚损害的赔偿中，应直接作为被告或第三人参与诉讼。如果有过错的夫妻一方将其共同财产转移给了第三者，更是这样。有的人则认为，婚姻以感情为基础，第三者插足是感情问题，并不存在侵权，由此导致离婚的，即使有过错，也不负赔偿责任。第三者是一个意义不确切的非法律用语，将之确定为赔偿义务主体，会产生什么是第三者、怎样确定、其与当事人的婚姻破裂是否有因果关系、起的作用有多大、怎么赔、如何介入诉讼等难以确认的一系列问题，第三者为多人时更为复杂。另外，追究第三者的赔偿责任，将家庭之外的人拉进离婚诉讼中，不仅增加了解决纠纷的难度，而且会激化矛盾，不应纳入婚姻家庭法的调整范围。立法机关经过认真研究、充分考虑后，最终没有规定第三者作为离婚过错损害赔偿的义务主体。

(3) 必须在离婚时或离婚后查出夫妻一方离婚前有出轨的证据后提起。理解这一规定有两个前提：1) 必须在离婚时提起，即提起必须以提起离婚为前提。没有提起离婚，无过错方不能在婚内提起离婚过错损害赔偿；2) 在离婚之后查出夫妻一方离婚前出轨仍可获精神赔偿。对婚姻不忠实，是难以容忍的不诚信，它不仅破坏了夫妻关系，拆散了家庭，也伤及无辜的子女，而且败坏了社会风气，为法律所禁止。所以，最高人民法院在 2015 年 11 月 20 日通报的 30 起涉家事典型案例中指出："离婚后发现被告在婚姻存续期间的出轨行为，请求精神损害赔偿，人民法院依法予以支持，以彰显法律的公正和道德力量。"

(4) 离婚过错损害赔偿，既适用于协议离婚，也适用于诉讼离婚。对此，《民法典婚姻编解释（一)》第 89 条规定，当事人在婚姻登记机关办理离婚登记手续后，以对方具有《民法典》第 1091 条规定的重婚，与他人同居，实施家庭暴力，虐待、遗弃家庭成员等情形为由向人民法院提出损害赔偿请求的，人民法院应当受理。然当事人在协议离婚时已经明确表示放弃该项请求的，则不予支持。在协议离婚中，双方可以将协商一致的赔偿数额、给付时间及方式写入离婚协议；协议不成时，则由人民法院依法调解或判决。

(5) 离婚过错损害赔偿的范围及其民事责任方式。根据《民法典婚姻家庭编解释(一)》第 86 条的规定，离婚过错损害赔偿，既包括物质损害赔偿，又包括精神损害赔偿。涉及精神损害赔偿的，则适用《民事侵权精神损害赔偿解释》的有关规定加以处理。

（6）离婚过错损害赔偿金额的确定。法律对此没有明确规定，一般说来，应当考虑过错程度、实际损失，以及双方的财力与未来的生活需要、年龄状况、对家庭义务的负担、谋生能力、当地一般的赔偿标准等因素确定。

（7）离婚过错损害赔偿应以过错方的个人财产承担，不能由夫妻共同财产承担。实行夫妻共同财产制的，应当根据照顾子女、女方及无过错方权益的原则分割夫妻共同财产后，再判决过错方以其个人财产给予赔偿，不能以分割前的共同财产赔偿。

（8）离婚过错损害赔偿金，原则上应一次给付；一次给付有困难的，可以分期给付，无过错方可以要求执行分期给付的过错方提供担保。

对于离婚过错损害赔偿制度与夫妻共同财产分割时应当照顾无过错方权益的原则间的关系，有的人认为，前者的设立是对后者的否定，即设立了离婚过错损害赔偿制度的，夫妻共同财产分割时就不应再适用照顾无过错方权益的原则①。我们认为，值得商榷：1）两者的性质不同。前者是解决过错方给无过错方造成的损害赔偿问题；后者解决的是在共同财产分割时所应遵守的原则问题。2）前者的过错仅限于《民法典》第1091条规定的几种特定过错；而后者的过错为广义的过错，除第1091条规定的5种严重过错外，还可能是其他过错，如酗酒、赌博、吸毒、强迫婚姻、买卖婚姻等。3）前者不仅适用于存在夫妻共同财产的情况，而且适用于不存在夫妻共同财产的情况；后者只适用于夫妻存在共同财产的情况。4）前者只有在无过错方提出请求时适用；后者则在分割夫妻共同财产时，人民法院可以依法主动适用。5）在夫妻共同财产制中，后者在共同财产分割时就可实现；而前者要在分割后才能实现。若以前者取代后者，则使无过错方处于更为不利的地位，不符合设立离婚过错损害赔偿制度的弘扬公平、正义，保护弱者的立法意图。其实，在存在法定的重大过错行为的情况下，让过错方承担比一般的过错行为更重的责任，即在分割夫妻共同财产照顾无过错方权益的基础上，再过错方其对无过错方给予损害赔偿，也体现了立法者对法定重大过错行为的坚决否定，符合公平原则，有利于制裁、预防此类行为的发生。是以，前者仅是后者基础上的补充与完善，并非对后者的否定与取代。

第五节　离婚后对子女的抚养和教育

离婚对父母子女关系的法律后果，具体包括离婚后的父母子女关系、离婚后对子女的直接抚养和离婚后对子女抚养费的负担3个方面。

一、离婚后的父母子女关系

1. 离婚后的父母与亲生子女间的关系

《民法典》第1084条第1款规定："父母与子女间的关系，不因父母离婚而消除。离婚后，子女无论由父或者母直接抚养，仍是父母双方的子女。"据此，夫妻关系因离

① 杨立新，秦秀敏. 中华人民共和国婚姻法释义与适用. 长春：吉林人民出版社，2001：484.

婚而解除，可夫妻双方与子女间的父母子女关系却不因离婚而解除，相互间仍然存在父母子女之间的权利与义务。这是因为，婚姻关系与父母子女关系属于两种性质不同的社会关系，其形成、消灭的原因不尽相同：前者是男女两性出于自愿而依法缔结，既可依法成立，又可依法解除。形成、解除均基于人的意思表示，可随双方的意志而转移。后者则基于出生这一事实形成的血缘关系而成立，这种血缘关系客观存在，除非一方或双方死亡，不可人为地消灭。是以，离婚虽然可以解除夫妻关系，但无法改变父母子女的血缘关系及因这一关系而形成的感情纽带。夫妻离婚后，子女无论由谁直接抚养，仍是父母双方的子女，不会改变其间的父母子女关系。其间权利与义务依然适用，与离婚前没有什么区别，不会因为夫妻离婚而有所改变。《民法典》第1084条第2款为此特别规定：“离婚后，父母对于子女仍有抚养、教育、保护的权利和义务。”这样，任何父母都不能在离婚时约定子女同一方解除父母子女关系，不能强迫由自己直接抚养的子女和另一方断绝关系，子女也不能借口父母离婚而不尽赡养扶助义务，不然属违法犯罪行为，应当依法追究法律责任。

2. 离婚后的养父母与养子女间的关系

《民法典》第1111条规定：“自收养关系成立之日起，养父母与养子女间的权利义务关系，适用本法关于父母子女关系的规定；养子女与养父母的近亲属间的权利义务关系，适用本法关于子女与父母的近亲属关系的规定。养子女与生父母以及其他近亲属间的权利义务关系，因收养关系的成立而消除。”是以，养父母与养子女之间的关系不因养父母离婚而解除。养父母离婚后，养子女仍是双方的养子女，无论由谁直接抚养都是如此。养父母与养子女间的关系不因养父母离婚而解除，然这不是说其间的关系就不能解除。倘若双方离婚时与养子女的生父母协商，并经已满8周岁的养子女同意，也可依法解除养父母养子女关系。可这不是因离婚而改变其间的养父母养子女间关系的问题。

3. 离婚后的继父母与继子女间的关系

《民法典婚姻家庭编解释（一）》第54条规定，生父与继母离婚或者生母与继父离婚时，对曾受其抚养教育的继子女，继父或者继母不同意继续抚养的，仍应由生父或者生母抚养。即继父母与继子女间已经形成的权利与义务关系由此消除；继父与生母或继母与生父离婚时，继父或继母同意继续抚养继子女，并取得生父母同意的，则继父母与继子女间已形成的权利与义务关系不变。这是鉴于继父母子女间形成权利与义务关系是由于生父或生母再婚及继父母与继子女间形成抚养关系的事实而产生。对于继父母来说完全按照其自愿，并非根据法律义务。因而，继父与生母、继母与生父离婚后继父母与未成年继子女间的关系应随继父或继母的意思而定。继父母愿意继续保持关系的，则其间关系不变；不愿意保持这种关系的，其间关系解除。另外，对于受继父母长期抚养教育成年的继子女，其与继父或继母因已形成了法律拟制的直系血亲关系，从而不能因继父与生母或继母与生父的离婚而自然解除其间的关系。在继父或继母与继子女一方或双方提出解除的情况下，虽然依法可以解除其人身关系，但继子女对抚养其成年的继父母在缺乏劳动能力、生活困难时，仍不能免除其扶助的责任。

4. 离婚后的父母与人工授精所生子女间的关系

《民法典婚姻家庭编解释（一）》第40条规定，婚姻关系存续期间，夫妻双方一致同意进行人工授精，所生子女应视为婚生子女，父母子女间的权利义务关系适用《民法典》的有关规定。据此，夫妻离婚时人工授精所生子女的关系和离婚后的父母子女关系相同，没有区别。

二、离婚后对子女的直接抚养

夫妻离婚不能消除父母子女间的关系，然抚养子女的方式会发生变化，即由共同直接抚养转化为由夫妻一方单独直接抚养。子女由谁直接抚养的问题常常是离婚诉讼中争执较多且难以解决的一个焦点，直接关系到子女的健康成长及其合法权益的保护。对此，应当从利于子女身心健康、利于保障子女合法权益的原则出发，根据父母双方的财产状况、经济能力、道德品质、文化素养、性格气质、志趣爱好、家庭背景、能否再婚生育等因素，再结合子女与父母的感情、志趣爱好等个人情况，依法做出妥善处理。

《民法典》第1084条第2款、第3款规定："离婚后，父母对于子女仍有抚养、教育、保护的权利和义务。离婚后，不满两周岁的子女，以由母亲直接抚养为原则。已满两周岁的子女，父母双方对抚养问题协议不成的，由人民法院根据双方的具体情况，按照最有利于未成年子女的原则判决。子女已满八周岁的，应当尊重其真实意愿。"据此，再结合《民法典》的有关司法解释，参照《离婚案件子女抚养意见》的有关规定，确定子女由谁直接抚养时，应当区分不同情况做出处理。

1. 哺乳期内子女的直接抚养

母亲通过哺乳方式喂养婴儿，既有利于婴儿的健康，也有利于增强母亲与婴儿的感情。从有利于婴儿健康成长出发，在离婚时，对于哺乳期内的子女，应以由哺乳的母亲直接抚养为原则。哺乳期如何确定，司法实践中标准不一。有的为1年，有的为1年6个月，有的为2年。对此，《民法典婚姻家庭编解释（一）》第44条规定，离婚案件涉及未成年子女抚养的，对不满两周岁的子女，按照《民法典》第1084条第3款规定的"离婚后，不满两周岁的子女，以由母亲直接抚养为原则。已满两周岁的子女，父母双方对抚养问题协议不成的，由人民法院根据双方的具体情况，按照最有利于未成年子女的原则判决。子女已满八周岁的，应当尊重其真实意愿"的原则处理。据此，可以理解为哺乳期为2年。

哺乳期内的子女，以由母亲直接抚养为原则，但这不是说一律要由母亲直接抚养，如果出现一些特殊情况，由母亲直接抚养不利于子女的健康成长时，就可由父亲直接抚养。这些特殊情况根据《民法典婚姻家庭编解释（一）》第1条的规定，包括3个方面：

（1）患有久治不愈的传染性疾病或其他严重疾病，子女不宜与其共同生活的。患有久治不愈的传染性疾病，如肺结核、慢性肝炎等，可能将疾病传染给子女，不利于其健康成长，此时由父亲直接抚养更为妥当。当然，母亲只是患有一般性的传染病，如肠炎、急性肝炎等，经过治疗，不久就会痊愈，则不影响由其直接抚养。可是，父亲也患有久治不愈的传染性疾病或其他严重疾病的，则应根据双方病情、传染程度的轻重选择相对较轻、更利于子女健康成长的一方直接抚养。另外，母亲患有其他严重疾病，如癌症、瘫痪、精神病等，没有直接抚养能力，不能直接抚养的，也可由父亲直接抚养。

(2) 有抚养条件不尽抚养义务，而父亲要求子女随其生活的。母亲有抚养条件不尽抚养义务，尽管属于违法行为，要受到法律的否定、道德的谴责，但其既然不尽抚养义务，强迫她直接抚养，则对子女不可能出于真心尽力照顾，因而会不利于子女的成长。倘若父亲要求子女随其生活的，可以允许。当然，这不是说有抚养条件的母亲不尽抚养义务，就一律要由父亲直接抚养，具体还应根据父亲的主观意愿及客观条件确定。倘使父亲不愿直接抚养，或者父亲没有直接抚养能力，或者父亲患有严重疾病等，即使母亲不愿尽抚养义务，在耐心、细致做好工作的基础上，也可依法判决其直接抚养，以强制其自觉履行应尽的义务。如果拒不直接抚养，应以遗弃行为论处，依法追究其法律责任；情节恶劣，构成犯罪的，应当依法追究其刑事责任。

(3) 因其他原因，子女确不宜随母亲生活。在现实生活中，母亲可能由于工作、学习方面的原因，如在野外工作、出国留学，或者染有吸毒、赌博、卖淫等恶习，或者出走下落不明等，而无法或者难以妥善照顾子女，致使子女不宜随母亲生活，从维护子女的利益出发，应当由父亲直接抚养。应当指出，子女是否确实不宜随母亲生活，应在查明子女无法随母亲共同生活的客观原因的基础上，全面、认真分析后做出结论。

另外，根据《民法典婚姻家庭编解释（一）》第 45 条的规定，父母双方协议不满两周岁子女由父亲直接抚养，并对子女健康成长无不利影响的，人民法院应予支持。这就是说，双方协商父亲直接抚养，并获准许，必以对子女健康成长无不利影响为必要条件。倘若对子女健康成长有不利影响，即使双方达成了由父亲直接抚养的协议，也不应允许。然而，对子女健康成长有无不利影响乃是一个相对的概念，不能简单化、绝对化。具体说来，比较夫妻双方各自的情况，由父亲直接抚养更利于子女健康成长的，即可认定对子女健康成长无不利影响。

2. 哺乳期后子女的直接抚养

对于哺乳期后的子女由谁直接抚养的问题，首先应由夫妻双方进行协商处理。因为父母最了解子女随谁生活对子女更为有利；子女懂事时，当事人心平气和协商处理，可以减少离婚对子女所造成的消极影响；一旦协商一致，也利于协议的彻底、有效执行。为此，对于哺乳期后的子女抚养问题，应以协商为主。只有经过协商不能达成协议的，才由人民法院根据双方的抚养能力、抚养条件等具体情况，按照最有利于未成年子女的原则作出判决。在具体处理时，应当注意以下 6 个问题。

(1) 对于哺乳期后的幼儿，应尽可能由母亲直接抚养。这是鉴于幼儿（一般以不满 6 周岁为准）年龄尚小，需要细心、周到的照顾。在一般情况下，母爱比父爱更细腻、更全面，母亲照顾子女更耐心、更仔细、更周到，更利于子女的身心健康成长。但是，母亲出现不利于子女健康成长的情形时，子女也可随父亲生活。

(2) 根据《民法典婚姻家庭编解释（一）》第 46 条的规定，对已满两周岁的未成年子女，父母均要求直接抚养，一方有下列情形之一的，可予优先考虑：

1) 已做绝育手术或者因其他原因丧失生育能力的。

2) 子女随其生活时间较长，改变生活环境对子女健康成长明显不利的。

3) 无其他子女，而另一方有其他子女的。

4) 子女随其生活，对子女成长有利，而另一方患有久治不愈的传染性疾病或者其他严重疾病，或者有其他不利于子女身心健康的情形，不宜与子女共同生活的。其中，其他不利于子女身心健康的情形，主要是指道德败坏，有赌博、吸毒、卖淫、嫖娼、酗酒等恶习，或脾气暴躁、有遗弃子女行为等。

以上情形，在理论上称为绝对优先直接抚养条件，即父母本身所具有的优先直接抚养的条件。优先直接抚养条件，具有排斥他方直接抚养的效力。谁具有绝对优先直接抚养条件，谁就有优先直接抚养权。父母一方享有优先直接抚养权，即可据此确定子女由其直接抚养。可是，现实生活异常复杂，可能发生优先直接抚养权竞合、冲突的情况，即父母双方都有上述绝对优先直接抚养条件，如父亲做了绝育手术，已经丧失生育能力，但其长期在外经商，子女长期随母亲生活，改变生活环境对子女健康成长明显不利，从而发生绝对优先直接抚养条件的冲突。此时，就应考虑相对优先直接抚养条件，即将祖父母、外祖父母的条件作为父母优先直接抚养条件的间接优先直接抚养条件。

(3)《民法典婚姻家庭编解释（一）》第47条规定，父母抚养子女的条件基本相同，双方均要求直接抚养子女，但子女单独随祖父母或者外祖父母共同生活多年，且祖父母或者外祖父母要求并且有能力帮助子女照顾孙子女或者外孙子女的，可以作为父或者母直接抚养子女的优先条件予以考虑。判断祖父母、外祖父母是否具有帮助子女照顾孙子女或外孙子女的能力，不能仅仅考虑他们的身体条件、经济能力，还更应注意他们的道德品质、性格感情、文化素养等精神因素。只有对他们的自然身体条件、客观的物质条件及精神条件全面分析确定后，才能做出是否有利于子女身心健康成长的准确判断。

如上所述，这种情形将祖父母、外祖父母的条件作为父母优先直接抚养子女的条件加以考虑，属于相对优先直接抚养条件，其与绝对优先直接抚养条件不同，不具有必然排斥他方直接抚养子女的效力。在父亲与母亲直接抚养子女的条件基本相同，且双方均要求子女与其共同生活时适用。条件基本相同，包括父母双方均无优先直接抚养条件，且其他抚养条件基本相同，或双方均具有优先直接抚养条件两种情况，此时便考虑相对优先直接抚养条件以确定由具有相对优先直接抚养条件的一方直接抚养。

(4)《民法典》第1084条第3款规定，离婚后，父母双方对已满8周岁的子女的抚养问题协议不成的，应当尊重其真实意愿。8周岁以上的子女，已具备一定的识别能力，由谁直接抚养自己更为有利，已能做出一定判断。尊重他们的意愿，由其自己做出选择，往往更利于其健康成长。因此，随父还是随母生活发生争执的，应当征求并考虑他们的意见。考虑其意见，并非一定接受其意见。因为，其毕竟是限制行为能力人，认识判断能力有限，通常只能看到事情的表面，无法透彻看到事情的本质。倘使根据父亲或母亲的直接抚养条件，子女的选择明显对其健康成长不利时，就不能一味地从其选择。另外，父母双方协商一致，也不必征求考虑8周岁以上子女的意见，此时直接按协议确定由谁直接抚养即可。

(5)《民法典婚姻家庭编解释（一）》第48条规定，在有利于保护子女利益的前提下，父母双方协议轮流直接抚养子女的，人民法院应予支持。轮流直接抚养，即由父或母直接抚养，轮流交替。我们知道，抚养子女既是父母的权利，又是父母的义务，还是父母享受天伦之乐的机会。在考虑子女直接抚养问题时，固然要考虑父母的意愿，但也应以有利于子女健康成长为前提。轮流直接抚养虽然能够满足父母双方直接抚养的愿望，但在不利于保护子女的利益时，即使双方协议一致，也不应准许。如果有利于保护子女利益，同时又能满足双方直接抚养子女的愿望，两全其美，自应准许。在具体协议时，应将轮流直接抚养子女的方式、时间、交接办法、抚育费用的负担、抚养争议的处理等全面考虑。应当注意的是，轮流直接抚养，不断改变子女的生活环境，可能会对其健康成长产生不利的影响，需要严格掌握。另外，轮流直接抚养轮换不能过于频繁，时间间隔不能很短，否则会不利于子女的健康成长，应当注意。

（6）对双方拒绝或争抢直接抚养子女行为的处理。在现实生活中，离婚时，双方可能都拒绝抚养子女，或者争抢直接抚养子女，有的甚至将子女当作物品抢走、骗走、藏匿。出现双方均拒绝直接抚养子女情况的，根据《离婚案件子女抚养意见》第20条的规定，在离婚诉讼期间，可以先行裁定暂由一方直接抚养。对于双方争抢直接抚养子女的，也可以参照上述规定先行裁定暂由一方直接抚养，以保障离婚诉讼的顺利进行。因此，《民法典婚姻家庭编解释（一）》第60条规定，在离婚诉讼期间，双方均拒绝抚养子女的，可以先行裁定暂由一方抚养。

三、离婚后对子女直接抚养的变更

夫妻离婚时，对于子女的直接抚养问题，必须由双方协商或由人民法院判决，做出妥善处理。然而，随着时间的推移，父或母的抚养能力、条件可能发生变化，重新引发直接抚养子女的争议。根据《民法典》及其有关司法解释的规定，解决这一子女直接抚养争议即变更子女直接抚养关系问题，应当按照下列方式进行：

1. 父母双方协议变更子女直接抚养关系的，应予准许

对此，《民法典婚姻家庭编解释（一）》第57条规定，父母双方协议变更子女抚养关系的，人民法院应予支持。

这就是说，父母双方由于条件的变化而引发对子女直接抚养问题的争议的，先由双方在自愿的基础上协商解决。只要协商符合法律规定的条件，如行为人具有相应的民事行为能力，意思表示真实，不违反法律或者社会公共利益，就应准许。这是因为，变更子女直接抚养关系属于一种民事法律行为，应当允许当事人意思自治。即使直接抚养的一方没有不能或不宜继续直接抚养的情况，只要双方合意，协商一致，不违反法律规定，对子女成长并非不利的，也应准许。但是，违反法律规定，或对子女健康成长不利的，就不应准许。子女在8周岁以上的，应当征求其意见，子女强烈反对变更的，不得通过协议变更。

2. 双方无法达成协议，或者不愿协商，一方要求变更子女直接抚养关系的，应当另行起诉

对此，《民法典婚姻家庭编解释（一）》第55条规定，离婚后，父母一方要求变更子女抚养关系的，或者子女要求增加抚养费的，应当另行提起诉讼。《民事诉讼法司法解释》第218条规定："赡养费、扶养费、抚育费案件，裁判发生法律效力后，因新情况、新理由，一方当事人再行起诉要求增加或者减少费用的，人民法院应作为新案受理。"对于管辖，第9条规定："追索赡养费、抚育费、扶养费案件的几个被告住所地不在同一辖区的，可以由原告住所地人民法院管辖。"这是源于，离婚及夫妻共同财产分割、子女抚养等问题的处理已由离婚诉讼解决完毕，又因子女抚养问题发生争议的，

是一种新的情况下出现的独立之诉，既不是原离婚诉讼的继续，也不是对原离婚诉讼中处理子女抚养问题的变更，故应作为新的案件另行起诉。起诉的一方，既可以是非直接抚养的一方，也可以是直接抚养的一方。人民法院受理当事人的变更直接抚养关系的起诉，先要进行调解；调解不成，应当作出是否变更的判决。根据《民法典婚姻家庭编解释（一）》第56条的规定，具有下列情形之一，父母一方要求变更子女抚养关系的，人民法院应予支持：（1）与子女共同生活的一方因患严重疾病或者因伤残无力继续抚养子女；（2）与子女共同生活的一方不尽抚养义务或有虐待子女行为，或者其与子女共同生活对子女身心健康确有不利影响；（3）已满8周岁的子女，愿随另一方生活，该方又有抚养能力；（4）有其他正当理由需要变更。如与子女共同生活的一方因违法犯罪被逮捕、被收监服刑，较长时间出国等原因无法直接抚养的。这样，判决变更直接抚养，一般以直接抚养人不能或不宜直接抚养为必要。一方有能力直接抚养，另一方请求变更的，除非直接抚养方同意，一般不予判决变更，然可通过调解变更。变更直接抚养人，其实是变更直接监护人，对之的管辖，根据《民事诉讼法司法解释》第10条“不服指定监护或者变更监护关系的案件，可以由被监护人住所地人民法院管辖”的规定确定。

四、离婚后对子女抚养费的负担

《民法典》第1084条第1款、第2款明确规定：“父母与子女间的关系，不因父母离婚而消除。离婚后，子女无论由父或者母直接抚养，仍是父母双方的子女。离婚后，父母对于子女仍有抚养、教育、保护的权利和义务。”据此，父母依法承担未成年子女必要的抚养费，乃是双方不可推卸的应尽义务。为了充分保障子女的合法权益，《民法典》第1085条第1款还规定：“离婚后，子女由一方直接抚养的，另一方应当负担部分或者全部抚养费。负担费用的多少和期限的长短，由双方协议；协议不成的，由人民法院判决。”《民法典婚姻家庭编解释（一）》第61条规定：“对拒不履行或者妨害他人履行生效判决、裁定、调解书中有关子女抚养义务的当事人或者其他人，人民法院可依照民事诉讼法第111条的规定采取强制措施。”据此，无论子女随父还是随母生活，另一方都应承担子女必要的抚养费，而不能因为子女不由自己直接抚养就拒付抚养费。倘若直接抚养方经济困难，不能给付子女抚养费，另一方则应全部承担抚养费；直接抚养方具有经济能力的，另一方应负担其中一部分。当然，直接抚养方有经济能力，且愿意多承担或全部承担抚养费的，或者另一方没有经济能力，生活不能自保的，也可以让其少承担或者不承担抚养费。具体解决非直接抚养方承担子女抚养费的问题，应当注意以下4点。

1. 确定子女抚养费的承担

根据《民法典》第1085条的规定，确定子女抚养费的承担有父母双方协议和人民法院判决两种方式，并奉行协议优先原则。

父母作为当事人，解决子女抚养费的问题，自应尊重双方意志，倘使能够协商解决，就应协商解决，不需人民法院判决。这是基于：1）父母曾经共同生活，对于子女的情况、双方的负担能力，都有所了解；2）通过平等协商，有利于互相谅解，减少冲突，缓和矛盾，一旦协商一致，一般也会自愿履行。另外，在协商时，当事人往往会邀请双方家庭成员、亲朋好友、村民委员会、居民委员会或所在单位领导参加，也有利于问题的解决。

(1) 协商解决，应当充分保障当事人的意思自治、真实。抚养费的承担，直接关系到双方的切身利益，应当在平等的基础上进行，不得采取胁迫、欺骗、乘人之危等不当甚至不法方法干扰当事人的真实意思表示。

(2) 应就抚养费的有关问题，如双方负担费用的多少、期限、支付方式、出现问题的处理方法等尽量全面、细致协商，不能含糊，原则上应当明确、具体。

(3) 协议不得损害子女的合法权益，应当有利于子女的健康成长。在现实生活中，有的父母为了争得子女的直接抚养权，常常在子女抚养费方面做出让步，即承诺多承担甚至全部承担抚养费。如果其有足够的经济能力，这种让步未尝不可。倘若没有足够的经济能力以保障子女所需费用，仅仅为了争得直接抚养权，这种让步必然损害子女的合法权益，不利于子女的健康成长，不应准许。应当看到，父母给予必要的抚养费既是父母的义务，又是子女的权利。父母一方在子女抚养费上让步，不仅免除或减轻了对方的义务，而且处分了子女的权益。当其无力承担对方应尽义务而对抚养费做出让步，无疑会对子女权益造成损害。为此，《民法典婚姻家庭编解释（一）》第52条规定，父母双方可以协议由一方直接抚养子女并由直接抚养方负担子女全部抚养费。但是，直接抚养方的抚养能力明显不能保障子女所需费用，影响子女健康成长的，人民法院不予支持。

对于子女抚养费的协议，事关子女的合法权益。为了防止父母双方损害子女利益的发生，婚姻登记机关或人民法院应当认真根据双方的经济状况、能力，子女的需要，当地的生活、教育水平等进行审查，协议不利于子女的，就不应准许。不能一味强调双方意思自治，放任随意协议。子女对于协议，如果认为有损自己的利益，也可提出意见，并可依法提起诉讼，以维护自己的合法权益。双方协议不成，应由人民法院从保护子女合法权益、有利于其健康成长出发，权衡双方的供给能力、子女需要等各方面的情况依法作出判决。

2. 子女抚养费的数额

子女抚养费的多少及各方承担的份额，直接关系到子女的切身利益，必要的抚养费是子女生存、接受必要教育的基本保障。抚养费数额的确定，总的原则是应保证其基本生活、教育所必需。具体来说，根据《民法典婚姻家庭编解释（一）》第49条的规定，应当注意以下4点：

(1) 抚养费的数额，可以根据子女的实际需要、父母双方的负担能力和当地的实际生活水平确定。

(2) 有固定收入的，抚养费一般可以按其月总收入的20%～30%的比例给付。负担两个以上子女抚养费的，比例可以适当提高，但一般不得超过月总收入的50%。所谓月总收入，是指其一个月所获得的固定报酬的总数，如基础工资、级别工资、职务工资、工龄工资、津贴、奖金、生活补贴及其他收入。然完全属于个人的保健、洗理费、卫生费、高原补助费等专属个人所有的费用，不应计算在内。对于企业效益不佳，领取生活费待业的人员应区别对待。有的在待岗期间自谋职业或进行服务性经营活动的，在给付时，可酌情减少；待岗期间没有自谋职业也没有进行其他经营活动的，应适当减少。

（3）无固定收入的，抚养费的数额可以依据当年总收入或者同行业平均收入，参照上述比例确定。

（4）有特殊情况的，可以适当提高或者降低上述比例。例如，双方收入悬殊，一方负担较重，或生活难以维持，另一方就应适当提高比例，收入少的一方则可降低比例。又如，子女长期患病或伤残，需要巨额医药费，可以提高给付比例。再如，一方收入较高，按上述比例给付，远远超过子女生活、教育所需要的，就可以降低给付比例，等等。

3. 子女抚养费的给付期限

《民法典》第 1067 条第 1 款规定："父母不履行抚养义务的，未成年子女或者不能独立生活的成年子女，有要求父母给付抚养费的权利。"据此，对于未成年子女或者不能独立生活的成年子女，父母亦有着不能推卸的法定义务。故对于子女抚养费的给付期限，根据《民法典婚姻家庭编解释（一）》第 53 条的规定，应当注意以下两种情况：（1）抚养费的给付期限，一般至子女 18 周岁为止。18 周岁的自然人，属于完全民事行为能力人的，父母对其一般不再负有抚养义务。（2）16 周岁以上不满 18 周岁，以其劳动收入为主要生活来源，并能维持当地一般生活水平的，为完全民事行为能力人，父母可停止给付抚养费。此外，根据《民法典》第 1067 条的规定，不能独立生活的成年子女，有要求父母付给抚养费的权利。这样，对于不能独立生活的成年子女，父母也有义务给付其必要的抚养费。根据《民法典婚姻家庭编解释（一）》第 41 条的规定，尚在校接受高中及其以下学历教育，或者丧失、部分丧失劳动能力等非因主观原因而无法维持正常生活的成年子女，可以认定为《民法典》第 1067 条规定的"不能独立生活的成年子女"。

应当指出，给付成年子女必要的抚养费与给付未成年子女必要的抚养费性质不同。后者是法定的不可免除的义务，不论父母有无经济能力，有无负债都得承担。而对成年子女而言，只对不能独立生活的子女承担抚养义务，并且，这种义务的硬性程度比前者要差，对子女源于上学需要给付的教育费尤应如此。在我国，《义务教育法》规定，国家、社会、家长必须保证未成年人完成 9 年义务教育，至于 9 年后的教育尤其是大学教育，父母没有必须支付学费的义务。现在，国家为大学生提供贷款，鼓励勤工俭学，尽量由大学生自己解决生活费、教育费，就是如此。

4. 子女抚养费的给付办法

对于子女抚养费的给付，在确定各自承担的份额后，应当根据父母双方的经济情况区别对待：

（1）抚养费应定期给付，这是一般原则。有足够的经济能力，可以一次性给付的，应当允许一次性给付。对此，《民法典婚姻家庭编解释（一）》第 50 条规定，抚养费应当定期给付，有条件的可以一次性给付。定期给付，通常以月、年为时间单位。一方每月有固定收入，或者虽无固定收入然每月有相当收入的，抚养费应按月给付；没有固定收入的，如从事农业生产的农民，则可按收益季度半年或 1 年一次定期给付。无论是按月还是按季度、半年或年定期给付，为了便于执行，都应在调解协议或判决书中加以明确。

（2）一次性给付，是指用按月或年应当支付的子女抚养费数额，乘以抚养子女到法定年龄的期限，计算出总数，一次性给付完毕。这种方式有利于减少因为父母经济收入的变化可能带来的无法支付的风险，但需给付方具有相当的经济实力，很少被采用。根据司法实践经验，对于涉外、涉侨的离婚案件，直接抚养方住在我国境内，而给付抚养费的一方居住国外的，以及涉港、涉澳、涉台的离婚案件，直接抚养方居住在内地（大陆），给付抚养费一方居住在港澳台地区的，一般应一次性给付，以避免日后执行困难。按照国外惯例，一次性给付，应当扣除中间利息因素。

（3）对于一方无经济收入或者下落不明的，《民法典婚姻家庭编解释（一）》第51条规定，可以用其财物折抵子女抚养费。

五、子女抚养费的变更

子女抚养费的变更，是指对父母协议或判决所确定的抚养费，根据父母经济条件、子女需要等情况变化而加以改变的行为，包括子女抚养费的追加和子女抚养费的减免。

1. 子女抚养费的追加

离婚时，对子女抚养费的确定，是以当时子女实际需要、父母双方的负担能力以及当地的实际生活水平为标准的。可是，社会生活总是处在不断运动、变化之中。随着时间的推移，确定子女抚养费的前提条件可能发生很大变化，如物价上涨，生活、学习费用提高，子女、父母患病或者遭受意外伤害，失去劳动能力，子女、父母生活环境改变，及父母经济能力改变使其收入大大增加或者减少等可能导致子女所需实际费用增加，一方给付抚养费的能力提高或下降。为了保障子女正常生活、学习所必需的费用，无疑需要根据各种条件的变化对子女抚养费重新做出调整。《民法典》第1085条规定：“离婚后，子女由一方直接抚养的，另一方应当负担部分或者全部抚养费。负担费用的多少和期限的长短，由双方协议；协议不成的，由人民法院判决。前款规定的协议或者判决，不妨碍子女在必要时向父母任何一方提出超过协议或者判决原定数额的合理要求。”这无疑有其必要性。

子女在必要时要求父母追加抚养费，是子女的一项重要权利，但要充分实现，应当注意把握以下3个问题：

（1）抚养费追加的要求应当必要，追加的数额应当合理。是否必要、合理，要从子女的生活、学习需要及父母的给付能力出发进行全面的权衡、判断：1）子女要求追加数额确为生活、学习所必需。如物价上涨，原定数额无法维持子女当地实际生活水平；子女患病治疗、上学等必要开支，超出了原定数额；父母一方患病，经济条件恶化，不能给付抚养费，难以维持子女必要的生活与教育；被要求追加的父母的经济条件改善，可以为子女提供更好的生活、教育条件。2）被要求追加抚养费的父母有负担能力。倘使所提要求必要，父母有负担能力，自应追加；如果所提要求必要、数额合理，然父母没有能力给付，甚至自身生活尚存困难，无法满足，则可不予追加。当然，父母一方或双方经济条件改善，有能力为子女提供更好的生活、教育条件，子女就可据此要求追加适当数额，也属必要合理。对此，《民法典婚姻家庭编解释（一）》第58条规定，具有下列情形之一，子女要求有负担能力的父或者母增加抚养费的，人民法院应予支持：1）原定抚养费数额不足以维持当地实际生活水平；2）因子女患病、上学，实际需要已超过原定数额；3）有其他正当理由应当增加。

(2) 抚养费追加的提出。子女在必要时要求追加抚养费，既可向其中一方提出追加，也可同时向双方提出追加。倘若被要求追加的一方同意追加，并即兑现，自无问题。倘使不同意追加，则子女可以向人民法院提起诉讼。要求非直接抚养方追加的，直接抚养方作为法定代理人可代为告诉；不愿或无法代为告诉且子女不能告诉的，可由其他近亲属、有关组织代为告诉。要求双方追加，子女又无法告诉的，也可由其他近亲属、有关组织代为告诉。

(3) 对于子女必要的、合理的抚养费追加要求，父母应从亲情、义务等出发，尽力满足，保证子女正常生活和接受必要的教育，或者提高子女的生活及受教育水平。如果有能力而拒不追加，人民法院在接到起诉后应当及时受理，先行调解，调解不成的，应当根据保护未成年人合法权益、有利于未成年子女健康成长的原则及双方的实际情况，当地生活、教育水准，依法作出判决。

此外，在程序上，父母离婚后，子女要求增加抚养费的，根据《民法典婚姻家庭编解释（一）》第55条的规定，应当另行提起诉讼。

2. 子女抚养费的减免

父母有抚养教育子女的义务，在其离婚后，仍需要依法承担子女必要的抚养费。可在实际给付即实际履行义务时，无疑需要以具有履行义务的能力即给付抚养费的能力为前提。倘若父母本身由于各种原因，自己的生活都无法维持，即使应负义务，也无法实际尽到义务。为此，在实际履行义务、给付子女抚养费时，应当根据其经济能力、经济来源等状况，对其抚养费的负担做出减免，而对有经济能力的另一方做适当追加，或者重新确定子女的监护人。根据司法实践经验，父母具有下列情形之一的，可以根据情况确定减少或者免除其给付义务：

(1) 有给付义务的一方，因长期患病或丧失劳动能力，失去经济来源，确实无力按原协议或判决确定的数额给付，而直接抚养子女的一方又能够负担，有抚养能力的。

(2) 有给付义务的一方，因违法犯罪被收监改造，失去了经济能力，无力给付的。但恢复人身自由后，有了经济来源，则应按原协议或判决给付。

(3) 抚养子女一方再婚，继父或继母愿意承担子女抚养费的一部或全部。在这种情况下，负有给付义务的一方所承担的抚养费数额可以相对减少或免除。但继父或继母不愿抚养的，生父或生母的给付数额不能减免。应当指出，减少或免除给付义务，并非其抚养教育义务的消灭，只是根据其经济能力暂时免除其中的给付责任。当事人的条件好转有能力给付时，应随时恢复或者根据实际情况予以追加。

六、因子女变更姓氏而拒付抚养费的处理

1. 父母不得因子女变更姓氏而拒付子女抚养费

这是处理这类纠纷的基本原则。夫妻离婚，只是夫妻关系的解除，父母子女间的血缘关系并不会由于夫妻离异而消失。离婚后，子女仍是双方的子女。不论子女由哪方直接抚养，姓氏随父、随母或改为他姓，父母双方对子女的抚养义务都是平等的，任何一方不能以任何理由推卸责任。父母对子女的抚养义务，来源于客观存在的父母子女关系，与子女随父姓还是随母姓抑或改为他姓无关，不会因子女姓氏的改变而改

变。故，一方因子女改变姓氏而拒付抚养费的做法是错误的，应当纠正。

2. 要根据子女既可随父姓也可随母姓的原则，妥善解决子女变更姓氏的问题

对此，应当根据具体情况分别加以处理：

(1) 子女年幼尚不能表达自己意志的，父母双方协商一致后，可以变更子女原来的姓氏。

(2) 双方协商不成，子女又不能表达自己意志的，一般沿用原姓。一方单方改变子女姓氏的，另一方也不能以此拒付抚养费。这是父母双方的纠纷，不能让无辜的子女承担任何后果。

(3) 子女有辨别能力，能够充分表达自己意志的，可以由子女自行决定自己的姓氏。

(4) 父或母一方擅自将子女姓氏改为继母或继父姓氏而引起纠纷的，根据《民法典婚姻家庭编解释（一）》第 59 条“父母不得因子女变更姓氏而拒付子女抚养费。父或者母擅自将子女姓氏改为继母或继父姓氏而引起纠纷的，应当责令恢复原姓氏”的规定，责令恢复原姓氏。

七、离婚后对未成年子女致人损害民事责任的承担

《民法典》第 1188 条规定：“无民事行为能力人、限制民事行为能力人造成他人损害的，由监护人承担侵权责任。监护人尽到监护职责的，可以减轻其侵权责任。有财产的无民事行为能力人、限制民事行为能力人造成他人损害的，从本人财产中支付赔偿费用；不足部分，由监护人赔偿。”应当指出，父母作为未成年子女的监护人，对未成年子女负有抚养、教育和保护的义务，这种监护职责及其义务不会因为离婚而消失。因此，无论是否与未成年子女共同生活即是否直接抚养未成年人，父母都仍然是未成年人的监护人，对无民事行为能力人、限制民事行为能力人造成他人损害的侵权责任应当依法予以承担。当然，相对来说，直接抚养未成年子女的父或母的监护责任无疑要大于未直接抚养未成年子女的母或父，在确定各自的责任时可以适当减轻后者的责任，但对被侵权人承担侵权责任时，应当是一种共同责任，而不能加以分割。

第六节　探望权

一、探望权的概念及特征

探望权，是指父母离婚后，不直接抚养子女的一方依法拥有的对未与之共同生活的子女进行探视、看望的权利。它具有以下基本特征：

1. 探望权是与直接抚养权相对应的权利

父母离婚后，子女由一方直接抚养，该方成为子女亲权的主要担当人，与此同时，不直接抚养子女的另一方依法享有对子女的探望权。于是，探望权与直接抚养权同时产生，并依直接抚养权的确定而确定。前者由双方协议或人民法院判决，后者在前者确定的基础上自然形成，无须再进行协议或经法院判决。这与直接抚养权的确定不同，

应当引起充分的注意。

2. 探望权的主体为未直接抚养子女的一方

《民法典》第1086条第1款规定："离婚后，不直接抚养子女的父或者母，有探望子女的权利，另一方有协助的义务。"离婚后，子女只能由父或母一方直接抚养，随父或母一方共同生活。直接抚养子女的一方与子女共同生活，自无探望之说；另一方因不与子女共同生活，基于父母子女间的天然感情，需要探视、看望子女，此乃人之常情。因此，探望权的主体乃是未直接抚养子女的一方，而非其他人。

3. 探望权的义务主体是直接抚养子女的一方

为了保障非直接抚养子女一方的探望权实现，必须要求直接抚养子女的一方依法协助，即成为该权利的义务主体。这种协助义务一般包括：本着方便探望人探望的原则，与非直接抚养一方协商合理探望的时间、地点、方式等，或按照人民法院裁判协助探望；子女拒绝被探望时，应当进行说服教育；保证任何人不得刁难、阻碍非直接抚养人探望子女；等等。

4. 探望的对象是不由自己直接抚养、未与自己共同生活的子女

根据《民法典》第1086条的规定，探望是离婚后父或母对不直接抚养的子女的探望，其对象当然是不由自己直接抚养、未与自己共同生活的子女。由自己直接抚养的子女，由于工作、学习等原因未在一起共同生活，自己前往看望的，与《民法典》设立的父母对不由自己直接抚养的子女的探望有着本质不同。

5. 探望必须有利于子女的身心健康

如前所述，基于父母子女的天然感情，未直接抚养子女的一方对子女探望，是《民法典》赋予其的一项权利，任何人不得干涉。然而，这种探望并不是无条件的、绝对的，其条件就是必须有利于子女健康。如果探望不利于子女的健康，这种权利就应受到限制。

二、探望权设置的意义

1. 设置探望权，是父母子女关系的本质要求，有助于子女健康成长

《民法典》明确规定，父母与子女间的关系，不因父母离婚而解除。离婚后，子女无论是由父或母直接抚养，仍是父母双方的子女。离婚后，父母对于子女仍有抚养、教育、保护的权利和义务。这种抚养、教育、保护子女的权利和义务的实现，对于离婚后的不直接抚养子女的父或母来说，探望子女是重要的方式之一。通过探望，父母不仅能够及时、充分地了解子女的生活、学习等各方面的成长情况，把子女所需要的关爱和亲情及时传递给他们，更好地对子女进行抚养教育，而且可以增加、强化与子女的沟通与交流，减轻子女因为父母离婚所产生的家庭破碎感，更利于子女的健康成长。

2. 设置探望权，是有效处理纠纷、增进社会安全团结的需要

父母对子女的抚养、教育、保护，不仅是法律、道德要求，而且是人的天然本性所致。但是，在现实生活中，父母离婚后，有的直接抚养子女的一方把子女视为自己手中掌握的私有物甚至人质，以不许对方探望子女作为惩罚、报复对方，发泄心中怨恨的手段，企图斩断子女与对方的亲情，这不仅会影响子女健康心理的形成，而且会

引起离婚后双方及其亲人主要是祖父母、外祖父母等的不必要的纠纷，造成新的矛盾，影响安定团结。为有效处理这类问题，保障子女健康成长，增设父母对子女的探望权，使人们有法可依，依法行使权利、履行义务，无疑具有十分重要的现实意义。

3. 设置探望权，是当代婚姻家庭立法发展趋势的必然要求

通观世界各国婚姻家庭立法，不少都有父母离婚后对子女探望权的规定，如《美国统一结婚离婚法》规定，法庭审理后认为进行探望不会严重危害子女的身体、精神、道德和感情的健康，可以准予无子女监护权的父母一方享有合理探望子女的权利；不允许有一方不让另一方探望或有探望权一方的探望行为危害子女或其监护人。《德国民法典》规定，无人身照顾权的父或母，保留与子女个人的交往权、请求告知子女的个人情况权、对子女财产利益承担必要的财产照顾权，父母双方不得为任何损害子女与他人的关系或造成教育困难的事。《俄罗斯联邦家庭法》规定，与子女分居的父母一方，有权与子女来往，参与子女的培养和决定子女受教育的问题。与子女生活的父母一方，不应阻碍子女与父母另一方来往，然该来往不得损害子女的生理、心理健康及其道德发展。顺应当代婚姻家庭立法发展趋势，设置符合子女、父母、家庭乃至社会利益的探望权，无疑有其必要性，也是我国婚姻家庭立法上的一大进步。

总之，在离婚率不断攀升、单亲家庭越来越多的情况下，正确处理好离异家庭中的父母子女之间的关系事关子女健康成长及社会主义婚姻家庭道德文明建设的问题，显得尤为重要，必须引起足够的重视。其中，从法律上就父母对子女的探望权做出规定，则是有效处理好上述问题的重要途径。无论是从人之常情还是从伦理道德以及子女的成长来考虑，都有必要设立父母探望制度，并保证切实贯彻执行。任何一方都不得妨碍另一方依法行使探望权，不然属侵权行为，应当承担相应的法律后果，受到法律的、道德的否定。

三、探望权的实施、探望的中止和恢复

1. 探望权的实施

（1）探望方式的确定。《民法典》第 1086 条第 2 款规定：“行使探望权利的方式、时间由当事人协议；协议不成的，由人民法院判决。”据此，对于离婚后不直接抚养子女的父或母行使探望权的时间、方式问题，有两种确定方式，即父母协议和法院判决，以协议优先。按照协议优先原则，首先应由父母共同协商确定探望子女的时间和方式。在具体协商时，应本着有利于子女的健康、学习、生活的原则进行。直接抚养一方不能故意刁难、限制或阻碍，另一方也不能提出过分要求，一概强调随己之愿。直接抚养一方拒不协商或者虽经协商仍不能就探望方式、时间等达成协议，引起纠纷的，探望权人可以向人民法院提出请求，由人民法院依法作出判决，确定探望的时间和方式。根据《民法典婚姻家庭编解释（一）》第 65 条的规定，人民法院作出的生效的离婚判决中未涉及探望权，当事人就探望权问题单独提起诉讼的，人民法院应予受理。

（2）探望方式的种类。一般说来，探望的方式包括看望式探望和逗留式探望。所谓看望式探望，是指非直接抚养一方在约定或判决确定的时间内到一定地点探视、看望子女；所谓逗留式探望，则是指在约定或判决确定的时间内，由探望人领走并按时送回子女的探望。前者方式灵活，然时间不长，不利于探望人和子女的深入了解、交

流。后者时间较长，有利于对子女的了解和交流，但要求较高，如探望人要有一定的居住、生活条件，无酗酒、赌博、吸毒等不良嗜好等。另外，这种探望应有较为充足的时间，一般在寒暑假或其他较长假期内进行。

（3）探望权的实施。在现实生活中，一些离婚后直接抚养子女的一方，将子女视为个人的财产，不顾子女的身心健康及其快乐成长，违背子女与不直接抚养的另一方之间的天然感情及其情感需要，千方百计阻碍甚至禁止另一方行使探望权，给子女的正常成长造成了极大的影响。以是，《民法典婚姻家庭编解释（一）》第 68 条规定，对于拒不协助另一方行使探望权的有关个人或者组织，可以由人民法院依法采取拘留、罚款等强制措施，但是不能对子女的人身、探望行为进行强制执行。

2. 探望的中止和恢复

探望的中止，是指基于一定法定事由发生，探望权不宜继续行使，从而由人民法院依法暂时停止探望权利行使的一种法律制度。如前所述，设置探望权的主要目的在于保障子女健康成长，对于离异父母所享有的探望权应当依法保护，不得任意阻碍、限制甚至剥夺。可是，探望权的行使不仅涉及探望人本身的利益，而且涉及直接抚养子女一方的利益，更与子女的利益密切相关。由于各种各样的原因，行使探望权并非绝对地有利于子女的身心健康，有的甚至会严重损害子女及他方的利益，此时自应对探望权的行使依法给予必要的限制，否则就有悖于探望制度设置的目的。这种依法限制探望权行使的问题就是依法暂时中止行使探望权。

我们知道，探望权属于离婚后非直接抚养子女的父或母依法所享有的一种重要的人身权利，不能随意加以限制，而应严格依法保护。《民法典》第 1086 条第 3 款规定："父或者母探望子女，不利于子女身心健康的，由人民法院依法中止探望；中止的事由消失后，应当恢复探望。"《民法典婚姻家庭编解释（一）》第 66 条规定，当事人在履行生效判决、裁定或者调解书的过程中，一方请求中止探望的，人民法院在征询双方当事人意见后，认为需要中止探望的，依法作出裁定；中止探望的情形消失后，人民法院应当根据当事人的请求书面通知其恢复探望。据此，对于探望的中止，应当注意以下 4 个方面。

（1）探望的中止必以出现法定的中止事由为条件。没有出现法定的中止事由，任何人、任何组织都不得限制探望人的探望权，不然即属违法。中止探望权行使的法定事由，《民法典》并未具体列举，而是概括地规定为"不利于子女身心健康"。这样，只要探望人行使探望权不利于子女身心健康，就可依法中止其探望。至于不利于子女身心健康的具体原因，则由人民法院从保证有利于子女身心健康的原则出发自由裁量。具体来说，原因多种多样，如有的患有严重传染性疾病，探望子女可能将疾病传染给子女；有的患有严重精神病，对子女有暴力倾向；有的与子女感情恶化，子女坚决拒绝探望；等等。有以上情形就可以暂时中止其探望。值得注意的是，中止探望的唯一条件是不利于子女的身心健康。至于其他原因，如父母之间关系恶化，探望会使另一方受到一定的伤害，或者探望人未及时给付抚养费，都不会不利于子女身心健康，不能成为中止探望的理由。也就是说，只有探望行为本身不利于子女的身心健康的，才可依法中止探望。倘使探望行为本身并不存在不利于子女身心健康的情形，即使探望人有其他不利于子女身心健康的行为，也不能成为中止其探望的理由，这点不能有任何含糊。

(2) 根据《民法典婚姻家庭编解释（一)》第67条的规定，未成年子女、直接抚养子女的父或者母以及其他对未成年子女负担抚养、教育、保护义务的法定监护人，有权向人民法院提出中止探望的请求。据此，提出中止探望请求的主体，既可以是未成年子女，又可以是直接抚养子女的父或母，还可以是其他对未成年子女负担抚养、教育义务的法定监护人。

(3) 有权中止探望的主体必须是人民法院，其他任何组织、个人包括对方都不能中止未直接抚养子女一方探望子女的权利。这样，直接抚养子女一方如果认为对方探望不利于子女身心健康，也不能自行决定不让对方探望子女，而应依法向人民法院申请中止。人民法院经过审查确认探望子女不利于子女身心健康的，则依法中止探望。

(4) 探望的中止，仅是暂时停止未直接抚养子女一方探望子女的权利，是对其探望权的限制，并非完全剥夺、消灭。中止的事由消失后，还应依法恢复探望。要恢复探望，其前提条件是中止探望事由也就是探望不利于子女身心健康的情形完全消失。中止探望的事由没有消失，就不能恢复探望。另外，恢复探望是对人民法院依法中止探望的否定。为此，中止探望的事由是否消失，应由人民法院查明后决定。中止事由确实已经消失的，人民法院应当根据当事人的申请通知其恢复探望权利的行使。换句话说，被中止探望的人，即使中止事由消失，也不能自行恢复探望，而应向人民法院提出请求，由人民法院依法做出恢复探望的决定。

第十二章
跨法域婚姻关系

第一节　涉侨婚姻

一、华侨的结婚问题

1. 华侨在境外结婚

根据 1983 年 11 月 28 日我国外交部、最高人民法院、民政部、司法部和国务院侨务办公室发布的《关于驻外使、领馆处理华侨婚姻问题的若干规定》的精神，鼓励华侨按居住国的法律在当地办理结婚登记或举行结婚仪式，并承认其效力。但不得违反我国的婚姻自由、一夫一妻原则以及不违背公序良俗。

如申请结婚的双方都是居住在国外的华侨，驻在国法律又允许外国使、领馆办理婚姻登记的，也可到我驻该国使、领馆办理结婚登记。

2. 华侨同内地居民结婚

华侨同内地居民在国内申请结婚登记的，一律适用《民法典》有关结婚条件的规定，并依《婚姻登记条例》办理结婚登记。

(1) 办理结婚登记的机关。华侨同内地居民结婚，由内地居民一方常住户口所在地的省级人民政府民政部门或由其确定的机关办理结婚登记。

(2) 需要提交的有关证件。内地居民须提交本人的户口簿、身份证，本人无配偶以及与对方当事人没有直系血亲和三代以内旁系血亲关系的签字声明。华侨须提交本人的有效护照，居住国公证机构或者有权机关出具的经中华人民共和国驻该国使（领）馆认证的本人无配偶以及与对方当事人没有直系血亲和三代以内旁系血亲关系的证明，或者中华人民共和国驻该国使（领）馆出具的本人无配偶以及与对方当事人没有直系血亲和三代以内旁系血亲关系的证明。

华侨丧偶后申请与内地居民再婚的，须有配偶的死亡证明。有过同居关系的，须有脱离同居关系协议书。这些证件也须居住国公证机关公证和我国驻该国使、领馆认证。

二、华侨的离婚问题

1. 华侨同地居民的离婚

双方系自愿离婚且对子女抚养和财产及债务问题已达成协议的，须共同到内地居民常住户口所在地的婚姻登记机关办理登记。只有一方要求离婚或一方不能到婚姻登记机关申请离婚的，可向国内一方住所地或经常居住地的人民法院提起诉讼。

2. 夫妻双方都是居住在国外的华侨的离婚

夫妻双方都是居住在国外的华侨，要求离婚的，原则上到居住国有关机关办理。但居住国因某种原因不受理的，他们原来是在国内办理结婚登记的，双方可以回国向原登记机关办理或向婚姻缔结地或一方在国内最后居住地的人民法院诉请离婚。如他们原是在我国驻该国使、领馆办理结婚登记的，双方自愿离婚，且对子女、财产问题达成协议的，可向原经办结婚登记的我国驻该国使、领馆办理离婚登记。只有一方要求离婚的，则应回国向出国前最后住所地或者经常居住地人民法院提起离婚诉讼。他们原先是在外国办理结婚登记或按外国法律结婚的，他们的离婚问题国内的法院原则上不予受理。所属国以当事人的国籍为由不受理，双方回国要求国内法院处理的，可由一方原住所地或最后居住地法院受理。

第二节　涉港、涉澳、涉台婚姻

一、涉港、涉澳、涉台婚姻关系

涉港、涉澳、涉台婚姻，是指婚姻的主体、客体以及产生、变更、消灭婚姻关系的法律事实含有涉港、涉澳、涉台因素的婚姻，如当事人一方或双方是港澳台居民，当事人一方或双方的经常居所地在港澳台地区，当事人一方或者双方有财产即标的物在港澳台地区，产生、变更、消灭婚姻关系的法律事实发生在港澳台地区。与此相对应，由涉港、涉澳、涉台婚姻所形成的婚姻关系，便被称为涉港、涉澳、涉台婚姻关系，包括涉港、涉澳、涉台婚姻中婚姻的缔结即婚姻关系的形成、夫妻人身关系、夫妻财产关系、父母子女关系、收养关系、扶养关系、监护关系、婚姻关系的消灭如离婚等各方面的内容。

《国籍法》第 2 条规定："中华人民共和国是统一的多民族的国家，各民族的人都具有中国国籍。"无论是香港、澳门地区还是台湾地区，均属于我国神圣领土的一部分，出生港澳台地区而未获得外国国籍的港澳台胞，当然属于我国公民，而不属于外国人（或无国籍人）。全国人大常委会 1996 年 5 月 15 日发布实施的《关于〈中华人民共和国国籍法〉在香港特别行政区实施的几个问题的解释》第 1～3 条明确规定，凡具有中国血统的香港居民，本人出生在中国领土（含香港）者，以及其他符合《国籍法》规定的具有中国国籍的条件者，都是中国公民。所有香港中国同胞，不论其是否持有"英国属土公民护照"或者"英国国民（海外）护照"，都是中国公民。自 1997 年 7 月 1 日起，上述中国公民可继续使用英国政府签发的有效旅行证件去其他国家或地区旅行，但在香港特别行政区和中华人民共和国其他地区不得因持有上述英国旅行证件而享有英国的领事保护的权利。任何在香港的中国公民，因英国政府的"居英权计划"而获得的英国公民身份，根据《国籍法》不予承认。这类人仍为中国公民，在香港特别行政区和中华人民共和国其他地区不得享有英国的领事保护的权利。全国人大常委会 1998 年 12 月 29 日发布实施的《关于〈中华人民共和国国籍法〉在澳门特别行政区实施的几个问题的解释》第 1 条亦明确规定，凡具有中国血统的澳门居民，本人出生在中国领土（含澳门）者，以及其他符合《国籍法》规定的具有中国国籍的条件者，不论其是否持有葡萄牙旅行证件或身份证件，都是中国公民。凡具有中国血统但又具有葡萄牙血统的澳门特别行政区居民，可根据本人意愿，选择中华人民共和国国籍或葡萄牙共和国国籍。确定其中一种国籍，即不具有另一种国籍。上述澳门特别行政区居民，在选择国籍之前，享有澳门特别行政区基本法规定的权利，但受国籍限制的权利除外。

香港、澳门先后于 1997 年 7 月 1 日、1999 年 12 月 20 日回归祖国怀抱，我国政府对香港、澳门恢复行使主权，并分别设立香港特别行政区、澳门特别行政区。根据两个特别行政区基本法的规定，香港、澳门地区不实行社会主义制度和政策，保持原有的资本主义制度和生活方式 50 年不变，香港、澳门原有的法律、法令、行政法规和其他规范性文件，除同基本法相抵触或经香港、澳门特别行政区的立法机关或其他有关机关依照法定程序作出修改的外，予以保留。香港、澳门地区依照基本法的规定实行高度自治，享有行政管理权、立法权、独立的司法权和终审权。对于台湾地区，我国民法的效力事实上目前还不能涉及。所以，对于涉港、涉澳、涉台婚姻，可按同一原则处理。这类婚姻，不属于涉外婚姻，但因为上述实际情况，可以参照有关涉外婚姻关系的法律适用规定处理。对此，《涉外民事关系法律适用法司法解释（一）》第 17 条规定："涉及香港特别行政区、澳门特别行政区的民事关系的法律适用问题，参照适用本规定。"当然，我国法律、法规、部门规章或者司法解释对涉港、涉澳、涉台、涉侨婚姻关系存在具体规定的，如港澳台侨胞收养我国境内子女，我国有关法律规范就办理有关登记手续做了一些具体规定，就应按照这些规定办理。

二、涉及港澳台同胞的结婚

1. 港澳台同胞与内地居民结婚

港澳台同胞与内地居民在内地结婚，一律适用《民法典》和《婚姻登记条例》规定的条件与程序。要求结婚的男女双方应共同到内地居民常住户口所在地的省级人民政府民政部门或者其确定的机关办理登记。内地居民所持证件与同内地居民结婚所持证件一样。港澳台同胞应出具的证件和证明材料为：本人的有效通行证、身份证，经居住地公证机构公证的本人无配偶以及与对方当事人没有直系血亲和三代以内旁系血亲关系的声明。

此外，申请结婚登记的当事人离过婚的，还须出具离婚证件；丧偶的，须出具配偶死亡的证明；有过同居关系的，须持有解除同居关系的协议书；等等。

2. 港澳同胞与内地居民在港澳地区结婚

对于港澳同胞与内地居民在港澳地区结婚的，适用婚姻缔结地的香港地区和澳门地区的法律。港澳地区的有关结婚的法律与内地的立法并没有原则性冲突，只是在结婚的实质要件与形式要件上和内地的法律有些差异，如香港地区实行注册与仪式相结合，澳门地区实行民事婚姻登记形式。只要结婚当事人依照当地法律结婚，应承认其婚姻关系有效。

三、涉及港澳台同胞的离婚

港澳台同胞与内地居民自愿离婚的且对子女抚养和财产以及债务问题达成协议的须共同到内地居民常住户口所在地的省级人民政府民政部门或其确定的机关办理离婚登记。办理登记时，内地居民须提交本人的户口簿、身份证，本人的结婚证，双方当事人共同签署的离婚协议书。港澳台同胞须提交本人的结婚证，双方当事人共同签署的离婚协议书以及本人的有效通行证、身份证。只有一方要求离婚或一方不能到婚姻登记机关申请离婚的，应向内地居民一方住所地或经常居住地人民法院提出离婚诉讼，由人民法院根据内地婚姻法的有关规定处理。

第三节 涉外婚姻关系

一、涉外婚姻关系概述

1. 涉外婚姻关系的概念及类型

涉外婚姻，是指具有涉外因素的婚姻。涉外婚姻关系，乃是指婚姻双方因涉外婚姻而产生的权利与义务关系。《涉外民事关系法律适用法司法解释（一）》第1条规定："民事关系具有下列情形之一的，人民法院可以认定为涉外民事关系：（一）当事人一方或双方是外国公民、外国法人或者其他组织、无国籍人；（二）当事人一方或双方的经常居所地在中华人民共和国领域外；（三）标的物在中华人民共和国领域外；（四）

产生、变更或者消灭民事关系的法律事实发生在中华人民共和国领域外；（五）可以认定为涉外民事关系的其他情形。”据此，含有下列情形的婚姻关系均属涉外婚姻关系。

（1）婚姻主体一方或双方为外国人（或无国籍人），具体又包括 2 种情形：1）我国公民与外国人（或无国籍人）缔结的婚姻，又包括我国公民与外国人（或无国籍人）在我国国内缔结的婚姻及我国公民与外国人（或无国籍人）在国外缔结的婚姻；2）外国公民（或无国籍人）在我国国内缔结的婚姻，通常包括外国公民（或无国籍人）虽在国外缔结然要求我国承认其效力的婚姻。

（2）婚姻主体一方或者双方的经常居所地在我国领域外，即我国公民之间、外国人（或无国籍人）之间，以及我国公民与外国人（或无国籍人）在我国或者国外结婚后，一方或者双方的经常居所地在我国领域外。其中，外国人（或无国籍人）之间、我国公民与外国人（或无国籍人）在我国境内结婚后一方或者双方的经常居所地在我国领域外的，这种情形与上述第（1）种情形发生竞合。涉外婚姻关系中的经常居所地，根据《涉外民事关系法律适用法司法解释（一）》第 13 条规定，是指自然人在涉外婚姻关系产生或者变更、终止时已经连续居住 1 年以上且作为其生活中心的地方，但就医、劳务派遣、公务等情形除外。

（3）婚姻主体一方或者双方财产关系的标的物，即一方或者双方的财产在我国领域外，包括我国公民之间、外国人（或无国籍人）之间，以及我国公民与外国人（或无国籍人）在我国或者国外结婚后一方或者双方的全部财产或者部分财产在我国领域外。

（4）婚姻关系产生、变更、消灭的法律事实发生在我国领域外，包括我国公民之间、外国人（或无国籍人）之间，以及我国公民与外国人（或无国籍人）的婚姻关系，其产生、变更、消灭的法律事实，如缔结形成、解除消灭、离婚死亡等法律事实发生在我国领域外。

2. 涉外婚姻关系中适用法律需要注意的问题

涉外婚姻关系，就其内容而言，包括涉外婚姻的缔结、涉外婚姻的夫妻人身关系、涉外婚姻的夫妻财产关系、涉外婚姻家庭中的父母子女关系、涉外收养关系、涉外扶养关系、涉外监护关系、涉外婚姻的解除等各方面，有关这些涉外民事关系的法律选择适用，涉及一些共同的需要注意的问题，以下对之做一必要的介绍与分析。

（1）冲突规范有关涉外婚姻关系所适用法律的规定与其他国内法律相关规定的适用问题。冲突规范，又称法律适用规范、法律选择规范，有的国际条约中称其为“国际私法规范”，是指由国内法或国际条约规定的、指明不同性质的涉外民商事法律关系应适用何种法律规范的总称。我国的《涉外民事关系法律适用法》的有关规定，便属冲突规范。在《涉外民事关系法律适用法》与其他法律对涉外婚姻关系所应适用的法律均做出规定，或者均没有做出规定时，如何确定适用于涉外婚姻关系的法律，不能回避。对此，《涉外民事关系法律适用法》第 2 条规定：“涉外民事关系适用的法律，依照本法确定。其他法律对涉外民事关系法律适用另有特别规定的，依照其规定。本法和其他法律对涉外民事关系法律适用没有规定的，适用与该涉外民事关系有最密切联系的法律。”

关于涉外民事关系所适用的法律选择，《涉外民事关系法律适用法司法解释（一）》

第3条规定："涉外民事关系法律适用法与其他法律对同一涉外民事关系法律适用规定不一致的，适用涉外民事关系法律适用法的规定，但《中华人民共和国票据法》、《中华人民共和国海商法》、《中华人民共和国民用航空法》等商事领域法律的特别规定以及知识产权领域法律的特别规定除外。涉外民事关系法律适用法对涉外民事关系的法律适用没有规定而其他法律有规定的，适用其他法律的规定。"

（2）涉外婚姻关系在主体经常居所地不明时所适用法律的确定问题。在涉外婚姻关系中，依照冲突规范应当适用涉外婚姻关系当事人经常居所地法律，然该涉外婚姻主体经常居所地不明的，根据《涉外民事关系法律适用法》第20条规定，适用其现在居所地法律。

（3）涉外婚姻关系在准据法国各地区法律不同时所适用法律的选择问题。在选择适用某国法律时，可能存在该国不同地区实施不同法律的情形，倘若适用共同国籍国法律，而国籍国是联邦制国家，如美国，各州或各地区法律有关婚姻的规范就可能不同。此时，应当根据《涉外民事关系法律适用法》第6条"涉外民事关系适用外国法律，该国不同区域实施不同法律的，适用与该涉外民事关系有最密切联系区域的法律"的规定，选择适用与该涉外婚姻关系有最密切联系区域的法律。

（4）涉外婚姻关系在主体涉及双重或者多重国籍或者无国籍时所适用法律的选择问题。涉外婚姻关系的当事人，可能具有双重甚至多重国籍，也可能没有国籍，假若应当适用国籍国法律时，则应根据《涉外民事关系法律适用法》第19条"依照本法适用国籍国法律，自然人具有两个以上国籍的，适用有经常居所的国籍国法律；在所有国籍国均无经常居所的，适用与其有最密切联系的国籍国法律。自然人无国籍或者国籍不明的，适用其经常居所地法律"的规定，选择涉外婚姻关系所应适用的法律。

二、涉外婚姻的缔结

任何婚姻的缔结与形成，都必须符合两个方面的条件，一个是实体条件，一个是程序条件。前者又称实质条件，是指一国法律规定的哪些人可以依法缔结婚姻的实体条件。只有符合、具备或者满足这些实体条件的人，才能缔结婚姻。不符合、不具备及不满足这些实体条件的人就不能缔结婚姻；即使缔结，也不属于法律所承认的合法"婚姻"，不会产生合法婚姻所形成的夫妻人身关系、财产关系等婚姻关系，不会被法律按照合法婚姻加以保护。后者又称形式条件，则是指满足法律规定实体条件的男女双方必须履行的一国法律规定的使婚姻成立、形成的方式、手续及程序。尽管符合结婚的实体条件，但没有采取法定的方式、形式或程序而缔结的婚姻，也不能认为在当事人之间缔结了婚姻，这种婚姻不为法律所承认，不会产生合法婚姻的受到法律保护的效力。于是，婚姻的缔结与形成，必须同时满足实体条件与程序条件两个方面，缺一不可。

1. 涉外婚姻缔结的实质条件

涉外婚姻缔结的实质条件，并非一定适用我国《民法典》有关结婚条件的规定，对此，要根据《涉外民事关系法律适用法（一）》的规定确定婚姻缔结准据法的适用。《涉外民事关系法律适用法》第21条规定："结婚条件，适用当事人共同经常居所地法律；没有共同经常居所地的，适用共同国籍国法律；没有共同国籍，在一方当事人经常居所地或者国籍国缔结婚姻的，适用婚姻缔结地法律。”据之，有关涉外婚姻实质条件法律适用的规定，属于有条件地选择适用的冲突规范，并按照一定的顺序加以选择。

（1）首先应当适用当事人共同经常居所地法律，即双方存在共同经常居所地的，则应根据共同经常居所地法律规定的实质条件考察当事人是否符合结婚条件。这是因为，共同经常居所地乃婚姻双方共同生活的中心，与双方构成长期的、真实的、实质的包括物质生活、精神生活在内的各方面的联系，以共同经常居所地法律规定的结婚实质条件确定当事人之间婚姻缔结的条件及其效力，符合双方的合理预期，也有利于维护双方之间婚姻的稳定。如果一味地强调适用婚姻缔结地法律确定当事人之间婚姻缔结的条件及其效力，而双方又不准备长期在缔结地居住，就会造成婚姻与缔结地法律并不发生长期的、实质的、密切的联系，婚姻缔结依据的法律与婚姻共同生活的本质等不相联系或者联系较小。因此，在双方存在共同经常居所地的情况下用缔结地法律规定的结婚条件来确定之间的婚姻关系包括人身关系、财产关系的成立，显然缺乏合理性。另外，也不利于共同经常居所地对所缔结婚姻的承认与保护，还可能造成一些人规避共同经常居所地法律，如在不符合共同经常居所地法律规定的结婚条件时，到另一国缔结婚姻后再回到共同经常居所地居住，将在共同经常居所地不能成立的婚姻通过缔结地法律确定为有效合法的婚姻，便是如此。

（2）在双方没有共同经常居所地的情况下，倘使双方具有同一国籍，则适用共同国籍国法律来确定婚姻缔结的实质条件。这是基于婚姻作为一种社会关系与一个国家、民族的人们的生理特点、文化道德观念、伦理价值、宗教风俗习惯等密切联系，而国籍国法正是与上述特征紧密相连的法律。故，在双方没有共同经常居所地的情况下，考虑到婚姻关系背后的精神因素的需要，应当选择适用共同国籍国法律来确定婚姻缔结的实质条件。

（3）在既没有共同经常居所地又没有共同国籍的情况下，双方在一方当事人经常居所地或者国籍国缔结婚姻的，适用婚姻缔结地法律以确定婚姻缔结的实质条件。

（4）在既没有共同经常居所地又没有共同国籍，且也不是在一方当事人经常居所地或者国籍国缔结婚姻的，即不属于上述任何一种情形的，则根据《涉外民事关系法律适用法》第2条第2款“本法和其他法律对涉外民事关系法律适用没有规定的，适用与该涉外民事关系有最密切联系的法律”的规定，选择与该涉外婚姻关系有最密切联系的法律确定婚姻缔结的实体条件。

（5）我国公民与外国人（或无国籍人）在我国缔结婚姻有关实质条件的法律适用。显然，我国公民与外国人（或无国籍人）在我国结婚，由于不具有共同国籍，自不存在适用共同国籍国的婚姻法律规范的问题。如此，我国公民与外国人（或无国籍人）在我国结婚的，有关实质条件的婚姻法律规定的适用，包括两种情形：1）我国公民与外国人（或无国籍人）的共同经常居所地不在我国而在国外的，原则上适用共同经常居所地婚姻法律规范确定之间婚姻关系成立的实质条件。换言之，我国公民与外国人（或无国籍人）符合共同经常居所地法律规定的实质条件的，原则上应当准予其结婚，而不能认为其不符合我国结婚实质条件就不允许其结婚。当然，涉外婚姻关系缔结的行为，要是违反《民法典》第1042条第1款、第2款“禁止包办、买卖婚姻和其他干涉婚姻自由的行为。禁止借婚姻索取财物。禁止重婚。禁止有配偶者与他人同居”的规定，第 1046 条“结婚应当男女双方完全自愿，禁止任何一方对另一方加以强迫，禁止任何组织或者个人加以干涉”的规定，第 1048 条“直系血亲或者三代以内的旁系血亲禁止结婚”的规定，等等，根据《涉外民事关系法律适用法》第 4 条“中华人民共和国法律对涉外民事关系有强制性规定的，直接适用该强制性规定”的规定，就应直接适用《民法典》的上述有关强制性规定。共同经常居所地法律确定的结婚实质条件与我国《宪法》《民法典》的基本原则或道德观念等公共利益相背，适用将会对我国社会公共利益造成损害的，基于维护我国社会公共利益的需要，根据《涉外民事关系法律适用法》第 5 条“外国法律的适用将损害中华人民共和国社会公共利益的，适用中华人民共和国法律”的规定，则应对共同经常居所地法律加以排除，并依法适用我国《民法典》确定其间婚姻关系所要具备满足的实质条件。如一些国家承认同性婚姻，这与我国传统婚姻伦理、道德观念相背，我国公民与同性外国人（或无国籍人）根据承认同性婚姻的共同经常居所地法律要求在我国缔结婚姻的，就不应允许。2）我国公民与外国人（或无国籍人）的共同经常居所地在我国，或者没有共同经常居所地而在我国缔结婚姻的，则应适用我国《民法典》规定的实质条件，符合我国《民法典》规定的实质条件的，则应允许结婚或者承认其婚姻的合法性、有效性。不符合我国《民法典》规定的实质条件的，则不应允许结婚或者不承认其婚姻的合法性、有效性。

（6）对于婚姻缔结的实质条件，《民法典》第 1047 条、第 1048 条做了明确规定，这是对婚姻缔结条件的一般规定，即所有缔结婚姻的当事人，包括我国公民及外国人（或无国籍人），都应当符合满足，不然就不能在我国结婚或者其婚姻关系在我国得不到承认。

2. 涉外婚姻的形式条件

对涉外婚姻的形式条件，在司法实践中，要注意以下几个问题。

（1）关于涉外婚姻形式条件的确定，《涉外民事关系法律适用法》第 22 条规定：“结婚手续，符合婚姻缔结地法律、一方当事人经常居所地法律或者国籍国法律的，均为有效。”据此，涉外婚姻的形式条件法律适用，未像实质条件那样规定按一定的顺序选择适用，而是采取无条件选择适用的冲突规范。换句话说，冲突规范明确规定的有关涉外婚姻形式条件可选择适用的法律均可以用来确定涉外婚姻的形式条件，且这些用以确定涉外婚姻形式条件的法律之间的地位完全一样，并无先后选择顺序。涉外婚姻当事人在符合婚姻缔结实质条件的情况下，其程序只要符合、满足婚姻缔结地法律、一方当事人经常居所地法律或者国籍国法律中任何一个规定的形式条件的，就被认为依法缔结了婚姻，从而具有合法性、有效性。如婚姻缔结地法律规定婚姻缔结采取登记制，要求依法进行登记才能产生婚姻缔结的效力，一方当事人经常居所地法律规定婚姻缔结采取仪式制，要求举办某种仪式才能产生婚姻缔结的效力，一方当事人国籍国法律承认其他方式缔结婚姻，既不要求进行登记又不要求举办仪式，那么，涉外婚姻无论是按照婚姻缔结地法律进行登记的，还是按照一方当事人经常居所地法律举办仪式的，抑或按照一方当事人国籍国法律规定的方式缔结婚姻的，均构成合法有效的婚姻。这是因为，承认婚姻缔结地法律可以作为婚姻缔结形式条件的准据法，符合婚姻缔结地的婚姻观念、宗教风俗习惯，容易得到批准与承认，且办理结婚手续、举办有关仪式等也相对简单方便。然而，如果婚姻缔结的形式条件只适用缔结地法而排除其他法的适用，在婚姻缔结实质条件都可以适用外国法作准据法的情况下，无疑是以形式限制内容，不利于涉外婚姻关系的缔结与形成，也不利于涉外婚姻关系的维护与稳定，与国际发展趋势亦相背。是以，我国的冲突规范也同时承认一方当事人经常居所地法律和国籍国法律可以作为确定婚姻缔结形式条件的准据法，并与婚姻缔结地法律居于同等顺序与地位。当然，在我国境内缔结涉外婚姻的，适用一方当事人经常居所地法律或者国籍国法律作为婚姻缔结形式条件的准据法，准据法有关婚姻缔结形式条件的规定违反我国社会公共秩序，适用将会损害我国社会公共利益的，根据《涉外民事关系法律适用法》第5条“外国法律的适用将损害中华人民共和国社会公共利益的，适用中华人民共和国法律”的规定，则可排除其适用，并要求适用我国《民法典》有关婚姻缔结形式条件的规定，只有依法进行登记，才能缔结形成婚姻关系。即使外国人（或无国籍人）经常居所地或者国籍国法律承认事实婚姻，但由于事实婚姻已被我国法律明文否定，因此也不应承认我国公民与外国人（或无国籍人）在我国境内通过事实婚姻的方式缔结婚姻的合法性、有效性。

（2）就我国公民与外国人（或无国籍人）缔结婚姻的形式条件而言，依照下列方式缔结的涉外婚姻均属合法、有效，应当依法予以保护：1）在我国按照我国婚姻缔结的方式依法进行登记而成立婚姻。2）外国人（或无国籍人）经常居所地法律或者国籍国法律规定采取仪式制或者其他方式缔结婚姻，我国公民与外国人（或无国籍人）按照该法律规定的缔结婚姻的方式在国内或者国外缔结婚姻，除非外国人（或无国籍人）经常居所地或者国籍国法律规定的形式条件完全违反我国宪法、民法的基本原则，伦理道德观念等公共利益，适用将损害我国社会公共利益的，就都应当承认其间缔结婚姻的合法性、有效性。

（3）我国公民与外国人（或无国籍人）、外国人（或无国籍人）之间在我国缔结婚姻，按照我国有关规定进行结婚登记的，则应依法予以登记。具体根据《婚姻登记条例》《婚姻登记工作规范》的有关规定进行，这里不再赘述。

三、涉外婚姻中的夫妻人身关系

夫妻人身关系，是指夫妻在人身、身份方面所具有的没有直接财产内容的权利和义务关系，包括夫妻姓名权、夫妻人身自由权、夫妻婚姻住所决定权、夫妻生育权、夫妻家事代理权、夫妻忠实义务以及夫妻同居义务、夫妻扶助义务等方面的内容。对于涉外婚姻中的夫妻人身关系及其内容的法律适用，《涉外民事关系法律适用法》第23条规定：“夫妻人身关系，适用共同经常居所地法律；没有共同经常居所地的，适用共同国籍国法律。”据之，夫妻人身关系的法律适用，采用有条件地选择适用的冲突规范，并按照一定的顺序加以选择，具体为：

（1）夫妻双方具有共同经常居所地的，则适用共同经常居所地法律来确定之间的夫妻人身关系。这是鉴于共同经常居所地作为夫妻共同生活的中心，与夫妻及其家庭生活密切相关，夫妻人身关系适用该国法律，与冲突法的法律选择应当遵循的最密切联系原则相符，也与夫妻双方的预期一致，并可避免夫妻双方长期共同居住在国外而要适用共同国籍国法律所带来的不便[①]。

---

① 黄进，姜茹娇.《中华人民共和国涉外民事关系法律适用法》释义与分析. 北京：法律出版社，2011：123.

(2) 夫妻双方没有共同经常居所地的，则适用共同国籍国法律确定之间的夫妻人身关系。

(3) 夫妻双方既没有共同经常居所地，又没有共同国籍的，则根据《涉外民事关系法律适用法》第2条第2款“本法和其他法律对涉外民事关系法律适用没有规定的，适用与该涉外民事关系有最密切联系的法律”的规定，选择与该涉外婚姻关系有最密切联系的法律确定之间的夫妻人身关系。

四、涉外婚姻中的夫妻财产关系

夫妻财产关系，是指夫妻在财产方面的权利和义务关系，包括婚姻关系存续期间及婚前所得财产的归属、管理、使用、处分，夫妻及其家庭生活费用的负担，夫妻共同债务的偿还等内容。有关涉外婚姻中的夫妻财产关系的法律适用，《涉外民事关系法律适用法》第24条规定：“夫妻财产关系，当事人可以协议选择适用一方当事人经常居所地法律、国籍国法律或者主要财产所在地法律。当事人没有选择的，适用共同经常居所地法律；没有共同经常居所地的，适用共同国籍国法律。”据此，在有关涉外婚姻中夫妻财产关系的法律适用选择上，以夫妻双方是否协议选择法律适用为标准，分为两种情形：

1. 夫妻已做出协议选择的

夫妻双方协议选择适用一方当事人经常居所地法律、国籍国法律或者主要财产所在地法律的，则根据双方协议选择的法律确定之间的财产关系。这是因为，财产关系中的权利与义务，属于私权利的范畴，根据私权意思自治原则，当事人可选择某国法律来确定之间的权利与义务关系。同时，夫妻财产关系与夫妻人身关系也密切相关，与国家、民族的伦理道德观念、历史文化传统等非私人因素亦会存在这样或那样的联系，故必与社会公共利益关联。另外，所选择用来确定夫妻财产关系的法律应当与夫妻人身关系或者夫妻财产关系相联系。不然，选择与夫妻人身关系、夫妻财产关系没有任何关系的某一国家的法律，自不符合冲突规范适用应当遵循的最密切联系原则的要求，也会给法律的适用带来不便，甚至为强势一方用来规避对自己不利的法律的适用提供方便。是以，夫妻双方协议选择适用确定之间财产关系的法律，并非无条件的、毫无限制的选择，而是有条件的、具有限制的选择，即在选择的范围上法律规定了可供选择法律的范围。也就是说，当事人协议选择适用的法律只能在法律规定的范围内进行选择，而不能在此确定的范围外任意选择。对此，《涉外民事关系法律适用法司法解释（一）》第4条明确规定：“中华人民共和国法律没有明确规定当事人可以选择涉外民事关系适用的法律，当事人选择适用法律的，人民法院应认定该选择无效。”具体来说，可供当事人选择用以确定夫妻财产关系的法律包括一方当事人经常居所地法律、一方当事人国籍国法律和主要财产所在地法律3种情形。

2. 夫妻没有做出协议选择的

夫妻双方没有就之间财产关系所要适用的法律做出选择的，则适用共同经常居所地法律；没有共同经常居所地的，适用共同国籍国法律。这与夫妻人身关系适用法律的选择完全一样，具体参见上述涉外婚姻法律适用的夫妻人身关系法律适用的有关分析，这里不再赘述。

五、涉外婚姻家庭中的父母子女关系

关于涉外婚姻家庭中的父母子女关系的法律适用，《涉外民事关系法律适用法》第25条规定："父母子女人身、财产关系，适用共同经常居所地法律；没有共同经常居所地的，适用一方当事人经常居所地法律或者国籍国法律中有利于保护弱者权益的法律。"对此，需要注意以下几点：

（1）涉外婚姻家庭中的父母子女关系的主体，即夫妻双方以及夫妻的父母和子女，其中的父母是指夫妻双方的父母，既包括生父母，也包括已与夫妻一方形成了人身关系、财产关系的继父母、养父母。子女则为双方的子女，既包括婚生子女，又包括非婚生子女；既包括已与夫妻双方形成人身关系、财产关系的养子女、继子女，又包括只与夫妻一方形成了人身关系、财产关系的养子女，但不包括再婚夫妻一方的未与另一方形成人身关系、财产关系的继子女。

（2）涉外婚姻家庭中的父母子女关系，既包括父母子女间的人身关系，又包括父母子女间的财产关系。前者包括姓名权、居所决定权、婚姻自由权、监护与身份代理权、子女教育权利与义务、未成年子女探望权等；后者包括财产的管理、使用、收益及处分权等权利与义务。

（3）有关涉外婚姻家庭中父母子女关系的法律适用，所采取的乃为有条件地选择适用的冲突规范，并要求按照一定的顺序选择适用确定涉外婚姻家庭中父母子女关系的法律。具体说来，涉外婚姻家庭中父母子女关系的法律适用，根据冲突规范规定，应先适用父母子女共同经常居所地法律；没有共同经常居所地的，则适用一方当事人经常居所地法律或者国籍国法律中有利于保护弱者权益的法律。

六、涉外收养关系

1. 涉外收养关系的概念

所谓涉外收养，是指收养行为含有涉外因素的收养，如当事人一方或双方为外国人（或无国籍人），当事人一方或双方的经常居所地在我国领域外，收养关系产生、变更、消灭的法律事实发生在我国领域外，等等。相应地，由涉外收养行为所产生的有关当事人之间的权利与义务关系，便为涉外收养关系。

应当指出，我国先前的《收养法》以及《民法典》均只规定了外国人（或无国籍人）在我国国内收养我国儿童的情况，而随着我国经济发展，我国公民在国内或者国外收养外国儿童，或者在国外收养我国儿童等现象也时有发生。这样，对于《民法典》没有规定的涉外收养关系所应适用的法律，则需要根据《涉外民事关系法律适用法》的有关规定加以确定。

2. 涉外收养关系所应适用法律的选择

关于涉外收养关系适用的法律，我国理论界及实践中长期坚持：凡在我国境内发生的涉外收养关系，原则上一律按我国规定办理。故，排除收养人经常居所地法律的适用。而被收养人被收养后要与收养人共同生活，如果外国人（或无国籍人）收养我国儿童却完全排除收养人经常居所地法律的适用，则可能导致符合我国法律然不符合收养人经常居所地法律的收养被后者加以否定的现象发生。在涉外收养关系所适用法律的选择上，《涉外民事关系法律适用法》摒弃了传统的在我国境内发生的涉外收养关系一律适用我国法律的做法，一般采用经常居所地作为联结点，同时排除国籍国法律的适用。如此，既可以避免当事人无国籍时没有法律可以适用的现象发生，使得涉外收养关系的法律适用简单化；又可在兼顾收养人与被收养人利益的基础上，特别保护被收养人的基本权利和合法利益，并促进涉外收养的发展，满足我国日益增长的涉外收养发展的需要。所以，《涉外民事关系法律适用法》第 28 条规定："收养的条件和手续，适用收养人和被收养人经常居所地法律。收养的效力，适用收养时收养人经常居所地法律。收养关系的解除，适用收养时被收养人经常居所地法律或者法院地法律。"据之，就涉外收养关系的法律适用而言，应当注意以下方面：

（1）涉外收养关系成立的条件和手续，适用收养人和被收养人经常居所地法律。如此，涉外收养的成立，无论是实体条件（实质条件）还是程序条件（形式条件），均采取统一的法律适用原则，两者都要按照收养人和被收养人经常居所地法律来确定。换言之，涉外收养关系成立的条件和手续，要同时符合、满足收养人和被收养人经常居所地的法律规定，不能只符合、满足收养人或者被收养人一方经常居所地的法律规定。《外国人在华收养子女登记办法》第 3 条亦明确规定："外国人在华收养子女，应当符合中国有关收养法律的规定，并应当符合收养人所在国有关收养法律的规定；因收养人所在国法律的规定与中国法律的规定不一致而产生的问题，由两国政府有关部门协商处理。"

（2）涉外收养的效力，适用收养时收养人经常居所地法律。这是因为，不适用收养时收养人经常居所地法律而适用收养时被收养人经常居所地法律，倘使按照收养时被收养人经常居所地法律涉外收养关系有效，而根据收养时收养人经常居所地法律无效，收养关系在收养人经常居所地就无法发生效力，从而不利于被收养人利益的保护。

（3）涉外收养关系的解除，适用收养时被收养人经常居所地法律或者法院地法律。收养关系一旦合法成立生效，就不应轻易解除，否则对被收养人不利。因此，涉外收养关系的解除适用收养时被收养人经常居所地法律更利于保护被收养人的合法利益。同时，法律规定此时还可以适用法院地法律，即将可能与涉外收养没有任何实际联系的法院地作为连接点，由此可以适用法院地法，并使之与收养时被收养人经常居所地法律并列，且无先后顺序之分，供法院在处理涉外收养关系解除事宜时从两者之中进行选择，既可保持法律适用的简单性，避免复杂化，又可让被收养人在收养家庭中的生活环境与原来的社会生活环境尽量保持一致或者基本相适应①，自然更利于保护被收养人的合法权益。

3. 外国人（或无国籍人）在我国收养子女的程序规定

《民法典》第 1109 条规定："外国人依法可以在中华人民共和国收养子女。外国人在中华人民共和国收养子女，应当经其所在国主管机关依照该国法律审查同意。收养人应当提供由其所在国有权机构出具的有关其年龄、婚姻、职业、财产、健康、有无受过刑事处罚等状况的证明材料，并与送养人签订书面协议，亲自向省、自治区、直

① 蒋新苗. 国际收养法律制度研究. 北京：法律出版社，1999：160.

辖市人民政府民政部门登记。前款规定的证明材料应当经收养人所在国外交机关或者外交机关授权的机构认证，并经中华人民共和国驻该国使领馆认证，但是国家另有规定的除外。”显然，《民法典》中规定的涉外收养，仅是指收养人为外国人（或无国籍人）、被收养人为中国公民子女的情形，并且明确要求外国人（或无国籍人）在我国收养子女，应当经其所在国主管机关依照该国法律审查同意，并与送养人订立书面协议，亲自向省级人民政府民政部门登记。《外国人在华收养子女登记办法》第 2 条规定：“外国人在中华人民共和国境内收养子女，应当依照本办法办理登记。收养人夫妻一方为外国人，在华收养子女，也应当依照本办法办理登记。”鉴于外国人（或无国籍人）在我国收养子女涉及我国儿童及有关家庭、组织各方的关系及利益，为切实保障我国被收养儿童的权益，《外国人在华收养子女登记办法》对其程序做了严格规定，具体内容如下。

（1）外国人（或无国籍人）向中国收养组织提出申请。外国人（或无国籍人）欲在华收养子女，应通过所在国政府或政府委托的收养组织向中国政府委托的收养组织转交收养申请，并提交有关证明材料。对此，《外国人在华收养子女登记办法》第 4 条规定：“外国人在华收养子女，应当通过所在国政府或者政府委托的收养组织（以下简称外国收养组织）向中国政府委托的收养组织（以下简称中国收养组织）转交收养申请并提交收养人的家庭情况报告和证明。前款规定的收养人的收养申请、家庭情况报告和证明，是指由其所在国有权机构出具，经其所在国外交机关或者外交机关授权的机构认证，并经中华人民共和国驻该国使馆或者领馆认证的下列文件：（一）跨国收养申请书；（二）出生证明；（三）婚姻状况证明；（四）职业、经济收入和财产状况证明；（五）身体健康检查证明；（六）有无受过刑事处罚的证明；（七）收养人所在国主管机关同意其跨国收养子女的证明；（八）家庭情况报告，包括收养人的身份、收养的合格性和适当性、家庭状况和病史、收养动机以及适合于照顾儿童的特点等。在华工作或者学习连续居住一年以上的外国人在华收养子女，应当提交前款规定的除身体健康检查证明以外的文件，并应当提交在华所在单位或者有关部门出具的婚姻状况证明，职业、经济收入或者财产状况证明，有无受过刑事处罚证明以及县级以上医疗机构出具的身体健康检查证明。”

（2）送养人应当提交的有关证明材料。根据《外国人在华收养子女登记办法》第 5 条的规定，送养人应当向省、自治区、直辖市人民政府民政部门提交本人的居民户口簿和居民身份证（社会福利机构作送养人的，应当提交其负责人的身份证件）、被收养人的户籍证明等情况证明，并根据不同情况提交下列有关证明材料：1）被收养人的生父母（包括已经离婚的）作为送养人的，应当提交生父母有特殊困难无力抚养的证明和生父母双方同意送养的书面意见。其中，被收养人的生父或者生母因丧偶或者一方下落不明，由单方送养的，并应当提交配偶死亡或者下落不明的证明以及死亡的或者下落不明的配偶的父母不行使优先抚养权的书面声明。2）被收养人的父母均不具备完全民事行为能力，由被收养人的其他监护人作送养人的，应当提交被收养人的父母不具备完全民事行为能力且对被收养人有严重危害的证明以及监护人有监护权的证明；被收养人的父母均已死亡，由被收养人的监护人作送养人的，应当提交其生父母的死亡证明、监护人实际承担监护责任的证明，以及其他有抚养义务的人同意送养的书面意见。3）社会福利机构作为送养人的，应当提交弃婴、儿童被遗弃和发现的情况证明以及查找其父母或者其他监护人的情况证明；被收养人是孤儿的，应当提交孤儿父母的死亡或者宣告死亡证明，以及有抚养孤儿义务的其他人同意送养的书面意见。4）被收养人为残疾儿童的，无论是生父母、监护人作为送养人还是社会福利机构作为送养人，都应提交县级以上医疗机构出具的该儿童的残疾证明。

（3）省级人民政府民政部门对送养人提交的有关材料进行审查并向中国收养组织通知及转交有关材料。根据《外国人在华收养子女登记办法》第6条的规定，省、自治区、直辖市人民政府民政部门应当对送养人提交的证件和证明材料进行审查，对查找不到生父母的弃婴和儿童公告查找其生父母。查找弃婴或者儿童生父母的公告应当在省级地方报纸上刊登。自公告刊登之日起满60日，弃婴和儿童的生父母或者其他监护人未认领的，视为查找不到生父母的弃婴和儿童。认为被收养人、送养人符合收养条件的，将符合收养规定的被收养人、送养人名单通知中国收养组织，同时转交下列证件和证明材料：1）送养人的居民户口簿和居民身份证（社会福利机构作送养人的，为其负责人的身份证件）复制件；2）被收养人是弃婴或者孤儿的证明、户籍证明、成长情况报告和身体健康检查证明的复制件及照片。

（4）中国收养组织对外国收养人的材料进行审查，选择被收养人，通过适当途径向收养人递交被收养人、送养人的基本情况，发出来华收养子女的通知，向送养人发出收养人同意收养的通知。由于涉外收养的特殊性，外国人（或无国籍人）来华收养子女的，不允许其直接到中国选择收养对象，也不允许中国公民直接与外国收养人协商收养事宜，而必须经过两国的收养组织办理。外国人（或无国籍人）欲在中国收养子女，必须向本国收养组织提交收养申请书及相关证明材料，再由该国收养组织将这些材料转交给中国收养组织。中国收养组织接到外国收养组织转交过来的收养申请等材料后，经审查认为符合我国收养条件的，根据《外国人在华收养子女登记办法》第7条的规定，应当在省、自治区、直辖市人民政府民政部门报送的符合收养条件的被收养人中，参照外国收养人的意愿，选择适当的被收养人，并将该被收养人及其送养人的有关情况通过外国政府或者外国收养组织送交外国收养人。外国收养人同意收养的，中国收养组织向其发出来华收养子女通知书，同时通知有关的省、自治区、直辖市人民政府民政部门向送养人发出被收养人已被同意收养的通知。

（5）订立收养协议。《外国人在华收养子女登记办法》第9条第1款规定，外国人（或无国籍人）来华收养子女，应当与送养人订立书面收养协议。协议一式3份，收养人、送养人各执1份，办理收养登记手续时收养登记机关收存1份。

（6）办理收养登记：1）外国人（或无国籍人）来华收养子女，依照《外国人在华收养子女登记办法》第8条的规定，应当亲自来华办理登记手续。夫妻共同收养的，应当共同来华办理收养手续；一方因故不能来华的，应当书面委托另一方。委托书应当经所在国公证和认证。根据第9条第2款的规定，收养人与送养人、被收养人应当共同到登记机关办理收养登记手续。2）办理收养登记的机关，按照《外国人在华收养子女登记办法》第9条第2款的规定，为被收养人常住户口所在地的省、自治区、直辖市人民政府民政部门。3）收养人与送养人提交登记申请及有关材料。《外国人在华收养子女登记办法》第10条规定，收养关系当事人办理收养登记时，应当填写外国人

（或无国籍人）来华收养子女登记申请书并提交收养协议，同时分别提供有关材料。收养人应当提供的材料为：中国收养组织发出的来华收养子女通知书；收养人的身份证件和照片。送养人应当提供的材料为：省、自治区、直辖市人民政府民政部门发出的被收养人已被同意收养的通知；送养人的居民户口簿和居民身份证（社会福利机构作送养人的，为其负责人的身份证件）、被收养人的照片。4）办理收养登记，发给收养登记证书。《外国人在华收养子女登记办法》第 11 条第 1 款规定，收养登记机关收到外国人（或无国籍人）来华收养子女登记申请书和收养人、被收养人及其送养人的有关材料后，应当自次日起 7 日内进行审查，对符合本办法第 10 条规定的，为当事人办理收养登记，发给收养登记证书。收养关系自登记之日起成立。

（7）办理其他相关事项。根据《外国人在华收养子女登记办法》第 11 条第 2 款及第 12～14 条的规定，这些事项包括：1）登记机关办理收养登记后，应当将登记结果通知中国收养组织。2）收养关系当事人办理收养登记后，各方或者一方要求办理收养公证的，应当到收养登记地的具有办理涉外公证资格的公证机构办理收养公证。3）被收养人出境前，收养人应当凭收养登记证书到收养登记地的公安机关为被收养人办理出境手续。4）外国人（或无国籍人）在华收养子女，应当向登记机关交纳登记费。登记费的收费标准按照国家有关规定执行。

七、涉外扶养关系

1. 涉外扶养关系的概念

所谓扶养，是指法定范围内的一定亲属之间，具有经济能力的人对没有能力生活的人在物质上、生活上所给予的扶助、供养，以维持后者基本生活的行为。相应地，由法律规定的当事人之间负有扶养义务、享有被扶养权利而形成的扶养权利义务关系，便为扶养关系。扶养关系含有涉外因素的，如扶养关系的当事人一方或者双方为外国人（或无国籍人），或者当事人一方或双方的经常居所地在我国领域外，或者扶养关系的客体即用来扶助的财物在我国领域外，或者产生、变更或消灭扶养关系的法律事实发生在我国领域外，等等，就为涉外扶养关系，包括涉外婚姻中夫妻间的扶养关系、涉外婚姻家庭中父母子女之间的扶养关系，以及法定的其他亲属之间的扶养关系。

2. 涉外扶养关系所应适用法律的选择

《涉外民事关系法律适用法》第 29 条规定："扶养，适用一方当事人经常居所地法律、国籍国法律或者主要财产所在地法律中有利于保护被扶养人权益的法律。"据此，对于涉外扶养关系所应适用法律的确定，要从涉外扶养关系一方当事人经常居所地法律、国籍国法律或者主要财产所在地法律三者中选择适用最有利于保护被扶养人权益的法律来确定之间的扶养关系，这体现了婚姻家庭关系中应当保护妇女、未成年人、老年人、残疾人等弱者权益的法律原则。这些人处于相对弱势的地位，需要国家、社会的扶助，更需要对之负有扶养义务从而与之形成扶养关系的人予以扶养，以维持其基本生存、生活的权利。这也是人类得以繁衍生息的前提与基础，其伦理价值为世界各国所承认，也日益为世界各国法律所认同。当然，由于不同国家的经济发展状况、历史文化传统、伦理道德观念、宗教信仰、风俗习惯等与扶养关系相关的诸多因素的不同，扶养关系的内容，如扶养关系主体的范围、扶养义务人承担扶养义务的顺序、扶养程序等都会有所差别。为了维护被扶养人的合法权益，于是要在涉外扶养关系一方当事人经常居所地法律、国籍国法律或者主要财产所在地法律中选择适用最有利于保护被扶养人权益的法律以确定之间的扶养权利义务关系。此外，在连接点的规定上，也充分尊重并体现了与涉外扶养关系最密切联系的原则。涉外扶养关系中一方当事人的经常居所地、国籍国、主要财产所在地显然与扶养关系及其当事人的联系更为紧密，因而有利于维护被扶养人的合法权益。

八、涉外监护关系

1. 涉外监护关系的概念

所谓监护，是指对限制行为能力人或者无行为能力人的人身权利、财产权利及其他合法权益依法进行监督和保护的行为。由法律规定监护人与被监护人之间享有或者承担监护权利义务而形成的权利义务关系，便为监护关系。监护关系如果含有涉外因素，如监护关系的当事人一方或者双方为外国人（或无国籍人）或监护人为外国监护机构，或者当事人一方或双方的经常居所地在我国领域外，或者监护关系的客体即被监护人的财产、权利在我国领域外，或者产生、变更或消灭监护关系的法律事实发生在我国领域外，等等，就为涉外监护关系。

2. 涉外监护关系所应适用法律的选择

《涉外民事关系法律适用法》第 30 条规定："监护，适用一方当事人经常居所地法律或者国籍国法律中有利于保护被监护人权益的法律。"据之，对于涉外扶养关系所应适用法律的确定，要从涉外扶养关系一方当事人经常居所地法律、国籍国法律两者中选择适用最有利于保护被监护人权益的法律来确定之间的监护关系。因年龄、疾病、意外事故等各种各样的原因，一个人可能为限制行为能力人或无行为能力人，其人身权利、财产权利及其他合法权益为此需要其监护人来监督和保护。监护人一般与限制行为能力人或者无行为能力人存在一定的亲属关系。在法定的可以担任限制行为能力人或者无行为能力人监护人的亲属不存在的情况下，则由一定的组织机构来担任监护人。鉴于监护与扶养都是对弱者权益的维护，法律有关涉外监护关系所应适用法律选择的规定，与涉外扶养关系的法律适用的规定基本相同，于是不再赘述，具体可以参见上述有关涉外扶养关系法律适用的分析。

九、涉外婚姻关系的解除

我国公民在我国境外离婚，以及我国公民与外国人（或无国籍人）之间、外国人（或无国籍人）之间在我国境内或境外离婚等，因为含有涉外因素，便属于涉外婚姻关系的解除，又称涉外离婚。就方式而言，涉外离婚与境内离婚一样，同样有协议离婚与诉讼离婚两种方式。

1. 涉外协议离婚

《涉外民事关系法律适用法》第 26 条规定："协议离婚，当事人可以协议选择适用一方当事人经常居所地法律或者国籍国法律。当事人没有选择的，适用共同经常居所地法律；没有共同经常居所地的，适用共同国籍国法律；没有共同国籍的，适用办理离婚手续机构所在地法律。”据此，对于涉外协议离婚适用法律的选择，需要注意以下几点。

（1）协议离婚，当事人协议选择适用一方当事人经常居所地法律或者国籍国法律的，则适用当事人协议选择的法律。

（2）当事人协议离婚，没有选择离婚所适用的法律的，则按法律规定的规则确定所适用的法律。对此，《涉外民事关系法律适用法》规定了多个可供选择的法律，并将之分为3个层次，按照先后顺序加以适用。前面层次或者顺序的法律存在的，则应适用前面层次或者顺序的法律；只有前面层次或者顺序的法律不存在，或者没有相关规定，或者无法查明时，才能适用后一层次或者顺序的法律。具体说来，关于涉外协议离婚所应适用法律的选择层次或者顺序为：1）当事人没有选择离婚所应适用的法律的，适用共同经常居所地法律；2）没有共同经常居所地的，适用共同国籍国法律；3）没有共同国籍的，适用办理离婚手续机构所在地法律。

（3）我国公民与外国人（或无国籍人）在我国境内协议离婚，在下列情况下应当适用我国法律：1）协议选择离婚所适用的法律为我国公民国籍国法律的；2）我国公民、外国人（或无国籍人）的经常居所地在我国境内，协议选择离婚所适用的法律为我国公民、外国人（或无国籍人）经常居所地的法律的；3）双方没有选择离婚所适用的法律，其共同经常居所地在我国境内的；4）婚姻关系双方没有共同经常居所地，且没有协议选择离婚所适用的法律，在我国办理离婚手续的；等等。

（4）婚姻关系双方为外国人（或无国籍人），在我国境内协议离婚，在下列情况下应当适用我国法律：1）外国人（或无国籍人）一方或者双方的经常居所地在我国境内，双方协议选择一方经常居所地法律作为离婚所适用的法律的；2）双方没有选择离婚所适用的法律，其共同经常居所地在我国境内的；3）双方没有选择离婚所适用的法律，没有共同经常居所地，要求在我国境内办理离婚手续的；等等。

（5）无论是我国公民与外国人（或无国籍人）离婚，还是外国人（或无国籍人）之间离婚，要适用我国法律办理协议离婚手续的，则都应按照我国法律、法规，具体为《婚姻登记条例》的有关规定办理。

2. 涉外诉讼离婚

《涉外民事关系法律适用法》第27条规定：“诉讼离婚，适用法院地法律。”据之，无论是我国公民与外国人（或无国籍人）在我国诉讼离婚，还是外国人（或无国籍人）之间在我国诉讼离婚，均应适用我国法律包括《民法典》《民事诉讼法》等的有关规定；我国公民若在外国诉讼离婚，则应适用该外国的法律。

当然，适用法院地法律，也存在一定的弊端。其中最为严重的就是鼓励发动离婚诉讼之人通过“挑选法院”来选择对自己最有利的某国法律。是以，一些国家法律规定诉讼离婚并不适用法院地法，而是适用属人法，如适用婚姻当事人一方的国籍法，或者适用共同经常居所地法等，或者属人法与法院地法都可选择或者重叠适用，或者适用有利于离婚即离婚条件相对宽松的法律。如此等等。这完全取决于一个国家法律的规定，需要加以注意。

应当指出，诉讼离婚，适用法院地法律。这里的法律，不仅包括《民法典》等有关离婚条件、财产关系处理等实体规定的实体法律、法规，而且包括《民事诉讼法》等程序性规范；不仅包括狭义的由法律规定的离婚实体、程序规范，而且包括行政法规、部门规章、司法解释等广义的有关离婚问题的实体、程序规范。这里的诉讼，既包括我国公民作为原告针对外国人（或无国籍人）在我国境内法院提起的离婚诉讼，又包括外国人（或无国籍人）作为原告在我国境内法院针对我国公民或者外国人（或无国籍人）提起的离婚诉讼。

第十三章
继承法概述

第一节　继承的概念和特征

一、继承的概念

继承，在不同的场合、环境中，有不同的意义。作为民法中的一项法律制度，是指将死者生前的财产及其他合法权益转移给与之存在法定亲属关系的人所有的法律制度。其中，死者为被继承人，死者遗留的财产为遗产，享有继承权而可取得死者遗产的人为继承人。作为一项法律行为，继承是指继承人承继被继承人遗产的法律行为。作为一种法律关系，继承关系则是指因遗产转移而在继承人和其他自然人或组织之间发生的一种法律关系即权利与义务关系。以下仅从法律行为的角度对继承的概念和特征进行必要的分析。

从一般意义上讲，继承是指对先人遗留的物质财富、精神财富及事业的承接和延续，并且更偏重于精神财富及事业方面，如我们常常所说的继承先辈遗志、继承革命传统、继承民族文化、继承先烈事业、继承优良学风等，就是如此。从法律上讲，继承又有广义与狭义之分。从广义上讲，继承是指对死者生前权利与义务的承受。例如，在古代社会，继承人所承受的不仅是死者的财产，而且有身份，如爵位、宗祧、户主等，并且主要是后者。在现代社会，继承人所承受的仅是死者的财产权利，即继承人只能继承死者的遗产。这种继承死者遗产的行为则为狭义的继承。

二、继承的特征

1. 继承以被继承人死亡和留有遗产等法律事实的存在为前提

继承的发生需要具备两个条件：（1）被继承人的死亡，这是继承关系产生的原因；（2）死者留有遗产，这是继承的财产条件。倘若死者没有遗产，就不存在继承的可能与问题。

2. 继承的主体只能是自然人，且必须是与被继承人有特定身份关系的人

我国《宪法》规定，国家依照法律规定保护公民的私有财产权和继承权。在具体的继承关系中，继承只能基于自然人之间存在的婚姻、家庭、血缘关系而发生。家庭、法人及其他社会组织都不能成为继承关系的主体；法人和其他社会组织只能作为遗赠受领人；国家只能在无人继承又无人受领遗赠遗产的情况下，获得无主财产。

3. 继承的客体是被继承人死亡时遗留的个人合法财产

继承人可以继承的只能是被继承人死亡时遗留的个人合法财产，国家、集体的财产不能作为遗产被继承。而遗产的内容不仅包括被继承人死亡时遗留的个人所有的财物和债权，而且包括债务和法律规定可以继承的财产权利，如知识产权中的财产权利。故，继承是权利与义务的全面承受，即继承人要接受遗产，就得承受财产义务。

4. 继承是继承人无偿取得被继承人的遗产

继承是自然人取得财产的一种手段。按照法律规定，继承人从被继承人死亡时开始，即可行使其享有的继承权，无偿地取得被继承人的遗产。这种财产所有权的转移，不是按照等价有偿原则转移财产，因而不属于商品交换关系，继承人取得被继承人的遗产，不需要支付对价财产。

第二节　继承制度的历史和本质

一、继承制度的历史沿革

继承制度，是指用来规定、调整继承关系，包括继承人、遗产、继承方式、遗产分配等有关继承关系所有内容的规范总和。与婚姻家庭制度一样，继承制度属于社会上层建筑的范畴，并不是从来就有的，也不是永恒不变的，是人类社会发展到一定历史阶段的产物，并随着人类社会的发展、经济基础的变化、社会制度的更替而不断演进、发展，从而表现出不同的历史本质及特征。

法律意义上的继承与财产相联系。在原始社会初期，生产力极其低下，没有任何剩余财产，自然也就没有继承可言。到了母系氏族公社，剩余产品不断增多，个人财产也越来越多。这时，作为财产转移手段的继承开始萌芽。首先是将一些纯粹为个人使用的物品在占有者死亡之后，分配给氏族成员。然后是将个人占有的越来越多的财产在占有者死亡后于一定范围内的氏族内部成员中间进行分配。恩格斯在引证美国民族学家、人类学家路易斯·亨·摩尔根在《古代社会》中对北美印第安

人部落之一——易洛魁人母系氏族继承制度的考察结果时指出："死者的财产转归其余的同氏族人所有，它必须留在氏族中。由于易洛魁人所能遗留的东西为数很少，所以他的遗产就由他最近的同氏族亲属分享；男子死时，由他的同胞兄弟、姊妹以及母亲的兄弟分享；妇女死时，由她的子女和同胞姊妹而不是由她的兄弟分享。根据同一理由，夫妇不能彼此继承，子女也不得继承父亲。"① 这种作为继承制度萌芽的行为，完全依靠氏族内部的习俗、惯例加以维持，与现代意义上的继承制度有着本质的区别。到了原始社会后期，社会生产力不断发展，私有财富不断增加。"随着财富的增加，它便一方面使丈夫在家庭中占居比妻子更重要的地位；另一方面，又产生了利用这个增强了的地位来改变传统的继承制度使之有利于子女的意图。"② 最后导致了母系社会子女继承母亲遗产，但仍不能继承父亲遗产的制度的不断变化。随着父系氏族内部的阶级进一步分化，富有的男子拥有的财产越来越多，为了使子女能够"以亲生的继承人的资格继承他们父亲的财产"，必然进一步促使以男性为中心的一夫一妻制的家庭成立。反过来，以男性为中心的一夫一妻的个体婚姻又促进了私有财产继承制度的巩固和发展。对此，列宁曾经精辟地指出："遗产制度以私有制为前提"，"无论私有制或遗产，都是单独的小家庭（一夫一妻制的家庭）已经形成和交换已在开始发展的那个社会制度的范畴"③。例如，在古罗马，《十二铜表法》便取消了遗产在氏族成员之间的分配办法，规定了两系继承人，即（1）子女和一切生活在父权之下的后嗣，称为"父系自然继承人"；（2）在没有上述父系自然继承人时，继承人则为男系近亲属，称为"男族亲"。与此同时，还规定了遗嘱继承，如其第 5 表第 3 条规定："关于金钱和对于自己的财产的保护，均依照遗嘱办理。"

在奴隶社会、封建社会，奴隶主、封建地主为了维护其对奴隶、农奴和生产资料的占有以及既得的政治、经济利益，依据男尊女卑的等级制度，建立了与当时社会经济基础相适应的继承制度。这种继承制度表现为两个基本特点。

1. 男女两性的继承地位极不平等

如《汉穆拉比法典》规定，在丈夫死后，妻子虽可取得自己的嫁妆和一定的扶养费，"但不得以之出卖，至她身后，仅归其子女所有"。古印度《摩奴法典》规定，妻子不能拥有财产，她们所获得的财富也只能属于其夫。在中世纪的欧洲各国，女子的继承权也受到极大限制。如法兰克王国的《萨利克法典》规定，全部土地必须由男性继承。俄国的《罗斯真理》亦规定："兄弟在世，姊妹非继承者。"在我国古代，妇女"无私货，无私畜，无私器"，完全没有财产所有权，在通常情况下自然也就没有遗产继承权。只有个别朝代的法律规定，在"户绝"即没有男性继承人时，女性才可以分得部分遗产。

2. 身份继承占重要的地位

西方的"世袭王权和世袭贵族"制度与我国古代的"宗祧继承"制度就是身份继承的突出表现。宗祧即祖庙，宗祧继承即血统的继承，也就是爵位、主祭权和家长身

① 马克思恩格斯全集：第 21 卷. 北京：人民出版社，1965：101.

② 同①67.

③ 列宁全集：第 1 卷. 2 版增订版. 北京：人民出版社，2013：123.

份的继承。自西周开始，就确立了“立嫡以长不以贤”的嫡长子继承制度，并为绝大多数的封建王朝法律所沿袭。因为财产为宗族或者家庭成员所共有，继承了家长权也就继承了共有财产的管理、支配权。

在资本主义社会，资产阶级鉴于反对封建专制统治的需要，在“民主”“平等”“自由”等口号下，对封建社会的继承制度做了根本否定，完成了从古代继承制度向近代继承制度的转变。一方面，废除了身份继承，使得继承在法律上仅限于财产继承，并在法律的形式上使男女两性的继承地位趋于平等。另一方面，为了维护资产阶级的经济利益，确立了遗嘱自由的原则，不断扩大遗嘱适用的范围。不论是英国等的绝对遗嘱自由主义，还是法国等的相对遗嘱自由主义，无不把资产阶级的个人意志放在首位，使他们能够任意地指定财产继承人。相对于奴隶社会、封建社会的男尊女卑、以身份继承为本的继承制度来说，资本主义社会的继承制度无疑有其进步意义。正如马克思、恩格斯在《共产党宣言》中所指出的：“资产阶级在它已经取得了统治的地方把一切封建的、宗法的和田园诗般的关系都破坏了。它无情地斩断了把人们束缚于天然尊长的形形色色的封建羁绊，它使人和人之间除了赤裸裸的利害关系，除了冷酷无情的‘现金交易’，就再也没有任何别的联系了。”① 这样，继承关系也被打上了赤裸裸的利害关系的印迹。

我国早在新民主主义革命时期，中国共产党领导下的革命根据地政权就制定了一系列继承法规，不仅彻底废除了封建宗祧继承，而且确立了男女平等的继承原则，为社会主义继承制度的建立和发展奠定了良好的基础。新中国成立后，1950 年的《婚姻法》就规定了夫妻、父母子女有互相继承遗产的权利。1954 年的新中国第一部《宪法》亦规定：“国家依照法律保护公民的私有财产的继承权。”此后的《宪法》《婚姻法》都对自然人的继承权利做了进一步的肯定。1985 年 4 月 10 日，第六届全国人民代表大会第三次会议通过了专门的继承法即《继承法》。最高人民法院在总结有关继承案件审判实践经验的基础上做出了大量的司法解释。这些形成了符合我国国情的具有中国特色的社会主义继承制度。2020 年，立法机关将继承法有关规定纳入《民法典》中，使继承制度不仅在内容上而且在形式上都更加完善。

二、继承制度的本质

1. 资产阶级的主要继承学说

关于继承的根据及本质，资产阶级从形式和法律观念着手，形成了各种各样的学说。其中，具有代表性的，主要有以下 4 种：

（1）意思说。这一学说源于自然法学派，认为一切权利及其变动无不出于人的意思，继承的根据也不过是继承人的意思，正是基于继承完全取决于死者的意思，被继承人就有遗嘱的自由。无遗嘱时则实行法定继承，即由立法者推定死者处分遗产的个人意思，以决定由谁来继承遗产。

（2）家庭协同说。这一学说为历史浪漫学派所主张，认为继承的根据在于家庭的协同生活，没有一体的协同生活，就应排除在继承之外。有的还进一步认为，协同生

① 马克思恩格斯选集：第 1 卷. 3 版. 北京：人民出版社，2012：402-403.

活不仅包括同时代的横向共同生活，而且包括不同时代的纵向共同生活，并且这种联系上下各代的纵向共同生活才是继承产生的母体。

（3）死后扶养说。这一学说认为，在一定范围内的宗族和亲属之间，对他人负有扶养义务的人，不仅在生存时应当履行扶养义务，而且在死后仍要继续履行扶养义务。继承权是继承人在被继承人死亡后仍要受死者扶养的权利的具体体现，因负有扶养义务的人在死后依旧要履行扶养义务，被扶养人在扶养义务人死后仍然有受死者扶养的权利，从而成为继承人有权继承扶养义务人的遗产。也正因为这样，依法不为被继承人扶养的人，即被继承人对之没有扶养义务的人就不享有继承权。

（4）无主财产归属说。这一学说认为，人在生存时可以成为财产所有权的主体，但在死亡之后，人格随之消灭，其生存时所有的财产也因主体的不复存在而成为无主财产。既然是无主财产，最终归属于谁，应由法律加以规定。为此，法律应当规定继承人的范围并对遗产征收累进税。

综上所述，这些资产阶级学说虽然从不同角度、不同侧面论述了继承发生的原因，然这些都是继承本身的某些非本质特征。他们仅仅从法律本身揭示继承发生的根据和本质，其结论自然是不准确的。他们不仅未能揭示继承的本质，而且对于继承发生的根本原因也未能说明。只有马克思主义将继承纳入层建筑的范畴后，通过对它与经济基础的关系分析，才找到了继承的本质，并揭示了继承发生的根本原因。

2. 继承的本质

继承的产生、发展的历史告诉我们，继承是生产力发展到一定阶段，随着私有制的出现而出现的。继承虽然有其血缘感情等自然因素，但更重要的则是其社会因素。列宁就曾一针见血地指出："其实，遗产制度以私有制为前提，而私有制则随着交换的出现而产生的。""无论私有制或遗产，都是单独的小家庭（一夫一妻制的家庭）已经形成和交换已在开始发展的那个社会制度的范畴。"[①]"继承法并不是一种**原因**，而是一种**结果**"。"继承权之所以具有社会意义，只是由于它给继承人以死者**生前**所有的权利，即借助自己的财产以**攫取他人劳动成果的权利**。"[②] 作为一种因人死亡而发生的社会法律现象，继承产生的前提条件是私有财产存在。就社会而言，也需要将这种财产关系的特殊表现延续下去。不仅如此，作为一种财产社会关系的变更制度，继承属于一定社会法律基础上的上层建筑，一定的继承制度最终都取决于一定的经济基础，即一定物质生产条件下的社会生产关系。其历经奴隶社会、封建社会、资本主义社会直至社会主义社会，不断随着社会制度的更替、经济基础的变化而变化。马克思、恩格斯就曾经深刻地指出："继承法最清楚地说明了法对于生产关系的依存性。"[③] 在社会主义制度下，经济基础以生产资料公有制为主体，实行各尽所能、按劳分配的财产分配制度，人们对社会财富的占有主要通过自己的劳动所得。个人占有的财产本身作为资本参与生产过程以资本分配的方式获取利益仅是一种补充。随着社会生产力的发展，这种分配形式所占的地位越来越弱，直至消亡。个人占有的财产主要用于家庭养老育幼的消

① 列宁全集：第1卷. 2版. 北京：人民出版社，2013：123.

② 马克思恩格斯全集：第16卷. 北京：人民出版社，1964：414.

③ 马克思恩格斯全集：第3卷. 北京：人民出版社，1960：420.

费功能及作为必要的家庭经济基础，以满足人们日益增长的物质上的、精神上的、文化上的需求。为了尊重、保护人们的劳动成果，维护其合法权益，充分调动其创造性劳动的主动性、积极性，允许以消费性财富为主体的个人财产以继承方式转移给其的近亲属，这既是弘扬尊老爱幼的优良道德传统、充分发挥养老育幼的家庭功能的需要，又是促进社会主义经济发展、社会主义物质文明和精神文明不断发展的需要，与以私有制为基础的继承制度有着本质的不同，不容混淆。

与此同时，作为上层建筑的组成部分之一，继承制度虽然取决于经济基础，但反过来又对经济基础产生这样或那样的影响。恩格斯就曾指出："以家庭的同一发展阶段为前提，继承法的基础是经济的。尽管如此，也很难证明：例如在英国立遗嘱的绝对自由，在法国对这种自由的严格限制，在一切细节上都只是出于经济的原因。但是二者都对经济起着很大的反作用，因为二者都影响财产的分配。"①

另外，在上层建筑领域，继承制度也不是孤立存在的，必然受到上层建筑的其他部分，如政治、文化、宗教、道德、法律尤其是婚姻家庭制度的影响和制约。如继承人的范围、继承方式与遗产分配等，无一不与婚姻家庭制度相关联。正因为这样，在相同社会制度下的不同国家、地区以及不同的时代，继承制度也会有各种各样的差异。其原因就是宗教、文化等其他上层建筑与继承制度相互作用的结果。

3. 社会主义制度下继承制度存在的客观根据

继承，作为历史范畴，是私有制的产物。其随着私有制的产生而产生，最终亦将随着私有制的消灭而消灭。可在其退出历史舞台前，还必然经过社会主义社会这一阶段。早在19世纪初，法国空想社会主义者圣西门及其信徒安凡丹、罗德里格、毕舍等人将本来是从以生产资料私有制为基础的社会经济组织得出的一种法律后果的继承，认为是这种社会经济组织的经济原因，进而提出应当"废除继承权"。后来，无政府主义者巴枯宁进一步认为财产继承权是私有制和社会不平等的基础，一旦废除了继承权，私有制和社会不平等就会消失，为此主张应把废除继承权作为社会革命的起点。对于这种唯心主义观点，马克思进行了深刻而严厉的批判，明确指出："**继承权的消亡**将是废除生产资料私有制的社会改造的自然结果；但是**废除继承权**决不可能成为这种社会改造的**起点**。"倘使承认废除继承权是社会革命的起点，"这同既要废除买主和卖主之间的契约法，同时又要保存目前的商品交换制度一样是荒谬的"，"这在理论上是错误的，在实践上是反动的"②。社会主义革命实践也证明，在社会主义制度下尤其是在社会主义初级阶段，继承赖以存在的根据还未完全消失。只有不断发展社会生产力，完全消灭了私有制这一继承权存在所必需的前提条件，实行了彻底的、完全的生产资料公有制，各尽所能、按需分配，即到了共产主义社会，继承制度同国家、法律等历史范畴一样，才完成了其历史使命，才会最终进入人类的历史博物馆。

我国属于社会主义国家，正处于社会主义初级阶段，具有继承制度存在的客观根据，主要是：

（1）公有制为主体、多种所有制经济共同发展的基本经济制度，是继承制度存在

① 马克思恩格斯选集：第4卷. 3版. 北京：人民出版社，2012：611.

② 马克思恩格斯全集：第16卷. 北京：人民出版社，1964：415.

的最根本原因。不可否认，我国的经济制度的基础是生产资料的社会主义公有制，即全民所有制和劳动群众集体所有制。然在以生产资料公有制为主体的前提下，在法律规定的范围内还允许多种所有制经济共同发展。多种经济成分并存必然决定除全民所有财产、集体所有财产即公共财产外，还会存在公民个人所有的财产，包括个体经济、私营经济所必要的私有生产资料。私有财产既然存在，以私有财产为前提的继承制度也就会存在，这不以人的意志为转移。

（2）各尽所能、按劳分配的分配原则是继承制度存在的又一经济根据。在社会主义制度下，生产力还未高度发达，物质文明、精神文明的发展尚不能满足人们的物质、精神上的充分需要，各尽所能、按需分配还不可能，劳动还是公民取得相应利益及谋生的手段，人们对自我财富的关心也就成为自然，并直接或间接地对劳动者的主动性、积极性产生影响。为了鼓励公民充分发挥劳动的积极性、创造性，鼓励他们在为社会创造财富、做出贡献的同时积累更多的个人财富，必须保护其合法财产的所有权并进而按照公民个人的意愿保护其合法财产的继承权。试想，如果否定继承权，公民死后不能将其财产转移给亲人所有，必然损害其通过劳动积聚财富的积极性，进而妨碍社会的进步、生产力的发展。

（3）家庭的多重功能是继承制度存在的社会现实根据。在我国，家庭不仅承担着消费功能，而且承担着生育繁衍功能、供养功能、教育功能，一部分家庭还承担着生产功能。个人的供养在社会物质水平还未高度发达的条件下主要依靠家庭成员间的相互扶养来实现。一些人依旧需要依靠亲属的财产来满足自己的生活需要，承担扶养义务的人必须以个人财产来承担对家庭成员应尽的义务。于是，为了促进家庭成员自觉履行义务，保障家庭各项功能的实现，无疑需要设立继承制度。

第三节　我国继承法的基本原则

继承法，是调整自然人死后遗留财产移转关系的所有法律规范的总和。我国继承法的基本原则，作为继承立法的指导思想，解释、适用继承法的依据和出发点，是继承立法、司法、执法必须遵循的基本准则，是宪法原则在继承法上的具体化，是我国继承制度的社会主义本质的集中体现，构成我国继承制度与一切私有制社会继承制度的根本区别。不同社会制度的继承本质不同，其原则也必然不会相同。具体说来，我国继承法的基本原则，包括下列 5 项：

一、保护自然人私有财产继承权原则

《民法典》第 1120 条规定："国家保护自然人的继承权。"这是《宪法》第 13 条第 2 款规定"国家依照法律规定保护公民的私有财产权和继承权"在继承法中的具体体现，既是继承立法的目的与任务，也是继承法的首要基本原则。保护自然人私有财产继承权，其基本内容包括两个方面：（1）国家通过法律保护自然人私有财产继承权的依法行使，他人不得非法侵害；（2）在自然人私有财产继承权受到侵害时，自然人有权通过司法程序寻求保护，国家将以强制力排除他人对其继承权的非法侵害。具体来

说，表现为以下 4 点：

(1) 凡是自然人死亡时遗留的个人合法财产，都为遗产，继承人可依法继承。

(2) 无论是遗嘱继承人还是法定继承人，只要符合法律规定，就享有继承权，任何组织及个人都不得非法剥夺。只有在出现法定原因如继承人故意杀害被继承人等情况下，继承人才会丧失继承权。当然，自然人也可自动放弃继承权。

(3) 为了保障继承人依法充分行使继承权，法律规定，无行为能力人的继承权，由他的法定代理人代为行使；限制行为能力人的继承权，由他的法定代理人代为行使，或者征得法定代理人同意后行使。

(4) 自然人在其继承权受到他人非法侵害时，有权依照法律规定在法定期限内请求人民法院提供法律保护。

二、继承权男女平等原则

《民法典》第 1126 条明确规定："继承权男女平等。"它说明继承权男女平等原则主要适用于法定继承范围。这一原则，是指男女自然人均可作为继承权的主体，禁止在继承关系中歧视、排斥妇女。具体包括以下 5 个方面：

(1) 男女自然人财产继承权相同。不论女子已婚未婚，也不论其参加社会工作，还是从事家务劳动，均享有与男子相同的继承权。

(2) 儿媳与女婿在继承上的权利平等。《民法典》第 1129 条明确规定："丧偶儿媳对公婆，丧偶女婿对岳父母，尽了主要赡养义务的，作为第一顺序继承人。"这说明了儿媳、女婿在继承上的权利完全平等。

(3) 同一顺序的继承人继承权平等。根据《民法典》第 1127 条的规定，法定继承人分为两个顺序。同一顺序的继承人，不论男女、尊卑、长幼，以及职位、地位、身份、文化等的高低，其继承权都一律平等。

(4) 代位继承权、转继承权男女平等。在确定代位继承权时，既适用于男性又适用于女性。转继承也是一样。

(5) 寡妇有权带产改嫁。这是有利于我国长期存在的男尊女卑的封建宗法思想残余的否定与消除。对此，《民法典》第 1157 条规定："夫妻一方死亡后另一方再婚的，有权处分所继承的财产，任何组织或者个人不得干涉。"

三、养老育幼、照顾病残原则

养老育幼、照顾病残，作为中华民族的优良传统，既是社会主义道德和人道主义对继承法的要求，也是宪法和其他有关法律对继承法的要求。这一原则虽然没有明确写在继承法的条文中，然这一立法精神却贯穿继承法始终。具体体现在以下 3 个方面：

1. 在法定继承人的范围和顺序的确定上，以继承人与被继承人的相互扶助义务为出发点

如把被继承人对其负有赡养、抚养、扶养义务的人，即子女、父母、配偶规定为第一顺序继承人，把一定条件下被继承人对其负有赡养、抚养、扶养义务的人，即兄弟姐妹、祖父母、外祖父母作为第二顺序继承人，就是佐证。另外，为了鼓励赡养老

人，继承法还把对公婆或岳父母尽了主要赡养义务的丧偶儿媳、女婿规定为第一顺序继承人。

2. 在遗产分配上，继承法的规定体现了养老育幼、照顾病残的要求

如规定对生活有特殊困难又缺乏劳动能力的继承人分配遗产时应当予以照顾；对继承人以外的依靠被继承人扶养的人，可以分给适当的遗产；遗嘱应为缺乏劳动能力又没有生活来源的继承人保留必要的遗产份额；在遗产分割时，应当保留胎儿的继承份额；对被继承人尽了主要扶养义务或者与被继承人共同生活的继承人，在分配遗产时，可以多分；对于继承人以外的对被继承人扶养较多的人，可以分给适当的遗产；对有扶养能力和有扶养条件但不尽扶养义务的继承人，在分配遗产时，应当不分或者少分。这些都是养老育幼、照顾病残原则的具体体现。

3. 为了保证老有所养、老有所依，自然人可以依法与继承人以外的组织或者个人签订遗赠扶养协议

按照协议，该组织或者个人承担该自然人生养死葬的义务，享有受遗赠的权利。无人继承又无人受遗赠的遗产，归国家所有；死者生前为集体所有制组织成员的，归所在集体所有制组织所有。

四、互谅互让、和睦团结原则

为了提倡互相帮助，维护平等、和睦、文明的婚姻家庭关系，在分配遗产时，家庭成员应该互谅互让、和睦团结，通过协商妥善处理好继承问题。这既是弘扬社会主义优良道德的需要，更是社会主义继承制度的本质反映。具体体现在以下两个方面：

1. 充分尊重继承人的意愿，要求他们本着互谅互让、和睦团结的精神，协商处理继承问题

对于遗产分割的时间、办法和份额，法律未做具体规定，而是由继承人协商解决；协商不成的，则可由人民调解委员会调解或向人民法院提起诉讼。

2. 严厉惩戒见利忘义、破坏家庭和睦团结的继承违法行为

根据《民法典》第1125条的规定，继承人故意杀害被继承人的，为争夺遗产而杀害其他继承人的，遗弃被继承人，或者虐待被继承人情节严重的，伪造、篡改、隐匿或者销毁遗嘱，情节严重的，以欺诈、胁迫手段迫使或者妨碍被继承人设立、变更或者撤回遗嘱，情节严重的，就丧失继承权，并应依法承担法律责任。

五、权利与义务相一致原则

任何法律关系，都是权利与义务的统一体，只有权利而完全没有义务，或者只有义务而完全没有权利的法律关系根本就不存在。对于继承关系来说，也不能例外。具体来讲，体现在以下4个方面：

1. 继承人对被继承人所尽义务的多少是确定遗产继承份额需要考虑的重要因素

《民法典》第1130条明确规定："同一顺序继承人继承遗产的份额，一般应当均等。对生活有特殊困难又缺乏劳动能力的继承人，分配遗产时，应当予以照顾。对被继承人尽了主要扶养义务或者与被继承人共同生活的继承人，分配遗产时，可以多分。

有扶养能力和有扶养条件的继承人，不尽扶养义务的，分配遗产时，应当不分或者少分。继承人协商同意的，也可以不均等。”

2. 丧偶儿媳、丧偶女婿在一定条件下可以成为公婆、岳父母的法定继承人

儿媳、女婿本非公婆，岳父母的法定继承人，但丧偶儿媳、女婿对公婆、岳父母尽了主要赡养义务的，根据《民法典》第 1129 条的规定，作为第一顺序继承人。

3. 遗嘱继承或遗赠附有义务的，继承人或受遗赠人应当履行义务

没有正当理由不履行义务的，人民法院可以取消其接受遗产的权利。

4. 继承人倘使接受继承，则在承受遗产权利的同时，也应承受被继承人的债务

继承人应当清偿被继承人依法应当缴纳的税款及债务。但是，继承人承受被继承人的债务，以其继承遗产的价值为限。

第十四章

继承权

第一节　继承权概述

一、继承权的概念

继承权，是指继承法律关系的权利主体即继承人依法享有的继承被继承人遗产的权利，包括客观意义上的继承权和主观意义上的继承权。

所谓客观意义上的继承权，是指在继承开始前，自然人依照法律的规定或者遗嘱的指定而接受被继承人遗产的资格，即继承人所具有的继承遗产的权利能力，因而又被称为继承期待权。

主观意义上的继承权，是指当法定的条件具备时，继承人对被继承人的遗产已经拥有的事实上的财产权利，即已经属于继承人并给他带来实际财产利益的继承权。这种继承权同继承人的主观意志相联系，不仅可以接受、行使，而且可以放弃，但不能转让，故又被称为继承既得权。

二、继承权的基本特征

1. 继承权是一种绝对权，具有排他性

换句话说，继承法律关系的权利主体是特定的，而义务主体则是不特定的。继承权人以外的其他个人和组织都属于义务主体，承担不得侵害继承人继承权的义务。

2. 继承权是一种独立的、特殊的财产权

首先，继承权作为继承被继承人遗产的权利，无疑属于财产权的范畴。其次，继承权作为财产权，其主体必须为自然人，且与被继承人存在特定的亲属关系。所以，它是一种基于亲属身份关系发生的财产权。应当指出，它虽然与人的身份有关，要以继承人与被继承人存在特定亲属关系为前提，然它不是人身权。因为，继承权仅是取得遗产权利的依据，继承人不能据此获得某种人身利益。

3. 作为继承法律关系中的基本权利，可以派生出相应的权利与义务

如继承人接受或放弃继承的权利；取得遗产的权利，包括接受遗产债务的义务；管理遗产的权利和义务；请求分割遗产的权利；执行遗嘱的权利和义务；当继承权受到侵害时，请求法院予以保护的权利；基于被继承人生前参与的民事法律关系而享有的权利和承担的义务。

第二节　继承权的取得和行使

一、继承权的取得

取得继承权，不仅要求必须具有一定的根据，而且要求具有继承能力，两者共同构成取得继承权的条件，缺一不可。

1. 取得继承权的根据

根据继承法的规定，自然人取得继承权的根据，具体包括 3 个方面：

(1) 法律根据。自然人取得继承权必须是依法律的规定或者合法有效遗嘱的指定。继承权的取得有两种方式：1) 法定继承的取得方式；2) 遗嘱继承的取得方式。

(2) 事实根据。被继承人死亡并存在合法的遗产。被继承人没有死亡，继承人仅有继承期待权，没有继承既得权。

(3) 身份根据。继承人与被继承人之间存在法定的亲属关系。身份根据是反映继承权本质的基础性根据。

2. 继承能力

继承能力，作为自然人取得继承权的另一前提条件，是指自然人作为继承人取得遗产继承权所应具有的资格，也就是自然人作为继承人取得遗产继承权的权利能力。因此，继承能力又称为继承权利能力。

继承权利能力属于民事权利能力的范畴。民事权利能力由《民法典》赋予自然人，继承权利能力也应根据《民法典》确定。《民法典》第 13 条规定，自然人从出生时起到死亡时止，具有民事权利能力，依法享有民事权利，承担民事义务。据此，凡是活着的自然人不论年龄大小，不论是否有行为能力，都具有继承权利能力，依法享有继承权。这是法律赋予每一个自然人能够以继承人身份参与继承法律关系、享有继承权的资格，任何组织、个人都不能剥夺，继承权人也不能放弃，这点与继承权不同，应当引起充分注意。应当指出，被继承人的子女或兄弟姐妹先于被继承人死亡包括宣告死亡的，由于他不再具有继承能力而不再是被继承人的继承人，此时由被继承人的子

女的直系晚辈血亲或被继承人的兄弟姐妹的子女作为代位继承人代位继承。

自然人的继承能力始于出生，终于死亡。已经死亡的人不具有继承能力，不再享有继承权，这点毫无争议。但对胎儿有无继承能力则存在不同的看法。肯定说认为胎儿具有继承能力；否定说认为胎儿不具有继承能力，只有在出生后才能成为民事主体，法律规定保护胎儿的利益，实际上是为了保护未来的民事主体的利益。根据《民法总则》的规定，胎儿只有在遗产继承、接受赠与等情形下，被视为有民事权利能力，其他情况下没有民事权利能力。《民法典》也肯定了这一观点，《民法典》第 16 条规定："涉及遗产继承、接受赠与等胎儿利益保护的，胎儿视为具有民事权利能力。但是，胎儿娩出时为死体的，其民事权利能力自始不存在。"《民法典》第 1155 条规定："遗产分割时，应当保留胎儿的继承份额。胎儿娩出时是死体的，保留的份额按照法定继承办理。"这是为了保护未来民事主体的利益，属于保护继承开始后出生的被继承人子女利益的一种特别措施，并不是对胎儿继承能力的规定。在遗嘱继承中，虽然可以指定胎儿为继承人，但其要成为继承人，必须以娩出时活着为前提，胎儿未活着娩出，即胎儿娩出时为死体的，保留的份额即应按照法定继承办理。

二、继承权的行使

1. 继承行为能力

继承行为能力，是指继承人独立参加继承法律关系，以自己的行为取得权利、承担义务的法律资格。继承行为能力的性质和功能与民事行为能力相当，也分为完全行为能力、限制行为能力和无行为能力 3 类。

2. 继承权的行使

对于完全行为能力人的继承权，应由其依法独立行使，也就是自行决定是接受继承还是放弃继承，自行参与遗产的分配和处理，在继承权遭受侵害时自行独立提起民事诉讼，寻求法律保护，自行承担继承违法行为的法律责任，等等。无行为能力人的继承权、受遗赠权，由他的法定代理人代为行使。限制行为能力人的继承权、受遗赠权，由他的法定代理人代为行使，或者征得法定代理人同意后行使。其中，法定代理人是指无民事行为能力人、限制民事行为能力人的监护人。监护人具体根据《民法典》第 27 条、第 28 条的规定确定，可以是 1 人，也可以是数人。

第三节　继承权的放弃与丧失

一、继承权的放弃

继承权的放弃，是指继承人完全出于自己真实的意思而自愿舍弃继承遗产的单方法律行为，是继承权人处分个人权利的一种方式。继承权，作为一种民事权利，当然可以由权利人按照其意志进行处分，只要不损害他人、社会的利益，就应允许。这既是对权利人的尊重，也有利于发扬互谅互让、和睦团结的良好道德风尚，任何组织与个人都不得干涉。

继承权的放弃，作为一种法律行为，必须依法进行，具有以下基本特征。

1. 继承权放弃行为的主体，一般应是继承人本人

无民事行为能力人或限制民事行为能力人的法定代理人只有在不损害继承人的合法权益时才可代为放弃继承权。继承人本人放弃继承权或法定代理人代为放弃继承权，是指由他们做出放弃意思的表示，一般应当他们亲自表达；由于特殊原因无法亲自表达的，可以委托他人代为表达。然他人代为表达的仍是继承人或法定代理人的意思，代为表达的人不能自行改变或者超越继承人或法定代理人意思表达的内容。

2. 继承权的放弃，必须符合法律规定

具体来说，应当符合《民法典》第 143 条规定的民事法律行为成立的条件，即行为人具有相应的民事行为能力，意思表示真实，不违反法律、行政法规的强制性规定，不违背公序良俗。不然，放弃表示属无效表示，不能达到法律事先设置的法律后果。如无民事行为能力人或者限制民事行为能力人未征得法定代理人同意而做出的放弃表示，继承人或法定代理人由于他人欺诈、胁迫或乘人之危而做出的违背自己真实意思的表示，法定代理人滥用代理权，或者恶意与他人串通损害继承人利益的表示，均为无效表示，不能成立继承权放弃这一法律行为。另外，根据《民法典继承编解释(一)》第 32 条的规定，继承人因放弃继承权，致其不能履行法定义务，如因放弃继承权致其无法承担赡养、抚养、扶养他人义务的，该放弃继承权的行为无效。因为这会损害第三人的合法权益。

3. 继承权的放弃，属于单方民事法律行为

继承人或其法定代理人依法可以自行决定放弃继承权，无须征得他人同意。然而，限制民事行为能力人做出放弃意思表示的，必须征得法定代理人同意，否则也属于无效表示。

4. 继承权的放弃，是继承人对自己的继承地位和有权继承份额的放弃，而不能对属于他人的继承份额行使放弃权

一般说来，放弃继承权应是放弃有权继承遗产的全部，不能一部分接受，另一部分放弃，以防止继承人借此损害其他继承人的合法权益。但也不能绝对化，在放弃部分遗产，如放弃动产或不动产的继承权，不会妨害他人的继承权利的行使时，也应允许。如受遗嘱指定继承的特定财产，继承人就可以只对其表示放弃继承。

5. 继承权的放弃是继承人对自己权利的自愿舍弃，不能附加任何条件

不能附加任何条件，既不能附加指定条件，又不能附加限制条件。前者如把自己有权继承的份额指定给特定的继承人，这实际是对自己有权继承的遗产的处分，而不是放弃。既然是放弃，就是不参加继承，不分得遗产，而指定由他人继承则是接受遗产后再赠与他人的行为，不属于放弃。后者如要求他人也放弃继承权，或要求他人接受放弃的继承权，或经过一定的时间、出现某种情况时才放弃，等等，这些都会妨害其他继承人依法行使继承权，不应允许。具体说来，任何附条件的放弃，都应视为无任何条件的放弃；任何附条件的接受，也应视为无任何条件的放弃。

6. 继承权的放弃，必须在继承开始后遗产分割前

遗产分割后表示放弃，放弃的不是继承权，而是所有权。继承开始前即被继承人死亡前，继承人所享有的仅是继承期待权，即有可能参与继承法律关系的资格，而作

为资格的客观上的继承权是不能放弃的。只有在继承开始后，继承法律关系成立，继承人作为权利主体实际享有了主观意义上的继承权，即继承期待权已转化为现实的继承既得权，继承权人才可以放弃继承权。对此，《民法典继承编解释（一）》第35条明确规定，继承人放弃继承的意思表示，应当在继承开始后，遗产分割前作出。遗产分割后表示放弃的不再是继承权，而是所有权。

7. 继承权的放弃，应当由继承人或无民事行为能力人、限制民事行为能力人的法定代理人做出明确的意思表示

继承人或无民事行为能力人、限制民事行为能力人的法定代理人没有做出明确的意思表示，根据《民法典》第1124条第1款的规定，视为接受继承。《民法典继承编解释（一）》第44条规定，继承诉讼开始后，如继承人、受遗赠人中有既不愿参加诉讼，又不表示放弃实体权利的，应当追加为共同原告；继承人已书面表示放弃继承，受遗赠人在知道受遗赠后60日内表示放弃受遗赠或者到期没有表示的，不再列为当事人。至于放弃继承的方式，根据《民法典继承编解释（一）》第33条的规定，继承人放弃继承应当以书面形式向遗产管理人或者其他继承人表示。用口头方式表示放弃继承，本人承认，或有其他充分证据证明的，也应当认定有效。据此，放弃继承原则上应当采用书面形式，并让其他继承人知悉。为避免发生纠纷，对放弃继承权尤其是放弃不动产继承权的，最好进行公证。口头表示放弃的，本人承认或有其他充分证据证明时方有效力；本人不承认，又没有其他充分证据证明的，放弃无效，即不能认定继承人放弃了继承权。在诉讼中，根据《民法典继承编解释（一）》第34条的规定，在诉讼中，继承人向人民法院以口头方式表示放弃继承的，要制作笔录，由放弃继承的人签名。

8. 继承权放弃的法律行为一旦依法成立，即产生相应的法律后果

依法成立的放弃继承权的法律行为的法律后果，具体包括以下5个方面：

（1）放弃继承权，既包括放弃继承遗产的权利，又包括放弃利用遗产清偿被继承人的税款、债务的义务。但不能免除所有义务，如继承人占有了遗产后声称放弃的，在将遗产后交给其他继承人之前，就不能免除其对遗产的保管义务。

（2）继承人放弃继承权后在分割遗产前死亡，该继承人的继承人不能对该遗产主张权利。

（3）继承权放弃，无论是在继承开始时表示，还是在分割遗产时表示，其效力都溯及继承开始时，即放弃继承，是一开始就不继承，退出继承法律关系，在被继承人死亡时就与遗产中的权利与义务无关。所以，《民法典继承编解释（一）》第37条规定，放弃继承的效力，追溯到继承开始的时间。

（4）放弃继承权的遗产属法定继承的，由同一顺序的其他法定继承人继承；第一顺序的继承人都放弃的，由第二顺序继承人依法继承。属于遗嘱继承的，由法定继承人依法按顺序继承。放弃继承权后无其他法定继承人继承的，则按无人继承遗产处理，归国家或集体所有。

（5）放弃继承权后反悔的，根据《民法典继承编解释（一）》第36条的规定，应当具体情况具体处理，即在遗产处理前或在诉讼进行中对放弃继承反悔的，由人民法院根据其提出的具体理由，决定是否承认；遗产处理后反悔的，则不予承认。

二、继承权的丧失

1. 继承权丧失的原因

继承权的丧失，又称继承权的剥夺，是指继承人具有法定的事由而被依法剥夺继承遗产的资格。根据《民法典》第1125条的规定，导致继承权被剥夺的法定事由，即继承权丧失的原因，包括下列5种情况。

（1）故意杀害被继承人。故意杀害被继承人，作为一种严重的犯罪行为，是指采用各种方法故意非法剥夺被继承人的生命。正确理解这一继承权丧失的原因，应当注意以下5点：1）从主观上讲，杀人为故意杀人，不包括过失致人死亡。出于疏忽大意或者过于自信的过失致被继承人死亡，或因意外事故导致被继承人死亡的，都不是继承权丧失的原因。故意杀害被继承人，无论是直接故意还是间接故意，也不论行为人出于何种动机，如争夺遗产、报复泄愤等，都不影响继承权的丧失。2）杀害被继承人必须非法。倘使是合法剥夺被继承人的生命，如正当防卫、依法处决罪犯等，就不丧失继承权。是否合法不能仅以目的是否正当认定，如杀死罪大恶极的逆子，即使目的正当，然由于违反法律规定，也属非法杀人。3）故意杀害被继承人，有的既遂，有的未遂，有的甚至在预备阶段，只要足以构成故意杀人的犯罪行为，都应依法剥夺其继承权。4）故意杀害被继承人，可以是继承人1人实施，也可以是与他人包括继承人以外的人共同实施。共同实施的，其可能参与杀人的实行行为，也可能只是教唆他人杀害被继承人。无论其行为怎样，只要依法认定其有故意杀害被继承人行为的，即丧失继承权。5）故意杀害被继承人的，有的被追究了刑事责任，有的因为逃跑而无法追究其刑事责任，但这不影响剥夺其继承权。只要有证据确认其故意杀害了被继承人的，不论是否经过法院认定其犯了故意杀人罪，都可依法剥夺其继承权。但应指出，这种确认仅是一种民事权利的确认，并非刑事上的犯罪认定。后者只能由人民法院依照刑事诉讼法经过刑事审判后确认。

应当指出，即使是遗嘱继承，遗嘱继承人有《民法典》第1125条第1款第1项规定的故意杀害被继承人的行为，根据《民法典继承编解释（一）》第8条的规定，也可以确认遗嘱中有关由该继承人继承的遗嘱内容无效，并确认该继承人丧失继承权。

（2）为争夺遗产而杀害其他继承人。对于这种丧失继承权的原因，应当注意以下3点：1）主观上必须出于直接故意，并且具有争夺遗产的目的。没有争夺遗产的目的，如出于间接故意或者报复泄愤等的直接故意杀人，都不能构成这一丧失继承权的原因。另外，过失致其他继承人死亡的也不会由此丧失继承权。2）必须非法杀害其他继承人。如果是合法杀害其他继承人，如正当防卫，也不会丧失继承权。3）必须是杀害其他继承人。可以是杀害其中的1人，也可以是杀害其中的多人；可以是杀害法定继承人，也可以是杀害遗嘱继承人；可以是杀害第一顺序的继承人，也可以是杀害第二顺序的继承人；可以是前一顺序的继承人杀害后一顺序的继承人，也可以是后一顺序的继承人杀害前一顺序的继承人；等等。只要杀害的是其他继承人，就丧失继承权。杀害其他继承人以外的人，如可以分给适当遗产的人、受遗赠人，法律没有规定为丧失继承权的原因，故不会丧失继承权。杀害其他继承人的行为应当属于足以认定构成故意杀人罪的行为，既可以是既遂，也可以是未遂，还可以是预备；既可以是单人实施，也可以是与他人共同实施。至于是否被追究刑事责任，则不影响对其继承权的剥夺。根据《民法典继承编解释（一）》第7条的规定，继承人故意杀害被继承人的，不论是既遂还是未遂，均应当确认其丧失继承权。此外，根据《民法典继承编解释（一）》第8条规定，继承人有《民法典》第1125条第1款第2项所列的为争夺遗产而杀害其他继承人之行为，而被继承人以遗嘱将遗产指定由该继承人继承的，可以确认遗嘱无效，并确认该继承人丧失继承权。

（3）遗弃被继承人，或者虐待被继承人情节严重。对此，应当注意以下4点：1）这种原因具体又分为两种情形，只要具有遗弃被继承人和虐待被继承人情节严重情形之一的，即依法丧失继承权。2）遗弃被继承人的，不论情节严重与否，都可成为丧失继承权的原因。所谓遗弃被继承人，是指继承人对丧失劳动能力又没有生活来源的及没有独立生活能力的被继承人负有扶养义务，且有能力扶养而拒不扶养的行为，是一种应当履行法定扶养义务而拒不履行法定扶养义务的不作为行为。必以继承人有扶养能力及被继承人需要扶养为构成条件，被继承人不需要扶养，如有独立生活的能力，或继承人不具有扶养能力的，则不符合遗弃的构成条件而不能成立遗弃。3）虐待被继承人必须情节严重才能成为丧失继承权的原因。虽有虐待被继承人的行为，然情节不属严重，则不丧失继承权。所谓虐待，是指继承人采取殴打、冻饿、有病不予治疗、体罚等手段对被继承人进行肉体摧残或者精神折磨的行为。《民法典婚姻家庭编解释（一）》第1条规定，持续性、经常性的家庭暴力，可以认定为《民法典》第1042条、第1079条、第1091条所称的“虐待”。根据《民法典继承编解释（一）》第6条的规定，继承人是否符合《民法典》第1125条第1款第3项规定的“虐待被继承人情节严重”，可以从实施虐待行为的时间、手段、后果和社会影响等方面认定。虐待被继承人的行为一旦属于“情节严重”，不论是否追究刑事责任，均可确认其丧失继承权。4）根据《刑法》第260条、第261条的规定，虐待、遗弃被继承人，情节恶劣的，可以构成虐待罪、遗弃罪。构成丧失继承权的原因，并不需要构成犯罪。只要有遗弃或者情节严重的虐待行为，不论是否构成犯罪，以及是否需要追究刑事责任，都依法丧失继承权。

（4）伪造、篡改、隐匿或者销毁遗嘱，情节严重。遗嘱，是被继承人生前处分自己财产的意思表示，是被继承人按照自己的意愿处置自己合法财产的法律形式，体现了被继承人的意思，一旦合法成立，即受法律保护。任何人都不得代替被继承人设立遗嘱，也不能改变被继承人的意愿，或者隐瞒其真实意思，不然属违法行为，应当承担相应的法律后果。所谓伪造遗嘱，是指继承人以被继承人的名义设立遗嘱。所谓篡改遗嘱，是指继承人改变被继承人所立遗嘱内容的行为，可以是部分篡改，也可以是全部篡改。所谓隐匿或者销毁遗嘱，是指继承人故意把遗嘱隐藏起来不让其他继承人知晓，或采取撕毁、烧毁、侵蚀、全部涂黑等方式完全破坏、毁灭遗嘱的行为。既包括将遗嘱的内容、形式全部销毁，也包括保留形式即载体而将内容完全破坏，如将自书遗嘱用墨汁全部涂改，将遗嘱录音带的声音清除等。无论是伪造遗嘱，还是篡改遗嘱，抑或隐匿或销毁遗嘱，都违背了被继承人的真实意愿，是对其意愿的否定。另外，行为人之所以实施这些行为，往往出于贪图财产的目的，为了多得或独吞遗产，从而会侵害其他继承人的合法权益，情节严重的，应当丧失继承权。根据《民法典继承编解释（一）》第9条的规定，继承人伪造、篡改、隐匿或者销毁遗嘱，侵害了缺乏劳动能力又无生活来源的继承人的利益，并造成其生活困难的，应当认定为《民法典》第1125条第1款第4项规定的伪造、篡改、隐匿或者销毁遗嘱的行为“情节严重”。应当指出，伪造、篡改、隐匿或者销毁遗嘱，可以为继承人亲自所为，也可以是其指使他人所为，这不影响对其行为的认定。

（5）以欺诈、胁迫手段迫使或者妨碍被继承人设立、变更或者撤回遗嘱，情节严重。《民法典》第1143条第2款规定：“遗嘱必须表示遗嘱人的真实意思，受欺诈、胁迫所立的遗嘱无效。”继承人以欺诈或胁迫手段迫使、妨碍被继承人订立、变更或撤销遗嘱，妨碍了遗嘱人的遗嘱自由行为，严重侵害了遗嘱人的遗嘱自由权。被继承人受胁迫、欺诈所立的遗嘱不是被继承人的真实意思表示，因而也不能产生继承人所期望的法律后果。

继承人实施了伪造、篡改、隐匿或销毁遗嘱，或者以欺诈、胁迫手段迫使或者妨碍被继承人设立、变更或者撤回遗嘱的行为是否就一定丧失继承权？按照《民法典》的规定，并不能得出肯定的结论。根据《民法典》的规定，继承人实施了伪造、篡改、隐匿或销毁遗嘱，或以欺诈、胁迫手段迫使或者妨碍被继承人设立、变更或者撤回遗嘱的行为，必须是情节严重的才能被剥夺继承权。所谓情节严重，主要是指侵害了缺乏劳动能力又无生活来源的继承人的利益，并造成其生活困难的等情形。是以，只有侵害了缺乏劳动能力又无生活来源的继承人的利益，并造成其生活困难的，才能认定上述行为情节严重。只要未达到“情节严重”的程度，即不能随意剥夺实施了上述行为的继承人的资格，其仍然可以以法定继承人或者遗嘱继承人的资格继承遗产。可是，未达到情节严重的程度，并不意味着其可以按照法定继承与其他继承人平均分配遗产，上述行为无疑侵害了他人的合法财产权和私有财产的继承权，损害了社会公共利益，违背了公序良俗原则，应当受到惩戒并应根据该行为的性质、后果酌情减少其应继承的遗产份额。

对遗弃被继承人或者虐待被继承人情节严重，伪造、篡改、隐匿或者销毁遗嘱情节严重，以欺诈、胁迫手段迫使或者妨碍被继承人设立、变更或者撤回遗嘱情节严重的情形，继承人“确有悔改表现”，“被继承人表示宽恕或者事后在遗嘱中将其列为继承人的，该继承人不丧失继承权”。这是《民法典》对丧失继承权补充规定的宽宥制度，它填补了继承立法的空白，体现了被继承人支配自己身后遗产的自主意愿，符合民法意思自治的基本原则。

2. 继承权丧失的效力

继承权丧失的效力，又称继承权丧失的法律后果，是指继承人因法定事由被剥夺继承权后所带来的法律后果，具体包括时间上的效力和对人的效力。

（1）继承权丧失的时间效力。其是指继承权丧失从何时发生效力，即继承权丧失应从何时开始。由于继承权丧失意味着继承人丧失了继承资格，不能成为该遗产的继承人，因而，无论在何时确认继承权丧失，其效力都应追溯至继承开始，即继承开始时，丧失继承权就发生效力。在确认继承权丧失前，倘若继承人已经实际取得了遗产，那么，该遗产属不当得利，应当返还。

（2）继承权丧失的对人的效力。具体应注意以下4个方面。

1）对己的效力。继承人具有《民法典》第1125条规定的5种行为之一的，依法丧失继承权。根据《民法典继承编解释（一）》第8条的规定，继承人有故意杀害被继承人或为了争夺遗产杀害其他继承人行为的，被继承人以遗嘱将遗产指定由该继承人继承的，可确认遗嘱无效，继承人丧失继承权。继承人虐待被继承人情节严重的，或者遗弃被继承人的，如以后确有悔改表现，而且被虐待人、被遗弃人生前又表示宽恕的，也可以不确认其丧失继承权。《民法典》第1125条第2款明确规定："继承人有前款第三项至第五项行为，确有悔改表现，被继承人表示宽恕或者事后在遗嘱中将其列为继承人的，该继承人不丧失继承权。"

2）对被继承人的效力。继承权丧失的效力，仅指继承人对于特定被继承人的遗产丧失继承资格，而非丧失继承权利能力。权利能力一旦丧失，则不再具有继承权利能力，对所有被继承人都不能再成为继承人。只有自然人死亡时，才会失去继承权利能力。继承权的丧失，仅是继承人基于法定原因相对某一被继承人的继承资格丧失，属于相对的并非绝对的丧失，对于其他被继承人来说，只要不具有上述法定事由，该继承人仍具有继承权。换句话说，继承权的丧失只对特定的被继承人发生效力，对其他被继承人不发生效力，不妨碍对其他继承人享有继承权。

3）对直系晚辈血亲的效力。直系晚辈血亲代位继承自以被代位人具有继承权为前提。继承人具有法定事由而丧失继承权，一旦先于被继承人死亡的，其直系晚辈血亲即无代替丧失继承权的人继承也就是代位继承的可能。故，《民法典继承编解释（一）》第17条规定，继承人丧失继承权的，其晚辈直系血亲不得代位继承。但如该代位继承人缺乏劳动能力又没有生活来源，或者对被继承人尽赡养义务较多的，可以适当分给遗产。

4）对从丧失继承权的人处取得遗产的第三人的效力。对于从丧失继承权的人处恶意取得遗产的第三人，继承权丧失对其存在对抗效力，这点没有疑义。对于善意取得遗产的第三人，是否存在对抗效力则有不同的看法。有的人认为，继承权的丧失对一切取得遗产的第三人都发生效力，即可以继承权的无效对抗从丧失继承权的人处取得遗产的所有第三人。有的人认为，继承权的丧失不对善意取得遗产的第三人发生效力，即不得以继承权的无效对抗善意第三人。笔者认为，丧失继承权的人处分被继承人的遗产，属于无效处分。此时，应当适用善意取得原则，保护善意第三人的利益。有偿善意取得的，即对财产享有所有权，不因继承人的继承权丧失而负有返还义务，其他继承人由此遭受的损失，应由丧失继承权的人负责赔偿。无偿善意取得的，则继承权的丧失对第三人有对抗效力，其他继承人有权向第三人请求返还，第三人负有返还无偿取得遗产的义务。

3. 继承权丧失的确认

继承权的丧失，涉及继承人的继承资格取消的问题，与继承人的利益直接相关，应当慎重对待。在司法实践中，只有当事人发生继承纠纷，起诉到人民法院后，人民法院才对继承权是否丧失依法予以确认。人民法院根据《民法典》第1125条的规定，判决确认其是否丧失继承权。对此，《民法典继承编解释（一）》第5条规定，在遗产继承中，继承人之间因是否丧失继承权发生纠纷，向人民法院提起诉讼的，由人民法院依据《民法典》第1125条的规定，判决确认其是否丧失继承权。

4. 有关继承权丧失的其他几个问题

(1) 继承权丧失的分类。根据继承权应否剥夺，或者在被剥夺后可否恢复，继承权的丧失可分为继承权的绝对丧失和继承权的相对丧失。继承权的绝对丧失，又称继承权的终局丧失，是指一旦出现法定事由就一定剥夺继承人的继承权，即继承人的继承权将无法挽回地丧失，并不得恢复。如因故意杀害被继承人或者为了争夺遗产杀害其他继承人而导致的继承权丧失就为继承权的绝对丧失。继承权的相对丧失，又称继承权的非终局丧失，是指发生了应当剥夺继承人继承权的事由，然因得到被继承人的宽恕，也可不剥夺其继承资格或在剥夺后又可恢复其继承资格。对此，《民法典》第1125条第2款规定："继承人有前款第三项至第五项行为，确有悔改表现，被继承人表示宽恕或者事后在遗嘱中将其列为继承人的，该继承人不丧失继承权。"这就说明，我国司法实践是承认继承权的相对丧失的。

(2) 继承权的丧失与继承权的放弃的区别。两者都会发生继承人不参与继承法律关系且不取得遗产的后果，但本质不同，应注意区分：1）后者的对象是主观意义上的继承权，放弃的是继承既得权；前者的对象则为特定被继承人的客观意义上的继承权，丧失的是继承资格。既然丧失了继承资格，就不能成为继承人，在继承开始后，当然不再存在放弃继承权的问题。2）后者是出于继承人的意愿而对自己继承权的一种处分，属于民事权利的范畴，继承人处于主动地位；而后者是继承人因具有故意杀害被继承人等违法犯罪行为而被剥夺继承权，是对其的一种惩罚，属于民事制裁的范畴，继承人处于被动地位。3）两者发生的时间不同。后者在继承开始后遗产处理前发生。在继承开始前或遗产处理后，不会存在继承权放弃的问题；而前者既可以发生在继承开始后遗产分割前，也可以发生在继承开始前，继承权丧失的确认还可发生在遗产处理后。4）两者的确认方式不同。后者由继承人明确表示即可，而前者必须经过人民法院确认。5）两者的效力不同。后者的继承人不可能先于被继承人死亡，根本不会发生代位继承，对直系晚辈血亲也就不存在限制其代位继承的问题。其在放弃继承权后遗产分割前死亡的，所限制的乃直系晚辈血亲以继承人身份继承放弃继承权的人原可以继承的那份遗产的转继承问题。前者对直系晚辈血亲产生效力，具有法定丧失继承权事由的子女先于被继承人死亡的，其直系晚辈血亲不存在代位继承的问题。

(3) 继承权的丧失与继承权的取消的区别。继承权的取消，是指被继承人或者人民法院依法改变继承人的继承地位，使其不能取得遗产的法律行为。如被继承人可以通过遗嘱指定继承人或受遗赠人，使某些法定继承人不能取得遗产。在附义务的遗嘱继承中，倘使继承人没有正当理由而不履行义务，人民法院可以依法取消他接受遗产的权利。不难看出，取消继承权与剥夺继承权存在重要的区别。被继承人用遗嘱方式取消法定继承人的遗产继承权，是个人意志的体现，无须任何理由，属于被继承人行使财产所有权的范畴；而剥夺继承权则不属于所有权处分的范畴，它必须具有法定理由，而且不能由被继承人为之。至于人民法院依法取消遗嘱继承人接受遗产的权利，也非因为继承人的犯罪或违法行为，而是由于其不履行被继承人依法设定的要求其履行的义务，与剥夺继承权的根据不同。另外，在适用范围上，人民法院取消继承人的遗产继承权，仅适用于附义务的遗嘱继承；而剥夺继承权则既适用于遗嘱继承，又适用于法定继承。

第四节　继承权的保护

一、继承权回复请求权的概念和性质

1. 继承权回复请求权的概念

继承权回复请求权，指继承人在其继承权受到不法侵害时，通过诉讼程序请求人民法院对其继承权予以确认、保护并加以恢复的权利。享有继承权回复请求权的，只能是在继承开始以后，依照法律规定或者遗嘱指定具有继承权，且其权利受到不法侵害的继承人，其相对义务人是侵权行为人。

2. 继承权回复请求权的性质

关于继承权回复请求权的性质，我国法律没有加以明确。在国外主要存在 3 种观点：（1）以罗马法为代表，认为其是合法继承人确定其继承地位的请求权；（2）以德国、瑞士民法为代表，认为其是继承人对伪继承人占有的遗产的返还请求权；（3）以日本大多数学者为代表，认为其既包括确认继承资格的请求权，也包括遗产返还的请求权，这也是我国理论界的一般观点。据此，继承人提起的请求回复继承权的诉讼，既是确认之诉，又是给付之诉。其中，确认之诉是前提，只有确认权利请求人确实享有继承权且处于优先的继承顺序等，权利请求人才能请求法律保护；而给付之诉则是确认之诉的目的所在，通过它才能使得继承人的财产利益最终得以实现，即继承人可以获得已被他人非法占有的应当属于自己所有的遗产。

二、继承权回复请求权的特点

继承权回复请求权，作为对继承人的继承权的一种保障性权利，具有以下特点。

1. 继承权回复请求权的主体为实际取得、享有继承权的继承人

继承人，既包括法定继承人，也包括遗嘱继承人；既包括第一顺序继承人，又包括第二顺序继承人。不论是何种继承人，只要其继承权受到不法侵害，就可以依法行使继承权回复请求权。当继承人为无民事行为能力人或限制民事行为能力人时，则由其法定代理人代行继承权回复请求权。另外，继承权回复请求权，源于继承权，以恢复合法继承人对被继承人遗产的占有为目的，其主体是获得继承既得权的继承人，即根据法律规定或遗嘱指定具有继承权且已参加继承法律关系的继承人。丧失、放弃继承权的人，因遗嘱存在而不能参与继承关系的法定继承人，以及法定继承中存在第一顺序继承人时的第二顺序继承人等，由于他们已不再有继承权或者没有继承既得权，即无权参与继承关系而分得遗产，从而就没有应得的遗产为他人侵害，故不能成为继承权回复请求权的主体。

2. 继承权回复请求权存在的前提是继承人的继承权受到不法侵害

如果继承人的继承权没有遭受侵害，则不存在继承权回复请求的问题。在司法实践中，不法侵害继承权的现象不时发生，形式多种多样，归纳起来，主要包括：

（1）非继承人侵害继承人的继承权，非法占有被继承人的遗产。所谓非继承人，

是指法定继承人以外的自然人、组织。所谓非法占有，是指无权占有他人遗产而占有的。合法占有如以租赁合同为根据对被继承人财产的占有、使用，遗嘱执行人对遗产的占有、管理，则不能认为是对继承权的侵害。

(2) 虽为法定继承人然无权取得遗产的人或者其他表见遗产承受人侵害真正继承人的继承权，非法占有被继承人的遗产。所谓无权取得遗产的法定继承人，是指被继承人已用遗嘱处分了全部财产而无遗产可以承受的法定继承人以及有第1顺序法定继承人时的第2顺序法定继承人，他们不得排斥遗嘱继承人或者前一顺序法定继承人的继承权。所谓其他表见遗产承受人，是指放弃或者丧失了继承权的继承人，无效遗嘱或被撤销遗嘱中指定的继承人和受遗赠人等。这些人已不再享有继承权或受遗赠权，倘若占有遗产，即构成对他人合法继承权的侵害。

(3) 继承人中的1人或数人排斥其他合法继承人，在遗产分割以前抢占或侵吞被继承人的全部遗产。如男性继承人排斥女性继承人的合法继承权，成年继承人排斥未成年继承人的合法继承权，亲生子女排斥养子女的合法继承权，与被继承人共同生活的继承人排斥未与被继承人共同生活的继承人的合法继承权，等等。

(4) 在遗产分割前擅自处分继承人应得的遗产以及其他侵害继承权的行为，如遗产管理人或者遗产占有人在遗产分割前擅自占有、处分遗产，故意毁损遗产等。

如上所述，对继承权的不法侵害，无论方式如何，都以遗产为对象，即非法占有了部分或全部遗产。侵害行为人，既可以是其他继承人，也可以是继承人以外的其他人。既可以是1人，也可以是数人。有的人认为，继承权纠纷仅是发生在继承人之间的有关遗产的纠纷，显然是错误的，应当引起注意。

3. 继承权回复请求权，作为法律赋予继承人的一种特别的请求权，具有概括性，即其是一种概括的请求权

具体说来，继承人行使该权利时，无须证明自己对遗产有何权利，只要证明被继承人死亡时自己有继承权即可。换句话说，被继承人死亡时遗留下的全部财产权利，不论是物权、债权、知识产权还是其他财产权，也不论是动产还是不动产，都包括在继承人向非法占有遗产的人请求回复的权利中。也正因为如此，继承权回复请求权不同于物上请求权、不当得利返还请求权、损害赔偿请求权。

4. 继承权回复请求权的提起必须在继承开始且继承权遭受侵害后

继承尚未开始或者虽已开始然继承权没有遭受侵害的，就不存在请求继承权回复的问题，也不能行使继承权回复请求权。

三、继承诉讼时效

1. 继承诉讼时效的概念

继承诉讼时效，又称继承权回复请求权诉讼时效，是指继承权受到不法侵害时，继承人可以向人民法院申请保护，即提起继承权回复请求的时间限制或期限。继承权遭受侵害后，必须在法律规定的期限内请求人民法院保护，否则，便丧失胜诉权。正因如此，诉讼时效又叫作消灭时效。

2. 继承诉讼时效的计算

《民法典》继承编没有单独规定继承诉讼时效，由于继承关系属于民事法律关系，

继承诉讼时效也应当适用一般民事法律关系诉讼时效的规定，即应按《民法典》第188条的规定，继承权纠纷提起诉讼的期限为3年，自继承人知道或者应当知道其权利被侵犯以及义务人之日起计算。但是自继承开始之日起超过20年的，不得再提起诉讼。据此，对于继承诉讼时效，应当注意以下两点：

（1）继承诉讼时效的期限为3年，从知道或者应当知道其权利被侵犯以及义务人之日起计算。

继承人的继承权一受到侵害，继承人就发现的，这时侵权之日与知道其权利被侵犯之日相同，诉讼时效从侵权之日起计算。侵权行为属连续、继续状态的，则应从侵权行为结束之日起计算。

继承权遭受侵害，继承人未及时发现的，则应从其知道或者应当知道其权利被侵犯以及义务人之日起计算。这是因为，有的侵犯继承权的行为，如伪造遗嘱，或者采取胁迫手段使被继承人违背自己的真实意思设立遗嘱，遗产的实际占有者在分割前擅自处分遗产，等等，继承人可能不会及时发现。既然不知道且不可能知道自己的权利已受到侵害，其当然不会提起诉讼。

（2）继承权受到侵害，继承人确实不知道也不应当知道的，诉讼时效一直不能开始计算。这样，时间一长，继承权就会长期处于不确定状态，不利于民事财产关系的稳定和社会经济生活的运转。于是，《民法典》第188条规定继承权回复请求权存续的期间，最长不能超过20年。如果超过了20年，人民法院不予保护，即丧失了继承权的回复请求权。

3. 继承诉讼时效的中止、中断和延长

（1）继承诉讼时效的中止。继承诉讼时效的中止，又称继承诉讼时效的停止，是指因一定事实的发生，使得正在进行的继承诉讼时效暂时停止计算。如发生战争、洪涝灾害等不可抗力，继承开始后继承人或遗产管理人未确定，无民事行为能力人或者限制民事行为能力人尚未确定法定代理人，等等，就可使继承诉讼时效中止。中止期间不计算在时效以内，中止的原因消除以后，时效期限连同中止前的期限合并计算。《民法典》第194条规定，在诉讼时效期间的最后6个月内，因不可抗力或者其他障碍不能行使请求权的，诉讼时效中止。从中止时效的原因消除之日起，诉讼时效继续计算。

（2）继承诉讼时效的中断。继承诉讼时效的中断，又称继承诉讼时效终止，是指在继承诉讼时效进行中，因出现法定事由致使已经经过的诉讼时效时间归于无效，继承诉讼时效期间重新开始计算。换句话说，重新计算的诉讼时效与中断前尚未结束的时效时间完全无关。根据《民法典》第195条的规定，诉讼时效因提起诉讼、当事人一方提出履行请求或者同意履行义务而中断。

（3）继承诉讼时效的延长。继承诉讼时效的延长，是指继承人在继承诉讼时效届满之后，基于正当理由而向人民法院请求保护，人民法院经过审查认为其确有正当理由的，根据具体情况决定延长诉讼时效期间，以充分保护继承人的合法权益。我们知道，现实生活异常复杂，除一些能够引起诉讼时效中止、中断的事由外，还会存在这样或那样的情况使权利人不能在诉讼时效内主张权利。为了保护其合法权益，在存在正当理由的条件下，允许做一定的诉讼时效期间延长，无疑很有必要。但是，为了维护法律的一致性、稳定性，必须严格控制适用。

第十五章
法定继承

第一节　法定继承概述

一、法定继承的概念及特征

法定继承，是指由法律以明确规范形式直接规定继承人的范围、继承人的先后顺序和遗产分配原则的一种继承方式。法定继承又称为无遗嘱继承，是相对于遗嘱继承而言的，语源自罗马法的 successioabintesta，亦即非遗嘱继承。法定继承是遗嘱继承以外的依照法律的直接规定将遗产转移给继承人的一种遗产继承方式。在法定继承中，可参加继承的继承人、继承人参加继承的顺序、继承人应继承的遗产份额以及遗产的分配原则，都由法律直接规定。是以，法定继承并不直接体现被继承人的意志，仅是法律依推定的被继承人的意思将其遗产由其近亲属继承。具体来说，具有以下两个方面的基本特征：

1. 法定继承以一定的人身关系为基础

无论是继承人的范围、顺序，还是继承份额的确定，都以继承人与被继承人之间存在一定的人身关系，在这里为血缘关系、婚姻关系及法律拟制血亲关系为必要。如配偶作为法定继承人的根据是婚姻关系，父母、子女、兄弟姐妹、祖父母、外祖父母作为法定继承人的根据是血缘关系或法律拟制血亲关系，对公婆、岳父母分别尽了主要赡养义务的丧偶儿媳、女婿作为法定继承人的根据是婚姻形成的姻亲关系和在此基础上形成的赡养关系，被继承人的孙子女、外孙子女、曾孙子女、外曾孙子女作为代位继承人的根据是血缘关系或法律拟制血亲关系，等等，都是法定继承以一定人身关系为基础的充分表现。

2. 法定继承中的继承人的范围、顺序及遗产份额的分配原则都由法律直接规定，属于必须遵守的强制性规范

这样，除非法律另有规定，任何组织和个人都无权变更。这点与遗嘱继承完全不同。在遗嘱继承中，继承人及其继承遗产的份额由被继承人依法按自己的意愿指定，具有较大的任意性。

二、法定继承的适用范围

根据《民法典》第1154条及其他有关规定，有下列情形之一的，遗产中的有关部分应当适用法定继承：

（1）被继承人生前既未设立遗嘱又未与他人订立遗赠扶养协议。如果设立了遗嘱或与他人订立了遗赠扶养协议，则应依法按遗嘱或遗赠扶养协议办理。但是，根据《民法典继承编解释（一）》第40条的规定，继承人以外的组织或者个人与自然人签订遗赠扶养协议后，无正当理由不履行，导致协议解除的，不能享有受遗赠的权利，其支付的供养费用一般不予补偿；遗赠人无正当理由不履行，导致协议解除的，则应当偿还继承人以外的组织或者个人已支付的供养费用。

（2）被继承人虽然设有遗嘱或与他人订立了遗赠扶养协议，但只处分了其中部分遗产，未处分的遗产适用法定继承。根据《民法典继承编解释（一）》第4条的规定，遗嘱继承人依遗嘱取得遗产后，仍有权依照《民法典》第1130条有关法定继承的规定取得遗嘱未处分的遗产，而不能因为他为遗嘱继承人而否定其对被继承人尚未通过遗嘱或遗赠协议处分的遗产的法定继承权。

（3）被继承人设有遗嘱或与他人订立了遗赠扶养协议，但因遗嘱或遗赠扶养协议违反国家法律等强制性规定、被继承人设立遗嘱或订立遗赠扶养协议时无完全民事行为能力、被继承人受到胁迫而违背自己的意愿设立遗嘱或订立遗赠扶养协议等原因而致遗嘱或遗赠扶养协议全部或部分无效的，对无效部分，应当适用法定继承。

（4）被继承人在遗嘱中指定的遗嘱继承人或受遗赠人放弃继承或受遗赠的，对其放弃继承或受遗赠的那部分遗产，适用法定继承。

（5）遗嘱继承人或受遗赠人由于故意杀害被继承人等原因丧失继承权或受遗赠权的，对丧失继承权或受遗赠权的遗产，适用法定继承。

（6）先于被继承人死亡的遗嘱继承人或受遗赠人由于其在继承开始时不再具有继承能力、受遗赠能力，对其受遗嘱指定继承或受遗赠的遗产，适用法定继承。

(7) 为胎儿保留的继承份额，胎儿娩出时是死体的，根据《民法典》第1155条的规定，保留的份额按照法定继承办理。娩出时是活体然随即死亡的，保留的份额应由胎儿继承，然后再按法定继承由胎儿的法定继承人依法继承。

第二节 法定继承人的范围

一、法定继承人的范围概述

法定继承人，是指由继承法规定的可以继承被继承人遗产的自然人，即依法享有继承权的人。法定继承人的范围，是指在适用法定继承时，能成为被继承人遗产继承人的范围。其由《民法典》明确规定，不能变更。根据《民法典》的有关规定，法定继承人基本限制在家庭成员之中，包括以婚姻关系为根据而参与继承的配偶，以血缘关系或法律拟制血亲关系为根据而参与继承的子女、父母、兄弟姐妹、祖父母、外祖父母，死于被继承人之前的子女的直系晚辈血亲，以及以婚姻关系形成的姻亲关系和存在的实际赡养关系为根据而参与继承的丧偶儿媳、女婿。

1. 配偶

配偶，是指因结婚而确立了夫妻身份关系的男女双方，即夫之妻子、妻之丈夫。他们因婚姻关系组成家庭，共同生活，共同承担生儿育女、赡养老人、相互扶养的法定义务，具有最密切的人身关系、财产关系。《民法典》第1061条明确规定，夫妻有相互继承遗产的权利，即夫妻相互可以成为对方遗产的继承人。

正确理解作为法定继承人之一的配偶，应当注意以下4点。

(1) 配偶应是指被继承人死亡时尚生存着的夫或妻。被继承人死亡以前已经去世的配偶，其婚姻关系终止，不能再列为继承人，即亡夫、亡妻不属于法定继承人。夫妻在同一事件中死亡，无法确定死亡先后的，推定同时死亡，彼此不再发生继承关系，由他们各自的继承人分别继承。

(2) 配偶应是具有为法律所承认的婚姻关系的配偶。符合法律规定的条件是经过了结婚登记，不论是否同居以及是否举行了婚礼，都不影响其作为配偶依法继承遗产。不符合结婚条件而登记结婚，后被宣告为无效或被撤销婚姻的，以及虽符合结婚条件然没有依法进行结婚登记而同居的，当事人不能作为配偶对待而成为继承人。然而，没有经过结婚登记而以夫妻名义同居，在《婚姻登记管理条例》1994年2月1日施行以前为法律承认为事实婚姻的，可以作为继承人。

(3) 在新中国成立之前因娶妻纳妾形成的一夫多妻关系，新中国成立后仍未解除，长期共同生活的妻、妾对其夫财产都有平等的继承权，不能像新中国成立前一样否认妾的继承权。当然，这是对新中国成立前遗留的历史问题的特殊处理。新中国成立后，纳妾的属于重婚，不仅不承认其婚姻关系，而且应依法追究其刑事责任。重婚者与对方不能形成配偶关系，相互之间当然不能成为继承人。

(4) 配偶必须是继承开始时还存在婚姻关系的人。在继承开始时，与被继承人已经离婚的原配偶不能成为法定继承人。是否存在婚姻关系，应以是否办理完了离婚手续、领取了离婚证或人民法院判决离婚的判决书、调解书是否生效为准。办理了离婚登记，或者判决、调解离婚的法律文书生效，相互之间就不再具有婚姻关系。在办理离婚手续的过程中，一审作出离婚的判决还未生效，一方死亡，婚姻关系尚未解除，这时另一方有权以配偶身份依法参与继承。被继承人的财产在离婚前丢失或被他人非法侵占，或被错误没收，在离婚后又找到或返还的，已经离婚的配偶对该财产不具有继承权。这是因为，继承人的确定以被继承人死亡时间为准。死亡时不具有夫妻关系的就不能作为法定继承人参与继承。当然，离婚前丢失或被他人非法侵占的财产，如属双方共同财产，离婚后才找到或返还的，离婚前的夫妻双方对共同财产具有共同所有权，离婚的一方可以依法取得一半财产，但这不是继承，而是分割原夫妻双方共同所有的财产，两者不能混淆。

2. 子女

子女，是被继承人最近的直系晚辈血亲，相互间存在极为密切的人身关系、财产关系，具有法定的抚养、赡养权利与义务，将其列为第一顺序继承人之一乃是各国继承制度的通例。因此，《民法典》第 1070 条规定："父母和子女有相互继承遗产的权利。"这里的"子女"，包括婚生子女、非婚生子女、养子女和有扶养关系的继子女。对此，应当注意以下 4 点。

（1）子女作为法定继承人，不论其性别、长幼、财产、地位、文化程度如何以及是否结婚，都具有平等的继承权。

（2）婚生子女与非婚生子女具有平等的继承权。《民法典》第 1071 条第 1 款规定："非婚生子女享有与婚生子女同等的权利，任何组织或者个人不得加以危害和歧视。"非婚生子女的继承权也不能例外。

应当指出，无论是婚生子女还是非婚生子女，不仅包括死者生前已经出生的子女，而且包括死者死时尚未出生却已受孕成胎儿死者死后活着出生的子女。只要是被继承人的子女，不论该子女是否改变姓名，以及被继承人离婚后该子女是否与其共同生活，都有权依法作为继承人参与继承。父母子女之间声称脱离关系的行为，不具有法律效力，不能改变父母子女之间相互的继承权。

还有一种情况需要注意，在新中国成立以前，男人所纳之妾所生子女，即庶出子女，与妻生子女即嫡出子女，具有平等的继承权，不应有所区别或加以歧视。对此，司法部 1956 年 9 月 20 日《关于有关遗嘱、继承问题的综合批复》指出，对婚姻法颁布前已成事实的一夫多妻，不论是妻或妾所生的子女，均应对其生父的财产有继承权。如果丈夫死后全部遗产并未分别继承，只是由妻掌握的情况下，应按妻、妾、子女（不分成年、未成年）的人数，按照 1 人 1 份的原则进行继承。据此，不能只按妻、妾的人数分割遗产，然后再由妻、妾各自的子女继承生母所分到的那份遗产，即按"房数"分割遗产。按房数分割，表面上平等，然因妻、妾所生子女的人数可能不同，会影响子女所拥有的平等继承权的实现，应当摒弃。

（3）养子女，是指被继承人生前依照法律规定的条件和程序所收养的子女。根据《民法典》第 1111 条第 1 款的规定，养父母和养子女间的权利和义务，适用婚姻家庭编对父母子女关系的有关规定，养子女与亲生子女一样，对养父母的遗产享有同等的继承权。正确认识养子女的继承权，应当注意以下 7 点。

一是养子女与生父母间的权利和义务，依收养关系的成立而消除。故，自收养关系成立时起，养子女与生父母之间不再具有权利与义务关系，包括继承权利与义务关系，也就是说，养子女不能成为生父母遗产的继承人。但继子女被继父或继母收养的，其与继父或继母形成养父母子女关系，与同自己共同生活的生父或生母仍未消除父母子女关系，故对与其共同生活的生父或生母的遗产仍然享有继承权；只对不和自己共同生活的生父或生母的遗产因继父或继母的收养而不具有继承权。

二是收养关系因违反《民法典》第 143 条的规定无效的，自始无效，即一开始就不存在养父母子女间的权利与义务关系。于是，“养子女”不能成为“养父母”的遗产继承人，这时仍旧是生父母的遗产继承人。

三是收养关系解除后，养子女与养父母的权利与义务消除，养子女不能成为养父母遗产的继承人。未成年的养子女与生父母间的权利与义务关系自行恢复，该子女成为生父母遗产的继承人。成年养子女与生父母的权利与义务关系是否恢复，可由双方协商确定。只有经过协商决定恢复父母子女关系的，该子女才可成为生父母遗产的继承人；决定不恢复的，则不能成为生父母遗产的继承人。

四是在现实生活中，由于收养人与被收养人年龄相差太大，或者囿于辈分等原因，双方不以父母子女相称，而以祖父母孙子女相称，然之间实际形成父母子女间的权利和义务的，应以养父母子女关系对待。对此，参照《执行继承法若干意见》第 22 条规定，养祖父母与养孙子女的关系，视为养父母与养子女关系的，可互为第一顺序继承人。

五是对于出于封建传统为了承继宗祧、延续香火，或者为死者披麻戴孝、打幡送葬而立的未与死者共同生活、没有形成收养关系的“过继子”即嗣子，不为法律所承认，不能成为死者遗产的继承人。

六是因民间习俗而形成的形式上类似于父母子女关系的干亲关系，长辈称为干爹、干妈或义父、义母，晚辈称为干儿、干女或义子、义女的，不是法律上的收养关系，干亲双方不能相互成为继承人。

七是寄养与收养不同。前者是指生父母因一定的原因暂时无法抚养子女而将子女寄托给他人抚养，生父母子女的权利与义务关系并未消除，故被寄养人不能成为受托寄养人的遗产继承人。

（4）有扶养关系的继子女。继子女能否成为继父或继母的遗产继承人，关键在于其间是否形成了扶养关系。倘若形成了扶养关系，则相互间就具有了包括继承权在内的权利与义务关系，继子女从而对继父或继母的遗产享有继承权，即成为继父或继母遗产的继承人。《民法典》第 1072 条规定：“继父母与继子女间，不得虐待或者歧视。继父或者继母和受其抚养教育的继子女间的权利义务关系，适用本法关于父母子女关系的规定。”从这一规定来看，这里的权利义务当然包括继承法律关系的权利义务。应当指出，继子女与继父或继母形成扶养关系后，并不影响继子女与亲生父母之间的权利与义务关系存在。换句话说，继子女与亲生父母间的权利与义务关系不因继子女与继父或继母形成扶养关系而消除。所以，《民法典继承编解释（一）》第 11 条第 1 款规定，继子女继承了继父母遗产的，不影响其继承生父母的遗产。参照《执行继承法若干意见》第 20 条规定，在新中国成立前形成的一夫多妻家庭中，子女与生母以外的父亲的其他配偶之间形成扶养关系的，互有继承权。另外，继子女与继父或继母的扶养关系由于继父与生母或继母与生父离婚等原因而解除的，则相互之间不再具有继承权。

是否解除了扶养关系，应当依法严格认定。

3. 父母

父母，是被继承人最近的直系长辈血亲，与子女存在非常亲密的人身关系和财产关系，承担抚养教育子女的义务，对子女的遗产依法享有继承权，属于子女遗产的第一顺序法定继承人。对此，应当注意以下 3 点：

（1）父母包括生父母、养父母和有扶养关系的继父母。生父母对自己的婚生子女和非婚生子女的遗产都依法享有继承权。

（2）养父母因收养关系成立而为养子女遗产的法定继承人，生父母则不再为被他人收养的亲生子女的法定继承人。然继子女被继父或继母收养的，与该子女共同生活的生母或生父与该子女之间依旧具有权利与义务关系，即依法相互成为继承人。收养关系解除后，养父母不再为养子女的法定继承人；被收养人的生父母与被收养人恢复了权利与义务关系的，则相互成为法定继承人。根据《民法典》的规定，被收养人为未成年人的，在收养关系解除后，其与亲生父母间的权利与义务关系自行恢复，双方即具有相互继承遗产的权利；被收养人为成年人的，收养关系解除后，其与亲生父母的关系是否恢复由双方协商确定。协商不恢复的，则相互不能成为法定继承人。

（3）有扶养关系的继父母对继子女的遗产享有继承权，成为法定继承人。同时，继子女的亲生父母对该继子女的遗产也享有继承权，也依法成为其遗产的法定继承人。换句话说，继父母继承了继子女的遗产的，并不影响生父母继承已经与他人形成继父母继子女关系的亲生子女的遗产。对此，《民法典继承编解释（一）》第 11 条第 2 款规定，继父母继承了继子女遗产的，不影响其继承生子女的遗产。另外，在新中国成立前形成的一夫多妻的家庭中，子女与生母以外的父亲的其他配偶之间形成了扶养关系的，也互有继承权。

4. 兄弟姐妹

兄弟姐妹，是旁系血亲中最亲近的血亲，共同生活多年，并依法承担扶养义务，相互具有继承遗产的权利，为法定继承人。继承法律关系中的兄弟姐妹包括同父母的兄弟姐妹、同父异母或同母异父的兄弟姐妹、养兄弟姐妹、有扶养关系的继兄弟姐妹。具体分为 3 种情况：

（1）亲兄弟姐妹，即同父母的兄弟姐妹、同父异母的兄弟姐妹和同母异父的兄弟姐妹，相互之间具有继承权。

（2）养兄弟姐妹，即因收养关系成立的养子女与生子女之间、养子女与养子女之间的兄弟姐妹关系，相互之间互有继承权。但被收养人与其亲兄弟姐妹之间的权利与义务关系，因收养关系的成立而消除，他们不再互为法定继承人。对此，《民法典继承编解释（一）》第 12 条规定，养子女与生子女之间、养子女与养子女之间，系养兄弟姐妹，可以互为第二顺序继承人。被收养人与其亲兄弟姐妹之间的权利义务关系，因收养关系的成立而消除，不能互为第二顺序继承人。当然，收养关系无效，或者收养关系依法被解除的，养兄弟姐妹之间的权利与义务不再存在，不能互为法定继承人。在收养关系解除后，未成年养子女与生父母及其他近亲属包括兄弟姐妹间的权利与义务关系自行恢复，亲兄弟姐妹之间相互具有继承权；成年养子女如果经过协商不恢复其与亲生父母及其他近亲属间的权利与义务关系的，则相互之间不具有继承权。

（3）继兄弟姐妹之间有无继承权，应视其间有无扶养关系而定。《民法典继承编解释（一）》第13条规定，继兄弟姐妹之间的继承权，因继兄弟姐妹之间的扶养关系而发生。没有扶养关系的，不能互为第二顺序继承人。另外，继兄弟姐妹之间相互继承遗产的，并不影响其与亲兄弟姐妹之间的相互继承权。

5. 祖父母、外祖父母

祖父母、外祖父母与孙子女、外孙子女之间，是除父母子女以外的最近直系血亲，具有十分密切的人身关系，在一定条件下相互承担法定的抚养、赡养义务，依法享有继承权，成为继承人。对之，应当注意以下3点：

（1）祖父母、外祖父母是孙子女、外孙子女的遗产的法定继承人，但孙子女、外孙子女不是祖父母、外祖父母的法定继承人。孙子女、外孙子女的父母先于祖父母、外祖父母死亡的，孙子女、外孙子女则可以成为代位继承人继承祖父母、外祖父母的遗产，享受的是代位继承权，即间接继承权。

（2）祖父母、外祖父母，不仅包括亲祖父母、亲外祖父母，而且包括因收养关系形成的养祖父母和养外祖父母以及因扶养关系而形成的继祖父母和继外祖父母。收养关系成立，孙子女、外孙子女的亲祖父母、亲外祖父母不再具有继承该孙子女、外孙子女的遗产的权利；收养关系无效或被解除的，养祖父母、养外祖父母不再属于养孙子女、养外孙子女遗产的法定继承人。此时，除已经成年的养子女与亲生父母及其他近亲属之间依法不恢复权利与义务关系的外，亲祖父母、亲外祖父母对孙子女、外孙子女的遗产又恢复继承权。

（3）继祖父母、继外祖父母有权继承与之有扶养关系的继孙子女、继外孙子女的遗产，然这不影响继孙子女、继外孙子女的亲祖父母、亲外祖父母继承该孙子女、外孙子女的遗产。

6. 尽了主要赡养义务的丧偶儿媳和女婿

儿媳与公婆、女婿与岳父母之间，没有血缘关系，是因婚姻而形成的姻亲关系，相互没有法定的赡养、抚养权利与义务关系，在一般情况下，彼此不发生继承关系。可是，在现实生活中，有些儿媳或女婿，不仅在丧偶前与配偶共同赡养公婆或岳父母，而且在丧偶后甚至再婚之后依然继续赡养、照料公婆、岳父母。为了鼓励这种有利于家庭和睦团结、有利于老人安度晚年的有益行为，弘扬尊老、爱老、养老的优良传统，充分发挥家庭供养的社会功能，根据权利和义务相一致的原则，《民法典》第1129条第1款明确规定："丧偶儿媳对公婆，丧偶女婿对岳父母，尽了主要赡养义务的，作为第一顺序继承人。"据此，尽了主要赡养义务的丧偶儿媳、女婿分别有权继承公婆、岳父母的遗产，成为公婆、岳父母遗产的法定继承人。对于公婆、岳父母遗产法定继承人的丧偶儿媳、女婿，要正确理解，还应注意以下4点。

（1）丧偶儿媳、女婿成为公婆、岳父母遗产的法定继承人，其前提条件就是对公婆、岳父母尽了主要赡养义务。对公婆、岳父母未尽赡养义务或者虽尽了赡养义务，然不是尽了主要赡养义务的，则丧偶儿媳、女婿不能成为公婆、岳父母的法定继承人。根据《民法典继承编解释（一）》第19条的规定，对被继承人的生活提供了主要经济来源，或者在劳务等方面给予了主要扶助的，应当认定其尽了主要赡养义务或主要扶养义务。对之，一般应从3个方面加以把握：

一是对于没有生活来源或者生活来源不足的公婆、岳父母，不仅给予生活上的照料，而且给予生活费、医疗费等必要的维持基本生活的费用。

二是在生活上对于公婆、岳父母给予主要扶助，如与其共同生活，或者经常照料、伺候、关心、体贴老人，帮其买东西、做饭、打扫卫生，其有病亲自护理或派人护理。

三是生活上的照料、经济上的供养具有经常性、长期性。偶尔地寄些钱、做几次饭或探望，不能认定为尽了主要赡养义务。

还应指出，丧偶儿媳、女婿对公婆、岳父母尽了主要赡养义务，是指在公婆、岳父母生前尽了主要赡养义务。在公婆、岳父母生前没有对其尽主要赡养义务，于其死后为其支付丧葬费用等的，不能认定为尽了主要赡养义务而使其成为法定继承人。

(2) 丧偶儿媳、女婿对公婆、岳父母遗产的继承具有独立性。其作为第一顺序继承人参与继承，既不受其子女代位继承祖父母、外祖父母遗产的限制，也不影响其子女的代位继承权。也就是说，丧偶儿媳的丈夫或丧偶女婿的妻子先于公婆、岳父母死亡时，其子女代位继承祖父母、外祖父母的遗产。尽了主要赡养义务的丧偶儿媳、女婿自身先于公婆、岳父母死亡的，其子女不仅有权代替其父或其母之位继承祖父母、外祖父母的遗产，而且有权代替其母或其父之位继承祖父母、外祖父母的遗产。这样，丧偶儿媳、女婿对公婆、岳父母尽了主要赡养义务且先于公婆、岳父母死亡的，其子女比没有尽主要赡养义务的丧偶儿媳、女婿的子女又多了1份继承份额。这点需要引起充分的注意。

(3) 丧偶儿媳、女婿对公婆、岳父母遗产的继承权，不受其再婚的影响。只要对公婆、岳父母尽了主要赡养义务，不论其是否再婚，都有权继承公婆、岳父母的遗产。在现实生活中存在的对丧偶儿媳、女婿因对公婆、岳父母尽了主要赡养义务而享有的继承权，以其再婚为由排斥、否认的做法，属违法行为，应当依法承担相应的法律责任。

(4) 丧偶儿媳、女婿因对公婆、岳父母尽了主要赡养义务而享有继承公婆、岳父母遗产的继承权，并不影响其对生父母遗产的继承权。也就是说，对公婆、岳父母尽了主要赡养义务的丧偶儿媳、女婿既是公婆、岳父母遗产的法定继承人，又是其生父母遗产的法定继承人。

7. 享有代位继承权的侄、甥

侄、甥与伯、叔、姑、舅、姨之间本来没有法律上的权利义务关系，也根本不存在法定继承权，但是，《民法典》第1128条第2款规定："被继承人的兄弟姐妹先于被继承人死亡的，由被继承人的兄弟姐妹的子女代位继承。"据此，侄、甥也就可以继承伯、叔、姑、舅、姨的遗产了，但是，前提条件必须是侄、甥的父母要先于伯、叔、姑、舅、姨死亡且其父母享有继承权。

二、可以分给适当遗产的人

可以分给适当遗产的人，理论界常称酌情分得遗产人，是指在法定继承中，继承人以外的依法有权适当取得被继承人遗产的人。其不同于遗嘱继承中继承人以外的根据遗嘱指定取得遗产的受遗赠人，也不同于与被继承人因订立遗赠扶养协议而取得遗产的遗赠扶养协议中的扶养人。可以分给适当遗产的人所享有的可以分给适当遗产权，既不同于继承权，又不同于受遗赠权，属于一种独立的具有特殊性质的权利。这种权利为我国继承法所独创，是我国继承法鲜明特色的反映。对此，《民法典》第1131条规定："对继承人以外的依靠被继承人扶养的人，或者继承人以外的对被继承人扶养较多的人，可以分给适当的遗产。"对于可以分给适当遗产的人，应当注意以下 4 点。

1. 只存在于法定继承中

遗嘱继承，要尊重被继承人的个人意志，由遗嘱指定的继承人和受遗赠人依照遗嘱指定的份额及其分配办法取得遗产，即不存在由继承人或受遗赠人以外的其他人取得遗产的情况。当然，遗嘱未对全部遗产进行处分，对尚未处分的遗产，可以分给适当遗产的人依法有权分得遗产，但此时已不再是遗嘱继承，而是法定继承。

2. 可以分给适当遗产的人是继承人以外的与被继承人生前形成了一定扶养关系的人

实际参与继承关系的继承人，应以继承人身份继承遗产，不能以可以分给适当遗产的人的身份取得遗产。虽在继承人的范围中，但未实际参与继承，如因第一顺序继承人存在而未能参与继承关系的第二顺序继承人，与被继承人具有一定扶养关系的，也可作为可以分给适当遗产的人，酌情取得适当遗产。这样，上述继承人以外的人其实是指未参与继承关系的其他人。具有继承期待权然未实际取得继承既得权、并未参与继承关系的继承人，应属于继承人以外的人。其既可以是被继承人的亲属，也可能与被继承人没有亲属关系，依法不享有继承权的人。无论是否与被继承人存在亲属关系，可以分给适当遗产，都必须与被继承人具有一定的扶养关系。没有任何扶养关系的人，不能成为可以分给适当遗产的人。根据继承人和可以分给适当遗产的人之间扶养关系的不同，可以分给适当遗产的人可以分为两种情况：

(1) 继承人以外的依靠被继承人扶养的人。《民法典》第 1131 条的规定放宽了可以分给适当遗产的人的条件，删除了"缺乏劳动能力又没有生活来源"的条件，仅要求"继承人以外的依靠被继承人扶养的人"。这样规定，充分保障了继承人以外的依靠被继承人扶养的人的利益。

(2) 继承人以外的对被继承人扶养较多的人。对被继承人的扶养，包括经济、劳务上的扶助，精神上的慰藉等多个方面。只有对被继承人提供了扶养且较多的人，才可以分给适当遗产。没有提供扶养或只是提供少量的扶养，如一次性或临时性的经济、劳务上的扶助，不能认为扶养较多而让之成为可以分给适当遗产的人。这种可以分给适当遗产的人，对被继承人没有法定的扶养义务，但对被继承人扶养较多，《继承法》和《民法典》均赋予其可以分给适当遗产权，有利于弘扬尊老养老、互爱互助的良好道德风尚，也符合权利与义务相一致的原则，应当注意保护这种合法的可以分给适当遗产权。还应指出，可以分给适当遗产的人可能与被继承人存在一定亲属关系，但这种亲属关系不是可以分给适当遗产的根据，在可以分给适当遗产时，不应受到是否存在亲属关系的限制与影响。

3. 可以分给适当遗产的数额取决于其与被继承人生前的扶养关系及其依赖的程度

如缺乏劳动能力又没有生活来源的人，完全依靠被继承人扶养，则应尽可能多分给其遗产，以保障其基本生活需要。对于提供了较多扶养义务的人，提供的扶养义务越多，分得的遗产一般也应越多。总之，具体分给他们多少遗产，应当具体情况具体分析，不能一概而论，更不能平等分配。另外，可以分给的遗产，一般不应高于继承人的平等份额。但在特殊情况下，如继承人有扶养能力却不依法赡养被继承人，或者继承人具有充分的生活保障，在遗产不多时，可以分给的遗产也可等于继承份额，甚至高于继承份额。

所以，《民法典继承编解释（一）》第 20 条规定，依照《民法典》第 1131 条规定可以分给适当遗产的人，分给他们遗产时，按具体情况可以多于或者少于继承人。

4. 可以分给适当遗产权，是可以分给适当遗产的人享有的一种独立于继承权以外的特殊权利

被继承人死亡，可以分给适当遗产的人有权亲自或由其法定代理人向参加继承关系的继承人主张权利，要求分给适当遗产，任何人不得限制或剥夺。《民法典继承编解释（一）》第 21 条规定，依照《民法典》第 1131 条规定可以分给适当遗产的人，在其依法取得被继承人遗产的权利受到侵犯时，本人有权以独立的诉讼主体资格向人民法院提起诉讼。第 41 条规定，遗产因无人继承又无人受遗赠归国家或者集体所有制组织所有时，按照《民法典》第 1131 条规定可以分给适当遗产的人提出取得遗产的诉讼请求，人民法院应当视情况适当分给遗产。

第三节　法定继承人的顺序

一、法定继承人顺序的概念及确定依据

法定继承人的顺序，又称法定继承人的顺位，是指法律规定的法定继承人参加继承承受遗产的先后次序。在继承开始后，并非法定继承范围内的所有继承人都同时参加继承，实际参与继承应按法律规定的先后顺序。

在我国，《民法典》继承编对法定继承人顺序的规定，既考虑了婚姻关系、血缘关系的远近，同时兼顾了法定权利与义务的多少，即以婚姻、血缘关系的远近和相互之间的权利与义务关系为根据。婚姻、血缘关系最近，权利与义务相对较多的法定继承人，即配偶、子女、父母列为第一顺序继承人；血缘关系相对较远、权利与义务相对较少的法定继承人，即兄弟姐妹、祖父母、外祖父母作为第二顺序继承人。

二、法定继承人的具体顺序

根据《民法典》第 1127 条第 1 款的规定，法定继承人的顺序分为第一顺序和第二顺序。

1. 第一顺序法定继承人

第一顺序法定继承人，包括配偶、子女和父母。此外，根据《民法典》第 1129 条的规定，丧偶儿媳对公婆、丧偶女婿对岳父母尽了主要赡养义务的，作为第一顺序继承人。参照《执行继承法若干意见》第 20 条、第 22 条的规定，在新中国成立前形成的一夫多妻家庭中，子女与生母以外的父亲的其他配偶之间形成扶养关系的，互有继承权，应作为第一顺序继承人；收养他人为养孙子女，视为养父母与养子女关系的，可互为第一顺序继承人。

2. 第二顺序法定继承人

第二顺序法定继承人，包括兄弟姐妹、祖父母和外祖父母。其中兄弟姐妹，包括同父母的兄弟姐妹、同父异母或者同母异父的兄弟姐妹、养兄弟姐妹、有扶养关系的继兄弟姐妹，且不论男女，继承权都是平等的。第二顺序继承人与被继承人之间存在

一定条件下的法定扶养、赡养权利义务关系。根据《民法典继承编解释（一）》第12条、第13条的规定，兄弟姐妹中养子女与生子女、养子女与养子女之间，也可互为第二顺序继承人。被收养人与其亲兄弟姐妹之间的权利与义务关系，因收养关系的成立而消除，不能互为第二顺序继承人。继兄弟姐妹之间的继承权因继兄弟姐妹之间的扶养关系而发生，没有扶养关系的，不能互为第二顺序继承人。继兄弟姐妹之间相互继承了遗产的，不影响其作为第二顺序继承人继承亲兄弟姐妹的遗产。

3. 正确理解法定继承人的顺序应当注意的3个问题

（1）法定继承人的两个顺序之间，第一顺序具有优先权。即继承开始后，无遗嘱时，应先由第一顺序的继承人依法继承。在第一顺序继承人存在的情况下，即使继承人只有1人，都排斥第二顺序继承人继承。对此，《民法典》第1127条第2款明确规定，继承开始后，由第一顺序继承人继承，第二顺序继承人不继承；没有第一顺序继承人继承的，由第二顺序继承人继承。具体来说，在下列情况下，第二顺序继承人才能依法继承：第一顺序无继承人；第一顺序有继承人，但全部放弃或全部丧失继承权，或者一部分放弃继承权，剩下的另一部分都丧失继承权。

（2）处于同一顺序的继承人继承遗产，不分先后，同时继承，享有平等的继承权。继承遗产的份额，除非法律另有规定或者继承人相互约定，原则上应均等。对此，《民法典》第1130条规定，同一顺序继承人继承遗产的份额，一般应当均等。对生活有特殊困难又缺乏劳动能力的继承人，分配遗产时，应当予以照顾。对被继承人尽了主要扶养义务或者与被继承人共同生活的继承人，分配遗产时，可以多分。有扶养能力和有扶养条件的继承人，不尽扶养义务的，分配遗产时，应当不分或者少分。继承人协商同意的，也可以不均等。《民法典继承编解释（一）》第16条规定，代位继承人缺乏劳动能力又没有生活来源，或者对被继承人尽过主要赡养义务的，分配遗产时，可以多分。第23条规定，有扶养能力和扶养条件的继承人虽然与被继承人共同生活，但对需要扶养的被继承人不尽扶养义务，分配遗产时，可以少分或者不分。此外，对于继承人有扶养能力和扶养条件，愿意尽扶养义务，但被继承人因有固定收入和劳动能力，明确表示不要求其扶养的，根据《民法典继承编解释（一）》第22条规定，分配遗产时，一般不应因此而影响其继承份额。《民法典继承编解释（一）》第43条规定，人民法院对故意隐匿、侵吞或者争抢遗产的继承人，可以酌情减少其应继承的遗产。

（3）无论是第一顺序继承人继承，还是第二顺序继承人继承，根据《民法典》第1131条的规定，对继承人以外的依靠被继承人扶养的人，或者继承人以外的对被继承人扶养较多的人，可以分给适当的遗产。开始第一顺序继承，倘若第二顺序的继承人是依靠被继承人扶养的人，或对被继承人扶养较多的人，作为可以分给适当遗产的人，也可以分得适当的遗产。

第四节　代位继承

一、代位继承的概念

代位继承，又称间接继承，是指被继承人的子女先于被继承人死亡，由被继承人的子女的直系晚辈血亲代替继承其应继遗产份额，或者被继承人的兄弟姐妹先于被继承人死亡，由被继承人的兄弟姐妹的子女代替继承其应继遗产份额的一种继承方式。在代位继承中，被继承人的先于自己死亡的子女或先于自己死亡的兄弟姐妹称为被代位继承人，代替被代位继承人继承其应继承份额遗产的人称为代位（继承）人，代位继承人依法所享有的继承被继承人遗产的权利称为代位继承权。

应当指出，代位继承作为法定继承中的一种特殊情况，无疑只能适用于法定继承中。代位继承人的范围、代位继承适用的遗产分配原则等内容，都由法律直接规定，他人无权任意变更。在遗嘱继承中，遗嘱在遗嘱人死亡后才能发生法律效力。被继承人尚未死亡、遗嘱发生法律效力前，遗嘱指定的继承人死亡的，丧失继承主体资格，根据《民法典》第1154条第3项的规定，其应继承的部分按法定继承办理，不适用代位继承。同样，在遗赠中也不会发生代位遗赠的问题，这点应当引起充分的注意。

二、代位继承的特征

《民法典》第1128条规定："被继承人的子女先于被继承人死亡的，由被继承人的子女的直系晚辈血亲代位继承。被继承人的兄弟姐妹先于被继承人死亡的，由被继承人的兄弟姐妹的子女代位继承。代位继承人一般只能继承被代位继承人有权继承的遗产份额。"据此，代位继承具有以下法律特征。

1. 代位继承的发生必以被代位继承人先于被继承人死亡为前提

只有在继承开始即被继承人死亡前，其子女或其兄弟姐妹就已死亡的，才发生代位继承的问题。不然，被继承人死亡后，继承已经开始，被继承人的子女或其兄弟姐妹没有死亡，自然应由其自己继承，不发生代位继承，只有被继承人的子女或兄弟姐妹先于被继承人死亡，作为第一顺序法定继承人的被继承人子女或第二顺序法定继承人的被继承人兄弟姐妹丧失了继承主体资格，为了保证其直系晚辈血亲或兄弟姐妹的子女的物质生活及经济利益，才由其直系晚辈血亲或兄弟姐妹的子女代位继承。

2. 被代位继承人必须是被继承人的子女或者是被继承人的兄弟姐妹

根据《民法典》第1128条的规定，只有被继承人的子女或被继承人的兄弟姐妹先于被继承人死亡的，才能发生代位继承。被继承人的配偶、父母、祖父母、外祖父母先于其死亡的，则不能发生代位继承。被继承人的子女即被代位人，既包括婚生子女、非婚生子女，又包括养子女及有扶养关系的继子女。被继承人的兄弟姐妹包括同父母的兄弟姐妹、同父异母或者同母异父的兄弟姐妹、养兄弟姐妹、有扶养关系的继兄弟姐妹。

3. 被代位继承人在死亡时必须具有继承权

被继承人的子女或者是被继承人的兄弟姐妹先于被继承人死亡时，倘使其有《民法典》第1125条规定的故意杀害被继承人，为争夺遗产而杀害其他继承人，遗弃被继承人，虐待被继承人情节严重，伪造、篡改、隐匿或者销毁遗嘱情节严重，或者以欺诈、胁迫手段迫使或者妨碍被继承人设立、变更或者撤回遗嘱情节严重等行为之一而丧失继承权的，其直系晚辈血亲或兄弟姐妹的子女也不能代位继承。这是因为，代位继承是代替被代位继承人的地位而参与继承。既然被代位继承人在死亡时已经丧失了继承权，丧失了继承地位，无位可代，自不存在代其位而继承的问题。对此，《民法典继承编解释（一）》第17条规定，继承人丧失继承权的，其晚辈直系血亲不得代位继承。如该代位继承人缺乏劳动能力又没有生活来源，或对被继承人尽赡养义务较多的，可以适当分给遗产。然这种适当分给遗产已不再属于代位继承的范畴，不容混淆。

4. 代位继承人必须是被代位继承人的直系晚辈血亲，或者被继承人兄弟姐妹的子女，或者作为第一顺序继承人的丧偶儿媳或女婿的子女

根据代位继承人的这一特征，代位继承人可以分为3种情形：（1）被代位继承人的直系晚辈血亲。这样，被代位继承人的非直系晚辈血亲，如配偶、父母、祖父母、外祖父母等，都不能代位继承而成为代位继承人。对此，《民法典继承编解释（一）》第15条规定，被继承人的养子女、已形成扶养关系的继子女的生子女可以代位继承；被继承人亲生子女的养子女可以代位继承；被继承人养子女的养子女可以代位继承；与被继承人已形成扶养关系的继子女的养子女也可以代位继承。第14条规定，被继承人的孙子女、外孙子女、曾孙子女、外曾孙子女都可以代位继承，代位继承人不受辈数的限制。（2）被继承人的兄弟姐妹的子女。这是《民法典》继承编新增的一项规定。（3）作为第一顺序继承人的丧偶儿媳或女婿的子女。《民法典继承编解释（一）》第18条规定，丧偶儿媳对公婆、丧偶女婿对岳父母，无论其是否再婚，依照《民法典》第1129条规定作为第一顺序继承人时，不影响其子女代位继承。据此，丧偶儿媳或女婿的子女能够代位继承的前提条件是，其母或父即丧偶儿媳或女婿按照《民法典》第1129条的规定，在夫或妻死亡后继续赡养公婆、岳父母，并对公婆、岳父母，尽了主要赡养义务，按照法律规定能够成为第一顺序继承人。其子女包括与死亡之夫或妻之外的他人所生的子女（如夫或妻死亡后再婚所生的子女），都可以代位继承。丧偶儿媳或女婿在夫或妻死亡后没有对公婆、岳父母尽任何赡养义务，或者虽尽了一些赡养义务但不是主要赡养义务，从而不能成为公婆、岳父母的第一顺序继承人的，其子女不能作为此种情形代位继承，但丧偶儿媳或女婿与死亡之夫或妻所生的子女，本身属于被代位继承人（即死亡之父或母）的直系晚辈血亲而可以代位继承。

5. 代位继承人一般只能继承被代位继承人有权继承的遗产份额

代位继承人既然是代替被代位继承人行使继承权，所能继承的遗产当然是被代位继承人有权继承的遗产份额。《民法典》第1128条第3款明确规定“代位继承人一般只能继承被代位继承人有权继承的遗产份额。”具体说来，代位继承人作为第一顺序的法定继承人或者第二顺序的法定继承人，如被继承人没有其他第一顺序继承人或者第二顺序继承人时，则代位继承全部遗产；如果有其他第一顺序继承人或者第二顺序继承人时，则应代位继承被代位继承人的份额。代位继承人有2人及以上的，也只能共同继承和分割被代位继承人应得的份额。但是，根据《民法典继承编解释（一）》第16条的规定，代位继承人缺乏劳动能力又没有生活来源，或者对被继承人尽过主要赡养义务的，在分配遗产时可以多分。

第五节　转继承

一、转继承的概念

转继承，又称再继承、连续继承、转归继承或第二继承，是指因继承人在继承

开始后遗产分割之前死亡，而将其应继承的遗产转由其法定继承人承受的一种法律制度。其中，死亡继承人的合法继承人称为转继承人，已死亡的继承人称为被转继承人。

我们知道，被继承人死亡，继承即开始，应由继承人继承的遗产即属继承人所有的财产，是否分割并不影响继承人对遗产中应属于自己的份额的所有权。倘若在尚未分割遗产前，继承人死亡，其从遗产中应当继承的遗产与其他继承人应当继承的遗产还处于共有状态，如同其他共有财产中共有人死亡应由其继承人分割共有财产一样，这种情况下也应由其法定继承人参与共有遗产的分割。是以，转继承实际上是连续发生的又一次继承，即第二继承。

二、转继承的特征

对于转继承，《继承法》与《民法典》均没有做出规定。但对于作为一项民事权利的继承权，权利人即继承人自然可以依照自己的意愿进行处分，或放弃或转移给他的合法继承人。因此，《执行继承法若干意见》第52条曾经规定："继承开始后，继承人没有表示放弃继承，并于遗产分割前死亡的，其继承遗产的权利转移给他的合法继承人。"然《民法典继承编解释（一）》对此暂未做出规定。由于这种将继承权转移给自己的合法继承人的转继承行为在现实生活中存在，因此对之在理论上仍做一简单介绍。就转继承的基本特征而言，具体有：

1. 转继承因继承人在继承开始后遗产分割前死亡而发生

对此，要把握以下3点：（1）继承已因被继承人死亡开始；（2）继承人已经死亡；（3）继承人在继承开始后遗产分割前死亡。被继承人尚未死亡，继承还未开始，或者继承虽已开始，但继承人没有死亡，或者继承人虽已死亡然不是在继承开始后遗产分割前死亡，即在继承开始前死亡或遗产分割后死亡的，都不会发生转继承的问题。

2. 在继承开始后，继承人仍然具有继承权，这是转继承发生的又一条件

继承开始后遗产分割前，继承人丧失继承权或者明确表示放弃继承权的，继承人不再具有继承权，不能继承遗产，也就无所谓由其继承的遗产应当转由他人承受的问题，即不能发生转继承。

如前所述，转继承实为连续发生的第二继承，转继承人无疑可以放弃转继承权，或者因具有《民法典》第1125条规定的行为之一而丧失转继承权，不能承受被转继承人应当承受的遗产。

3. 转继承是将被转继承人继承遗产的权利转移给其合法继承人

在转继承中，转继承人不是直接继承已经死亡的被转继承人自己的单独的遗产，而是直接继承已经死亡的被转继承人取得被继承人遗产的权利，从而直接参与被继承人遗产的分配。这是因为，在被转继承人死亡时，其因取得对被继承人的遗产继承权而使其应得的遗产与其他继承人的遗产形成共有关系，只是因遗产尚未分割没有实际取得遗产。是以，转继承乃是将被转继承人继承遗产的权利转移给转继承人，使得转继承人有权承受被转继承人应当继承的份额，并直接参与被继承人遗产的分割。对于被转继承人的其他遗产，转继承人则作为继承人直接继承，而非转继承。

4. 转继承是继承人于继承开始后遗产尚未分割前死亡而依法将其继承遗产的权利转移给其合法继承人

合法继承人无论是1人还是多人，都只能继承已死亡继承人有权继承的遗产份额。转继承人为2人及以上的，不能单独与其他继承人平分被继承人的遗产。当然，转继承人只有1人时，其实际可以与其他继承人一样取得1份遗产。另外，转继承人的确定，被转继承人有遗嘱的，依遗嘱；无遗嘱的，则应按法定继承的顺序确定。

三、转继承和代位继承的区别

转继承、代位继承作为继承制度中的两种特殊情况，有相似之处，如都有继承人死亡的事实，都由继承人的继承人取得被继承人的遗产，都以继承人没有丧失继承权为前提，等等。但作为直接连续第2次继承的转继承与间接非连续只有1次继承的代位继承也有着明显的区别，主要表现在以下4个方面。

1. 发生的事实根据不同

转继承基于继承开始后遗产分割前继承人死亡的事实而发生，继承人后于被继承人死亡；代位继承基于继承人先于被继承人死亡即在继承开始前死亡的事实而发生。

2. 两者的性质不同

转继承是转继承人因被转继承人在继承开始后遗产分割前死亡，且因自己对被转继承人遗产的继承权而承受被转继承人继承遗产的权利，分割被继承人的遗产，但并不取得对被继承人遗产的继承权，其不是作为被继承人的继承人参与继承；代位继承人则是因其代位继承权在被代位继承人先于被继承人死亡时而代被代位继承人之位直接参与继承，享有对被继承人遗产的继承权。

3. 当事人的范围不同

在转继承中，被转继承人可以是有继承权且未放弃继承权的所有继承人，既可以是第一顺序继承人，即被继承人的配偶、子女、父母以及对公婆、岳父母尽了主要赡养义务的丧偶儿媳、女婿等，又可以是第二顺序继承人，即被继承人的兄弟姐妹、祖父母、外祖父母。转继承人则是继承开始后遗产分割前死亡的有权继承且未放弃继承权的继承人的合法继承人，既包括第一顺序继承人，也包括第二顺序继承人；既包括法定继承人，又包括遗嘱继承人。在代位继承中，被代位继承人只能是被继承人的先于其死亡有权继承其遗产的子女或对公婆、岳父母尽了主要赡养义务的丧偶儿媳、丧偶女婿，或者是被继承人的兄弟姐妹；在一般情况下，代位继承人则只能是被代位继承人的直系晚辈血亲，如子女、孙子女、曾孙子女，或者是被继承人兄弟姐妹的子女等。代位继承的当事人的范围远远窄于转继承的当事人的范围。

4. 适用的范围不同

转继承既可适用于法定继承，也可适用于遗嘱继承。遗嘱继承开始后，遗嘱继承人在遗产分割前死亡的，仍可适用转继承由其合法继承人参与遗产分割。代位继承则只能适用于法定继承，不能适用于遗嘱继承。

第十六章 遗嘱继承

第一节　遗嘱继承概述

一、遗嘱的概念和特征

遗嘱的概念有广义和狭义之分。广义上的遗嘱，是指死者生前对于其死后一切事务所做的处置和安排。狭义的遗嘱，即继承法上的遗嘱，是指自然人生前按照法律规定处分自己的财产及安排与财产相关的事务，并于死后发生法律效力的单方民事法律行为。《民法典》第 1133 条第 1 款规定："自然人可以依照本法规定立遗嘱处分个人财产，并可以指定遗嘱执行人。"自然人可以立遗嘱将个人财产指定由法定继承人的 1 人或者数人继承，也可以立遗嘱将个人财产赠给国家、集体或者法定继承人以外的组织、个人。

遗嘱，作为一种民事法律行为，具有以下基本特征。

1. 遗嘱是一种单方民事法律行为

遗嘱是遗嘱人单方的意思表示，其完全按照自己的意愿依法处分死后遗产，无须征得其他任何人包括继承人、受遗赠人的同意。只要具备法定的条件，以法定的方式订立，内容不违背法律及社会公共利益，遗嘱在自然人死后即发生效力。在发生法律效力之前，遗嘱人还可以随时依法变更遗嘱内容或者撤销遗嘱。

2. 遗嘱是一种要式民事法律行为

遗嘱具有指定继承人，确定遗产分配方式、数额，从而改变法定继承人的范围、顺序及遗产分配方式的效力，事关当事人继承权的取得和消灭，《民法典》明确要求遗嘱具有一定的形式。只有依照法律规定的形式设立的遗嘱才能发生法律效力。《民法典》第1138条规定："遗嘱人在危急情况下，可以立口头遗嘱。口头遗嘱应当有两个以上见证人在场见证。危急情况消除后，遗嘱人能够以书面或者录音录像形式立遗嘱的，所立的口头遗嘱无效。"据此，在非危急情况下，或者虽因情况危急而采用口头方式设立遗嘱，但没有见证人或只有1人在场见证的，所立口头遗嘱不能成立。

3. 遗嘱是遗嘱人死亡时才能发生法律效力的民事法律行为

遗嘱虽是遗嘱人生前的意思表示，然只有在遗嘱人死亡后才发生法律效力。遗嘱人死亡之前，继承人、受遗赠人无权要求知道遗嘱的内容，更不能要求执行遗嘱。只有遗嘱人死亡，遗嘱才成为终意处分，不能变更，也不能撤销。

4. 遗嘱必须是遗嘱人独立自主即出于自己真实意思表示的民事法律行为

遗嘱必须由遗嘱人亲自设立，不许他人进行意思辅助甚至代理设立，即使是无民事行为能力人的法定代理人也不能代理。

二、遗嘱继承的概念和特征

遗嘱继承，作为与法定继承相对的一种继承方式，是指在继承开始后，继承人按照被继承人合法、有效的遗嘱取得被继承人遗产的法律制度，又被称为"指定继承"。其中，依照遗嘱的指定享有遗嘱继承权的人为遗嘱继承人，生前设立遗嘱的被继承人称为遗嘱人或立遗嘱人。

相对于法定继承，遗嘱继承具有下列基本特征：

1. 遗嘱继承的发生，必须具备被继承人死亡和被继承人立有合法、有效的遗嘱两项法律事实

被继承人死亡和被继承人立有合法、有效的遗嘱两项法律事实，缺少其中之一，如被继承人没有死亡，或者被继承人虽已死亡然未立有合法、有效的遗嘱，都不能发生遗嘱继承。缺少前者即被继承人没有死亡，根本就不能发生继承，无疑也不能发生遗嘱继承；缺少后者即被继承人没有立合法、有效的遗嘱，也不能发生遗嘱继承，这时发生的继承是法定继承。立有遗嘱，部分有效，只能对有效部分适用遗嘱继承，对无效部分及遗嘱没有处分的部分，则适用法定继承。

2. 遗嘱继承的继承人及其继承顺序、继承遗产的份额、方式都可以由遗嘱指定，而且不受法定继承规定的继承顺序、遗产分配原则的限制

这样，遗嘱继承实际乃是对法定继承在一定程度上的排斥，其效力优于法定继承。继承开始后，有合法、有效遗嘱的，先要按遗嘱继承办理。只有在没有遗嘱继承人、受遗赠人或所有遗嘱继承人、受遗赠人丧失或放弃遗嘱继承权以及没有遗赠扶养协议时，遗产才能按照法定继承办理。

应当指出，遗嘱与遗嘱继承不同，前者是一种单方民事法律行为，只有遗嘱人一方的意思表示，无须征得他人同意，只要符合法定的条件、形式，遗嘱人一死亡，即

发生效力，遗嘱继承即行开始。但是，是否实际按遗嘱继承遗产，不仅要以被继承人的意思表示即立有遗嘱为必要，而且还要以其他一定条件，如遗嘱继承人未都丧失或放弃继承权，没有遗赠扶养协议为必要。遗嘱继承人全部丧失或放弃继承权的，继承仍旧只能按照法定继承办理。不过，这不是遗嘱继承发生的前提问题，而是在遗嘱继承前提条件满足可以开始继承的情况下，其他原因致使遗嘱继承实际不能执行的问题，两者不能混淆。

第二节　遗嘱的形式和内容

一、遗嘱的形式

遗嘱的形式，是指遗嘱人生前对自已财产以及相关事务进行处分的意思表示所采用的方式。遗嘱属要式民事法律行为，需以采取法定的形式为成立要件，遗嘱的形式是遗嘱成立的不可缺少的形式要件。之所以要为遗嘱设定形式要件，是因为遗嘱具有改变法定继承人范围、顺序及其遗产继承份额的效力，对法定继承人的继承权有着很大影响，甚至使之消灭，因此，必须保证遗嘱确实出于遗嘱人的真实意思表示，而必要的形式则是遗嘱人的真实意思表示的有效保证。根据《民法典》第 1134～1139 条的规定，遗嘱具有公证遗嘱、自书遗嘱、代书遗嘱、打印遗嘱、录音遗嘱、录像遗嘱和口头遗嘱 7 种形式，以下分别对其进行介绍。

1. 公证遗嘱

公证遗嘱，是指经过国家公证机关依法认可其真实性和合法性的书面遗嘱，也称特殊书面形式的遗嘱。在各类遗嘱中，公证遗嘱可谓形式最严格的遗嘱，较之其他的遗嘱形式更能保障遗嘱人意思表示的真实性。因此，在认定、执行遗嘱和处理有关继承纠纷时，公证遗嘱是证明遗嘱人之真实意思表示的最有力和最可靠的证据。遗嘱人选用公证遗嘱形式，应按如下程序办理：

（1）遗嘱人申请遗嘱公证应当亲自到公证机关办理。遗嘱人设立公证遗嘱，必须亲自带有关的身份证明到其户籍所在地或住所地，或者主要财产所在地的公证机关以书面或口头形式提出办理遗嘱公证的申请。亲自到公证机关有困难的，可以书面或者口头形式请求有管辖权的公证机关指派公证人员到其住所或者临时居所办理。基于遗嘱的严格身份性，无论在什么情况下，公证遗嘱都必须由遗嘱人本人自己办理，即亲自进行公证遗嘱的意思表示，不能委托他人代理。

为了保证公证遗嘱的真实性，法律要求公证员不得办理其本人、配偶或本人、配偶的近亲属的遗嘱公证事务，也不得办理与本人、配偶有利害关系的遗嘱的公证。如遇此情况时，公证员应当自觉回避，遗嘱人也有权申请公证员回避。

公证机关在接受遗嘱公证申请时，应首先对遗嘱人的个人情况进行审查。审查的内容主要是遗嘱人的身份，即申请办理遗嘱公证的人是否是遗嘱人本人，以及遗嘱人是否具有遗嘱能力。只有具有遗嘱能力的人，公证机关才能为其办理遗嘱公证。

（2）遗嘱人必须在公证员面前亲自书写或口授遗嘱内容。公证机关办理遗嘱公证应该有 2 个以上公证员共同办理。特殊情况下只能由 1 个公证员办理的，应当有 1 个以上见证人在场。这里的“2个以上”“1个以上”，根据《民法典》的规定，2人以上包括2人，1人以上包括1人。遗嘱人须在公证人员面前以书面或口头方式表述遗嘱内容。遗嘱人亲笔书写遗嘱的，要在遗嘱上签名或盖章，并注明年、月、日；遗嘱人口授遗嘱的，由在场的公证人员和遗嘱人签名盖章，并应注明设立遗嘱的地点和年、月、日。

(3) 公证机关对遗嘱内容进行必要审查后，依法做出公证。公证机关的公证员对遗嘱人亲自书写的遗嘱内容或者由公证员所记录的遗嘱人的口述遗嘱内容，要进行真实性、合法性的审查。通过审查把握遗嘱是否是遗嘱人的真实意思表示，是否存在不自愿因素，以及遗嘱内容是否违反法律规定或社会公序良俗。公证机关经全面审查后，认为遗嘱人有遗嘱能力，遗嘱内容是遗嘱人真实、自愿的意思表示，且不存在违背法律和违背社会公序良俗的任何情形，即由公证员出具遗嘱公证书一式两份，由公证机关和遗嘱人分别保存。公证员在遗嘱开启前有为遗嘱人保守遗嘱秘密的义务。公证机关经审查认为遗嘱不真实、不合法的，有权拒绝公证，也不得公证。

2. 自书遗嘱

自书遗嘱又称亲笔遗嘱，是指遗嘱人亲笔书写的遗嘱。自书遗嘱既方便、简单，又具有较高的真实性，还易于保密，是现实生活中常见的遗嘱形式。

自书遗嘱，应由遗嘱人亲笔书写全文，然后签名并注明年、月、日，签名不能用盖章、按手印、画押等代替。签名之后是否再按手印、盖章等，不影响遗嘱成立。遗嘱人生前修改遗书的，也应由本人修改，做好删减、增添字数等说明，并于修改处签名，注明年、月、日，以确保其真实性。

遗书，即死者临死时留下的书信，与遗嘱不同，二者不能等同。可是，对于其中涉及死后个人财产处分的内容，根据《民法典继承编解释（一）》第27条的规定，确为死者真实意思的表示，有本人签名并注明了年、月、日，又无相反证据的，可按自书遗嘱对待。对于一般的日记、给他人书信中提到的对自己死后财产处理的打算，则不应按自书遗嘱对待。

3. 代书遗嘱

代书遗嘱，又称代笔遗嘱，是指遗嘱人口述内容，他人代为书写的遗嘱。在现实生活中，遗嘱人由于各种原因，如不识字、没有书写能力、伤残等而无法亲自书写遗嘱，就可以请人代书设立遗嘱。

代书遗嘱，根据《民法典》第1135条的规定，必须符合以下条件：

(1) 必须有2个以上的见证人在场见证。这是保证遗嘱真实的必要措施。在场见证的见证人，无疑必须具有认识能力和判断能力，即为完全民事行为能力人，并与继承人、受遗赠人没有利害关系。故《民法典》第1140条又规定，无民事行为能力人、限制民事行为能力人以及其他不具有见证能力的人，继承人、受遗赠人，以及与继承人、受遗赠人有利害关系的人，不能作为遗嘱见证人。其中，继承人既包括第一顺序的法定继承人，又包括第二顺序的法定继承人。与继承人、受遗赠人有利害关系的人，是指继承人、受遗赠人能否取得遗产、取得多少遗产会直接影响其利益的人，以及继承人、受遗赠人的近亲属，如配偶、子女、父母、兄弟姐妹、祖父母、外祖父母等。另外，根据《民法典继承编解释（一）》第24条的规定，继承人、受遗赠人的债权人、债务人、共同经营的合伙人，也应当视为与继承人、受遗赠人有利害关系，不能作为遗嘱的见证人。

应当指出，不具备遗嘱见证能力的人不能作为遗嘱的见证人，不意味着其不能出现在设立遗嘱的现场。例如，除遗嘱人、代书人外，有 3 人在场。其中 1 人无见证能力，只要其不代书，则应认定有 2 个以上见证人在场见证，该代书遗嘱形式有效。

（2）必须有 2 名以上的见证人在场见证，由其中的 1 人代书。即代书人必须为见证人，要具有上述见证资格，不具备见证资格而代书的，形式违法，该代书遗嘱不能成立。代书记录遗嘱人的口述内容后，必须由遗嘱人核对或向其宣读，确认无误。

（3）必须注明代书遗嘱设立的年、月、日，代书人、其他见证人和遗嘱人都应签名。遗嘱人不会写字的，可按手印，再由代书人在手印旁写上其姓名。

4. 打印遗嘱

打印遗嘱，是指立遗嘱人不是通过自己书写遗嘱全文而是通过打印的方式书写遗嘱全文的一种遗嘱形式。打印遗嘱是《民法典》新增的一种遗嘱方式，要求“有两个以上见证人在场见证。遗嘱人和见证人应当在遗嘱每一页签名，注明年、月、日”。

至于见证人的资格和条件与代书遗嘱相同，这里不再赘述。

5. 录音遗嘱

录音遗嘱，是指遗嘱人口述遗嘱内容，以录音带录制其口述遗嘱内容的遗嘱形式。它是现代科学技术发展的产物，是一种较为新颖的遗嘱形式，具有简便易行、内容表达准确的特点，然易被伪造、篡改，不易保管。因此，应当严格按照法律规定的程序进行：

（1）必须有 2 个以上的见证人在场见证。录音开始后，应由遗嘱人、见证人各自说明自己的姓名、性别、年龄、籍贯、职业、工作单位、家庭地址等身份事项。

（2）遗嘱人口述遗嘱内容。内容应当清楚、明确，如说明分给继承人的遗产的名称、数量、存放位置等；属特定物的，还应说明它的牌号、性质等。

（3）说明录音的具体地址及年、月、日、时。

（4）录音完毕后，应当将录音遗嘱磁带、磁盘封存，并在封面上由遗嘱人、见证人签名，注明年、月、日，并交见证人保管。

（5）继承开始后，必须在所有见证人、继承人都在场时当众启封，以确保其真实性。

6. 录像遗嘱

录像遗嘱，是指遗嘱人以摄影录像的方式录制表达其意愿的遗嘱形式。它也是现代科学技术发展的产物，是一种较为新颖的并且是《民法典》新增的一种遗嘱形式。录像遗嘱的程序和条件与录音遗嘱基本相同，要注意的就是对录像遗嘱要有 2 个以上见证人在场见证，遗嘱人和见证人应当在录像中记录其姓名或者肖像，以及年、月、日。录像完毕后，应当将录像遗嘱磁盘、U 盘、硬盘等载体封存，并在封面上由遗嘱人、见证人签名，注明年、月、日，并交见证人保管。

7. 口头遗嘱

口头遗嘱又称口授遗嘱，是指遗嘱人在危急情况下以口头形式设立的遗嘱。口头遗嘱最为简便，容易为不识字或识字不多的人接受、使用，但易被人篡改、伪造，准确度不高，难以认定，《民法典》从而对其规定了最为严格的条件和程序。

（1）口头遗嘱必须有 2 个以上的见证人在场见证。没有见证人，或者只有 1 名见证人的，口头遗嘱不能成立。

（2）口头遗嘱只能在危急情况下使用，非危急情况不能采用。《民法典》第 1138 条规定："……危急情况消除后，遗嘱人能够以书面或者录音录像形式立遗嘱的，所立的口头遗嘱无效。"之所以这样规定，是因为口头遗嘱真实性差、客观性不强，故只能适用于危急情况，属于一种救急措施。如果危急情况已经消除，遗嘱人能够采取其他形式设立遗嘱，为了保证遗嘱内容的真实性，自然需要否定其效力，而让遗嘱人采取其他形式设立遗嘱。所谓危急情况，是指遗嘱人生命垂危或有其他紧急原因，且无法采用其他方式设立遗嘱的情况。如遗嘱人因为疾病、遇难、战争，生命处于危急状态，且无法采用自书、代书、打印、公证、录音、录像形式设立遗嘱的，才可以使用口头方式设立遗嘱。情况紧急，但遗嘱人有能力且可以使用其他方式设立遗嘱的，就不应采用口头方式设立遗嘱。否则所立遗嘱就应无效。

（3）口头遗嘱，见证人能够记录的，应当由其中 1 人记录，并注明年、月、日与地点；不能记录的，应当牢记遗嘱的内容以及设立遗嘱的时间与地点。

关于遗嘱形式，在司法实践中，还应注意《民法典》删除了公证遗嘱效力优先的规定，其他遗嘱亦可撤销、变更公证遗嘱。根据《民法典》施行之前的法律规定，其他形式的遗嘱不得撤销、变更公证遗嘱，亦即公证遗嘱效力最高，以公证方式所立遗嘱，仅可依公证遗嘱撤销或变更。然《民法典》继承编则将此规定删除，即公证遗嘱不再具有效力上的优先性，在判定各份遗嘱之间的效力时，以最后订立的遗嘱为准。

当然，在司法实践中，遗嘱的效力等级并不是最主要的争议问题，遗嘱本身是否真实才是争议的关键点。鉴于公证遗嘱的订立程序较为严格，且不少公证机构提供遗嘱保管服务，公证遗嘱的真实性更容易被证明，基于保险起见，原则上仍建议遗嘱人采用公证遗嘱的形式订立遗嘱。

二、遗嘱的内容

遗嘱的内容，是指遗嘱人处分遗产及其相关事务的意思表示。对于遗嘱内容，虽然法律没有做出限制规定，但根据现代继承的含义，即继承人只能承受被继承人的财产权利，遗嘱的内容应限于遗产及其相关事务的安排和处置。与遗产安排、处置没有任何关系的内容，从广义上来说，属于遗嘱的内容，然从狭义的法律意义上来说，不应视为遗嘱的内容。遗嘱的内容，应当具体、明确，不得违反法律及社会公共道德，不然就可能影响其效力。在一般情况下，遗嘱的内容应当包括：

1. 指定遗嘱继承人或受遗赠人

《民法典》第 1133 条第 2 款、第 3 款规定："自然人可以立遗嘱将个人财产指定由法定继承人中的一人或者数人继承。""自然人可以立遗嘱将个人财产赠与国家、集体或者法定继承人以外的组织、个人。"据此，遗嘱指定继承人只能在法定继承人中指定。换句话说，只有法定继承人才可能成为遗嘱继承人。至于是第一顺序的法定继承人还是第二顺序的法定继承人，是指定其中 1 人还是多人，只要不违反法律有关规定，则在所不论。指定法定继承人以外的组织、个人以及国家、集体在其死亡后承受其遗产的，属于遗嘱赠与，而非遗嘱继承，两者不能混淆。

2. 自然人可以依法设立遗嘱信托

《民法典》第 1133 条第 4 款规定："自然人可以依法设立遗嘱信托。"遗嘱信托，指的是作为委托人的立遗嘱人通过遗嘱的形式，将财产权转移给受托人，由受托人按照立遗嘱人设立的信托目的，或指定的受益人的利益，以自己的名义管理和处分信托财产的行为。遗嘱信托在国外是一种普遍采用的处理遗产的方式，目前在国内的运用并不是很多。对于遗嘱信托，需要注意：(1) 主体要适格，委托人与受托人要有完全民事行为能力，受托人可以是自然人也可以是法人；(2) 信托财产必须能够确定，委托人不得以非法财产或者《信托法》规定不得设立信托的财产设立信托，否则信托无效；(3) 信托的目的必须合法，不能损害公共利益、第三人利益。

3. 指定遗产的名称和数量

对于自己死后能够遗留的财产，如房屋、存款、家具、首饰、文物等，遗嘱人应当一项一项地逐一说明其名称、数量，应尽量具体，以免引起歧义。

4. 指定遗产的分配方法及具体份额

遗嘱人可以根据自己的意愿、情感需要及继承人和受遗赠人的情况等具体指定各继承人、受遗赠人承受其遗产的项目、份额。只指定了继承人，未指定分配遗产的方法与份额，有几个继承人的，一般应由他们等额继承。对于遗嘱没有处分的遗产，应由法定继承人按法定继承规定的顺序、分配的原则继承。值得注意的是，《民法典继承编解释（一）》第 4 条规定，遗嘱继承人依遗嘱取得遗产后，仍有权依照《民法典》第 1130 条有关法定继承的规定取得遗嘱未处分的财产。

5. 指定某项遗产的用途及使用目的

如指定某项财产用于装备科学实验室，指定遗产的住房作居民图书室的用房等。

6. 指定遗嘱继承人或受遗赠人所应承受的义务

如指定各继承人承受其债务的性质、份额等。

7. 指定其他相关事项

如指定遗嘱执行人，指定继承顺序，即在遗嘱中表明首先确定的继承人死亡或者放弃、丧失继承权不能继承时，其遗产由另外的人继承。

第三节　遗嘱的条件和效力

一、遗嘱的条件

遗嘱，作为一种特殊的民事法律行为，要成立即达到法律为其预先设立的后果，必须具备一定条件。不符合法律规定的条件，则遗嘱不能成立，从而无法发生法律效力。根据《民法典》第 143 条、第 144 条及《民法典》第 1134～1139 条、第 1143 条的规定，遗嘱的条件有实质要件和形式要件，具体包括：

1. 遗嘱人设立遗嘱时必须具有遗嘱能力

所谓遗嘱能力，是指遗嘱人设立遗嘱即实施遗嘱这一民事法律行为所应具备的行为能力。《民法典》第 1143 条第 1 款规定："无民事行为能力人或者限制民事行为能力人所立的遗嘱无效。”据此，遗嘱人有遗嘱能力，是指遗嘱人在设立遗嘱时必须具有完全的民事行为能力。应当指出，遗嘱人是否具有遗嘱能力，应以其设立遗嘱时为准。在设立遗嘱时有遗嘱能力，即使后来为无民事行为能力人或限制民事行为能力人，也不会影响其遗嘱的效力；设立遗嘱时无完全民事行为能力，即使后来有了民事行为能力，所立遗嘱依旧属于无效遗嘱。

2. 必须出于遗嘱人的真实意思表示

所有民事法律行为，其成立都要以行为人的意思表示真实为必要。作为民事法律行为的遗嘱当然也不能例外。设立遗嘱，是遗嘱人的单方行为，应完全按其意思做出表示，不受他人的意思左右，无须征得他人的同意，如受胁迫、欺诈遗嘱人在违背自己的真实意思的情况下做出的遗嘱，以及被伪造、篡改遗嘱中的被伪造、篡改部分，不能反映遗嘱人的真实意思，不能发生法律效力，无法达到预期效果。

3. 遗嘱的内容必须符合法律、行政法规的效力性强制性规定和公序良俗原则

所立遗嘱如果违反法律、行政法规的效力性强制性规定，违反公序良俗原则，也不能产生相应的效力。如不能把国家、集体及他人的财产作为遗产以遗嘱加以处分，不得剥夺缺乏劳动能力又没有生活来源的继承人的继承权，不得取消应当为胎儿保留的应继份额，等等。否则，所立遗嘱为瑕疵遗嘱，应当根据具体情况确定是整个无效还是部分无效。

4. 遗嘱的形式必须符合法律规定

遗嘱要采取《民法典》第 1134～1139 条规定的 7 种形式之一，不然，即使符合其他条件，所立遗嘱仍不能成立而且无效。

二、遗嘱的效力

遗嘱的效力，即遗嘱的法律效力，是指遗嘱人在遗嘱中的意思表示得以实现的效力。遗嘱要发生法律效力，取决于两个方面：（1）遗嘱设立要符合法律规定的要件，包括实质要件和形式要件；（2）遗嘱继承因为被继承人死亡而实际开始，被继承人死亡是遗嘱生效的时间界限。前者是指遗嘱必须合法、有效，被称为遗嘱的设立效力，回答遗嘱有效、无效问题；后者是指遗嘱在遗嘱人死亡时，且不存在阻却遗嘱生效的法定事由而开始实际生效，具有执行力，被称为遗嘱的执行效力，是在遗嘱有效的前提下回答效力是否实际发生即遗嘱是否得以执行的问题。

1. 遗嘱的设立效力

如前所述，只要遗嘱设立符合法律规定的实质要件和形式要件，遗嘱就具有法律效力，受法律保护，除遗嘱人可以依法变更、撤销外，其他任何人不得篡改、毁损、变更、撤销。遗嘱具有设立效力，是遗嘱继承发生的前提，也是遗嘱执行效力的基础。无效的遗嘱，不具有遗嘱执行效力，不会启动遗嘱继承。就无效的原因而言，既有遗嘱人方面的，也有继承人、利害关系人或其他人方面的。根据《民法典》第 144～151 条、《民法典》第 1143 条的规定，下列遗嘱为无效遗嘱，不具有遗嘱设立效力。

（1）无民事行为能力人或限制民事行为能力人所立的遗嘱无效。18 周岁以下的未成年人（16 周岁以上以自己的劳动收入为主要生活来源的未成年人除外）、不能辨认或者不能完全辨认自己行为的精神病人无遗嘱能力，所设遗嘱无效。应当指出，被宣告

为无民事行为能力人或限制民事行为能力人的精神病人，倘若病愈撤销宣告而成为完全民事行为能力人，可以依法设立遗嘱。但是，虽然病愈而未申请撤销宣告，所立遗嘱是否有效，有不同看法。笔者认为，有确实、充分的证据证明其精神病已经治愈，能够正确表达意志，并出于自己的真实意思，亦应依法承认其所立遗嘱的效力。对此，《民法典继承编解释（一）》第28条规定，遗嘱人立遗嘱时必须具有完全民事行为能力。无民事行为能力人或者限制民事行为能力人所立的遗嘱，即使其本人后来具有完全民事行为能力，仍属无效遗嘱。遗嘱人立遗嘱时具有完全民事行为能力，后来成为无民事行为能力人或者限制民事行为能力人的，不影响遗嘱的效力。还应指出，聋、哑、盲等残疾人，与精神病人不同，不属于限制民事行为能力人或无民事行为能力人，他们依法以能够采用的形式设立的遗嘱属有效遗嘱。

（2）违背遗嘱人真实意思的遗嘱无效。包括：

一是受胁迫、欺诈所立的遗嘱无效。所谓胁迫，是指遗嘱人以外的其他个人、组织，以给遗嘱人及其亲友的生命健康、荣誉、名誉、财产等造成损害为要挟，迫使遗嘱人做出违背真实的意思表示的行为。所谓欺诈，是指他人或组织告知遗嘱人虚假情况，或者故意隐瞒事实真相，诱使遗嘱人做出错误意思表示的行为。

二是伪造的遗嘱无效。所谓伪造的遗嘱，是指他人冒用被继承人名义设立的遗嘱，既可以是在被继承人未立遗嘱的情况下而伪造遗嘱，也可以是在被继承人立有遗嘱的情况下，冒用其名义伪造遗嘱以取代真实的遗嘱。

三是他人乘人之危迫使遗嘱人做出的遗嘱无效。即乘遗嘱人处于危难之时，迫使其做出不真实的意思表示，符合《民法典》第151条的规定，属无效遗嘱。

四是被篡改的遗嘱，篡改的内容无效。所谓篡改，是指在真实遗嘱上通过涂改、增加、删改等方法改变遗嘱内容的行为。这种行为与前3种行为不同。前面3种行为完全不是被继承人的意思表示，整个遗嘱都无效力。而篡改遗嘱中仅仅是改变、增添、删改的部分与被继承人的真实意思相悖，未篡改的部分依然是遗嘱人的真实意思表示。是以，只能否定篡改部分的效力，即篡改的内容无效，不能否定整个遗嘱的效力，使其全部无效。否则，不仅会违背遗嘱人的意愿，损害合法遗嘱继承人的利益，而且可能使遗嘱篡改者的非法目的得逞，这点应当引起充分的注意。

（3）违反法律、行政法规的效力性强制性规定，违反公序良俗原则的遗嘱无效。主要包括以下内容。

1）将不属于自己的财产，如国家、集体及他人的财产，以遗嘱形式处分的，侵犯了国家、集体及他人财产的所有权，属于无效。对此，《民法典继承编解释（一）》第26条规定，遗嘱人以遗嘱处分了国家、集体或者他人财产的，应当认定该部分遗嘱无效。

2）《民法典》第1141条对于规定："遗嘱应当为缺乏劳动能力又没有生活来源的继承人保留必要的遗产份额。"据之，对于没有为缺乏劳动能力又没有生活来源的继承人保留必要的遗产份额的遗嘱，应当否定其部分效力。根据《民法典继承编解释（一）》第25条的规定，遗嘱人未保留缺乏劳动能力又没有生活来源的继承人的遗产份额，遗产处理时，应当为该继承人留下必要的遗产，所剩余的部分，才可参照遗嘱确定的分配原则处理。继承人是否缺乏劳动能力又没有生活来源，应当按遗嘱生效时该继承人的具体情况确定。据此，为其保留必要的遗产份额，是缺乏劳动能力又没有生活来源的继承人的不受遗嘱左右的继承权。换句话说，不管遗嘱是否保留其必要的遗产份额，在分割遗产时，都要为其留下必要的遗产。要正确理解这一权利，还应注意以下4点：一是享受上述权利的人必须是法定继承人。既包括第一顺序法定继承人，又包括第二顺序法定继承人。前者还包括对公婆、岳父母尽了主要赡养义务的丧偶儿媳、女婿，以及代位继承人。不过，享受上述权利的继承人有顺序之分，即先应由第一顺序继承人享有上述权利；只有在第一顺序继承人不存在或者全部放弃或丧失继承权的情况下，第二顺序继承人中的缺乏劳动能力又无生活来源的继承人才能享受上述权利，不然就不必为第二顺序的继承人保留必要的遗产份额。二是享受上述权利的人必须是缺乏劳动能力且无生活来源的继承人。虽为继承人然不缺乏劳动能力，或者虽缺乏劳动能力然有生活来源，也不必为其保留必要的遗产份额。是否缺乏劳动能力又没有生活来源，应当根据遗嘱生效时该继承人的具体情况确定。三是缺乏劳动能力且无生活来源的继承人没有放弃或丧失继承权。继承人在继承开始后主动放弃继承权，或者由于故意杀害、遗弃被继承人等法定原因丧失继承权的，也不必为其保留必要的遗产份额。四是为缺乏劳动能力又无生活来源的继承人保留的是必要的遗产份额。所谓必要的遗产份额，主要是指维持缺乏劳动能力又无生活来源的继承人基本生活需要的遗产份额。基本生活需要，应以该继承人所在地区的一般生活水平为准。具体确定必要的遗产份额，既要考虑继承人的生活状况，又要考虑被继承人的遗产数额。如果继承人的生活状况差或者被继承人的遗产多，保留的必要遗产份额要多一些；反之，则会少一些。在一般情况下，必要的遗产份额，应以继承人在法定继承中应当继承的份额为基准，不得低于其应继份额。当然，也不得强求遗嘱人一定利用遗嘱保留高于应继份额的遗产。至于遗嘱人愿意，则另当别论。

3）《民法典》第1155条规定，在遗产分割时，应当保留胎儿的继承份额。凡是取消或忽视胎儿应继份额的遗嘱，被取消或者忽视部分，应属无效。

4）未采取法律规定的形式，或者未按照法律规定的程序设立的遗嘱无效。

（4）因其他原因而使遗嘱无效。如遗嘱内容含糊不清或者自相矛盾的，遗嘱无效；对遗嘱附有条件，所附条件违背法律规定或者不可能发生的，则遗嘱无效。根据《民法典继承编解释（一）》第3条的规定，被继承人生前与他人订有遗赠扶养协议，同时又立有遗嘱的，继承开始后，如果遗赠扶养协议与遗嘱没有抵触，遗产分别按协议和遗嘱处理；如果有抵触，按协议处理，与协议抵触的遗嘱全部或者部分无效。

2. 遗嘱的执行效力

遗嘱符合了法律规定的实质要件和形式要件，即具有设立效力。遗嘱具有设立效力并非立即就可执行，还需具备执行效力。只有在被继承人死亡后且不存在阻却遗嘱执行的法定事由时，遗嘱才能执行，即具有执行效力。这样，被继承人死亡乃是遗嘱具有执行效力的不可逆转的法律事件，是遗嘱具有执行效力的时间界限。在此之前，继承人、受遗赠人的权利虽然已被确定，但未处于稳定状态，仅是一种期待权利，而非既得的现实权利，还可以随遗嘱人的意愿而被改变或撤销，继承人、受遗赠人不能请求执行遗嘱。

根据《民法典》的有关规定，遗嘱在下列情况下不具有执行效力：

(1) 遗嘱继承人、受遗赠人在继承开始前已经死亡，由于其不再具有继承能力，对遗嘱人的这部分遗嘱不发生执行效力，遗嘱继承人的直系晚辈血亲也不能按遗嘱继承代位继承，但可依照法定继承代位继承。此时不执行遗嘱继承而执行法定继承。遗嘱继承人倘若依照法定继承顺序能够参与继承，其直系晚辈血亲就可代位继承，但这不是代替遗嘱继承人的地位而按遗嘱继承代位继承，而是依法定继承进行的代位继承。

(2) 遗嘱继承人、受遗赠人由于故意杀害被继承人等法定原因而丧失继承权的，对涉及的这部分遗嘱不发生执行效力。《民法典》第1125条第3款规定，受遗赠人有本条第1款规定的“故意杀害被继承人”“为争夺遗产而杀害其他继承人”“遗弃被继承人，或者虐待被继承人情节严重”“伪造、篡改、隐匿或者销毁遗嘱，情节严重”“以欺诈、胁迫手段迫使或者妨碍被继承人设立、变更或者撤回遗嘱，情节严重”行为的，丧失受遗赠权。但是，第1125条第2款又规定，继承人有第1款第3项至第5项规定的“遗弃被继承人，或者虐待被继承人情节严重”“伪造、篡改、隐匿或者销毁遗嘱，情节严重”“以欺诈、胁迫手段迫使或者妨碍被继承人设立、变更或者撤回遗嘱，情节严重”行为，确有悔改表现，被继承人表示宽恕或者事后在遗嘱中将其列为继承人的，该继承人不丧失继承权。《民法典继承编解释（一）》第8条规定，继承人有《民法典》第1125条第1款第1项或者第2项所列的“故意杀害被继承人”“为争夺遗产而杀害其他继承人”行为，而被继承人以遗嘱将遗产指定由该继承人继承的，可以确认遗嘱无效，并确认该继承人丧失继承权。

(3) 遗嘱继承人、受遗赠人主动放弃继承权的，对其的这部分遗嘱不具有执行效力。

(4) 在继承开始时，遗嘱的标的物已不存在或已不属于遗产的，则因缺少标的物而使涉及这一标的物的遗嘱部分不能发生执行效力。

(5) 附有解除条件的遗嘱，倘使遗嘱人死亡以前条件已经成立，则遗嘱不具有执行效力。

(6) 附有停止条件的遗嘱，继承人、受遗赠人在条件成立以前已经死亡，则遗嘱中附有停止条件的那部分内容不发生执行效力。

(7) 附义务的遗嘱，义务人能够履行而无正当理由不履行被人民法院依法取消的，不能执行。对此，《民法典继承编解释（一）》第29条规定，附义务的遗嘱继承或者遗赠，如义务能够履行，而继承人、受遗赠人无正当理由不履行，经受益人或者其他继承人请求，人民法院可以取消其接受附义务部分遗产的权利，由提出请求的继承人或者受益人负责按遗嘱人的意愿履行义务，接受遗产。

三、遗嘱无效的遗产处理

遗嘱无效，包括遗嘱无设立效力或虽有设立效力而无执行效力。无论属于哪一种情况，遗嘱都不能执行。值得注意的是，遗嘱无效，还有全部无效与部分无效之分。全部无效，整个遗嘱都不能执行，这时所有遗产都按法定继承办理，不属于遗产的部分归还给合法的所有人。部分无效，只能对有效部分涉及的遗产按遗嘱继承办理，无效部分按法定继承办理。此时，遗嘱继承人除按遗嘱继承外，还可以参与无效部分的法定继承。

第四节 遗嘱的变更、撤回和执行

一、遗嘱的变更和撤回

遗嘱的变更或撤回，是指遗嘱人在设立的遗嘱发生法律效力前，依法对遗嘱的内容进行部分改变或全部废止的单方民事法律行为。遗嘱的变更，是指对遗嘱部分内容的变更或取消；遗嘱的撤回，是指对遗嘱全部内容的废止或取消。对遗嘱的部分内容表示撤回，实际仍属变更。遗嘱是遗嘱人按自己意愿依法处分自己财产的行为，要在自己死后才发生法律效力。遗嘱人在死亡之前，如果认为所立遗嘱有错、不当，或者不符合其意愿，可以按自己意愿进行变更或者全部废止。这是意思自治、遗嘱自由原则在遗嘱中的必然要求和体现。它与其他民事行为不同。其他民事行为的变更或撤回，往往必须具备法定的可以变更、撤回的原因，并且有时间限制；遗嘱的变更或撤回，则无时间、原因的限制，遗嘱人不论在任何时候以任何原因都可按自己的意志变更或撤回以前所立遗嘱。

无论是遗嘱的变更还是撤回，都是一种单方法律行为，遗嘱人在变更或撤回时应当具有完全民事行为能力，完全出于自己的意思表示，由自己亲自进行，不违背法律或公共利益，必须采用法定的方式。否则，变更或撤回行为因为不符合法定条件而不能产生变更或撤回遗嘱的效力。

变更或撤回遗嘱属于要式行为，应当依照法定的方式、程序进行。具体说来，遗嘱的变更或撤回，可以采用以下方法。

1. 另立新遗嘱，声明变更或撤回原来所立遗嘱

新遗嘱可以采取公证、自书、代书、录音、口头等形式。不论采取何种形式，仍然需要严格依照《民法典》第1134～1139条规定的程序办理，如采用代书、打印、录音、录像、口头遗嘱方式变更或撤销遗嘱，必须有2个以上的见证人在场见证，注明年、月、日，由代书人、其他见证人和遗嘱人签名。遗嘱人可以撤回、变更自己所立的遗嘱，然在司法实践中应当注意以下2点：

(1)《民法典》第1142条规定："遗嘱人可以撤回、变更自己所立的遗嘱。立遗嘱后，遗嘱人实施与遗嘱内容相反的民事法律行为的，视为对遗嘱相关内容的撤回。立有数份遗嘱，内容相抵触的，以最后的遗嘱为准。"也就是说，7种遗嘱形式可以相互变更，然必须按照《民法典》第1134～1139条规定的程序办理。

(2)《民法典》删除了公证遗嘱效力优先的规定，其他遗嘱亦可撤销、变更公证遗嘱。换言之，公证遗嘱不再具有效力上的优先性，在判定各份遗嘱之间的效力时，以最后订立的遗嘱为准。

2. 在原有遗嘱上进行修改或者明确写明废止、废弃、废除等字眼的，即为变更或者撤回原遗嘱

应当指出，这种变更、声明仍旧要像立新遗嘱一样，严格依法进行。如由代书遗

嘱变更的，应有2名以上的见证人在场见证，由其中1人代书，注明变更的年、月、日，由代书人、其他见证人和遗嘱人签名。

3. 遗嘱人通过自己的行为变更或撤回遗嘱

如将遗嘱完全毁灭，行使与遗嘱内容相抵触的行为等。应当指出，仅仅毁灭部分内容，应视为变更，要依照上述第2种方式处理；只有全部毁灭的，才视为撤回。遗嘱人生前的行为与遗嘱的意思表示相反，而使遗嘱处分的财产在继承开始前灭失、部分灭失或者所有权转移、部分转移的，参照《执行继承法若干意见》第39条的规定，遗嘱视为被撤回或部分被撤回即变更。

二、遗嘱的执行

1. 遗嘱执行的概念

遗嘱的执行，是指遗嘱发生执行效力后按照遗嘱处分被继承人遗产及处理其他相关事务的行为。简言之，就是按照遗嘱内容做出行为。这是实现遗嘱人遗愿，维护遗嘱继承人、受遗赠人和其他利害关系人合法权益的必要保证。不然，遗嘱人的意志，以及有关当事人及其他利害关系人在遗产方面的权益就无法得到实现。

2. 遗嘱执行人

遗嘱执行时，遗嘱人已经死亡，不能由遗嘱人执行遗嘱。如由继承人、受遗赠人自己直接执行，虽然省事、简便，但因其与遗嘱内容有着直接利害关系，也易产生一些问题。是以，为了实现遗嘱人的遗愿，有效保护继承人、受遗赠人及其他利害关系人的合法权益，通常由遗嘱执行人执行遗嘱。对于遗嘱执行人，应当注意理解以下4点。

（1）遗嘱执行人的法律地位。遗嘱执行人，是指有权执行遗嘱内容以实现遗嘱人意志，继承人、受遗赠人及其他利害关系人权利的人。其法律地位如何，所拥有权利的性质怎样，众说纷纭，莫衷一是，主要有代理权说和固有权说两种观点。前者认为，遗嘱执行人是遗嘱人或继承人或遗产的代理人；后者认为，执行遗嘱是遗嘱执行人固有的权利，遗嘱执行人既不是遗嘱人的代理人，也不是遗嘱继承人、受遗赠人等遗嘱受益者的代理人。笔者认为，遗嘱执行人与破产管理人相似，为实现遗嘱人的意愿，保护遗嘱继承人、受遗赠人及其他受益人的合法权利而具有独立的法律地位，执行遗嘱乃是实现其任务、设立目的，履行其职责必要的权利。

（2）遗嘱执行人的资格。遗嘱执行人的资格，又称遗嘱执行人的能力或遗嘱执行人的条件，是指成为遗嘱执行人所应具备的能力。对此，《民法典》没有做出明确规定。但是，由于遗嘱执行人要按照遗嘱管理、分配遗产，必须具有一定的社会知识和经验，因而，遗嘱执行人为自然人的，应当具有完全民事行为能力。无民事行为能力人和限制民事行为能力人，都不能作为遗嘱执行人。没有自然人担任遗嘱执行人的，由遗嘱人生前所在单位或者居民委员会、村民委员会作为遗嘱执行人。

（3）遗嘱执行人的确定。《民法典》第1133条第1款规定："自然人可以依照本法规定立遗嘱处分个人财产，并可以指定遗嘱执行人。"据此，遗嘱人设立遗嘱处分财产时，可以书面或口头方式指定遗嘱执行人，也可以在遗嘱中委托他人指定遗嘱执行人。指定法定继承人为遗嘱执行人，被指定者应当接受，不得拒绝；指定法定继承人以外的人作遗嘱执行人的，应当征得被指定者的同意，不同意的，则不为遗嘱执行人。遗嘱执行人的人数，既可以是1人，也可以是多人。倘若没有指定，或者指定的遗嘱执行人不接受指定，或者在接受后丧失执行人的资格，则可按下列方法确定遗嘱执行人：

一是由法定继承人担任遗嘱执行人，这在现实生活中已成为通例，符合我国实际情况。法定继承人有多人的，可共同成为遗嘱执行人，也可共同推选1人或几人执行遗嘱。意见不一的，首先协商解决；协商不成的，可通过居民委员会、村民委员会调解，或按诉讼程序确定遗嘱执行人。

二是由遗嘱人生前所在单位或者最后居住地的居民委员会、村民委员会担任遗嘱执行人。这种情况适用于既无指定遗嘱执行人又无法定继承人，或者虽有指定遗嘱执行人、法定继承人，但其均无执行能力的情况。

（4）遗嘱执行人的职责。遗嘱执行人的职责主要是管理遗产及按遗嘱分割遗产。具体说来，主要包括：1）查明遗嘱是否真实、合法、有效。只有真实、合法、有效的遗嘱才能得到执行。2）清理遗产，制作遗产清单，明确遗嘱所处分的遗产范围。3）管理遗产。遗嘱有要求的，按要求管理；没有要求的，管理权限以执行遗嘱的必要为限。4）对遗产进行必要的使用、处分，如修缮，收取资本、租金，进行所有权转移、占有的交付，分割甚至变价处分等。这种行为，应以必要为限，如防止遗产损毁等，并不得损害遗嘱继承人、受遗赠人等遗产受益人的利益。5）通知、召集所有遗嘱继承人、受遗赠人，启封遗嘱，公开内容。6）按照遗嘱的指定将遗产分割给遗嘱继承人、受遗赠人。7）为了执行的需要，以独立的诉讼主体提起诉讼，保证遗产不受他人侵犯，排除他人对遗嘱执行的妨碍和干涉。

在具体执行遗嘱时，如有多个遗嘱执行人，应由他们共同协商一致办理执行事务；意见不一的，按少数服从多数的原则办理。在履行遗嘱执行职责的过程中，遗嘱执行人应当忠于职守，严格依法按照遗嘱分配遗产或处理相关事务。因其故意或过失致使遗嘱继承人、受遗赠人的合法利益遭受损害的，应当承担赔偿责任。遗嘱执行人为了执行遗嘱且因不能归责于自己的事由受到损害时，可请求遗嘱继承人赔偿；执行遗嘱所需的费用，从遗产中扣除。

3. 附义务遗嘱的执行

所谓附义务遗嘱，是指遗嘱人在其中明确指定遗嘱继承人、受遗赠人必须履行一定义务的遗嘱，这是权利与义务相一致原则在遗嘱继承中的具体表现。所附义务，是遗嘱继承人、受遗赠人应当按照遗嘱实施的某种作为或不作为，有的是为社会公益附加义务，如将存款赠给学校明确要求将存款用于建立数学竞赛奖励基金等；有的是为公民个人附加义务，如规定遗嘱继承人对遗嘱人应尽某种义务，或对其他人应尽某种义务，如照顾某人等。

对于附义务遗嘱，遗嘱继承人、受遗赠人必须接受并且履行所附义务。不接受义务或虽接受然能够履行而无正当理由不履行义务的，《民法典》第1144条规定："遗嘱继承或者遗赠附有义务的，继承人或者受遗赠人应当履行义务。没有正当理由不履行义务的，经利害关系人或者有关组织请求，人民法院可以取消其接受附义务部分遗产的权利。"根据《民法典继承编解释（一）》第29条的规定，经受益人或其他继承人请求，人民法院可以取消其接受附义务部分遗产的权利，由提出请求的继承人或者受益人负责按遗嘱人的意愿履行义务，接受遗产。据此，对于取消附义务遗嘱中的继承人、受遗赠人接受遗产的权利，应当注意以下 3 点：

（1）继承人、受遗赠人没有履行义务。履行义务，一般应指全面、彻底、完全履行了遗嘱所指定的义务。只履行部分义务的，不能视为履行义务，仍要以没有履行义务论。

（2）没有履行义务没有正当理由。虽没有履行所设义务然有正当理由的，如所设义务违反法律、社会公德，或者所设义务不可能实现，或者所设义务无任何意义，或者继承人、受遗赠人由于自然灾害、意外事故、人身伤害而无法履行义务，等等，依旧不能取消其接受遗产的权利。另外，所设义务不能超过继承人、受遗赠人接受的遗产价值。超过接受遗产价值的那部分义务，继承人或受遗赠人可以不履行。对于在接受遗产价值以内的义务已经履行的，不应取消其接受遗产的权利。

（3）必须经有关组织或者利害关系人请求，人民法院才可取消。没有人请求，人民法院不能主动取消。请求应向人民法院提出，只有人民法院才可依法取消没有履行遗嘱所设义务的继承人、受遗赠人接受遗产的权利。其他组织及个人都无权取消。取消后，应由提出请求的组织或个人负责按遗嘱人的意愿履行义务，接受遗产，不能将该部分遗产按法定继承处理，这点与遗嘱无效不同，应当注意区分。提出请求的有关组织或个人不履行义务的，不能接受遗产。提出请求的组织或个人，应是遗产受益人或继承人。受益人，可以是组织，包括被继承人、遗嘱继承人、受遗赠人的所在单位，也可以是个人，如法定继承人等。

第十七章
遗　赠

第一节　遗赠概述

一、遗赠的概念及特征

遗赠，是指自然人采用遗嘱方式将个人合法财产赠与国家、集体或者法定继承人以外的组织、个人，并于遗嘱人死亡时发生执行效力的单方民事法律行为。设立遗嘱的人在遗赠中称为遗赠人，遗嘱指定接受遗赠的人称为受遗赠人，又称遗赠受领人。《民法典》第1133条第3款规定："自然人可以立遗嘱将个人财产赠与国家、集体或者法定继承人以外的组织、个人。"遗赠具有以下特征，应注意把握：

1. 遗赠属于给他人以财产利益的一种单务、无偿行为

遗赠人通过遗嘱赠与受遗赠人财产利益，包括财产权利的赠与和财产义务的免除，不以受遗赠人应尽某种法律义务如扶助遗赠人等为前提。对于遗赠，遗赠人虽然可以附加一定义务，可这种义务不属于对方接受遗赠的代价，两者不可能对等，并且所附义务不能超过受遗赠人获得遗产的权利。对于附有义务的遗赠，《民法典》第1144条规定："遗嘱继承或者遗赠附有义务的，继承人或者受遗赠人应当履行义务。没有正当理由不履行义务的，经利害关系人或者有关组织请求，人民法院可以取消其接受附义务部分遗产的权利。"

2. 受遗赠人是国家、集体或者法定继承人以外的组织、个人

受遗赠人，不限于自然人，还可能是国家或集体所有的各种单位、组织，如国家机关、企事业单位等。为自然人，必须是法定继承人以外的人，不然便属于遗嘱继承，而不属于遗嘱赠与。

另外，受遗赠权属于不可代替的民事权利，只能由受遗赠人享有，不能由他人享

有。受遗赠人先于遗赠人死亡或者组织被撤销时，受遗赠权即消灭。可是，继承开始后，受遗赠人表示接受遗赠，并于遗产分割前死亡的，根据《民法典继承编解释(一)》第38条的规定，其接受遗赠的权利转移给他的继承人。这是因为，继承开始后，受遗赠人表示接受遗赠，接受遗产的权利乃属于继承人财产（权利财产）的一部分，尽管继承人在遗产分割前死亡，但不能导致本属于继承人的财产权利自然丧失，这一接受遗产的权利其实又成为继承人的遗产，从而应由其继承人承继。

应当指出，受遗赠人与遗嘱继承人各自都属于独立的、平等的权利主体，都因遗嘱人利用遗嘱处分个人财产的合法行为而产生，不能将两者混淆，或者认为遗赠是从继承人处取得财产。受遗赠人取得遗产通常要经继承人或遗嘱执行人之手，但这不意味着接受遗赠的权利就要从属于继承人，接受遗赠的权利完全是遗嘱人处分的结果，继承人或遗嘱执行人只是根据遗嘱人的意愿将遗嘱人的遗产进行处理，而非继承人将其继承的财产分给他人。正因此，在发生继承纠纷时，受遗赠人可作为独立的诉讼主体参与诉讼。继承诉讼开始后，受遗赠人既不愿意参加诉讼，又不表示放弃实体权利的，《民法典继承编解释（一）》第44条规定，应当追加为共同原告；受遗赠人在知道受遗赠后60日内表示放弃受遗赠或者到期没有表示的，不再列为当事人。

还应指出，对于受遗赠权，法律没有规定其丧失的原因。笔者认为，国家、集体、组织，不存在丧失受遗赠权的问题。然对于自然人，《民法典》第1125条第3款明确规定："受遗赠人有本条第一款规定行为的，丧失受遗赠权。"这样，受遗赠人故意杀害被继承人的，丧失受遗赠权。

二、遗嘱赠与与遗嘱继承的区别

如前所述，遗嘱赠与与遗嘱继承有着许多共同点。但是，作为两种性质不同的行为，还是有着这样或那样的区别，归纳起来，主要如下。

1. 受遗赠人与遗嘱继承人的范围不同

后者必须是法定继承人，包括第一顺序继承人和第二顺序继承人，为自然人，并与遗嘱人具有血缘关系或婚姻关系，相互之间存在法定的扶养权利与义务关系；前者必须是法定继承人以外的自然人、组织、集体或国家，与遗嘱人并不存在法定的扶养权利与义务关系，也可以没有血缘关系，不存在现实的婚姻关系。

2. 受遗赠权与遗嘱继承权的客体范围不同

后者是遗产，既包括被继承人生前的财产权利，也包括被继承人生前的财产义务，即继承是对被继承人遗产权利和义务的统一承受；前者则是遗赠人生前享有的财产权利，受遗赠只能承受遗产中的财产权利，而不承受其中的财产义务。倘使遗嘱人将其全部财产赠与受遗赠人，而在生前又有合法债务时，受遗赠人只能接受清偿债务后剩下的财产，可这只是对被继承人债务的处理，受遗赠人本身不承受被继承人的债务。

3. 受遗赠权与遗嘱继承权的接受、放弃的规定不同

《民法典》第1124条第2款规定："受遗赠人应当在知道受遗赠后六十日内，作出接受或者放弃受遗赠的表示；到期没有表示的，视为放弃受遗赠。"据此，受遗赠权具有除斥期间规定，在知道受遗赠后的60日内未作出明确表示的，视为主动放弃，失去受遗赠权。遗嘱继承，继承开始后遗产分割前，没有表示放弃继承的，视为接受继承。

4. 受遗赠人与遗嘱继承人取得遗产的方式不同

前者不直接参与遗产分配，而是继承人或者遗嘱执行人按照遗嘱将赠与财产交给受遗赠人；继承人则直接参与遗产的分配，以实现自己的继承权。

三、遗赠与赠与的区别

遗赠与赠与都是无偿转让财产的方式，两者有相同之处，但性质不同，具有下列主要区别：

1. 两者的性质不同

遗赠属于单方民事法律行为，遗嘱人不需要征得受遗赠人的同意就可做出遗赠的意思表示，受遗赠人依据遗嘱则取得受遗赠的权利；赠与属于双方民事法律行为，形成合同关系，其成立必须出于赠与人与受赠人双方的意思表示一致。受赠人如果不承诺接受赠与，赠与因缺少合同双方主体之一的意思表示而无法成立，不能发生法律效力。

2. 两者意思表示的方式不同

遗赠必须以遗嘱为前提，采取法定的方式做出表示，属于要式法律行为；赠与除对特殊标的物的赠与需要采取法定的方式外，只要双方达成一致意见即可，既可采取书面形式，又可采取口头形式，并非要式法律行为。

3. 两者发生效力的时间不同

遗赠采用遗嘱方式，其生效的时间就是遗嘱生效的时间。遗嘱依法设立，除遗赠人外，任何人都不得改变、撤销，但只有在遗赠人死亡后才发生执行效力。遗赠人没有死亡，不得请求接受遗赠。赠与则在双方意思表示一致、赠与人实际交付赠与标的物之后发生法律效力，一般情况下属于赠与人生前生效的实践性法律行为。

4. 两者的客体不同

遗赠的客体是遗赠人死后遗留的个人合法财产，并且是在缺乏劳动能力且无生活来源的法定继承人取得其应继承的遗产份额及偿还遗嘱人生前的合法债务后剩下的遗产；对赠与的客体一般不加以限制，然赠与人不得以逃避债务为目的而将财产赠与他人。

第二节　遗赠扶养协议

一、遗赠扶养协议的概念及特征

《民法典》第1158条规定："自然人可以与继承人以外的组织或者个人签订遗赠扶养协议。按照协议，该组织或者个人承担该自然人生养死葬的义务，享有受遗赠的权利。"据此，遗赠扶养协议，是指遗赠人与扶养人之间所订立的以遗赠与扶养为内容的协议，是当事人间的平等、有偿和互为权利与义务的民事法律行为，是当事人之间互相帮助、互相合作，弘扬扶助老弱病残的良好道德风尚的具体体现。它为我国继承制度所独创，具有鲜明的中国特色，对于扶老养老，减轻社会、国家负担，维持社会安定团结具有十分重要的意义。遗赠扶养协议制度作为充分体现财产所有人的意志、依法自由处分自己所有财产的一种法定方式，具有下列基本特征：

1. 是一种双方合同行为

这就是说，其成立必须以双方当事人在平等协商的基础上达成一致意思表示为必要。做出意思表示的方式，既可采取书面形式，又可采取非书面形式。这与遗赠不同。遗赠属于单方民事法律行为，成立只要出于遗赠人的真实意思即可，不受受遗赠人的意思表示影响。另外，遗赠还必须采取遗嘱方式，属于要式行为。

2. 是一种双务法律行为

这样，其属于有偿的、互利的双务合同关系。协议当事人之间的权利与义务是对等的，双方当事人既享有权利，同时又承担义务。根据遗赠扶养协议，遗赠人取得受遗赠人提供的生养死葬的权利，要承担将其财产死后转归扶养人的义务；扶养人在承担遗赠人生养死葬义务的同时，享受受遗赠的权利。

3. 是一种诺成性的法律行为

协议一旦订立，即发生法律效力，非经双方协商同意，不得变更或撤销。其中的扶养部分，即扶养人对遗赠人的生养死葬的义务，协议即开始履行。可对于接受遗赠的部分，即将财产转给受遗赠人所有，则必须在遗赠人死后才能实现。在遗赠人生前，受遗赠人不得提出取得受遗赠财产的要求。遗赠在遗嘱设立后虽具有设立效力，却不具有执行效力。遗赠人生前按自己意志随时可以变更或撤销，受遗赠人只有在遗赠人死后才能依法接受遗赠。

4. 主体具有一定的特殊性

遗赠人必须是自然人，且具有完全民事行为能力，有一定的财产，并需要他人扶养，实际上一般是孤寡而没有法定继承人的老人。扶养人则是继承人以外的组织或者个人，既可以是自然人，也可以是组织。自然人必须具有完全民事行为能力，能履行扶养义务。《民法典》对扶养人的规定，比《继承法》的规定更加明确，不再限定组织必须为集体所有，扩大了扶养人的选择范围，有利于遗赠扶养协议制度的发展。

二、遗赠扶养协议的效力

对于遗赠扶养协议的效力，应当注意以下3点。

1. 遗赠扶养协议，一经签订即发生法律效力，双方应当认真恪守有关规定，承担依法设定的权利与义务

受遗赠人应当对遗赠人根据协议承担生养死葬的责任，妥善安排遗赠人的生活，不得对其放任不管，随意中止对其的扶养和照顾，更不能采用暴力等方式对其进行虐待；遗赠人则不能将约定遗赠给扶养人所有的财产，利用遗嘱或其他方式处分给继承人或其他人，也不得使该财产灭失，应当妥善保管。继承人以外的组织或者个人与自然人签订遗赠扶养协议后，无正当理由不履行，导致协议解除的，根据《民法典继承编解释（一）》第40条的规定，不能享有受遗赠的权利，其支付的供养费用一般不予补偿；遗赠人无正当理由不履行，导致协议解除的，则应当偿还继承人以外的组织或者个人已支付的供养费用。遗赠协议未解除的，有关受益人或继承人可以请求人民法院依法取消接受遗赠的权利。对此，《民法典继承编解释（一）》第29条规定，附义务

的遗嘱继承或者遗赠，如义务能够履行，而继承人、受遗赠人无正当理由不履行，经受益人或者其他继承人请求，人民法院可以取消其接受附义务部分遗产的权利，由提出请求的继承人或者受益人负责按遗嘱人的意愿履行义务，接受遗产。

2. 在法定继承或遗嘱继承与遗赠扶养协议同时存在并相抵触时，遗赠扶养协议的效力高于前两者的效力

《民法典》第1123条明确规定：“继承开始后，按照法定继承办理；有遗嘱的，按照遗嘱继承或者遗赠办理；有遗赠扶养协议的，按照协议办理。”《民法典继承编解释(一)》第3条规定，被继承人生前与他人订有遗赠扶养协议，同时又立有遗嘱的，继承开始后，如果遗赠扶养协议与遗嘱没有抵触，遗产分别按协议和遗嘱处理；如果有抵触，按协议处理，与协议抵触的遗嘱全部或者部分无效。

3. 遗赠扶养协议并不免除遗赠人的子女等赡养义务人的赡养义务

这是因为，遗赠人与其子女等赡养义务人的权利与义务关系基于法定的身份关系及法律规定而产生，只有在双方的身份关系消除后才能解除，自然人与他人即使签订了遗赠扶养协议，赡养义务人仍要依法承担赡养义务，不能以遗赠人已有人扶养为由而拒不承担法定义务。

第十八章

遗产及其处理

第一节　遗产概述

一、遗产的概念和特征

遗产，作为继承法律关系的客体、继承人继承的标的物或对象，根据《民法典》

第1122条的规定，是指自然人死亡时遗留的个人合法财产，但依照法律规定或者依其性质不得继承的除外。《民法典》第1122条对遗产采取概括式规定，改变了《继承法》第3条采取“列举+概括”的方式规定遗产范围的立法方式。其实，对遗产列举无论达到何等详细的程度，在财产类型日益增加和财产形式不断丰富的情形下，也无法涵盖全部的遗产，甚至可能发生法律属性争议的问题。而概括式规定，则具有更好的涵摄力，开放性更强，能够适应市场经济发展和社会生活变化的需求。就遗产的特征而言，主要如下。

1. 是自然人的合法财产

非法所得的财产，如通过贪污、受贿、盗窃、诈骗、绑架、抢劫等违法犯罪手段以损害国家、集体利益或者他人合法权益为代价所获取的财产，或者法律不允许自然人持有的财产，如毒品、枪支、弹药、淫秽物品等，就不能作为遗产由继承人继承。所谓合法的财产，是指财产本身及其取得的方式、程序都没有违法因素，均符合法律规定的财产。如果财产本身含有非法因素，如不允许持有而持有，或明知是他人通过违法犯罪取得的财物而仍然购买、获取，以及财产的取得方法或程序不合法，则都不能以合法财产论。

2. 是自然人个人的合法财产

自然人死亡时，能够作为遗产转移给继承人或其他人的财产，必须是其生前属于其所有的个人财产，即遗产具有专属性。虽为被继承人生前占有，然被继承人没有所有权的财产，如被继承人生前借用的财产、租住的房屋等，不能作为其遗产。当然，属于自然人个人合法所有的财产，亦不一定为其实际占有，这点应当引起充分的注意。个人所有，既包括本人单独所有的财产，也包括与他人、集体甚至国家共同所有、混合所有财产中属于其所有的财产份额。

3. 是自然人死亡时遗留的财产

自然人死亡前所拥有的财产，不属于遗产。只有自然人死亡之后，不再具有民事权利能力，不能成为民事法律关系的主体，其财产才属于遗产。自然人生前处分财产，是依法对自己所有的财产行使所有权的表现。所以，经过自然人生前处分，转移给他人所有的财产，不能属于遗产。

4. 是能够与人身相分离而独立转移给他人所有的财产

虽为自然人死亡时遗留的个人合法财产，包括财产性权利与义务，但如不能与人身相分离，就无法脱离死者而转移给继承人，自然不能属于遗产的范畴。例如，源于人身关系而发生的财产性权利与义务，如接受赡养、扶养、抚养的权利就不能作为遗产而由继承人继承。又如，与人身关系密不可分的财产性权利，如约稿合同、有偿的委托合同、演出合同的当事人，在履行合同前或中死亡的，未能履行的合同包括部分合同均自然终止，剩下的未能履行合同中所含有的权利与义务就不能作为遗产继承。当然，已经履行完的部分所包含的财产权利已属自然人个人合法所有，就可以作为遗产而为继承人继承。

5. 是被继承人一定财产权利和义务的统一体

既包括自然人死亡时遗留的个人合法的财产权利，如所有权、债权、知识产权中的财产权利等“积极财产”，又包括自然人死亡时遗留的应以其遗产承担的财产义务，如债务等“消极财产”。继承人继承遗产时，既应继承遗产中的积极财产，同时又应继承遗产中的消极财产。倘若放弃继承遗产中的积极财产，也就放弃了继承遗产中的消极财产。然而，继承遗产中的消极财产的数额，要以其继承遗产中的积极财产的最高数额为限，即继承遗产中的消极财产不得高于继承积极财产的数额，而继承其中的积极财产数额，则不以其承担遗产中的消极财产最高数额为限。

二、遗产的法律地位

1. 外国关于遗产法律地位的规定

遗产的法律地位，是指遗产归属于何种权利主体，即属谁所有的问题。对此，世界各国大致有两种立法模式：

（1）遗产不确定主义。该主义认为遗产无确定的所有人，为无主财产，处于一种特别的法律地位。如英国法主张，自然人死亡后，其遗产并不直接归于继承人。遗产管理人或遗嘱执行人只有在遗产经过清算有剩余时，才将剩余的遗产交付继承人，继承人对该遗产才具有所有权。在奥地利，遗产由法院决定交付，交付之前，遗产为独立的特别财产，继承人不具有所有权，仅具有请求遗产交付的权利。

（2）遗产确定主义。该主义认为自然人死亡时遗留的财产自继承开始直接归属于继承人，即遗产的所有人确定，遗产为有主财产，所有人为继承人。有的遗产确定以继承人承认而发生，但承认的效力溯及至继承开始；有的不以继承人承认就发生，表示放弃继承权的，其效力则溯及至继承开始。继承人为 1 人的，遗产由继承人单独所有。继承人为 2 人及以上的，又有两种立法模式：1）采用罗马法模式的国家，如法国、日本民法主张共同继承人按份共有遗产。继承一开始，各继承人就已个别地继承遗产，对其应继承份额享有特定的权利，且在遗产分割前还可以单独处分其应继承份额。2）采用日耳曼法模式的国家，如德国、瑞士民法主张共同所有遗产。各继承人虽对遗产全部有其应继份，然其应继份为潜在的、不确定的。相对于遗产的各个财产，并无确定的应有部分，继承人不得就个别财产的应有部分做出处分，只能处分全部遗产中的应继份。

2. 我国关于遗产法律地位的主张

在我国，法律未对遗产的法律地位做出明确规定，但从《民法典》的规定看，可以对其做如下理解：

（1）《民法典》第 1124 条规定：“继承开始后，继承人放弃继承的，应当在遗产处理前，以书面形式作出放弃继承的表示；没有表示的，视为接受继承。受遗赠人应当在知道受遗赠后六十日内，作出接受或者放弃受遗赠的表示；到期没有表示的，视为放弃受遗赠。”这就是说，除继承人明确表示放弃继承外，都当然继承，不以其做出继承意思表示为必要。是以，遗产自继承开始便归属于继承人。

（2）在遗嘱继承中，继承人所承受的遗产为遗嘱中指定的财产。该项财产被遗嘱指定给单个人的，为单个人所有；指定给共同所有人或按份共有人的，属共同所有或按份共有。未指明的，应由遗嘱继承人共同所有。

（3）在法定继承中，继承人为 1 人的，遗产为继承人单独所有；继承人为数人的，在遗产分割前，每人继承的标的并未确定，继承人对遗产共同所有。倘使存在继承人以外的依靠被继承人扶养的或者对被继承人扶养较多的可以分给适当遗产的人，其也可以成为共有人。

(4) 在同时存在遗嘱继承和法定继承时，对遗嘱指定的遗产按上述第 2 种情况处理，对其他遗产则按上述第 3 种情况处理。

第二节 遗产的范围

一、法定的遗产范围

《民法典》第 1122 条规定："遗产是自然人死亡时遗留的个人合法财产。依照法律规定或者根据其性质不得继承的遗产，不得继承。"这样，将《继承法》第 3 条规定的"遗产是公民死亡时遗留的个人合法财产，包括：（一）公民的收入；（二）公民的房屋、储蓄和生活用品；（三）公民的林木、牲畜和家禽；（四）公民的文物、图书资料；（五）法律允许公民所有的生产资料；（六）公民的著作权、专利权中的财产权利；（七）公民的其他合法财产"做了重大修正，将列举的方式删除，只要是自然人生前合法取得的财产，都属于遗产。这样，遗产就包含了现今常见的、新型的财产形式，同样也包括了未来可能出现的财产形式。以前争议较大的虚拟账号，例如 QQ 号、游戏账号等虚拟财产，到底能否继承等问题，一定程度上得到了解决，即虚拟账号应当包括在遗产范围之内。

应当指出，只要属于被继承人的合法财产，依法均可由其继承人依法继承。至于被继承人生前是否接受过国家、集体或者他人的救济，均不影响其死后遗产范围的确定。对此，《民法典继承编解释（一）》第 39 条规定，由国家或者集体组织供给生活费用的烈属和享受社会救济的自然人，其遗产仍应准许合法继承人继承。

二、遗产的除外规定

在我国，遗产的范围相当广泛，然这不意味着被继承人生前所有的权利与义务都可作为遗产而由继承人继承。根据有关法律、法规及司法解释的规定，下列权利与义务就不能作为遗产由继承人继承。

1. 复员、转业军人领取资助金、复员费、转业费、医疗费的权利

复员、转业军人领取资助金、复员费、转业费、医疗费的权利具有人身性质，由复员、转业军人专有，不得转让。复员、转业军人死后即终止，不能继承。当然，其生前已经领取的上述费用，属于其个人合法所有的，可以依法继承。

2. 领取离退休金和养老金的权利

这种权利只能由离退休人员和农村集体经济组织的成员等权利人享有。权利人一旦死亡，权利即行终止，不能转让或继承。

3. 领取因工伤残抚恤费和残废军人抚恤费的权利

这种权利也只有特定人员才能享有。权利人一旦死亡，即行终止，不能作为遗产继承。另外，国有、集体单位职工因公死亡，军人牺牲或病故，自然人因交通事故死

亡时，由死者生前抚养、扶助或赡养的家属依法获得的抚恤费和其他生活补助费，是给予死者特定家属的精神慰藉和物质帮助，并非对死者个人利益的补偿，不能作为死者遗产由继承人继承，只能由接受抚恤的对象本人享有。当然，因为他人致害身亡，致害人或有关单位甚或国家给予死者的损害赔偿，与上述抚恤费不同，应作为其遗产而由其继承人依法继承。

4. 人身保险合同的第三人受益权

在人身保险合同中，被保险人指定第三人为受益人的，其在保险期内死亡，不论第三人是否为继承人，保险金都应由第三人享有，不得作为遗产继承。

5. 与被继承人的人身密不可分的人身权

如姓名权、名誉权、荣誉权、知识产权中的人身权等，与自然人人身不能分离，不能转移给他人，不能作为遗产。但与自然人可以分离的人身权，如个人合伙、个体工商户的名称如字号、商号等，与商业信用相关，又属一种无形财产，可以依法转让给他人，故可以依法作为遗产继承。

6. 与自然人人身有关的专属性债权、债务

与自然人人身有关的债权、债务，常以特定人的行为为客体，如委托合同，必以自己的工作亲自完成承揽标的的承揽合同，出版、演出合同，劳动合同，承租合同，赠与合同等所产生的权利与义务，发生在特定人员之间，权利与义务不能移转给他人，故一方死亡，要么终止其间的权利与义务关系，要么由权利人专属享有，其权利与义务不能作为遗产由死者的继承人继承。

7. 对他人所有的财物依法享有的用益物权

用益物权，根据《民法典》第 323 条的规定，是指用益物权人对他人所有的不动产或者动产，依法享有占有、使用和收益的权利，如土地承包经营权、建设用地使用权宅基地使用权等。用益物权虽然具有财产性质，并可以依法转让，构成权利人的财产，但在权利人死亡时则不能作为遗产转为其继承人继承。继承人倘使要取得上述权利，则应依法申请，由国家、集体依法赋予其上述权利。对于承包权，依照法律允许由继承人继续承包的，按照承包合同办理。继承人未申请取得承包经营权的，根据《民法典继承编解释（一）》第 2 条的规定，承包人死亡时尚未取得承包收益的，可以将死者生前对承包所投入的资金和所付出的劳动及其增值和孳息，由发包单位或者接续承包合同的人合理折价、补偿，其价额作为遗产。对于其他用益物权，同样应当依法办理。

第三节　遗产的管理、使用收益及处分

一、遗产的管理

1. 遗产管理人

遗产的保管，是指自继承开始至遗产分割给继承人之前，负有遗产保管责任的人对遗产进行的保护和管理。被继承人死亡后，其遗产分割前可能未由继承人实际占有，这就存在一个保管的问题。否则，遗产无人管理、保护，占有遗产的人就可能私分、

转移或者隐匿遗产，他人也可能窃取、损坏遗产，从而侵害继承人的合法权益。为了保护继承人、受遗赠人及被继承人的债权人的合法权益，无疑需要依法确定遗产的保管责任。根据有关法律及司法解释的规定，遗产的保管主要分为以下几种情况：

(1)《民法典》第1151条规定："存有遗产的人，应当妥善保管遗产，任何组织或者个人不得侵吞或者争抢。"据此，凡是存有遗产的人，都负有保管责任。其既可以是继承人，也可以是继承人以外的其他合法占有遗产的人，如死者房屋的承租人及死者生前所在的单位、居民委员会、村民委员会等组织。没有合法依据而占有遗产的人，不能成为保管人，应将遗产交由继承人或有关组织保管。

(2)《民法典》第1145条规定："继承开始后，遗嘱执行人为遗产管理人；没有遗嘱执行人的，继承人应当及时推选遗产管理人；继承人未推选的，由继承人共同担任遗产管理人；没有继承人或者继承人均放弃继承的，由被继承人生前住所地的民政部门或者村民委员会担任遗产管理人。"第1146条规定："对遗产管理人的确定有争议的，利害关系人可以向人民法院申请指定遗产管理人。"

(3)《民法典》第1150条规定："继承开始后，知道被继承人死亡的继承人应当及时通知其他继承人和遗嘱执行人。继承人中无人知道被继承人死亡或者知道被继承人死亡而不能通知的，由被继承人生前所在单位或者住所地的居民委员会、村民委员会负责通知。"

(4) 分割遗产时为胎儿所留下的份额应由被继承人的配偶保管。

(5)《民法典继承编解释（一)》第30条规定，人民法院在审理继承案件时，如果知道有继承人而无法通知的，分割遗产时，要保留其应继承的遗产，并确定该遗产的保管人或者保管单位。

2. 遗产保管的责任与后果

遗产管理人应当妥善保管遗产。就责任而言，《民法典》第1147条规定："遗产管理人应当履行下列职责：(一) 清理遗产并制作遗产清单；(二) 向继承人报告遗产情况；(三) 采取必要措施防止遗产毁损、灭失；(四) 处理被继承人的债权债务；(五) 按照遗嘱或者依照法律规定分割遗产；(六) 实施与管理遗产有关的其他必要行为。"

不论是继承人还是非继承人及有关单位、组织，只要负有保管义务，就应认真履行义务，不得侵吞或争抢遗产，不然应当承担相应的民事责任。继承人故意隐匿、侵吞或争抢遗产的，也要承担相应的民事责任。《民法典》第1148条规定："遗产管理人应当依法履行职责，因故意或者重大过失造成继承人、受遗赠人、债权人损害的，应当承担民事责任。"与遗产管理人的义务相对应，《民法典》第1149条规定："遗产管理人可以依照法律规定或者按照约定获得报酬。"至于因为遗产保管而支付的诸如运输费、劳务费、贵重物品的保管费等费用，以及他人基于无因管理所支付的费用，自然需要从遗产中支付，或由继承人，受遗赠人分担。

二、遗产的使用收益和处分

继承人为2人及以上时，遗产处于共有状态，对其使用特别是对不动产的使用，应由共同继承人同意。但这里的同意，不以继承人明确表示同意为必要，只要继承人不表示反对即可。使用遗产的收益或遗产的自然增值如孳息，有约定的，依约定处理；

没有约定的，在分割遗产时应与遗产一并由共同继承人分割。

遗产保管人对于遗产的处置，必须严格限制。除非征得继承人的共同同意，或因保管的需要，或基于死者生前必须处置的民事权利与义务关系等特定原因，否则不能擅自处置遗产，即使依法处分遗产，也不能变更遗产的标的物或权利的性质。一般说来，遗产保管人出于管理遗产的需要在下列情况下可以依法处置遗产：（1）为保存遗产而处置，如作为遗产的房屋年久失修，基于保护房产，避免倒塌、损坏等正当目的而进行修缮；对于不能保留的鲜活物作价变卖。（2）鉴于清偿紧急债务而处置，如为了支付丧葬费而处置。（3）因死者生前必须履行的权利与义务关系而处置，如为保持死者生前的营业而支付营业职工的工资等。（4）征得继承人的同意而处置。

应当指出，继承人为 2 人及以上时，遗产作为一种特殊的共有财产，继承人有权放弃，然不能在遗产分割前指定他人继承自己的份额。否则，不仅会改变遗产共有的性质，而且与被继承人的意志相背。当然，继承人在继承取得遗产后依自己的意志处分给他人，属于处分已属自己单独所有的财产，而非遗产，两者体现的法律关系的性质不同，不能混淆。

第四节　遗产继承的开始与通知

一、遗产继承开始的原因

遗产继承开始，简称继承开始，是指继承法律关系的发生。同其他法律关系一样，继承法律关系的发生即继承开始必以一定事实的出现为前提。能够引起继承法律关系发生的法律事实，就是继承开始的原因。

《民法典》第 1121 条第 1 款规定："继承从被继承人死亡时开始。"自然人死亡，有自然死亡和宣告死亡。无论是自然死亡还是宣告死亡，都能产生继承开始的法律后果。自然死亡，又称生理死亡，是指生命的绝对消灭，如因病、意外事故、被他人杀害、被依法剥夺生命等死亡。宣告死亡，是指自然人下落不明达到一定时间而由其利害关系人申请，人民法院依法宣告其死亡。宣告死亡是一种推定死亡，自然人可能并未真正死亡。一旦出现或者有人确知他没有死亡，本人或其利害关系人又可申请撤销对其的死亡宣告。原先发生的继承关系效力亦应终止。

二、遗产继承开始的时间

1. 遗产继承开始的时间

继承因被继承人死亡而开始，遗产继承开始的时间当然就是被继承人死亡的时间。死亡包括自然死亡和宣告死亡。《民法典继承编解释（一）》第 1 条规定，继承从被继承人生理死亡或者被宣告死亡时开始。宣告死亡的，根据《民法典》第 48 条"被宣告死亡的人，人民法院宣告死亡的判决作出之日视为其死亡的日期；因意外事件下落不明宣告死亡的，意外事件发生之日视为其死亡的日期"的规定确定的死亡日期，即"宣告死亡的判决作出之日"或"意外事件发生之日"，为继承开始的时间。《民法典》

第15条规定：“自然人的出生时间和死亡时间，以出生证明、死亡证明记载的时间为准；没有出生证明、死亡证明的，以户籍登记或者其他有效身份登记记载的时间为准。有其他证据足以推翻以上记载时间的，以该证据证明的时间为准。”自然人自然死亡的时间为继承开始时间。

2. 死亡推定制度

在现实生活中，由于各种各样的原因，相互存在继承关系的几个人可能在同一事件中死亡，不能确定死亡先后时间的现象也时有发生。这时，就得进行推定，以保护各继承人的合法权益。《民法典》第1121条第2款规定：“相互有继承关系的数人在同一事件中死亡，难以确定死亡时间的，推定没有其他继承人的人先死亡。都有其他继承人，辈份不同的，推定长辈先死亡；辈份相同的，推定同时死亡，相互不发生继承。”对之，应注意以下2点：

(1) 推定没有其他继承人的人先死亡。所谓“没有其他继承人的人”，是指除了与其在同一事件中死亡的相互有继承关系的人以外，该人再没有其他继承人。例如：1家3口父A、母B、儿C在一场车祸中3人均不幸遇难，其中C未婚且无子女，无法确定3人的死亡时间。这时就推定C先死亡，这样的话其父母A、B可以作为C的继承人继承C的遗产。因为A、B也死亡了，所以A、B从C处继承的遗产以及A、B自己的遗产由A、B的继承人来继承。“推定没有其他继承人的人先死亡”，主要是为了防止遗产无人继承的情况发生。

(2) 死亡人各自都有其他继承人的死亡推定。所谓死亡人各自都有其他继承人的，是指除了与其在同一事件中死亡的相互有继承关系的人以外，该人还存在其他继承人。在这种情况下，就要看他们的辈分是否相同分为两种情况：1) 几个死亡人辈分不同的，推定长辈先死亡；2) 几个死亡人辈分相同的，推定同时死亡，彼此不发生继承，由他们各自的继承人分别继承。

3. 被继承人死亡时间的法律意义

应当指出，自然人一旦死亡，其遗产继承就立即开始。可在司法实践中，父母一方死亡的，一般不会马上分割遗产，以免损害另一方的感情。然这是传统习惯，不能因此就认为继承要在父母双亡后才开始。从法律上讲，父母一方死亡，继承开始。任何阻止、刁难继承开始的做法都有悖法律规定。当然，子女基于尊重老人的感情需要而自愿暂不分割遗产的，自应允许。被继承人的死亡时间，作为继承开始的唯一标准，从法律上来说，具有以下意义及效力，应当注意把握：

(1) 被继承人死亡的时间，是确定被继承人的遗产及其数额的根据。

只有在被继承人死亡时所遗留下来的现实存在的个人合法财产，才属于被继承人的遗产。原属被继承人所有，然在其死亡前已经通过出卖、赠与、消费等方式处分、灭失了的财产，不属于死者的遗产。应当指出，被继承人死亡后，由于各种原因，继承人并不立即分割遗产，这样，继承开始到遗产分割往往相隔一段时间。在这段时间内，遗产也许发生变化，有的可能灭失，有的可能产生孳息，由此影响遗产的范围，可这是遗产的保管、使用、收益问题，与继承开始确定遗产范围的效力性质不同。另外，继承开始后，与死者共有某项财产的人附加在遗产上的财产不能列为遗产。如被继承人甲与其配偶乙共有4间房屋。乙在甲死后又加盖了2间房屋，加盖的 2 间房屋便不能作为遗产。作为遗产的只能是共有的 4 间房屋中属于甲应有的 2 间房屋。

（2）被继承人的死亡时间，是确定继承资格与继承人范围的基础。

被继承人死亡，继承开始，继承期待权转化为继承既得权，合法继承人取得承受遗产的资格。

只有继承开始时仍享有遗产承受权利的人，才有资格取得遗产。如继承开始以前已经死亡的继承人，便因失去了主体资格而不能成为继承人。根据《民法典》第 1128 条的规定，被继承人的子女先于被继承人死亡的，由被继承人的子女的直系晚辈血亲代位继承。被继承人的兄弟姐妹先于被继承人死亡的，由被继承人的兄弟姐妹的子女代位继承。遗嘱继承人或受遗赠人先于被继承人死亡的，所应继承或接受的遗产，则按法定继承办理。如甲在与乙离婚后死亡，则乙在甲死亡时没有继承资格而不能成为继承人。若乙在甲死亡时没有离婚，其在甲死亡时就具有继承资格而成为继承人。在分割遗产前，乙即使再婚也具有继承权，其继承权任何人都不能剥夺。总之，凡在继承开始时已经死亡或者丧失继承权的人，或者不属于应当参加继承顺序内的继承人，或者继承权因离婚、收养关系解除等而消灭的人，都不能成为继承人。其原因就是在被继承人死亡时，这些人都不再具有继承资格。

（3）被继承人死亡的时间，是确定遗产所有权的时间界限。

被继承人死亡，即意味着继承的开始，死者遗产的所有权此时也发生了转移，也就是死者对遗产不再具有所有权，继承人获得遗产所有权。在现实生活中，把实际分割遗产的时间作为继承权开始、遗产所有权转移的时间，违反法律规定，其结果常常会产生下列问题：

一是侵犯被继承人死亡后、遗产分割前这一时间内继承人的合法继承权利。如果以实际分割遗产为继承开始、遗产所有权转移的时间，继承人在这段时间内死亡的，就会使其丧失对应继承遗产的所有权，其合法权益得不到保护。

二是不利于遗产的有效保管。一些人可能故意拖延分割遗产的时间，在此期间内任意处分遗产，造成遗产的减少，损害继承人的合法权益。

三是以实际分割遗产时间为所有权转移时间的，在此之前，没有继承权的人也可能得到一些财产，自会损害继承人的利益。

（4）被继承人死亡的时间，是遗嘱发生效力的时间。

遗嘱作为自然人生前处分其死后遗留财产的法律行为，其生效时间为遗嘱人死亡之时。在其死亡前即继承开始前，遗嘱尚未生效，遗嘱人可以变更或撤销遗嘱。被继承人死亡，继承开始，遗嘱才发生效力，并依法具有执行力。保管遗嘱的人，在继承人或遗嘱见证人在场的情况下开启遗嘱，宣布遗嘱内容，遗嘱合法、有效的就可执行。

（5）被继承人的死亡时间，是继承人放弃继承权行为的起点时间。

根据继承编的规定，被继承人死亡后遗产分割前，继承人放弃继承权的，意味着继承人从继承开始就对遗产不享有任何权利。不论何时分割遗产，放弃继承的效力都追溯到继承开始即被继承人死亡时。

（6）被继承人死亡的时间，是确定继承人继承份额的时间。

在现实生活中，没有合法、有效的遗嘱时，继承人按法定继承承受遗产。当同一顺序的继承人有两人甚至多人时，就存在如何确定各自所应继承份额的问题。份额的确定，应以被继承人死亡时所留遗产的总额为依据，即将死亡时所留遗产依照规定划为数份，而不是以具体分割时所留的遗产为准。不然，就可能侵犯继承人的合法权益。

(7) 被继承人死亡的时间，是确定继承纠纷最长时间的起算点。

继承人在继承权受到侵害时，有权请求人民法院予以保护。但《民法典》第188条规定，继承权纠纷提起诉讼的期限为3年，自继承人知道或者应当知道其权利被侵犯之日起计算。但是自继承开始之日起超过20年的，不得再提起诉讼。据此，提起继承诉讼的最长时效20年，应当以被继承人死亡的时间为起算点。对此，《民法典继承解释（一）》第31条第2款规定，为胎儿保留的遗产份额，如胎儿出生后死亡的，由其继承人继承；如胎儿娩出时是死体的，由被继承人的继承人继承。

三、遗产继承开始的地点

遗产继承开始的地点，是指继承人参与继承法律关系、行使继承权、接受遗产的场所。在我国，由于法律没有关于继承开始地点的规定，理论界主张不一。有的人认为应以被继承人生前住所地为继承开始的地点，有的人认为要以被继承人的户籍所在地或主要遗产所在地为继承开始的地点。笔者认为，继承开始的地点应与司法管辖的规定相一致，以利于继承纠纷的最终解决和继承人合法权益的有效保护。《民事诉讼法》第33条第3项规定："因继承遗产纠纷提起的诉讼，由被继承人死亡时住所地或者主要遗产所在地人民法院管辖。"据此，继承开始的地点应为被继承人死亡时的住所地或者主要遗产所在地。

四、遗产继承的通知

遗产继承的通知，又称遗产继承开始的通知，简称继承的通知，是指将被继承人死亡和继承开始的法律事实告知所有的合法继承人、受遗赠人、遗嘱执行人，以有效保证继承人、受遗赠人依法行使继承权。在现实生活中，由于各种原因，如继承人或受遗赠人在国外或其他远离被继承人的地方，不知道已为被继承人指定为遗嘱继承人或受遗赠人，知道被继承人死亡的继承人为了独吞遗产，故意隐瞒、封锁被继承人死亡的消息，知道被继承人死亡的继承人因为无民事行为能力而无法通知其他继承人，致使有的继承人不知道被继承人死亡。不知道被继承人死亡，当然无法行使继承权。所以，为了有效保护所有继承人的合法继承权，《民法典》第1150条对继承开始的通知做了明确规定，即："继承开始后，知道被继承人死亡的继承人应当及时通知其他继承人和遗嘱执行人。继承人中无人知道被继承人死亡或者知道被继承人死亡而不能通知的，由被继承人生前所在单位或者住所地的居民委员会、村民委员会负责通知。"据此，对于继承的通知，应当注意以下3个方面：

1. 继承通知的义务人

继承开始后，应由知道被继承人死亡的继承人承担通知义务。只有在继承人中无人知道被继承人死亡，或者虽然知道被继承人死亡而不能通知时，如无民事行为能力而不具备通知能力，由于疾病等原因而无法履行通知义务等，继承开始的通知才由被继承人生前所在单位或者住所地的居民委员会、村民委员会负责。其他个人和组织，即使知道被继承人死亡，如被继承人死亡时所在的医院，都不负有通知继承开始的义务，然医院有向死者亲属（并非所有亲属）或所在单位发出死亡通知的责任。可这不是通知继承开始，两者不能相互混淆。

2. 继承通知的对象应为不知道被继承人死亡、继承开始的继承人和遗嘱执行人

继承人，在这里应是指所有依法能够继承遗产的法定继承人、遗嘱继承人及受遗赠人，而非限于第一顺序法定继承人。应当指出，被继承人生前的单位或者住所地的居民委员会、村民委员会通知了继承人后，继承人如有能力通知，则应成为通知义务人而依法通知其他不知道被继承人死亡的继承人。

3. 通知义务人应当及时通知继承人和遗嘱执行人

只有这样，才有利于维护继承人的合法权益，尽早让权利人行使自己的权利，做出接受还是放弃继承的意思表示，并及时分割处理遗产，避免或者有效解决继承纠纷，以免因继承人未得到及时通知而致遗产长期处于不确定状态，造成遗产损坏或被他人非法占有、侵吞。至于通知采用的方式，无论是口头形式还是书面形式以及公告或者电话、微信、电子邮件等其他形式，都不会影响其成立。

第五节　遗产的分割

一、遗产分割的概念

遗产分割，是指将被继承人的遗产依法分配给各继承人，以实现其继承权的行为。从被继承人死亡至遗产分割前，遗产尚处于共有状态，只有经过分割，继承人才能得到应当继承的份额，遗产的分割也就成为必然。

遗产作为共同继承人的共有财产，与其他共有财产有所不同。其他共有财产在共有的基础关系即共同关系存续期间一般不得分割，否则应承担相应的责任。对共同继承人所有的遗产，继承人则随时可以要求分割，遗产分割的权利属于形成权的范畴，其行使不受时限的限制，不因时效而消灭。

妥善分割遗产，前提就是准确确定遗产的范围，把遗产与其他家庭成员的个人财产以及夫妻共有财产、家庭共有财产和其他共有财产分开：（1）应把遗产与其他家庭成员的个人财产分开。如军人的复员费、转业费，自然人的离退休金等都专属于军人或自然人所有，属个人财产，不能将之列为被继承人的遗产而由继承人继承。（2）要将遗产从夫妻共同财产中分出。《民法典》第1153条第1款规定："夫妻共同所有的财产，除有约定的外，遗产分割时，应当先将共同所有的财产的一半分出为配偶所有，其余的为被继承人的遗产。"（3）要将遗产从家庭共有财产中分出。《民法典》第1153条第2款规定："遗产在家庭共有财产之中的，遗产分割时，应当先分出他人的财产。"遗产如在家庭共有财产中，不论是按份共有还是共同所有，都应依法将之分出。（4）要将遗产从其他共有财产中分出。如合伙经营积累的财产，属合伙人共有。合伙人之一死亡的，则其在合伙共有财产中所占的份额，如约定所占的比例或按出资比例确定的

份额，应作为遗产由继承人继承。继承人表示不退伙的，则对该遗产不加分割；表示退伙的，则应将之从共有财产中分出。

应当指出，被继承人的遗产应根据其死亡时间确定。死亡后遗产分割前，财产的共有人使用遗产所得的财产及其孳息虽然不属于遗产，但仍应由继承人加以分割。

二、遗产分割的原则

遗产的分割，除遵守保护自然人私有财产继承权，继承权男女平等，养老育幼、照顾病残，互谅互让、和睦团结，权利与义务相一致等继承法的基本原则外，根据《民法典》第1123条、第1154条、第1155条、第1156条的规定，还应遵守下列具体原则：

1. 遗嘱继承先于法定继承原则

遗嘱继承先于法定继承原则，是确定遗产分割顺序的原则。《民法典》第1123条规定："继承开始后，按照法定继承办理；有遗嘱的，按照遗嘱继承或者遗赠办理；有遗赠扶养协议的，按照协议办理。"据此，分割遗产时，有遗嘱的，应按照遗嘱的有效指定依法进行分割；无遗嘱时，才按法定继承进行分割。虽有遗嘱但出现法定的原因，如因违反法律等而无效的遗嘱，包括部分无效遗嘱的无效部分，也应依照法定继承处理，这点尤应注意。对此，《民法典》第1154条的规定："有下列情形之一的，遗产中的有关部分按照法定继承办理：（一）遗嘱继承人放弃继承或者受遗赠人放弃受遗赠；（二）遗嘱继承人丧失继承权或者受遗赠人丧失受遗赠权；（三）遗嘱继承人、受遗赠人先于遗嘱人死亡或者终止；（四）遗嘱无效部分所涉及的遗产；（五）遗嘱未处分的遗产。"

2. 充分发挥遗产效用原则

《民法典》第1156条第1款规定："遗产分割应当有利于生产和生活需要，不损害遗产的效用。"《民法典继承编解释（一）》第42条规定，人民法院在分割遗产中的房屋、生产资料和特定职业所需要的财产时，应当依据有利于发挥其使用效益和继承人的实际需要，兼顾各继承人的利益进行处理。

3. 应当保留胎儿的继承份额原则

为了保护胎儿的利益，各国都有胎儿继承遗产份额的规定。《民法典》第1155条并未限制在胎儿娩出前分割遗产，而是规定："遗产分割时，应当保留胎儿的继承份额。胎儿娩出时是死体的，保留的份额按照法定继承办理。"据此，对于保留胎儿的继承份额，应当注意以下几点：

（1）保留胎儿的继承份额，对其利益加以特殊保护，是因为《民法典》第16条规定："涉及遗产继承、接受赠与等胎儿利益保护的，胎儿视为具有民事权利能力。但是，胎儿娩出时为死体的，其民事权利能力自始不存在。"据之，胎儿在法律意义上来讲，在继承遗产、接受赠与等情况下，已具备了民事权利能力。可是，胎儿继承遗产等权利，只是在胎儿娩出时为活体的情况下存在。倘若娩出时为死体，则胎儿不具备民事权利能力，且之前为胎儿保留的遗产份额也将重新分配，并非由胎儿的父母继承。

（2）无论是法定继承还是遗嘱继承，在分割遗产时，如有胎儿，都应当为胎儿保留其应继承的份额。遗嘱人设立遗嘱时尚不知道有胎儿，或者知道但未给胎儿指定继承的份额，或者虽然指定但数量未达到其应有的份额时，应在遗产中留出胎儿继承的份额后，再按遗嘱依法让继承人继承。胎儿继承份额的确定应按法定继承的遗产分配原则进行。遗嘱指定其继承的份额多于按法定继承遗产分配原则确定的继承份额时，宜按遗嘱确定其继承的份额。另外，胎儿为两胎或多胎的，对每一胎儿都应依法保留其继承份额。

（3）继承人分割遗产时，没有为胎儿保留继承份额的，按照《民法典继承编解释（一）》第 31 条第 1 款的规定，应从继承人所继承的遗产中扣回。应当指出，虽然保留了胎儿继承的遗产，然份额不足的，对不足部分也应从继承人已经继承的遗产中扣回补足。胎儿为两胎或多胎的，如只保留了 1 份，亦应从继承人继承的遗产中扣回，以保证每一个胎儿都有 1 份。在遗产分割时已发现有胎儿的，应当保留其继承的份额；在遗产分割后才发现有胎儿的，为了保护胎儿的合法权益，应从继承人已经继承的遗产中扣回。

（4）胎儿娩出时为活体的，为其保留的应继承份额，由其法定代理人代为保管。胎儿娩出后为活体，之后死亡的，则为其保留的继承份额成为胎儿的遗产，由其法定继承人依法定继承方式继承。胎儿娩出时为死体的，根据《民法典》第 1155 条的规定，为其保留的继承份额按照法定继承办理，此时不能适用遗嘱继承。对此，《民法典继承编解释（一）》第 31 条第 2 款规定，为胎儿保留的遗产份额，如胎儿出生后死亡的，由其继承人继承；如胎儿娩出时是死体的，由被继承人的继承人继承。

三、遗产分割的方法

遗产分割的方法，是指将遗产分配给继承人，继承人取得其应继承份额的具体办法。分割遗产可以采取下列方法：（1）实物分割法，当遗产为可分物时，按各继承人的应继承份额对遗产进行实物分割。（2）变价分割法，即将遗产出卖换取价金，由继承人分取价金。（3）补偿分割法，继承人取得某项遗产的价值超过其应继承的遗产份额时，该继承人将超过部分作价补偿给其他继承人。（4）保留共有法，在遗产不宜分割并且继承人同意不分割的情况下可以不分割遗产，保留各继承人对遗产的共有权。

第六节　遗产债务的清偿

一、遗产债务的概念和特征

1. 遗产债务的概念

所谓遗产，就是自然人死亡时遗留的个人合法财产。自然人死亡后，其所遗留的财产中既可能有财产权利，也可能有财产义务，是财产权利和财产义务的统一。《民法典》第 1159 条规定：“分割遗产，应当清偿被继承人依法应当缴纳的税款和债务；但是，应当为缺乏劳动能力又没有生活来源的继承人保留必要的遗产。”这样，自然人继承遗产既是一项财产权利又是一项财产义务。继承人仅享受财产权利而不承担财产义务，为法律所不允。至于遗产债务，则是指被继承人生前所欠的债务，即遗产中属于财产义务的那一部分。被继承人生前个人依法应当缴纳的税款和由于个人生活需要或个人行为（如侵权行为）等所欠下的债务，均可构成遗产债务。

2. 遗产债务的特征

遗产债务，作为一种特殊的债务，具有下列特征：

（1）遗产债务形成于被继承人死亡前，被继承人死亡后，因保管、分割遗产等而发生的费用，即继承费用，不属于遗产债务，应先从遗产中扣除或由继承人清偿。

（2）遗产债务是被继承人个人应当承担的债务，既包括因个人需要而欠付的纯粹个人债务，也包括与他人的共同债务（如夫妻共同债务、家庭共同债务以及合伙经营所应承担的合伙共同债务等）中应由其承担的份额债务。因此，在司法实践中，应当区分是个人债务还是共同债务，属于共同债务的，应当准确划出应由其个人承担的份额。

二、遗产债务的清偿原则

根据继承法律规定，清偿遗产债务应当遵循下列3项原则。

1. 限定继承原则

所谓限定继承，是指继承人对被继承人的遗产债务，仅以其继承遗产的实际价值负有限的清偿责任；超过遗产实际价值的部分，不负清偿责任。即继承人承担有限清偿责任，而非无限清偿责任。《民法典》第1161条规定："继承人以所得遗产实际价值为限清偿被继承人依法应当缴纳的税款和债务。超过遗产实际价值部分，继承人自愿偿还的不在此限。继承人放弃继承的，对被继承人依法应当缴纳的税款和债务可以不负清偿责任。"据此，"父债子还"已无法律根据。强迫继承人超出其继承遗产的实际价值偿还被继承人的债务，属于违法行为，应当承担相应的责任；造成损害的，应当赔偿损失；构成犯罪的，还应依法追究其刑事责任。当然，超过遗产实际价值部分，继承人自愿偿还的，不受限定继承原则的限制。遗产的实际价值，是指扣除继承费用后所剩余的遗产价值。

2. 保留特定继承人遗产份额原则

为了保障缺乏劳动能力又无生活来源的继承人的基本生活需要，彻底贯彻养老育幼、照顾病残的继承原则，无论是法定继承还是遗嘱继承，根据继承法的规定，都应对他们给予特别照顾，为其保留必要的遗产份额。与此相应，在清偿债务时也应注意给予他们特别照顾。不然，养老育幼、照顾病残的原则就可能无法贯彻到底。正因为这样，《民法典》第1159条规定："分割遗产，应当清偿被继承人依法应当缴纳的税款和债务；但是，应当为缺乏劳动能力又没有生活来源的继承人保留必要的遗产。"

3. 清偿债务优于执行遗赠原则

遗赠，是指遗嘱人利用遗嘱的方式将其财产在死后赠给国家、集体或者法定继承人以外之人的法律行为。与债权人的债权相比，两者有着明显的区别：

（1）债权一般都是有偿取得。债权人之所以能够取得债权，是基于付出了与此对等的义务；接受遗赠则可能是无偿的，不以付出对等义务为必要。

（2）债权在被继承人死亡前就已形成，即在继承开始以前就已确定；遗赠基于被继承人死亡这一法律事实而发生。在被继承人死亡之前，根本不会发生遗赠的问题。所以，对于债权的保护应当优于对受遗赠权的保护。为了防止被继承人利用遗赠转移财产，损害国家、集体利益及债权人的合法权益，《民法典》第1162条明确规定："执行遗赠不得妨碍清偿遗赠人依法应当缴纳的税款和债务。"据此，确立了清偿债务优于执行遗赠的原则。只有在清偿债务之后，尚有剩余遗产时，才能执行遗赠；倘使遗产本身不足以清偿债务，遗赠就不能执行。

三、遗产债务的清偿方法

1. 单独继承的债务清偿

继承开始后，继承人只有1人的，自应以其继承的遗产实际价值清偿被继承人生前所负的正当债务。

2. 共同继承的债务清偿

继承人为多人的，各继承人一般应以其继承遗产的份额比例负担被继承人的正当债务。其方法有两种：(1) 先行清偿债务，然后再分割遗产。即在遗产分割前将被继承人生前所欠债务从遗产中清偿完毕后，将剩余的遗产依法继承。(2) 先分割遗产，分摊债务，然后再由各继承人分别清偿债务。第一种方式在遗产分割前一次性地清偿遗产债务，无疑有利于债权人的债权实现。第二种方式由继承人各自承担遗产债务，有利于明确各自的清偿责任，但如果继承人缺乏清偿能力或拒不清偿遗产债务，就会影响债权人的债权实现。是以，为了保护债权人的利益，各继承人应对债权人负连带责任。换句话说，共同继承人对被继承人的债务在内部负按份清偿责任，在外部则对债权人负连带清偿责任，所有继承人都同时为同一债权人的债务人。

根据《民法典》第1163条的规定，遗产已被分割而未清偿债务时，既有法定继承又有遗嘱继承和遗赠的，首先由法定继承人用其所得遗产清偿债务；不足清偿时，剩余的债务由遗嘱继承人和受遗赠人按比例用所得遗产偿还。只有遗嘱继承和遗赠的，由遗嘱继承人和受遗赠人按比例用所得遗产偿还。

3. 遗产债务清偿的顺序

当遗产的债权人为1人时，自不会发生清偿顺序的问题。当债权人为多人时，如果遗产足以清偿全部债务，清偿顺序也无多大意义。在遗产不足以清偿所有债务时，清偿债务的顺序直接影响着债权人的债权能否实现。一般说来，遗产债务清偿的顺序为：首先偿还被继承人所欠付的他人的工资、生活费，其次清偿被继承人所欠付的国家税收，最后清偿其他债务。对于其他债务的清偿，在遗产上设立了抵押权、质权、留置权等的优先债权，要优于其他普通债权。遗产倘若不足以清偿处于同一顺序的债务时，则按比例清偿债务。

第七节　无人承受遗产的处理

一、无人承受遗产的概念

无人承受的遗产，又称无人继承又无人受遗赠的遗产，是指继承开始后，没有继承人或继承人全部放弃继承，且无人接受遗赠的遗产。此类遗产主要包括下列情况：

没有法定继承人、遗嘱继承人和受遗赠人的遗产；法定继承人、遗嘱继承人全部放弃继承，且受遗赠人全部放弃受遗赠的遗产；法定继承人、遗嘱继承人全部丧失继承权，受遗赠人全部放弃受遗赠的遗产。

二、无人承受遗产的处理

《民法典》第1160条规定："无人继承又无人受遗赠的遗产，归国家所有，用于公益事业；死者生前是集体所有制组织成员的，归所在集体所有制组织所有。"据此，对于无人承受遗产的归属，根据被继承人是否属于集体所有制组织的成员分为两种情况：

（1）被继承人如属集体所有制组织的成员，包括城镇集体所有制单位的职工和农村集体所有制单位、组织的职工、村民，其无人继承又无人受遗赠的遗产归死者生前所在的集体所有制组织所有。

（2）被继承人不是集体所有制组织的成员，其无人继承又无人受遗赠的遗产归国家所有，用于公益事业。

在处理无人承受的遗产时，还应注意以下两个问题：

一是被继承人生前所欠的税款和其他正当债务，应由其遗产的实际价值承担有限清偿责任，以保护债权人的合法权益。

二是对继承人以外的依靠被继承人扶养的缺乏劳动能力又没有生活来源的人，或者继承人以外的对被继承人扶养较多的人，可以分给他们适当的遗产。但必须向人民法院提出申请，人民法院视情况酌情分给其适当遗产。其他单位包括其他国家机关，死者生前所在单位、组织都无权将这种遗产酌情分给上述两类人。对此，《民法典继承编解释（一）》第41条规定，遗产因无人继承又无人受遗赠归国家或者集体所有制组织所有时，按照《民法典》第1131条"对继承人以外的依靠被继承人扶养的人，或者继承人以外的对被继承人扶养较多的人，可以分给适当的遗产"的规定，可以分给适当遗产的人提出取得遗产的诉讼请求，人民法院应当视情况适当分给遗产。

第十九章

跨法域继承关系

第一节　涉外继承关系

一、涉外继承关系的概念

所谓涉外继承关系，指含有涉外因素的继承法律关系。所谓涉外因素，是指在继承法律关系的构成要素或与继承遗产有关的法律事实中，有涉及外国的因素。主要表现为：

1. 主体涉外

所谓主体涉外，是指继承法律关系的主体是外国人或无国籍人。只要在继承人和被继承人中，有一人是外国人、无国籍人的法律关系，就是主体涉外的继承法律关系。

2. 客体涉外

所谓客体涉外，是指作为继承法律关系客体的遗产位于国外。在继承法律关系中，不管继承人和被继承人是否为外国人、无国籍人，只要被继承人所留的遗产在国外，所发生的继承就属客体涉外的继承，该继承关系就是客体涉外的继承法律关系。

3. 法律事实涉外

继承有关的法律事实，指能够引起继承法律关系的产生、变更或消灭的客观情况。所谓法律事实涉外，就是指法律事实发生在国外，具体表现为被继承人在国外死亡、在国外被宣告死亡或者在国外立遗嘱等。

从理论上说，某项继承关系只要涉及上述任何一种情况，便构成涉外继承关系，要由相应的涉外继承法律规范来调整。

但现实生活中，一个涉外继承关系，往往涉及不止一个外国因素，而常常是同时包含着数项涉外因素，从而形成的往往是具有多项涉外因素的复杂的继承关系。

二、涉外继承关系的法律特征

1. 涉外继承关系中至少有一个涉外因素

在财产继承关系中，一般都是本国公民继承本国境内的本国公民的遗产。但是，如果遗产继承具有涉外因素，则构成了涉外继承关系。涉外继承关系可以是主体涉外、客体涉外、法律事实涉外等，也可以是几个因素同时涉外。现实中，单因素涉外的继承关系较少，多是几个因素都涉外的继承关系。

2. 涉外继承关系主要是通过国际私法的冲突规范进行间接调整

各国对于国内的财产继承关系，可以根据其国内法加以直接调整。但是，对于涉外继承法律关系而言，各国都还缺乏直接调整的法律规范。现有的有关继承的国际公约，如1961年的《有关遗嘱处分方式法律冲突公约》、1973年的《遗产国际管理公约》、1988年的《死者遗产继承法律适用公约》等，也都属于冲突规范或关于管辖权的公约，而不是统一实体法的公约。因此，各国都通过国际私法的冲突规范对涉外财产继承关系进行间接调整，通过冲突规范援引某个国家的国内法处理涉外继承问题。

由于冲突规范并不是实体规范，因而处理涉外继承关系，并不能直接通过冲突规范加以解决，而必须通过冲突规范所指定援引的某个国家的国内法来处理。经过冲突规范援引以调整涉外民事关系当事人的权利义务的特定国家的法律，就是准据法。只有通过冲突规范来确定准据法，涉外继承关系才能最后得到解决。

3. 涉外继承关系的案件实行专属管辖

涉外继承需通过冲突规范确定准据法，决定适用哪一个国家的法律。由于不同国家关于继承问题的规定差别巨大，因而，适用哪一个国家的法律，直接影响到涉外继承的处理后果。所以，各国为维护本国公民的利益和保护本国境内的财产利益，对涉外继承案件多实行专属管辖。在国际上，一般是以被继承人的国籍、被继承人的住所或遗产所在地为依据，确定涉外继承案件的管辖权。所以，被继承人本国法院、被继承人住所地法院、遗产所在地法院都对涉外继承案件有管辖权。当然，具体涉外继承案件由哪国法院管辖，应通过冲突规范来确定。在我国，对涉外继承案件亦实行专属管辖。我国《民事诉讼法》第33条规定："……（一）因不动产纠纷提起的诉讼，由不动产所在地人民法院管辖；……（三）因继承遗产纠纷提起的诉讼，由被继承人死亡时住所地或者主要遗产所在地人民法院管辖。"因此，在我国，涉外继承的案件，由不动产所在地人民法院、被继承人死亡时住所地人民法院、主要遗产所在地人民法院专属管辖。

三、涉外继承关系的法律适用

涉外继承的法律适用就是涉外继承准据法的确定。在传统的国际私法中，涉外继承的法律适用问题占有相当重要的地位。涉外继承关系包括涉外法定继承、涉外遗嘱继承和涉外无人继承遗产所形成的法律关系。各国国内法及国际公约对于这三种涉外继承关系的准据法选择，都有不同的规定。

1. 涉外继承关系准据法的选择

（1）涉外法定继承。涉外法定继承准据法的选择，各国的规定不尽相同。概括起来，主要有同一制和区别制。

同一制又称单一制，是指在涉外法定继承中，不区分动产和不动产，适用统一的准据法。同一制适用的准据法有两种：一是被继承人的属人法，二是遗产所在地法。继承依被继承人属人法原则，在一些国际公约和国际条约中也得到了支持和采用。1928 年召开的第六届海牙国际私法会议，原则上即支持“继承依被继承人本国法”；1928 年第六届美洲国家会议通过的《布斯塔曼特法典》采用了“继承依被继承人属人法”原则。

采用同一制在法律适用上简便易行，同一继承案件只需要适用一国法律解决，而不会出现一个案件适用两个或两个以上国家法律的情况，这也是世界上大多数国家采用同一制的原因。但是，同一制也存在着一些弊端，其突出表现在：不动产继承适用被继承人属人法，如果被继承人的属人法和不动产所在地国家的法律存在较大差异，那么，法院依照被继承人属人法所作出的最终判决，很难得到不动产所在地国家的承认与执行。

区别制又称分别制、分割制，是指在涉外继承中，将死者的遗产分为动产和不动产，分别适用不同的准据法。即动产适用被继承人的属人法，不动产继承适用物之所在地（即不动产所在地）法。我国和当今世界上许多国家，如英国、美国、法国、比利时、保加利亚、卢森堡等，均采用了此种做法。我国《涉外民事关系法律适用法》第 31 条规定：“法定继承，适用被继承人死亡时经常居所地法律，但不动产法定继承，适用不动产所在地法律。”

采用区别制的优点在于：其一，由于不动产与所在国关系密切，采用区别制有利于维护不动产所在地国家的公共利益。其二，由于适用了不动产所在地法律可以保证有关不动产遗产的判决能够得到不动产所在地国家的承认与执行。但是采用区别制的缺点也是显而易见的，对动产与不动产分别适用不同的法律，往往会导致一起案件适用两国法律的情况，而且当被继承人的不动产位于两个或两个以上国家时，采取区别制就会出现一起遗产继承案件受多个法律体系支配的局面，不利于案件的迅速解决。

（2）涉外遗嘱继承。涉外遗嘱继承，主要涉及遗嘱方式和遗嘱效力的准据法的确定。

关于遗嘱方式的准据法，基本上有两种不同的主张。一种是区别制，即区分动产遗嘱和不动产遗嘱分别适用准据法，不动产遗嘱适用物之所在地法，动产遗嘱适用遗嘱人属人法或遗嘱行为地法。英国、美国、德国、日本等国采取这种做法。另一种是遗嘱方式统一适用立遗嘱人属人法或立遗嘱地法。波兰、泰国、荷兰、奥地利等国采取这种做法。

我国的《涉外民事关系法律适用法》第32条规定："遗嘱方式，符合遗嘱人立遗嘱时或者死亡时经常居所地法律、国籍国法律或者遗嘱行为地法律的，遗嘱均为成立。"据此，在我国，有关涉外遗嘱方式所应适用法律的规定，采取的是无条件选择的冲突规范，只要涉外遗嘱方式符合"遗嘱人立遗嘱时或者死亡时经常居所地法律、国籍国法律或者遗嘱行为地法律"之一的，遗嘱便为成立，并且实行单一制，未将遗产区分为动产与不动产而分别确定涉外遗嘱方式所应适用法律的规则①。

遗嘱效力属于实体规范的范畴，与遗嘱内容相联系，只有其内容符合法律规定的实质条件，遗嘱才能合法有效。当然，遗嘱方式也要符合法定的条件，前者属于遗嘱形式要件的范畴。就遗嘱实质条件及其效力所应适用法律的选择规定而言，有的国家采取属人法，如日本、埃及、德国、波兰、奥地利、匈牙利等规定适用遗嘱设立人本国法，泰国、阿根廷等规定适用遗嘱设立人住所地法。具体又以遗嘱设立人设立遗嘱时与遗嘱设立人死亡时为标准而有不同的规定，如日本适用遗嘱设立人设立遗嘱时的本国法，奥地利则适用遗嘱设立人死亡时的本国法。有的国家采用区别制，即针对动产与不动产，对遗嘱的效力适用不同的冲突规范解决规则，动产遗嘱适用属人法，不动产则适用不动产地法。有的国家允许遗嘱设立人有限制的意思自治，遗嘱设立人可以在法律规定的条件下指定遗嘱效力所要适用的法律。这种做法得到了国际公约的认可，如海牙国际私法会议1988年10月制定的《死者遗产继承法律适用公约》第5条第1款规定："当事人可以指定某一特定国家的法律支配其全部遗产的继承，只要该当事人在指定时或死亡时是该国国民或在该国拥有惯常居所，这种指定即属有效。"② 我国的《涉外民事关系法律适用法》第33条规定："遗嘱效力，适用遗嘱人立遗嘱时或者死亡时经常居所地法律或者国籍国法律。"据之，在我国，有关涉外遗嘱效力所应适用法律的规定，与涉外遗嘱方式一样，采取的也是无条件选择的冲突规范，只要涉外遗嘱效力符合"遗嘱人立遗嘱时或者死亡时经常居所地法律或者国籍国法律"之一的，遗嘱便为有效，并且实行单一制，未将遗产区分为动产与不动产而分别确定涉外遗嘱效力所应适用法律的规则。

（3）涉外遗产管理的法律适用。关于遗产管理的法律适用，各国冲突法中单独规定的较少，一般适用继承关系本身的准据法。例如，1987年《瑞士联邦国际私法》第92条规定："在什么条件下采取何种措施对遗产进行管理，适用调整继承关系的法律。执行方式适用有管辖权的国家的法律。该项法律尤其适用于遗产的保护措施、遗产清理和遗嘱的执行。"对遗产管理有单独规定的国家，主要采用两种冲突原则：一是适用遗产所在地法；二是适用被继承人属人法。例如，1972年《塞内加尔家庭法》第847

① 黄进，姜茹娇.《中华人民共和国涉外民事关系法律适用法》释义与分析. 北京：法律出版社，2011：187-188.

② 同①.

条规定："涉及与继承范围、继承顺序以及继承人之间各自资产与债务的转移有关的遗产归属问题，由死者本国法确定。"①

我国法律在遗产管理方面采取了直接遗产管理制度。如《民法典》第 1151 条规定："存有遗产的人，应当妥善保管遗产，任何组织或者个人不得侵吞或者争抢。"就遗产分配转移的方式而言，《民法典》第 1152 条规定："继承开始后，继承人于遗产分割前死亡，并没有放弃继承的，该继承人应当继承的遗产转给其继承人，但是遗嘱另有安排的除外。"据此，在法定继承中，实施的是直接遗产转移制度，即由继承人直接获取占有的或者虽未占有但应由其继承的财产。遗产占有人，应当将之继承份额以外的遗产转移给其他未占有遗产的继承人。继承人在继承开始后先于遗产分割前死亡的，该死亡的继承人应当继承的遗产则直接转给之继承人。对于遗嘱继承，《民法典》第 1145 条规定："继承开始后，遗嘱执行人为遗产管理人；没有遗嘱执行人的，继承人应当及时推选遗产管理人；继承人未推选的，由继承人共同担任遗产管理人；没有继承人或者继承人均放弃继承的，由被继承人生前住所地的民政部门或者村民委员会担任遗产管理人。"如此，在遗嘱继承中则吸收了间接遗产管理及其转移制度的内核因素。当然，承认后者的存在，但这不排除遗产占有者有关遗产的保管义务及其责任。

2. 涉外继承准据法适用的限制

涉外继承关系的准据法为外国法的，常因其不利于本国的继承人或遗产所在地国家利益而受到种种限制。其中，既有冲突法制度上的限制，也有实体法制度上的限制。

（1）冲突法制度上的限制。在涉外继承问题上，许多国家都采用反致制度。反致的结果，即以法院地法（亦即内国法）的适用代替外国法的适用。

在涉外继承问题的处理上，还常常援用公共秩序保留制度。目前，内国法院援引公共秩序保留时所涉及的多是非婚生子女的继承权、奸生子女的继承权等方面的问题。援用公共秩序保留制度的结果大多是以法院地法，即内国法的适用，取代作为准据法的外国法的适用。

（2）实体法制度上的限制。有些国家在涉外继承问题上，实行"优先继承制"或"先扣权"的做法，即当外国人和本国人同为继承人时，本国人享有优先继承和先扣留遗产的权利。目前采取这种做法的国家有法国、比利时、荷兰、阿根廷等。

3. 无人继承遗产的法律适用

在涉外继承关系中，对无人继承财产，不管这种财产是本国公民死亡后留下的，还是外国人死亡后留下的，大多数国家规定无人继承财产归国家所有。但对于国家究竟以什么名义或资格取得这些无人继承财产，各国规定却有不同，通常存在如下两种不同的主张：第一，国家法定继承主义。即被继承人国籍所属国有权以特殊继承人的资格"继承取得"无人继承财产。采取这一主张的国家有德国、意大利、西班牙、日本、瑞士等。第二，国家先占权主义。即无人继承遗产得由遗产所在地国家根据其领土主权"先占取得"。英国、法国、美国、奥地利、土耳其等国即采此主张。

我国《民法典》依然沿用《继承法》第 32 条规定于第 1160 条规定："无人继承又

① 黄进，姜茹娇.《中华人民共和国涉外民事关系法律适用法》释义与分析. 北京：法律出版社，2011：197-198.

无人受遗赠的遗产，归国家所有，用于公益事业；死者生前是集体所有制组织成员的，归所在集体所有制组织所有。”《涉外民事关系法律适用法》第35条则规定：“无人继承遗产的归属，适用被继承人死亡时遗产所在地法律。”据之，我国公民或者外国人（或无国籍人）死亡时在我国的遗产包括动产与不动产，无人继承的，归我国所有；死者生前是集体所有制组织成员的，则归所在集体所有制组织所有。

4. 我国涉外继承关系的法律适用

对于我国涉外继承的准据法，我国立法机关制定了许多相应的法律规范，司法机关也做出许多相应的司法解释，如1954年9月外交部和最高人民法院联合发布的《外国人在华遗产继承问题处理原则》、1985年的《继承法》第36条、1986年的《民法通则》第149条、2010年的《涉外民事关系法律适用法》第31～35条等。

根据法律的规定，我国的涉外继承既包括中国公民继承在中国境外的遗产或继承在中国境内的外国人的遗产，也包括外国人继承在中国境内的遗产或继承在中国境外的中国公民的遗产。涉外继承的准据法原则上采取区别制。这种区别制既适用于法定继承，也适用于遗嘱继承。具体表现如下。

（1）动产继承适用被继承人的属人法。我国在处理涉外继承关系时，对动产继承适用被继承人的属人法，属人法的确定采取被继承人的生前住所地法标准。被继承人的生前住所地法是指被继承人死亡时的住所地法，即被继承人生前最后住所地法。

（2）不动产继承适用物之所在地法。

（3）国际条约优先原则。我国参加的条约、协定的规定，与我国涉外继承准据法不同的，适用条约、协定的规定。这是对我国涉外继承法律适用原则的例外，是我国严守“条约必须信守”这一重要国际法原则的具体体现。

（4）涉外无人继承遗产的处理，适用被继承人死亡时遗产所在地法律。我国《涉外民事关系法律适用法》第35条规定：“无人继承遗产的归属，适用被继承人死亡时遗产所在地法律。”

第二节　涉港继承关系

一、涉港继承关系的概念

所谓涉港继承关系，是指在继承法律关系中，具有涉及香港的因素。也就是说继承的主体、继承的遗产或继承的法律事实涉及香港的继承关系，均是涉港继承关系。

香港是我国的一部分，继承关系的构成要素或法律事实涉及香港的，本不属于涉外继承关系。但是，由于香港地区有着不同于内地的继承法，在继承规定上必然与内地继承法律规定发生冲突，因而在处理涉及香港的继承问题时，就不能像处理一般继承那样。

从总体上来说，涉港继承关系的法律调整是一国中的区际法律冲突问题，须以区际冲突的原则来处理。然而，我国的法律冲突解决原则，只涉及国际法律冲突，目前还没有关于区际冲突的制度。故而，在有特别规定以前，区际法律冲突一般也是比照国际法律冲突的处理原则来解决的，涉港继承也就应比照涉外继承来处理，以此作为区际法律冲突的过渡性制度。

二、涉港继承关系的特征

1. 在涉港继承关系中至少有一个因素是涉及香港的

在继承关系中，如果有一个因素是涉及香港的，就是涉港继承关系，它与国内一般继承关系是不同的。涉港继承关系可以是主体涉港，可以是遗产涉港，也可以是继承的法律事实涉港。

2. 涉港继承关系要通过区际法律冲突规范来间接调整

香港与内地是两个不同的法域，对于涉港继承关系，不能直接通过国内的法律来调整，而是要通过区际冲突规范来间接调整。在我国区际冲突法律制度建立之前，根据我国《涉外民事关系法律适用法》和最高人民法院的司法解释，应比照涉外继承关系的冲突规范来确定准据法。

3. 涉港继承关系的案件实行专属管辖

涉港继承关系需要通过冲突规范确定准据法，决定适用内地法律或是适用香港法律。由于香港法律与内地法律关于继承的规定有着很大的差异，适用哪个法域的法律，对继承的结果影响巨大。我国对涉外继承案件实行的是专属管辖，作为比照涉外继承关系的涉港继承关系，自然也应实行专属管辖。而且，专属管辖应作为我国将来制定区际法律冲突制度中处理涉港继承关系的一个原则。根据我国《民事诉讼法》第33条的规定，涉港继承关系的案件，由不动产所在地人民法院、被继承人死亡时住所地人民法院、主要遗产所在地人民法院专属管辖。

三、涉港继承关系的法律适用

涉港继承不是涉外继承，其法律适用属于区际法律冲突中的法律适用。然而，对于区际法律冲突的解决，我国还没有形成相应的制度，就是最高人民法院的司法解释和《涉外民事关系法律适用法》也没有涉及与香港法律冲突的解决。因此，涉港继承关系的法律适用，只能比照我国的涉外继承关系来处理。即采取区别制，动产继承适用被继承人死亡时的经常居所地法，不动产继承适用物之所在地法。

1. 遗属赡养

遗属赡养是香港继承制度中的一种特有的制度，指死亡者在立遗嘱时忽视了其生前对某些遗属应负的扶养责任，而于遗产中拨出一定数额作为受扶养人生活费用的制度。受扶养人一般包括死者的合法配偶、未出嫁女儿、未成年儿子、残疾不能自立的儿女、父母。

2. 涉外继承

香港具有普通法系的传统，其涉外继承的法律适用同英国的涉外继承基本相同。这就是说，在法定继承上，香港也是采取区别制的，即把遗产分为动产和不动产，分别适用不同的冲突规范。香港的具体做法是，动产继承依被继承人死亡时的住所地法，不动产继承依不动产遗产所在地法。在遗嘱继承上，就不动产遗嘱而言，立遗嘱的能力、遗嘱形式、遗嘱效力概依不动产所在地法；就动产遗嘱而言，立遗嘱人的能力依其立遗嘱时的住所地法；关于遗嘱形式的法律适用，根据1961年英国的“金斯唐法”，在联合王国外订立遗嘱，只要符合属地法，或其立遗嘱时的住所地法，或其死亡时的住所地法，或其原始住所地法，均为有效。在联合王国内所立遗嘱，只能适用其死亡时的住所地法；另外，动产遗嘱的效力依被继承人死亡时的住所地法。

第三节　涉澳继承关系

一、涉澳继承关系的概念

所谓涉澳继承关系，是指在继承法律关系中，具有涉及澳门地区的因素。即继承的主体涉及澳门、继承的遗产涉及澳门、继承的法律事实涉及澳门等。

澳门已于1999年12月20日回归。中国在澳门设立澳门特别行政区。按照“一国两制”的方针，澳门特别行政区的原有法律在实行本土化改造之后，具有相对的独立性。这种相对独立的法律包括继承法将长期基本保持不变。澳门原有的法律，虽然也同属于大陆法系，但基本的渊源却是来源于葡萄牙的法律传统，与中国内地的法律分属两种不同社会制度的法律，澳门法律本土化改造之后仍是如此，法律之间的冲突在所难免。当然，这种冲突是一国之内的区际法律冲突，应以区际法律冲突的原则来处理。在我国区际法律冲突制度确立之前，应按照《涉外民事关系法律适用法》的精神，比照涉外继承法律关系来解决。

二、涉澳继承关系的特征

1. 涉澳继承关系中至少有一个涉澳因素

在继承法律关系中，只要有一个因素涉及澳门，就属于涉澳继承关系。不论是主体、遗产或继承的法律事实涉澳均可。事实上，多数涉澳继承关系都不止一个因素涉澳。

2. 涉澳继承关系主要是通过区际法律冲突规范来间接调整

澳门与中国内地分属于两个法域，其法律冲突是同一国家内不同法域的冲突。对此，我国没有直接调整的法律规范，而只能通过区际冲突规范来确定准据法进行间接调整。

3. 涉澳继承关系的案件实行专属管辖

涉澳继承关系是通过区际冲突规范来确定法律适用的。在涉外继承关系案件上，我国实行的是专属管辖。涉澳继承关系也应比照涉外继承关系，实行涉澳继承案件的专属管辖。

三、涉澳继承关系的法律适用

涉澳继承不是涉外继承，其法律适用属区际法律冲突中的法律适用。区际法律冲突的解决方式在我国还没有形成，目前情况下，涉澳继承的法律适用，只能比照涉外继承的做法。

第四节 涉台继承关系

一、涉台继承关系的概念

所谓涉台继承关系，是指在继承法律关系中，具有涉及台湾的因素。判定是否属于涉台继承关系，就是以是否含有涉及台湾的因素为标准的。

台湾是中国的一部分，继承法律关系涉及台湾的，仍然是“涉内”继承关系。但是，由于台湾地区实行的继承法律不同于大陆的继承法，必然会产生一定冲突。因此，在处理涉台继承关系时，就不应像处理一般继承关系那样处理。

二、涉台继承关系的特征

1. 涉台继承关系中至少有一个涉及台湾地区的因素

涉台继承关系至少有一个因素是涉及台湾的，否则，就不是涉台继承关系。可以是主体涉台，继承人或被继承人是台湾人；可以是遗产涉台，即遗产在台湾；还可以是继承的法律事实涉台，即被继承人在台湾死亡。

2. 涉台继承关系应主要通过区际冲突规范进行间接调整

台湾地区的继承法律制度与中国大陆的继承法律制度不同，两者的冲突是客观存在的。但是，这种冲突又不是国际法律的冲突，而是区际法律的冲突，并且，也不同于其他区际法律冲突：其一，台湾与中国大陆的法律冲突属于一个国家内的两个不同地区之间的法律冲突；其二，台湾与中国大陆的法律冲突是不同社会制度的法域之间的冲突，而世界上现有的区际法律冲突都是社会制度相同的法律之间的冲突；其三，台湾与大陆都有自己的终审权。因此，处理涉台继承关系不能一般地适用大陆法律来直接调整，而应通过区际冲突规范进行间接调整。

3. 涉台继承关系的案件实行专属管辖

我国的涉外继承关系案件在管辖上是实行专属管辖的，在没有形成区际法律冲突的相关制度之前，涉台继承关系比照涉外继承关系来处理，在案件的管辖上也应实行专属管辖。

三、涉台继承关系的法律适用

台湾地区的法律属大陆法系法律，其涉外继承的法律适用采取区别制，即动产继承适用被继承人属人法，不动产继承适用物之所在地法。在这点上，与中国大陆的法律规定是一致的。但是，涉台继承关系的法律适用，针对的应是中国大陆的涉台继承关系，而不是台湾地区的涉台继承关系。当然，涉台继承关系也不是涉外继承关系，其法律适用也只应通过区际法律冲突规范来解决。但是，我国对区际法律冲突，还没有形成相应的制度，也没有立法上的规定，只是在有关部门就一些具体事务所做的解释中，涉及涉台继承的一些问题而已。例如1988年8月最高人民法院副院长马原所做的《关于人民法院处理涉台民事案件的几个法律问题》的讲话中，就提到了继承问题，认为“去台人员和台胞与大陆同胞一样，享有同等的继承权，不能因为继承人去台湾而影响他们对在大陆遗产的继承”。这一讲话精神只涉及台胞继承在大陆的遗产，而未涉及大陆人继承在台湾遗产的问题。就其讲话内容看，只把涉台继承当成普通继承案件处理。可见，我国在立法上和实践中，都还没有形成系统的区际法律冲突制度。在目前这种情况下，涉台继承的法律适用，应比照我国的涉外继承来处理。

第二十章
婚姻家庭继承法律规范的时间效力

第一节　婚姻家庭继承法律规范的生效与失效时间

婚姻家庭继承法律规范的时间效力，即婚姻家庭继承法律规范在时间上的适用范围，是指婚姻家庭继承法律规范的生效时间、失效时间以及是否对其生效以前发生的尚未处理或者正在处理的婚姻家庭关系案件、财产继承关系案件具有溯及既往的效力的问题。

一、婚姻家庭继承法律规范的生效时间

婚姻家庭继承法律规范的生效时间，是指婚姻家庭继承法律规范开始施行的时间。对其确定，主要采取两种不同的方式：

1. 法律规范自公布之日起便开始生效施行

如 1950 年的《婚姻法》第 27 条第 1 款规定，本法自公布之日起施行，从而明确该法自公布之日 1950 年 5 月 1 日起便开始生效施行。民政部《外国人在华收养子女登记办法》于 1999 年 5 月 25 日发布当日起施行，民政部《关于贯彻执行〈婚姻登记条例〉若干问题的意见》（民函〔2004〕76 号）于 2004 年 3 月 29 日发布当日起实施，等等，亦属于这种情形。

2. 由法律本身或立法机关另行规定生效日期

如 2020 年 5 月 28 日通过、同日公布的《民法典》并未在公布之日起生效，而是在《民法典》第 1260 条规定，本法自 2021 年 1 月 1 日起施行。2020 年 12 月 29 发布的《民法典婚姻家庭编解释（一）》《民法典继承编解释（一）》分别于第 91 条、第 45 条规定，自 2021 年 1 月 1 日起施行。

应当指出，有时候，立法机关、行政机关或司法机关对法律、行政法规或司法解

释及相关规范性文件等内容根据现实生活的变化而做出修改决定，如全国人大常委会2001年4月28日通过的《关于修改〈中华人民共和国婚姻法〉的决定》（以下简称《决定》），对《婚姻法》做了较大幅度的修改。《决定》第33条第2款明确规定，本决定自公布之日起施行。根据《决定》修正后的《婚姻法》第51条第1款则规定，本法自1981年1月1日起施行。据此，对于新修正的《婚姻法》的内容，则自《决定》公布之日即2001年4月28日起施行；对于未做修改、变动的《婚姻法》的内容则仍于1981年1月1日起施行，显然不能认为整个修正后的《婚姻法》都于2001年4月28日起施行。又如，《关于适用〈中华人民共和国婚姻法〉若干问题的解释（二）的补充规定》对《婚姻法司法解释（二）》在第24条的基础上增加两款，分别作为该条第2款和第3款："夫妻一方与第三人串通，虚构债务，第三人主张权利的，人民法院不予支持。""夫妻一方在从事赌博、吸毒等违法犯罪活动中所负债务，第三人主张权利的，人民法院不予支持。"该增加的款项自2017年3月1日起施行，而《婚姻法司法解释（二）》的其他内容则自2004年4月1日起施行，也是如此。

二、婚姻家庭继承法律规范的失效时间

一部法律完全被废止后，相关的司法解释或者规范性文件是否失去效力，从形式上来说，既然所解释的法律已经失去效力，相应的解释也就失去效力。但是，从内容上来说，某项法律被废止，并非其内容一定完全被废除，而可能是因为其内容被新的法律吸收、替代，前后没有实质变化甚至根本没有变化。这样，对这些内容没有变化或者没有实质变化的规定做出解释的司法解释或者规范性文件的有关规定并非完全要加以废止而不加以适用。因此，对于被废止法律的有关司法解释或者规范性文件，不宜从形式上对之全盘加以否定，而宜从内容上区别对待：对于一些基本的、主要的或者所有的内容均与新的法律及其司法解释矛盾抵触或者被新的法律及其司法解释所吸收替代的，则予以废止，必要时制定新的司法解释；对于基本的、主要的或者所有的内容完全与新的法律及其司法解释没有矛盾或者抵触，只有少数内容与新的法律及其司法解释矛盾抵触或者被吸收替代的，则不予以废止，仅对其中与新的法律及其司法解释矛盾抵触或者被吸收替代的内容，以修改决定的方式进行修改、删除或者补充。对此，在最高人民法院2020年12月30日举行的新闻发布会上，该院分管日常工作的副院长贺荣介绍，最高人民法院在《民法典》通过后对新中国成立以来现行的591件司法解释及相关规范性文件进行了梳理，并分3种情况处理：一是与《民法典》规定一致的共364件，未做修改，继续适用；二是对标《民法典》，需要对名称和部分条款进行修改的共111件，经修改颁布后自2021年1月1日起施行；三是决定废止的司法解释及相关规范性文件共116件，自2021年1月1日失效。第三种情况又有直接废止和废旧立新两种情形。直接废止的89件，原因主要是"有的司法解释发布时间较为久远，已经不适应新时代的经济社会发展要求。有的司法解释主要内容已经被《民法典》及相关法律、新制定的司法解释吸收或替代，可以直接援引《民法典》及相关法律、司法解释的规定解决"。废旧立新的27件。此外，还对2011年以来发布的139件指导性案例进行了全面清理，决定2件案例不再参照适用。

应当指出，对于在形式上完全被废止的法律、司法解释等中的婚姻家庭继承法律

规范，其内容均无法律效力而不能再行适用。但是，有的内容，如《执行继承法若干意见》第52条“继承开始后，继承人没有表示放弃继承，并于遗产分割前死亡的，其继承遗产的权利转移给他的合法继承人”的关于转继承的规定并未被新的婚姻家庭继承法律规范吸收替代，规范的对象在现实生活中也存在。一旦发生纠纷，在新的婚姻家庭继承法律规范没有规定或者没有具体规定，旧的婚姻家庭继承法律规范又不违反新法规定的原则、精神的情况下，仍然可以参照旧的婚姻家庭继承法律规范的规定处理需要处理的问题。不过，这时并不是承认已经失去效力的婚姻家庭继承法律规范的效力并对其依照适应，而是参照其解决有关纠纷。所谓参照，在这里乃为参考或比照、仿照有关规定，而不是参考并依照、按照有关规定。参照是一种类比处理问题的方法，不属于适用被参照对象的范围，不具有强制性；而依照或按照，则必须遵照执行，属于适用的范畴而具有强制性，本身不能归为参考的问题。

就婚姻家庭继承法律规范的失效，即不再具有法律效力而适用于有关案件的时间确定而言，主要存在4种方式：

1. 明确规定废止旧法，终止整个旧法的效力而使之失效

如《民法典》第1260条规定，本法自2021年1月1日起施行，《婚姻法》《继承法》等同时废止。《关于废止部分司法解释及相关规范性文件的决定》指出，为切实实施《民法典》，保证国家法律统一正确适用，根据《民法典》等法律规定，结合审判实际，现决定废止《关于适用〈中华人民共和国民法总则〉诉讼时效制度若干问题的解释》等116件司法解释及相关规范性文件。其中包括《婚姻法司法解释（一）》《婚姻法司法解释（二）》《婚姻法司法解释（三）》《离婚案件夫妻感情确已破裂意见》《离婚案件财产分割意见》《夫妻债务纠纷案件司法解释》《离婚案件子女抚养意见》《关于如何处理农村五保对象遗产问题的批复》（法释〔2000〕23号）等诸多婚姻家庭继承方面的解释、规定、批复、复函、纪要、通知、指导性案例等法律规范。这些被废止的法律规范，要么因为司法解释发布时间较为久远，已经不适应新时代的经济社会发展要求，其内容完全与《民法典》等有关法律及其司法解释的规定不一致，要么因为其基本或者主要内容已被《民法典》等法律及其司法解释所吸收取代而无存在的必要与价值，从而完全予以废止。

2. 未明文规定废止，但随着新法的实施而致整个旧法失去效力

这种情况，主要是指新法对整个旧法的内容进行修改、吸收、补充，旧法与新法相抵触或者内容被吸收补充而致整个旧法无效。如《决定》自2001年4月28日起施行，并未明确规定废止《婚姻法》中已经被修改内容的效力，但随着《决定》的施行，被修改的以前《婚姻法》的有关规定自然失去其效力，不再适用。

3. 旧法形式保留，新法明确规定，旧法与新法相抵触的内容自然失效

有的婚姻家庭继承法律或者司法解释或法律规范性文件并未废止，但其某些内容与后来新的婚姻家庭继承法律或者司法解释或规范性文件的规定相矛盾抵触，新的婚姻家庭继承法律或者司法解释或规范性文件则明确规定，以前与之相矛盾抵触的婚姻家庭继承法律规范不再适用而以新的规定为准。如《婚姻法司法解释（二）》第29条第3款规定，本解释施行后，此前最高人民法院作出的相关司法解释与本解释相抵触的，以本解释为准，就属于这种情形。

4. 旧法形式保留，新法对旧法部分内容进行修改，被修改的内容随着新法的实施而自然失效

过去的法律规范的表现形式如司法解释予以保留，以新的法律规范形式对过去的法律规范形式中的部分内容做出修改，致使被修改的内容失去效力，这时新旧婚姻家庭继承法律规范的表现形式同时并存，只是新的法律形式废止了旧的法律形式中的部分规定，如《决定》对1980年的《婚姻法》部分内容做出修改，就是如此。

第二节　婚姻家庭继承法律规范的溯及力

婚姻家庭继承法律规范的溯及力，目的在于解决婚姻家庭继承法律规范对于生效以前发生的尚未处理或者正在处理的婚姻家庭关系案件、财产继承关系案件能否适用的问题。如果能够适用，说明其有溯及力，反之就不具有溯及力而不能适用。对此，《民法典时间效力的若干规定》就包括婚姻家庭继承法律规范在内的所有民事法律规范的溯及力从一般规定、溯及适用的具体规定、衔接适用的具体规定等3个方面做了规定。

一、婚姻家庭继承法律规范溯及力的一般规定

1. 新旧法律规范均有规定，《民法典》的婚姻家庭继承法律规定对其施行前已经结束的婚姻家庭继承法律事实原则上不具有溯及力

《民法典时间效力的若干规定》第1条第2款明确规定："《民法典》施行前的法律事实引起的民事纠纷案件，适用当时的法律、司法解释的规定，但是法律、司法解释另有规定的除外。"第2条规定："《民法典》施行前的法律事实引起的民事纠纷案件，当时的法律、司法解释有规定，适用当时的法律、司法解释的规定……"据此，《民法典》的婚姻家庭继承法律规范对《民法典》施行以前发生并结束的婚姻家庭继承行为等法律事实原则上没有溯及力。这是因为，法律用来规范人的行为，人如何行为自然会以当时的法律规范为根据，一般人不可能预见后面的法律怎么规定。此外，后面的法律规范适用于前面的法律行为等法律事实，其实也是对当时法律规范效力的否定，从而与其生效施行期间具有法律效力而需要公民遵守的基本原则相背。当然，基于一些特定情况，新的法律、司法解释明确新的婚姻家庭继承法律规范对施行前的法律行为等法律事实可以适用而具有溯及力时，自然具有溯及力而应适用新的婚姻家庭继承法律规范，但这种情形只是例外，不会也不应太多。这种例外规定，根据《民法典时间效力的若干规定》第2条的"但书"规定，是指"适用《民法典》的规定更有利于保护民事主体合法权益，更有利于维护社会和经济秩序，更有利于弘扬社会主义核心价值观"等的应当适用《民法典》的"除外"情形。

2. 新旧法律规范均有规定，《民法典》的婚姻家庭继承法律规范对其施行前已经发生但持续至《民法典》之后的婚姻家庭继承法律事实原则上具有溯及力

《民法典》施行前的婚姻家庭继承法律事实持续至《民法典》施行后的，基于行为的连贯性，对《民法典》施行之前发生的法律行为等法律事实，原则上统一适用《民

法典》中的有关婚姻家庭继承法律规定，适用《民法典》之前的婚姻家庭继承法律规定则为例外。所以，《民法典时间效力的若干规定》第1条第3款规定，《民法典》施行前的法律事实持续至《民法典》施行后，该法律事实引起的民事纠纷案件，适用《民法典》的规定，但是法律、司法解释另有规定的除外。

3. 旧的法律规范为原则性规定，新的法律规范为具体规定，《民法典》的婚姻家庭继承法律规范原则上仍然不具有溯及力

旧的法律规范虽为原则性规定，然仍属于具有规定，而且因为是原则规定，其适用的空间范围较大。是以，还是要按照旧的法律规定存在并按上述两种情形来确定《民法典》的有关婚姻家庭继承法律规范的溯及力。但因旧的法律规定为原则性、概括性规定，在《民法典》的婚姻家庭继承法律规范的规定具体的情况下，利用后面的具体规定对之前的原则性规定进行阐释说理，并不违反上述原则，且有利于解决当事人之间的纠纷，促使他们服判息诉。故，《民法典时间效力的若干规定》第4条规定，《民法典》施行前的法律事实引起的民事纠纷案件，当时的法律、司法解释仅有原则性规定而《民法典》有具体规定的，适用当时的法律、司法解释的规定，但是可以依据《民法典》的具体规定进行裁判说理。

4. 旧的法律规范没有规定，《民法典》的婚姻家庭继承法律规范对其施行前的法律事实，原则上具有溯及力，不具有溯及力乃属例外

对此，《民法典时间效力的若干规定》第3条规定，《民法典》施行前的法律事实引起的民事纠纷案件，当时的法律、司法解释没有规定而《民法典》有规定的，可以适用《民法典》的规定，但是明显减损当事人合法权益、增加当事人法定义务或者背离当事人合理预期的除外。

5. 具有溯及力的婚姻家庭继承法律规范，只能适用于它施行后的婚姻家庭继承纠纷案件，包括正在审理的婚姻家庭继承纠纷的一审、二审案件

《民法典》施行前，有的法律事实虽已发生但在《民法典》施行后才提起诉讼，或者虽在《民法典》施行前已经提起诉讼但尚未完结而正在审理中。对于这种《民法典》施行后审理的或者正在审理的案件，才存在按照《民法典时间效力的若干规定》确定《民法典》施行后的新的婚姻家庭继承法律规范是否具有溯及力的问题。对于《民法典》施行前根据法律事实发生时的婚姻家庭继承法律规范已经审结完毕且裁判发生效力的案件，基于生效裁判的稳定性，自然不能适用新的规定而确定原生效裁判是否存在错误，是否需要改判。于是，《民法典时间效力的若干规定》第5条规定，《民法典》施行前已经终审的案件，当事人申请再审或者按照审判监督程序决定再审的，不适用《民法典》的规定。这里的再审，既包括一审裁判生效后的再审一审与终审裁判生效后的再审二审，也包括再审过程中发回重审的再审重审一审、再审重审二审。

二、婚姻家庭继承法律规范溯及适用、衔接适用的具体规定

1. 婚姻家庭继承法律规范溯及适用的具体规定

关于婚姻家庭继承法律规范溯及适用的具体规定，《民法典时间效力的若干规定》针对继承人是否丧失继承权、受遗赠人是否丧失受遗赠权、被继承人兄弟姐妹的子女对无人继承又无人受遗赠的遗产能否代位继承、打印遗嘱是否具有效力等发生争议的4

种情况做了规定，具体为：

(1)《民法典时间效力的若干规定》第13条第1款规定，《民法典》施行前，继承人有《民法典》第1125条第1款第4项和第5项规定的“伪造、篡改、隐匿或者销毁遗嘱，情节严重”“以欺诈、胁迫手段迫使或者妨碍被继承人设立、变更或者撤回遗嘱，情节严重”的行为之一，对该继承人是否丧失继承权发生争议的，适用《民法典》第1125条第1款“继承人有下列行为之一的，丧失继承权：(一) 故意杀害被继承人；(二) 为争夺遗产而杀害其他继承人；(三) 遗弃被继承人，或者虐待被继承人情节严重；(四) 伪造、篡改、隐匿或者销毁遗嘱，情节严重；(五) 以欺诈、胁迫手段迫使或者妨碍被继承人设立、变更或者撤回遗嘱，情节严重”和第2款“继承人有前款第三项至第五项行为，确有悔改表现，被继承人表示宽恕或者事后在遗嘱中将其列为继承人的，该继承人不丧失继承权”的规定。

(2)《民法典时间效力的若干规定》第13条第2款规定，《民法典》施行前，受遗赠人有《民法典》第1125条第1款规定行为之一，对受遗赠人是否丧失受遗赠权发生争议的，适用《民法典》第1125条第1款和第3款“受遗赠人有本条第一款规定行为的，丧失受遗赠权”的规定。

(3)《民法典时间效力的若干规定》第14条规定，被继承人在《民法典》施行前死亡，遗产无人继承又无人受遗赠，其兄弟姐妹的子女请求代位继承的，适用《民法典》第1128条第2款“被继承人的兄弟姐妹先于被继承人死亡的，由被继承人的兄弟姐妹的子女代位继承”和第3款“代位继承人一般只能继承被代位继承人有权继承的遗产份额”的规定，但是遗产已经在《民法典》施行前处理完毕的除外。

(4)《民法典时间效力的若干规定》第15条规定，《民法典》施行前，遗嘱人以打印方式立的遗嘱，当事人对该遗嘱效力发生争议的，适用《民法典》第1136条“打印遗嘱应当有两个以上见证人在场见证。遗嘱人和见证人应当在遗嘱每一页签名，注明年、月、日”的规定，但是遗产已经在《民法典》施行前处理完毕的除外。

2. 婚姻家庭继承法律规范衔接适用的具体规定

对于婚姻家庭继承法律规范衔接适用的具体规定，《民法典时间效力的若干规定》规定了3种情形：

(1)《民法典时间效力的若干规定》第22条规定，《民法典》施行前，经人民法院判决不准离婚后，双方又分居满1年，一方再次提起离婚诉讼的，适用《民法典》第1079条第5款“经人民法院判决不准离婚后，双方又分居满一年，一方再次提起离婚诉讼的，应当准予离婚”的规定。

(2)《民法典时间效力的若干规定》第23条规定，被继承人在《民法典》施行前立有公证遗嘱，《民法典》施行后又立有新遗嘱，其死亡后，因该数份遗嘱内容相抵触发生争议的，适用《民法典》第1142条第3款“立有数份遗嘱，内容相抵触的，以最后的遗嘱为准”的规定。

(3)《民法典时间效力的若干规定》第26条规定，当事人以《民法典》施行前受胁迫结婚为由请求人民法院撤销婚姻的，撤销权的行使期限适用《民法典》第1052条第2款“请求撤销婚姻的，应当自胁迫行为终止之日起一年内提出”的规定。

参考文献

陈爱武．最高人民法院婚姻法司法解释精释精解．北京：中国法制出版社，2019.

陈甦，谢鸿飞．民法典评注：继承编．北京：中国法制出版社，2020.

陈苇．婚姻家庭继承法学．北京：法律出版社，2002.

陈苇．婚姻家庭继承法学．北京：中国政法大学出版社，2011.

德国民法典：修订版．郑冲，贾红梅，译．北京：法律出版社，2001.

黑格尔．法哲学原理．范扬，张企泰，译．北京：商务印书馆，1961.

黄进，姜茹娇．中华人民共和国涉外民事关系法律适用法释义与分析．北京：法律出版社，2011.

黄薇．中华人民共和国民法典婚姻家庭编解读．北京：中国法制出版社，2020.

蒋新苗．国际收养法律制度研究．北京：法律出版社，1999.

康德．法的形而上学原理——权利的科学．沈叔平，译．北京：商务印书馆，1991.

梁书文，黄赤东．婚姻收养继承法及配套规定新释新解．北京：中国民主法制出版社，1999.

列宁全集：第1卷．北京：人民出版社，1984.

罗结珍，译．法国民法典．北京：法律出版社，2005.

马克思恩格斯全集：第1卷．北京：人民出版社，1981.

马克思恩格斯全集：第3卷．北京：人民出版社，1960.

马克思恩格斯全集：第16卷．北京：人民出版社，1964.

马克思恩格斯全集：第21卷．北京：人民出版社，1965.

马克思恩格斯选集：第1卷．北京：人民出版社，2012.

毛主席在苏联的言论．北京：人民日报出版社，1957.

梅因．古代法．沈景一，译．北京：商务印书馆，1959.

孟德斯鸠．论法的精神：下册．张雁深，译．北京：商务印书馆，1963.

孟令志．同居制度之立法研究．法商研究，2001（1）

孟令志，曹诗权，麻昌华．婚姻家庭继承法．北京：北京大学出版社，2012.

蒲坚．中国法制通史：第1卷．北京：法律出版社，1999.

日本民法典．王书江，译．北京：中国法制出版社，2000.

瑞士民法典．殷生根，王燕，译．北京：中国政法大学出版社，1999.

史尚宽．亲属法论．台北：荣泰印书馆，1980.

史尚宽．亲属法论．北京：中国政法大学出版社，2000.

史尚宽．继承法论．北京：中国政法大学出版社，2000.

田岚. 婚姻家庭继承法教学案例. 北京：中国政法大学出版社，2013.

王歌雅. 婚姻家庭继承法. 北京：清华大学出版社，2008.

王洪. 婚姻家庭法. 北京：法律出版社，2003.

巫昌祯. 婚姻家庭法新论. 北京：中国政法大学出版社，2002.

夏吟兰. 婚姻家庭继承法. 北京：中国政法大学出版社，2012.

夏吟兰. 婚姻家庭继承法：第 2 版. 北京：中国政法大学出版社，2017.

夏吟兰. 中国民法典释评：婚姻家庭编. 北京：中国人民大学出版社，2020.

夏吟兰，龙翼飞，曹思婕，姚邢，赫欣. 中国民法典释评：婚姻家庭编. 北京：中国人民大学出版社，2020.

薛宁兰，谢鸿飞. 民法典评注：婚姻家庭编. 北京：中国法制出版社，2020.

杨大文，龙翼飞. 婚姻家庭法：第 8 版. 北京：中国人民大学出版社，2020.

杨立新，秦秀敏. 中华人民共和国婚姻法释义与适用. 长春：吉林人民出版社，2001.

意大利民法典. 费安玲，丁玫，译. 北京：中国政法大学出版社，1997.

优士丁尼. 法学阶梯. 徐国栋，译. 北京：中国政法大学出版社，2005.

于静. 比较家庭法. 北京：人民出版社，2006.

中国审判理论研究会民事审判理论专业委员会. 民法典婚姻家庭编条文理解与司法适用. 北京：法律出版社，2020.

周枏. 罗马法原论. 北京：商务印书馆，1994.

最高人民法院民法典贯彻实施工作领导小组. 中华人民共和国民法典婚姻家庭编继承编理解与适用. 北京：人民法院出版社，2020.

最高人民法院民事审判庭编. 婚姻与收养法规选编. 北京：人民法院出版社，1994.

最高人民法院刑事审判第一庭. 刑事审判参考：第 3 辑. 北京：法律出版社，1999.

图书在版编目（CIP）数据

婚姻家庭继承法实用教程 / 周利民，贺小电著. --2 版. --北京：中国人民大学出版社，2021.1
21 世纪普通高等教育法学系列教材
ISBN 978-7-300-28842-0

Ⅰ.①婚… Ⅱ.①周… ②贺… Ⅲ.①婚姻法—中国—高等学校—教材②继承法—中国—高等学校—教材 Ⅳ.①D923

中国版本图书馆 CIP 数据核字（2020）第 253442 号

21 世纪普通高等教育法学系列教材
婚姻家庭继承法实用教程（第二版）
周利民　贺小电　著
Hunyin Jiating Jichengfa Shiyong Jiaocheng

出版发行	中国人民大学出版社		
社　　址	北京中关村大街 31 号	**邮政编码**	100080
电　　话	010－62511242（总编室）		010－62511770（质管部）
	010－82501766（邮购部）		010－62514148（门市部）
	010－62515195（发行公司）		010－62515275（盗版举报）
网　　址	http://www.crup.com.cn		
经　　销	新华书店		
印　　刷	北京市鑫霸印务有限公司	**版　　次**	2016 年 9 月第 1 版
规　　格	185 mm×260 mm　16 开本		2021 年 1 月第 2 版
印　　张	22.25　插页 1	**印　　次**	2021 年 1 月第 1 次印刷
字　　数	513 000	**定　　价**	49.00 元

《　　　　　　》※任课教师调查问卷

为了能更好地为您提供优秀的教材及良好的服务，也为了进一步提高我社法学教材出版的质量，希望您能协助我们完成本次小问卷，完成后您可以在我社网站中选择与您教学相关的1本教材作为今后的备选教材，我们会及时为您邮寄送达！如果您不方便邮寄，也可以申请加入我社的**法学教师QQ群：83961183（申请时请注明法学教师）**，然后下载本问卷填写，并发往我们指定的邮箱（cruplaw@163.com）。

邮寄地址：北京市海淀区中关村大街31号中国人民大学出版社806室收

邮　　编：100080

再次感谢您在百忙中抽出时间为我们填写这份调查问卷，您的举手之劳，将使我们获益匪浅！

基本信息及联系方式：※

姓名：＿＿＿＿＿＿＿＿ 性别：＿＿＿＿＿＿＿＿ 课程：＿＿＿＿＿＿＿＿＿＿＿＿

任教学校：＿＿＿＿＿＿＿＿＿＿＿＿＿＿ 院系（所）：＿＿＿＿＿＿＿＿＿＿

邮寄地址：＿＿＿＿＿＿＿＿＿＿＿＿＿＿ 邮编：＿＿＿＿＿＿＿＿＿＿＿＿

电话（办公）：＿＿＿＿＿＿＿＿ 手机：＿＿＿＿＿＿＿＿ 电子邮件：＿＿＿＿＿＿＿＿

调查问卷：※

1. 您认为图书的哪类特性对您选用教材最有影响力？（　　）（可多选，按重要性排序）
   A. 各级规划教材、获奖教材　　B. 知名作者教材
   C. 完善的配套资源　　D. 自编教材
   E. 行政命令
2. 在教材配套资源中，您最需要哪些？（　　）（可多选，按重要性排序）
   A. 电子教案　　B. 教学案例
   C. 教学视频　　D. 配套习题、模拟试卷
3. 您对于本书的评价如何？（　　）
   A. 该书目前仍符合教学要求，表现不错将继续采用
   B. 该书的配套资源需要改进，才会继续使用
   C. 该书需要在内容或实例更新再版后才能满足我的教学，才会继续使用
   D. 该书与同类教材差距很大，不准备继续采用了
4. 从您的教学出发，谈谈对本书的改进建议：＿＿＿＿＿＿＿＿＿＿＿＿＿＿

＿＿＿＿＿＿＿＿＿＿＿＿＿＿＿＿＿＿＿＿＿＿＿＿＿＿＿＿＿＿＿＿＿＿＿＿

＿＿＿＿＿＿＿＿＿＿＿＿＿＿＿＿＿＿＿＿＿＿＿＿＿＿＿＿＿＿＿＿＿＿＿＿

选题征集：如果您有好的选题或出版需求，欢迎您联系我们：

联系人：黄　强　宁丹丽　联系电话：010-62515955/5536

索取样书：书名：＿＿＿＿＿＿＿＿＿＿＿＿＿＿＿＿＿＿＿＿＿＿＿＿＿＿

书号：＿＿＿＿＿＿＿＿＿＿＿＿＿＿＿＿＿＿＿＿＿＿＿＿＿＿＿＿＿＿

备注：※ 为必填项。